Armelle Biclet

Zéro faute !

4e/3e

méthode
d'orthographe

scodel
NATHAN

Sommaire

Orthographe grammaticale

Ponctuation

Orthographe d'usage

Annexes

Présentation de l'ouvrage

Zéro faute est une méthode progressive d'acquisition de l'orthographe pour le cycle d'observation des collèges.

Le niveau 2 s'organise selon les mêmes principes que le niveau 1.

Structure de l'ouvrage

■ Une partie **orthographe grammaticale** (p. 5 à 149). Les notions fondamentales acquises dans le niveau 1 sont d'abord révisées rapidement. Puis sont abordés les points plus difficiles laissés de côté dans le niveau 1.

■ Une partie **ponctuation** (p. 150 à 160) avec des exercices.

■ Une partie **orthographe d'usage** (p. 163 à 230). Elle s'organise autour de leçons assorties d'exercices d'application.

■ Des **index** très détaillés facilitent un usage ponctuel de l'ouvrage (p. 251 à 255).

Les fiches

L'ouvrage comporte 88 fiches qui contiennent chacune :

■ Une courte **leçon** d'orthographe — parfois présentée sous forme de tableau — qui donne des explications simples, évacuant toute terminologie grammaticale complexe.

■ Des **exercices** d'application, de difficulté croissante et de types variés.
Pour soutenir l'intérêt des élèves, beaucoup d'exercices sont conçus à partir de textes suivis, souvent inspirés d'œuvres littéraires appréciées des adolescents.

■ Des **dictées à choix multiples** qui proposent régulièrement une synthèse des problèmes étudiés précédemment dans le livre.
Elles soumettent à l'élève un choix de possibilités sur les terminaisons grammaticales des mots, stimulant ainsi sa réflexion. Elles permettent également d'aborder les problèmes d'orthographe d'usage.

■ La rubrique « **Les mots de la famille : à vos dictionnaires !** » présente des familles de mots ayant les mêmes particularités orthographiques.
Des exercices sur les familles sont proposés dans les fiches de la deuxième partie. Ils invitent l'élève à trouver les mots à partir de leur définition en s'aidant éventuellement du lexique des racines latines et grecques (p. 248 à 250). Ils initient aux principes de constitution des familles par l'étude des suffixes et des préfixes (index p. 255).

Mode d'emploi des dictées à choix multiples

— Les **caractères gras** (en début, milieu et fin de mot) renvoient aux **règles d'orthographe d'usage** (pages 163 et suivantes, qu'on retrouvera grâce au sommaire).

— La **barre oblique** (/) propose un choix d'**homonymes grammaticaux** ou **d'homonymes lexicaux** (index des homonymes, p. 253 et 254).

— La **virgule** (,) invite à choisir parmi les terminaisons grammaticales proposées celle qui permettra d'accorder correctement le mot.

— Les **pastilles** (•) renvoient à la rubrique «Les mots de la famille : à vos dictionnaires!». Cette famille de mots peut se trouver soit directement sous la dictée, soit ailleurs dans l'ouvrage. On en trouvera rapidement la page grâce à l'index situé en fin d'ouvrage (p. 251 et 252).
Ces multiples pistes de recherce peuvent être utilisées soit par l'élève qui prépare sa dictée et ses questions de dictée, soit par le professeur qui corrige la dictée.
Notre propos est toujours de **stimuler la réflexion** et de soulager la mémoire par l'intelligence des mots et de leurs rapports mutuels.

FICHE 1

A/AS/À, ET/EST/ES
OU/OÙ, ON/ONT, SON/SONT

LEÇON

▸ **a/as** ou **à**

Remplacez **a** par **avait** dans la phrase.

— La phrase a **un sens** = verbe **avoir** à accorder avec le sujet :

→ on écrit **a**, sans accent, à la 3ᵉ personne du singulier,

→ on écrit **as** à la 2ᵉ personne du singulier.

— La phrase n'a **aucun sens** = préposition **à**, avec un accent.

Ex. : *Tu **as** des besoins **à** satisfaire et la société n'**a** de biens **à** offrir qu'**à** ceux qui peuvent les payer.*

▸ **es/est** ou **et**

Remplacez par **était**.

— La phrase a encore **un sens** = verbe **être** à accorder avec le sujet :

→ on écrit **est** à la 3ᵉ personne du singulier,

→ on écrit **es** à la 2ᵉ personne du singulier.

— On peut dire **et puis** = conjonction de coordination **et**.

Ex. : *Tu **es** dans l'erreur si tu crois que la liberté **est** le refus de toutes les règles **et** des lois.*

▸ **ou/où**

— On peut dire **ou bien** = conjonction de coordination **ou**, sans accent.

— Sinon, **où** indique le **lieu** ou le **temps** : on met un **accent grave**.

Ex. : *L'heure est venue **où** l'homme arrive à un carrefour : **ou** commence l'âge de la fraternité, **ou** se terminera l'âge des hommes.*

▸ **on/ont**

— On peut dire **avaient** = verbe **avoir** à la 3ᵉ personne du pluriel : **ont**.

— Sinon, c'est le **pronom indéfini**, qui signifie : **quelqu'un, les gens.**

Ex. : ***On** te dit que des millions d'enfants **ont** faim, et c'est vrai.*

▸ **son/sont**

— On peut dire **étaient** = verbe **être** à la 3ᵉ personne du pluriel : **sont**.

— Sinon, c'est l'**adjectif possessif**, et l'on peut dire : **c'est le sien**.

Ex. : *Les hommes **sont** différents et il faut reconnaître à chacun **son** droit d'être différent.*

EXERCICES

1. Remplacez les points par a, as **ou** à

1. Tu devrais apprendre ... partager. — 2. Oblige-toi ... diviser ce que tu ... pour le partager avec l'autre. — 3. Je ne te demande pas d'être un saint : tu n'... pas ... partager ton manteau, ou bien cela n'arrive qu'... l'occasion. — 4. Je n'exige rien qui ressemble ... l'exceptionnel. — 5. Mais tu ... besoin de moins de choses que tu ne le crois. (D'après M. Gray, *Le Nouveau Livre*, Robert Laffont.)

2. Remplacez les points par a, as **ou** à.

Marius découvre le rôle joué par Jean Valjean dans sa vie.

1. « Tu m'... dit, Cosette, que tu n'... jamais reçu la lettre que je t'avais envoyée par Gavroche. — 2. C'est dans ses mains qu'elle ... abouti ! — 3. Il est allé ... la barricade pour me sauver. — 4. En passant, il en ... sauvé d'autres. — 5. C'est ... lui que Javert ... dû la vie : il l'... sauvé. — 6. Il m'... tiré de ce gouffre pour me donner ... toi. — 7. Il m'... porté sur son dos dans cet effroyable égout. — 8. Figure-toi qu'il y avait là une fondrière épouvantable, ... s'y noyer cent fois, ... se noyer dans la boue. — 9. Il me l'... fait traverser, Cosette ! — 10. Je passerai le reste de ma vie ... le vénérer. » — 11. « Tu ... raison », lui dit Cosette, qui n'y comprenait pas un mot. (D'après V. Hugo, *Les Misérables*.)

3. Remplacez les points par on, ont.

Jean Valjean, avant de mourir, revoit une dernière fois Cosette et Marius de Pontmercy.

1. « Comme ... est bête ! Je croyais que je ne la reverrais plus ! — 2. Figurez-vous, monsieur Pontmercy, qu'au moment où vos pas ... retenti dans l'escalier, je me disais : — 3. "C'est fini. Voilà sa petite robe. Ses bas de laine ... encore la forme de ses petites jambes. — 4. Je suis un misérable et les misérables n'... pas le droit de revoir Cosette." — 5. Voilà comme ... est idiot ! — 6. Mais ... compte sans le Bon Dieu. — 7. Le Bon Dieu dit : "Tu crois qu'... va t'abandonner comme ça et que les enfants n'... pas de cœur, bêta !" — 8. Et l'ange vient. Et l'... revoit sa Cosette, et l'... revoit sa petite Cosette ! — 9. Je me donnais des raisons : ils n'... pas besoin de moi. — 10. Ils ... leur vie à faire. — 11. Reste dans ton coin : ... n'a pas le droit de s'éterniser. » (D'après V. Hugo, *Les Misérables*.)

4. Remplacez les points par ou, où.

1. À une époque ... trois ... quatre mille gentilshommes furent tués en duel en dix ans, et ... en 1626, un édit royal interdit le duel, on comprend que *Le Cid* ait passionné les spectateurs. — 2. La France de Louis XIII peut se reconnaître dans cette Espagne féodale ... don Fernand tente de mettre à la raison des grands seigneurs comme don Gomez ... don Sanche qui croient avoir le droit de se faire justice eux-mêmes le jour ... leur honneur, ... celui de leur famille, est attaqué. — 3. D'autres, au contraire, comme don Diègue ... don Arias, soutiennent le pouvoir absolu du Roi.

5. Remplacez les points par son, sont.

1. Cimourdain aimait ... élève, Gauvain. — 2. C'était ... fils, le fils non de sa chair, mais de ... esprit. — 3. C'était ... chef-d'œuvre. — 4. De ce petit seigneur, il avait fait un homme, un grand homme peut-être : tels ... les rêves. — 5. Il avait communiqué au jeune vicomte, ... élève, sa conviction, ... idéal. — 6. Dans ... cerveau d'aristocrate, il avait versé l'âme du peuple. — 7. Les analogies ... profondes entre la nourrice qui donne ... lait et le précepteur qui donne ... idéal. — 8. Le précepteur et la nourrice ... parfois plus père et plus mère que le père ou la mère par le sang. — 9. Avec quelle froide et inconsciente cruauté ... congédiés le précepteur ou la nourrice ! — 10. L'éducation finie, Cimourdain avait perdu de vue ... élève. (D'après V. Hugo, *Quatre-vingt-treize*.)

6. Remplacez les points par et, est **ou** es.

1. Aucun visage n'... laid si une âme l'habite, si la générosité anime ses traits. — 2. Garde ton visage : tu ... responsable de lui. — 3. Il n'appartient qu'à toi : à toi de lui faire exprimer ce que tu ... — 4. Mais il n'... aucun traitement, aucun maquillage qui pourra faire que tu sois vrai. — 5. Ton visage dira le vrai si tu ... vrai. — 6. Ta beauté ... en toi, ... tu ... beau parce que tu ... toi, seulement toi. — 7. Ne rejette pas ceux dont le visage n'... pas conforme aux modes. — 8. ... cherche au-delà, dans le regard ... dans la voix, la personne ... son authenticité. (D'après M. Gray, *Le Nouveau Livre*, Robert Laffont.)

7. Remplacez les points par et, est ou es.

1. Tu te trahis ... tu ... lâche quand tu n'oses affirmer ce que tu penses, sans détour ... quels que soient les risques. — 2. Quel ... le grand risque sinon de renoncer à ce que tu ... ? — 3. Que te restera-t-il si tu ne t'... pas exprimé ? À quoi bon te trahir, si tu abandonnes ce qui ... toi ? — 4. Tu auras trahi, ... le prix de ta trahison, ce sera ce rien que tu ... devenu. — 5. Il ... des mensonges qui te semblent sans importance. — 6. Tu crois que ce n'... pas cela trahir. — 7. Mais c'... aussi cela. — 8. Le regard de ceux qui trahissent ... à jamais trouble. — 9. Ce n'... pas affaire de morale : un homme qui a choisi la trahison ne peut garder sur son visage ... dans ses yeux la beauté de la vérité. — 10. La trahison ... toujours trahison de soi. — 11. On croit gagner sa vie ... on la perd. (*Ibidem*)

8. Choisissez la bonne orthographe parmi les graphies entre parenthèses.

1. Homme, tu ne sais pas ce qu'*(et, est, es)* l'homme. — 2. Parfois ton élan vers lui *(et, est, es)* si grand que tu *(a, as, à)* le désir de rire avec le premier homme rencontré. — 3. Parfois ta haine *(et, est, es)* ton désespoir sont si grands que tu rejettes celui qui t'aime sans calcul. — 4. L'homme *(et, est, es)* pareil *(a, as, à)* toi, ni plus, ni moins. — 5. Il *(et, est, es)* ton image, cruel si tu l'*(et, est, es)*, généreux si tu *(et, est, es)* bon. — 6. L'homme *(et, est, es)* ton reflet. — 7. Mais tu ne te connais pas toi-même : tu *(et, est, es)* emporté par les actes *(et, est, es)* les jours. — 8. T'*(et, est, es)*-tu arrêté longtemps de courir, d'agir et de vouloir ? — 9. T'*(et, est, es)*-tu interrogé sur les sources de ta personne, sur les raisons de ton action ? — 10. *(A, As)*-tu regardé ton visage pour y lire la peur *(ou, où)* l'espoir ? — 11. *(A, As)*-tu seulement écouté ton cœur ? — 12. Si tu *(et, est, es)* aveugle sur ce qui *(et, est, es)* toi, comment pourrais-tu voir l'autre ? (*Ibidem*)

9. Choisissez la bonne orthographe parmi les graphies entre parenthèses.

1. L'ignorance *(et, est, es)* refus des questions *(et, est, es)* conviction qu'il y *(a, as, à)* des réponses définitives *(et, est, es)* simples. — 2. Or, s'il *(et, est, es)* des domaines *(ou, où)* il faut savoir se tenir *(a, as, à)* une route, nombreux *(son, sont)* les autres *(ou, où)* ne pas être ignorant, c'*(et, est, es)* d'abord hésiter, deviner que la complexité *(et, est, es)* la loi, que le noir n'*(et, est, es)* pas seulement noir mais aussi gris *(ou, où)* même blanc *(et, est, es)* vice versa, car chaque chose *(et, est, es)* multiple *(et, est, es)* la réalité *(a, à)* mille facettes. — 3. La science n'*(a, as, à)* progressé que parce qu'elle *(a, as, à)* rejeté ce qu'elle croyait vrai, *(ou, où)* qu'elle ne l'*(a, as, à)* considéré que comme une partie du vrai conduisant *(a, as, à)* d'autres questions, *(a, as, à)* des étendues d'ignorance *(ou, où)* elle devait progresser. — 4. « Je ne sais qu'une chose, aiment *(a, as, à)* répéter les savants, c'*(et, est, es)* que je ne sais rien. » (*Ibidem*)

10. Choisissez la bonne orthographe parmi les graphies entre parenthèses.

1. Il faut choisir l'indépendance, *(ou, où)* la donner si cela est en *(son, sont)* pouvoir. — 2. À une époque *(ou, où)* l'*(on, ont)* est majeur plus tôt qu'autrefois, l'âge de l'indépendance a en fait reculé. — 3. *(On, Ont)* peut croire que cela n'a pas d'importance si l'*(on, ont)* reçoit une aide pour vivre *(ou, où)* si l'*(on, ont)* donne à *(son, sont)* enfant de quoi subvenir à *(son, sont)* entretien. — 4. Mais dans ce cas, les enfants *(son, sont)* dépendants de leurs parents, ils n'*(on, ont)* pas de responsabilité à prendre, ils n'*(on, ont)* pas à mesurer ce que provoquent leurs actes *(ou, où)* ce qu'ils coûtent — 5. Bien sûr, *(on, ont)* ne doit pas abandonner *(son, sont)* enfant *(ou, où)* lui refuser *(son, sont)* aide, mais *(on, ont)* doit lui apprendre la responsabilité. — 6. La guerre et la barbarie *(on, ont)* fait de moi, très vite, un adolescent qui devait faire face seul, *(ou, où)* même aider les autres, à un âge *(ou, où)* habituellement *(on, ont)* est encore protégé. — 7. L'indépendance et les difficultés *(on, ont)* comme vertu d'apprendre à ne compter que sur ses propres forces, et donc à les faire surgir de soi *(ou, où)* elles sommeillent souvent. (*Ibidem*)

LE PRÉSENT DE L'INDICATIF

LEÇON

Au **présent de l'indicatif**, les terminaisons du pluriel sont toujours **-ons, -ez, -ent.**
Seul le **singulier** présente des difficultés orthographiques. Avant d'écrire la terminaison, cherchez toujours l'**infinitif** du verbe, puis son **sujet**.

	1re personne	**2e personne**	**3e personne**
Verbes du 1er groupe (infinitif en *-er*) Ex. : *crier* et *cueillir, offrir, ouvrir, couvrir, défaillir, tressaillir, souffrir* et leurs composés (3e groupe)	**-e** je crie je cueille	**-es** tu cries tu cueilles	**-e** il crie il cueille
Verbes du 2e groupe (infinitif *-ir → issons*) Ex. : *finir* et la plupart des **verbes du 3e groupe** en particulier ceux en **-eindre**[1] et **-soudre** Ex. : *venir* *peindre* *résoudre*	**-s** je finis je viens je peins je résous	**-s** tu finis tu viens tu peins tu résous	**-t** il finit il vient il peint il résout
Verbes du 3e groupe en *-dre* Ex. : *prendre*[2] *perdre* *tordre* *moudre* *tondre* + *asseoir*	**-ds** je prends je perds je tords je mouds je tonds j' assieds	**-ds** tu prends tu perds tu tords tu mouds tu tonds tu assieds	**-d** il prend il perd il tord il moud il tond il assied
Battre, mettre, vêtir et leurs composés (3e groupe)	**-ts** je bats je mets je vêts	**-ts** tu bats tu mets tu vêts	**-t** il bat il met il vêt
Pouvoir, vouloir et **valoir** (3e groupe) Ex. : *pouvoir*	**-x** je peux	**-x** tu peux	**-t** il peut

1. Les verbes terminés à l'infinitif par le son **-eindre** s'écrivent avec un **-e-**.
Ex. : *peindre*. Sauf : *craindre, plaindre* et *contraindre* avec un **-a-**.

2. Les verbes terminés à l'infinitif par le son **-endre** s'écrivent avec un **-e-**.
Ex. : *prendre*. Sauf : *épandre* et *répandre* avec un **-a-**.

ATTENTION !

1. Les verbes en **-yer** changent le *-y-* en **-i-** devant un *-e-* muet.
Ex. : *appuyer : j'appuie, tu appuies, il appuie*
nettoyer : je nettoie, tu nettoies, il nettoie
balayer : je balaie, tu balaies, il balaie
Toutefois les verbes en **-ayer** peuvent garder leur *-y-* : *je balaye, tu balayes.*

2. Apprenez : *aller : je vais, tu vas, il va, nous allons...*
vaincre : je vaincs, tu vaincs, il vainc, nous vainquons...
rompre : je romps, tu romps, il rompt

3. Les verbes en **-aître** et **-oître** ont un accent circonflexe sur le *-î-* à chaque fois que celui-ci est devant un *-t-*.
Ex. : *paraître : je parais, tu parais, il paraît.*

Croître porte en outre un accent circonflexe aux 1re et 2e personnes du singulier pour le différencier de *croire* :
croire : je crois, tu crois, il croit
croître : je croîs, tu croîs, il croît

EXERCICES

1. Conjuguez au présent de l'indicatif.

a) Apprécier les belles photographies et se réjouir de les tirer soi-même.

b) Suer à grosses gouttes et conclure l'affaire.

2. Donnez l'infinitif du verbe et remplacez les points par -ie, -ies, -is, -it.

1. Comme j'env... mes amis du club photo, je su... ton conseil et, moi aussi, je m'init... à la photographie. — 2. Je chois... un jour de beau temps et je photograph... Julie et Sylvie. — 3. Tu m'instru... : « Quand la lumière s'introdu... dans ton appareil, elle produ... une réaction chimique sur la pellicule et noirc... les points qu'elle frappe. — 4. Et toi, tu amplif... cette réaction en laboratoire. » — 5. J'obscurc... bien la pièce pour ouvrir mon appareil. — 6. Je rempl... un bac d'un produit chimique appelé « révélateur » et j'y enfou... la pellicule. — 7. La réaction chimique s'accompl... alors complètement. — 8. Tu sais... alors la pellicule et la gratif... d'un bon lavage : tu la purif... ainsi de toute trace de révélateur. — 9. Puis, dans un bain de « fixateur », je détru... toute la surface de pellicule qui n'a pas été impressionnée. — 10. Je ne me méf... plus de la lumière car elle ne produ... plus d'effet.

3. Même exercice que le n° 2.

1. Tu frém... de joie lorsque tu identif... Julie sur les négatifs. — 2. Mais l'image intervert... encore les parties sombres et les parties claires. — 3. J'y reméd... en « tirant » mes photos. — 4. Tu n'oubl... pas de refaire l'obscurité car je man... maintenant un papier qui réag... à la lumière. — 5. J'irrad... ce papier sensible à travers le négatif, si bien que la lumière opacif... les parties restées claires sur le négatif et ne réuss... pas à impressionner le papier là où le négatif s'assombr... — 6. Ainsi le tirage rétabl...-il le clair et le sombre et reprodu... le sujet de départ. — 7. Si je le veux, j'agrand... en même temps mon négatif, car il me suff... d'éloigner le projecteur du papier. — 8. Le papier photographique sub... alors le même traitement que la pellicule : révélateur, bain, fixateur, nouveau bain. — 9. Tu conf... alors mes photos à un torchon bien propre pour les sécher. — 10. Enfin ! Je m'extas... devant le résultat. — 11. Je brand... triomphalement mes photos et cr... ma joie.

4. Donnez l'infinitif du verbe et remplacez les points par -ue, -ues, -us, -ut.

1. Je constit... la liste des travaux à faire. — 2. Un bouchon de feuilles obstr... la gouttière. — 3. L'eau usée du voisin refl... dans l'évier. — 4. Le syphon du tout-à-l'égout p... — 5. L'allure penchée du mur s'accent... — 6. Une couleur verdâtre se substit... à la blancheur initiale des murs. — 7. Tu effect... quelques opérations et tu éval... le coût des travaux. — 8. Tu concl... que c'est trop cher et cela contrib... à nous attrister.

5. Conjuguez au présent de l'indicatif.

a) Faire le pitre, égayer la galerie, mettre en colère le professeur et comparaître devant le conseiller d'éducation.

b) Croître en taille, mais pas en sagesse, croire que tout est possible et se fourvoyer.

6. Donnez l'infinitif du verbe et remplacez les points par -aie, -ais, -ait, -aît, -et, -êt.

1. Un veilleur de nuit appar... au fond de l'entrepôt. — 2. L'espion se t... et ess... de passer inaperçu. — 3. Mais il comm... une imprudence. — 4. Il ne s... pas qu'à intervalles réguliers la lumière du phare bal... l'obscurité. — 5. Il est resté adossé à la fenêtre et, lorsque le pinceau lumineux r... la pièce, sa silhouette f... une ombre gigantesque sur le sol. — 6. Le veilleur m... aussitôt la main à son holster. — 7. L'espion s'effr... et par... hésiter une fraction de seconde. — 8. « V...-je fuir ? Non , je p... d'audace ! » — 9. Il fonce, droit sur le veilleur qui tire, mais dont le pistolet automatique s'enr... — 10. Tandis qu'à la hâte, il extr... du chargeur la douille fautive, et la rem... en place, l'espion se déf... de son fardeau, se fr... un chemin à travers les caisses, saute dans sa voiture, m... les gaz, embr... et dispar... — 11. Toute cette histoire rev... pour le gardien l'aspect d'un mauvais rêve.

7. Remplacez les points de suspension par -oie, -oit, -oît.

1. Tandis que le roi de Thèbes, Amphitryon, guerr... contre les ennemis, Zeus cr... bon de courtiser sa femme, la fidèle Alcmène, en empruntant les traits de son mari. — 2. Alcmène, qui ne s'aperç... pas de la supercherie, reç... Zeus avec joie, b... et fest... avec lui, tourn... dans une danse joyeuse et, dans la nuit, conç... un fils : Héraclès. — 3. Mais Héra, l'épouse de Zeus, furieuse, dépl... toutes ses ressources jalouses. — 4. Elle foudr... Zeus du regard, mais l'effet, nul, la déç... ! — 5. Alors, elle larm... et l'apit... et Zeus lui octr... ce qu'elle demande. — 6. Héraclès, toute sa vie, d... être soumis à un roi cruel et tyrannique, Eurysthée. — 7. Héra, pour plus de sûreté, env... des serpents dans le berceau du bébé, mais Héraclès pl... de ses menottes le cou des reptiles et les br... — 8. On entrev... donc, dès son jeune âge, la force prodigieuse du héros. — 9. Et, bien sûr, cette force cr... avec son âge. — 10. Adulte, il nett... les écuries du roi Augias en détournant un fleuve et empl... des cymbales pour effrayer les oiseaux monstrueux du lac Stymphale.

8. Conjuguez au présent de l'indicatif.

a) En découdre avec le sphinx, déjouer ses ruses et résoudre ses énigmes.

b) Plaire, conquérir tous les cœurs et ne jamais en perdre un seul.

c) Essorer le linge et le sortir de la machine.

9. Remplacez les points de suspension par -oue, -out, -oud.

1. Coulondre-bras-de-fer av... au baron de Mespech son désir d'habiter le moulin et désormais c'est lui qui m... le grain du domaine. — 2. Cabusse se l... d'avoir épousé Cathau qui c... si bien ses coiffes et n... si joliment ses cheveux. — 3. Le baron, qui a étudié la médecine, se dév... pour soigner une jeune pestiférée. — 4. La bonne Barberine diss... des sels dans de l'eau et, lorsque l'eau b..., stérilise longuement tous ses vêtements. — 5. C'est ainsi que le baron rés... le problème de la contagion et, heureusement pour toute la maisonnée, ce procédé n'éch... pas ! — 6. Le jeune Pierre s'ébr... comme un jeune poulain. — 7. Tandis qu'il j..., son pourpoint se déc... sous le bras et il tr... ses chausses par-derrière. — 8. Mais il sait bien qu'il amad... facilement Barberine, qu'elle l'abs... immédiatement, ne le rabr... guère et rec... le tout sans rien dire. (D'après R. Merle, *Fortune de France,* Plon).

10. Remplacez les points de suspension par -aire, -ère(s), -erre(s), -er(s/t), -erd(s). **(Pour un -r- ou deux -r-, voir Fiche 87 ; voir aussi quérir•).**

1. Pendant la guerre de 1914-1918, un combattant acqui... vite le réflexe de raser le sol, sinon il s... de cible aux tireurs d'en face. — 2. Ma compagnie s'ent... dans la tranchée.

— 3. Je m'enqui... auprès d'un ancien de ce qu'il me faut faire. — 4. Il prof... ce conseil : « Tu te t... au fond de ton trou et tu s... les dents. — 5. Tu ne p... pas le contrôle de tes nerfs : le bombardement requi... beaucoup de résistance nerveuse. — 6. Tu énum... mentalement les occasions où tu t'en es sorti et tu esp.... » — 7. Pendant que le Quartier Général délib..., notre capitaine s'enqui... des positions ennemies. — 8. Notre aviation rep... les nids de mitrailleuses et notre artillerie accél... son tir. — 9. L'ennemi dess... son étreinte.

11. Remplacez les points par -ore(s), -orre(s), -ord(s), -ors, -ort.

1. J'abh... les grands froids. — 2. Quand le gel vous m... le visage, et vous perf.. les mains, je ne s... plus. — 3. Je d... fort tard et dépl..., de mon lit, le temps qu'il fait dehors. — 4. Mais toi, tu ign... la météo, tu arb... un air triomphant et tu s... par tous les temps, même si le blizzard t... les arbres. — 5. Lorsque le froid te col... les joues, tu pér... avec satisfaction sur le caractère hygiénique des intempéries et tu n'en dém... pas. — 6. Ma pusillanimité ress... à côté de ta bravoure, tu me déshon... et je t'impl... de t'arrêter.

12. Remplacez les points par -oure(s), -ourre(s), -ours, -ourt.

1. Je sec... un chien perdu et l'ent... d'affection. — 2. À midi, je c... le retrouver. — 3. Il acc... aussitôt et f... son museau entre mes mains. — 4. Mais il lab... mes plates-bandes pour enterrer ses os et je disc... longuement pour lui faire la leçon : — 5. « Traître, tu rec... à ma cuisine pour te nourrir, te b... de mes friandises, sav... mes os à moelle et tu enc... encore mes reproches pour tes maudits trous ! Ingrat ! »

13. Conjuguez au présent de l'indicatif.

a) Pendre à un gibet et se repentir de ses actes.
b) Craindre un esclandre et se retenir de parler.

14. Remplacez les points par -ens, -ent, -end(s), -and(s).

1. D'accord. Je te pr... comme vendeur, à l'essai. — 2. Je te cons... 5 % sur les bénéfices de tout ce que tu v... — 3. Je te déf..., bien sûr, de majorer les prix et d'empocher la différence. — 4. Voilà que j'ent... dire que les comptes que tu me r... sont faux. — 5. Je press... que c'est vrai, mais tu s... venir le vent et tu entrepr... de me rassurer. — 6. Tu dém... toutes les accusations et prét... qu'elles sont fausses. — 7. Je te r... ma confiance et ton trafic repr... — 8. J'att... quelque temps et je te surpr... sur le fait. — 9. Hé oui ! Tu me m... ! j'en ress... beaucoup de peine. — 10. Cela me f... le cœur et je me rep... de t'avoir fait confiance. — 11 Tu te rép... en gémissements, mais on s... bien la frime.

15. Mettez les verbes entre parenthèses au présent de l'indicatif.

1. Je *(s'éprendre)* d'Eulalie. — 2. Je *(venir)* l'attendre tous les jours à la sortie et je *(s'astreindre)* à la suivre partout. — 3. Pour être heureux, je *(dépendre)* d'un sourire d'elle. — 4. Si elle est indifférente, je *(geindre)* tout bas, je *(se morfondre)* et *(descendre)* en un puits de désespoir. — 5. Si elle parle, je *(se suspendre)* à ses lèvres. — 6. Je *(peindre)* son portrait sur tous mes classeurs et l'*(étreindre)* en rêve. — 7. Si elle me parle, je *(feindre)* l'assurance mais en fait je *(contenir)* avec peine mon émotion, je *(vaincre)* mal mon envie de m'enfuir, je *(répondre)* en bredouillant et *(tendre)* à devenir complètement stupide. — 8. Voilà ma résolution : je *(restreindre)* mes dépenses et la *(surprendre)* par la magnificence de mon cadeau !

16. Remplacez le son indiqué entre parenthèses par sa graphie correcte.

1. On m'empl*(oi)* pour toutes les sortes d'enquêtes. — 2. En ce moment, je m'enqui*(er)* de l'heure exacte d'un meurtre. — 3. Je v*(oi)* la disposition des lieux. — 4. Je me s*(èr)* de tous les indices avant qu'on ne nett*(oi)* le sang. — 5. Je f*(our)* mon nez partout. — 6. Je m'astr*(in)* à la plus grande minutie. — 7. Je m*(è)* en évidence des empreintes de doigts. — 8. Un meurtrier ess*(è)* toujours de les effacer, mais on ne me l*(eur)* pas facilement. — 9. J'ent*(en)* tous les proches ; je comp*(ar)* leurs dépositions. — 10. Je me méf*(i)* en particulier d'un cousin

de la victime qui bénéfic*(i)* de l'héritage et qui cr*(i)* un peu trop fort sa douleur. — 11. Ce théâtre introdu*(i)* le doute dans mon esprit. — 12. Aussi ne concl*(u)*-je pas grand-chose.

17. Même exercice que le précédent (suite).

1. Par hasard, un cantonnier, qui épi*(èr)* un talus à côté de chez la victime, dét*(èr)* un cadavre. — 2. Je me r*(en)* sur les lieux, j'y c*(our)* même, car j'av*(ou)* que je b*(ou)* d'impatience. — 3. Je press*(en)* que la chance m'env*(oi)* ma preuve et j'entrev*(oi)* le succès. — 4. Mais à la vue du cadavre, je ress*(en)* une violente nausée. — 5. Je v*(eu)* me dominer et s*(èr)* les dents : je m'ém*(eu)* trop facilement ! — 6. Je v*(in)* ma répulsion et me contr*(in)* à l'examiner. — 7. J'acqui*(èr)* bientôt la certitude qu'il s'ag*(i)* bien de l'affaire pour laquelle je dépl*(oi)* tous mes efforts. — 8. Je rep*(èr)* des empreintes digitales, les comp*(ar)* avec celles du cousin. — 9. Je ti*(in)* ma preuve contre lui ! — 10. Je me perm*(è)* une ruse de guerre : je f*(in)* de renoncer à l'enquête ; je rép*(an)* le bruit qu'elle est terminée et je cons*(en)* à faire croire que j'éch*(ou)*. — 11. Je m*(en)* aussi bien qu'un autre et j'end*(or)* la méfiance du meurtrier. — 12. Déjà il cr*(oi)* qu'il se d*(or)* au soleil. — 13. J'att*(en)* un peu. — 14. L'assassin ne p*(ar)* pas de chez lui. — 15. Sa confiance le dess*(èr)* car je requi*(èr)* la gendarmerie qui op*(èr)* en douceur et s'emp*(ar)* de lui. — 16. Je ne me rep*(en)* pas de ma ruse.

DICTÉE À CHOIX MULTIPLES

Une échappée• à l'enfer de la guerre• : la permission. — 1. Je m'**arr**ête dans plus d'une gare ; je pren*(s, ds, ts)* place devant plus d'une marmite où l'on distribu*(e, t)* de la soupe ; je m'éten*(s, ds, ts)* sur plus d'une planche. — 2. Mais peu à peu les noms des stat**ions** deviennent des not**ions** qui me trouble*(nt)* le cœur. — 3. Un chemin cour*(re, t)* para**ll**èlement• à l'hori**z**on. — 4. La *(plaine/pleine)* se déploi*(e, t)* toute grande. — 5. La silhouette des contreforts montagneux **comm**ence*(nt)* à s'élever dans le lointain. — 6. Je reconnai*(s, t)* la ligne caractéris**tique** du Doldenberg. — 7. Je me tien*(s, t)* à la fenêtre : au-dessous de nous, il y a des **cy**clistes•, des voitures, des êtres humains•. — 8. Cela m'émeu*(s, t)* comme si c'était ma mère. — 9. Puis le train s'**arr**ête et la gare est là avec son vacarme. — 10. Je saisi*(e, s)* mon sac ; je pren*(d, ds)* mon fusil à la main et je descen*(d, ds)* du wagon presque en titubant. — 11. Dans cette rue où je passe, je connai*(s, t)* chaque maison et puis me voici devant la porte brune au lo**qu**et usé et ma main s'**al**ourdi*(e, t)*. — 12. L'od**eur** des beignets de p**omme** de terre rempli*(e, t)* la maison. — 13. Je ne peu*(t, x)* plus avancer•. Je m'a**pp**ui*(e, s)* contre le mur et j'étrein*(s, ds, t)* nerveusement mon casque et mon fusil•. — 14. Je *(serre/sers)* les dents avec colère ; je me contrain*(s, ds, t)* à rire et à parler : rien à faire. — 15. J'essai*(e, s)* de me re**ss**aisir et les larmes n'en coule*(nt)* que plus fort sur mon visage. — 16. Ma sœur crie : « Paul est là ! » — 17. Alors je me raidi*(e, s)* et **att**ein*(s, ds, t)* l'antichambre• en trébuchant•. — 18. J'**appui***(e, s)* mon fusil• dans un coin et je me*(s, ts, t)* mon sac contre le mur. — 19. Puis je di*(e, s, t)*, furieux : « Donne-moi un mouch**oir**, enfin ! », et je m'essui*(e, s)* la figure. (D'après E.M. Remarque, *À l'ouest rien de nouveau*, Stock.)

LES MOTS DE LA FAMILLE : À VOS DICTIONNAIRES !

fusil → fusi**ll**er, une fusi**ll**ade, un fusi**l**ier, un fusi**ll**eur.

ACCORD DU VERBE AVEC SON SUJET (1)

LEÇON

Avant d'écrire la terminaison d'un verbe, posez toujours la question « Qui est-ce qui ? » pour trouver le sujet et accorder le verbe avec lui.

Difficultés	Exemples	Analyse
le, la, les, te, me, lui, leur devant le verbe } compléments du verbe, jamais sujets	*Il les admire beaucoup.*	sujet : *il* *les* : COD
Trouvez le **mot-noyau** du groupe sujet.	*Les mouchoirs brodés de son ami Aramis intrigu**ent** d'Artagnan.*	sujet : *mouchoirs*
Le **sujet est inversé** dans les cas suivants[1] : — interrogation directe, — propositions incises, — complément circonstanciel en tête de phrase, — adverbes en tête : *ainsi, peut-être, sans doute, tout au plus, aussi.*	— *Support**ent**-ils les insultes ?* — *Non, avou**ent**-ils.* — *Dans ces appartements habit**e** le roi.* — *Peut-être cherch**e**-t-elle du secours...*	— sujet : *ils* — sujet : *ils* — sujet : *le roi* — sujet : *elle*
Sujet = **qui** (pronom relatif) → accord avec l'antécédent du pronom relatif. N.B. Si l'antécédent est une apostrophe, le verbe est à la 2ᵉ personne.	— *Les émissaires du Cardinal qui attaqu**ent** d'Artagnan le pai**ent** cher.* — *Ah ! traître, qui m'attaqu**es** par-derrière !*	— sujet : *qui* = *émissaires* — sujet *qui* = *traître* (= *tu* : 2ᵉ pers.)

1. N'oubliez pas de relier le verbe au pronom personnel qui le suit par un trait d'union.

EXERCICES

1. Soulignez le sujet et accordez correctement le verbe.

1. Le lendemain devai*(en)*t avoir lieu le bal que Messieurs les échevins de la ville donnai*(en)*t au Roi et à la Reine et dans lequel Leurs Majestés devai*(en)*t danser le fameux ballet de la Merlaison. — 2. Aussi depuis huit jours préparai*(en)*t-on cette solennelle soirée. — 3. Le menuisier de la ville avait dressé l'échafaudage sur lequel devai*(en)*t se tenir les dames invitées. — 4. Le Roi avait l'air triste : Peut-être avai*(en)*t-il des sujets de préoccupation. — 5. Sans doute ces deux ferrets que lui avai*(en)*t remis le Cardinal y étai*(en)*t-ils pour quelque chose. — 6. Lorsque la Reine apparut, sur son épaule gauche étincelai*(en)*t les ferrets, soutenus par un nœud de la même couleur que sa jupe. — 7. A peine la Reine étai*(en)*t-elle arrivée que les violons donnèrent le signal du ballet. — 8. Distants de la Reine comme ils

l'étai*(en)*t, le Roi et le Cardinal ne pouvai*(en)*t compter les ferrets. — 9. La Reine les avai*(en)*t. Seulement en avai*(en)*t-elle dix ou en avai*(en)*t-elle douze ? — 10. Le Roi s'avança vivement vers la Reine et, après l'avoir remerciée de porter les ferrets : « Peut-être, murmura-t-il, deux ferrets vous manque*(nt)*-il ? Je vous les rapporte*(nt)*. » — 11. « Comment ? sire, s'écria la Reine, jouant la surprise. Ainsi en aurai*(t)*-je quatorze ! » — 12. Le Roi compta et, en effet, sur l'épaule d'Anne d'Autriche se trouvai*(en)*t les douze ferrets. — 13. Tout au plus deux d'entre eux étai*(en)*t-ils légèrement plus brillants que les autres et cela grâce à d'Artagnan. (D'après A. Dumas, *Les Trois Mousquetaires*).)

2. Trouvez le sujet grammatical en posant la question « Qui est-ce qui ? » et accordez correctement le verbe.

1. Le matin de Noël, tous les esclaves de la plantation se réunissai*(en)*t devant la Grande Maison et criai*(en)*t : « Cadeau de Noël, cadeau de Noël, maître ! » — 2. Maître John, comparé à d'autres planteurs, étai*(en)*t très généreux. — 3. Le jour de Noël, et ce jour-là seulement, il étai*(en)*t distribué*(s)* des citrons, des pamplemousses ou des mandarines. — 4. Le matin de Noël, les relations entre le quartier des esclaves et la Grande Maison étai*(en)*t toujours cordiales. — 5. Tout le monde écoutai*(en)*t le discours que Maître John, entouré de sa famille et de ses invités, adressai*(en)*t chaque année à ses esclaves. — 6. Il était heureux de les voir tous réunis là ; il les remerciai*(en)*t de la belle récolte, il les remerciai*(en)*t d'avoir bien travaillé et d'être des serviteurs fidèles. — 7. Il leur parlai*(en)*t de la signification de Noël. — 8. Il leur souhaitai*(en)*t à tous un joyeux Noël, faisai*(en)*t distribuer du whisky et du rhum, du sucre candi pour les enfants et du tabac pour les femmes, et il leur demandai*(en)*t de chanter un cantique pour lui, pour sa famille, pour ses invités. — 9. Dans la Grande Maison, pendant la saison de Noël, se succédai*(en)*t les réceptions, les bals et les dîners d'apparat. — 10. Maître John et Madame Maîtresse étai*(en)*t célèbres pour leur table, pour tous ces plats exquis préparés par des domestiques bien stylés qui veillai*(en)*t à entretenir la réputation de la maison de leur Maître. (D'après M. Walker, *Jubilee*, Seuil.)

3. Même exercice que le n° 2.

1. Vyry, tout occupée par ses multiples travaux, ne se doutai*(en)*t pas de l'épreuve qui l'attendai*(en)*t. — 2. La condamnation des deux cuisinières noires qui avai*(en)*t été accusée*(s)* d'avoir empoisonné leurs maîtres augmentai*(en)*t la méfiance des maîtres. — 3. Madame Maîtresse et Maître John avai*(en)*t décidé de se débarrasser de tante Sally, leur vieille cuisinière qui étai*(en)*t née sur la plantation et qui depuis des années et des années servai*(en)*t la famille. — 4. Le matin même de son départ, tante Sally, ignorant qu'elle serait menée à la Nouvelle-Orléans pour y être vendue aux enchères, travaillai*(en)*t dans la cuisine avec Vyry. — 5. Après le petit déjeuner, Madame Maîtresse apparut sur le seuil et ordonna à tante Sally de faire rapidement son baluchon : dans la cour attendai*(en)*t déjà le cocher et la charrette qui devai*(en)*t l'emmener. — 6. Tante Sally noua dans un tablier les quelques loques qu'elle possédai*(en)*t en plus des vêtements qu'elle avai*(en)*t sur le dos. — 7. Sur les grosses joues ridées de tante Sally coulai*(en)*t des larmes et ses lèvres, elle ne pouvai*(en)*t les empêcher de trembler. — 8. Elle s'accrochai*(en)*t à ses fils, à Sam et à Big Boy, et elle sanglotai*(en)*t : — 9. « Oh, Seigneur, quand c'est que tu nous l'envoie*(s)* ce Moïse ? Quand c'est que tu va*(s)* nous libérer ? — 10. Tout ce que j'aime en ce monde, ils me l'enlève*(nt)* ! Ils m'envoie*(nt)* pour me vendre à la criée ! » — 11. Ils l'entraînai*(en)*t et elle trébuchai*(en)*t, aveuglée par les larmes. (D'après M. Walker, *Jubilee*, Seuil.)

4. Même exercice que le n° 2.

1. Les camarades dorme*(nt)* à présent. — 2. Redressé sur le coude, je les regarde*(nt)*, à peine distincts ; je les devine*(nt)* plutôt. — 3. Ils dorme*(nt)*, sans cauchemar, comme les

autres nuits. — 4. Puis il me semble que je ne les entend*(s)* plus, que leurs respirations se perde*(nt)* aussi dans le noir. Comme s'ils étai*(en)*t morts... — 5. Non, je ne peu*(t, x)* plus les voir dormir. — 6. Le sommeil écrasant qui les emporte*(nt)* ressemble*(nt)* trop à l'autre sommeil. — 7. Ces visages détendus ou crispés, ces faces couleur de terre, j'ai vu les pareils, autour des tranchées, et les corps ont la même pose, qui dorme*(nt)* éternellement dans les champs nus. — 8. La couverture brune est tirée sur eux comme le jour où deux copains les emporte*(nt)*, rigides. Des morts, tous des morts. — 9. La bougie à sa fin éclaire le gourbi d'une flamme plus haute, la dernière... Tout est noir... Je les envie*(nt)*, maintenant. On est si bien ici, à l'abri. (R. Dorgelès, *Les Croix de bois*, Albin Michel.)

5. Conjuguez à toutes les personnes.

1. C'est moi qui suis le meilleur. — 2. C'est moi qui ai trouvé la solution. — 3. Ce n'était pas moi qui hésitais. — 4. Ce ne sera pas moi qui recopierai la leçon.

6. Mettez le verbe entre parenthèses au temps indiqué (de l'indicatif).

1. C'est toi qui *(tricher, présent)* ! — 2. Non, ce n'est pas moi qui *(brouiller, passé composé)* mal mon jeu ! C'est toi qui *(mettre, passé composé)* les meilleures cartes sur le dessus de ton paquet ! — 3. Mauvais joueur, qui *(être, présent)* incapable de perdre avec le sourire ! — 4. Nous ne sommes pas des gens qui *(avoir, présent)* l'habitude de nous disputer. Ce n'est pas nous qui *(revenir, futur)* jouer avec vous ! — 5. C'est vous qui le *(dire, présent)* ! Je parie que c'est vous qui *(rappeler, futur)* les premiers ! Bande d'hypocrites, qui *(faire, présent)* semblant de ne pas y toucher !

7. Remplacez les points par ai, es, est.

1. C'est moi qui ... débouché la bouteille. — 2. C'est Charles qui ... inondé par la mousse. — 3. C'est toi qui ... le premier à rire. — 4. C'est toi qui ... l'arbitre. — 5. C'est moi qui ... pris un raccourci. — 6. C'est Julien qui ... arrivé le premier. — 7. C'est toi qui ... tombé de ton arbre. — 8. C'est moi qui t'... emmené à l'hôpital. — 9. A ton réveil tu t'... demandé ce qui t'... arrivé. — 10. C'est ta mère qui ... arrivée très inquiète ; c'est moi qui l'... rassurée.

DICTÉE À CHOIX MULTIPLES

Lutte contre un dragon. — 1. « — Ne veu*(s, t, x)*-tu pas débarqu*(é, er)* pour venir contempl*(é, er)* mon trésor, petit sorcier ? Le spectacle en vau*(s, t, x)* la peine•. — 2. Je ne veu*(s, t, x)* pas de ton trésor. » — 3. Le dragon parlait en ancien lan**g**age, comme Ged, car c'est la lan**gu**e que parle*(nt)* toujours les dragons. — 4. Bien que l'usage de l'ancien langage li*(e, s, t)* l'homme à la véri**té**, il n'en va*(s, t)* pas de même pour les dragons que cette langue n'empêche*(nt)* pas de mentir. — 5. « — Je pui*(s, t, x)* t'aider. Tu *(a/as)* besoin d'aide pour lu**tt***(é, er)* contre la chose qui te poursui*(e, s, t)* dans les ténèbres. — 6. Il est très rare, di*(e, s, t)* Ged, que les dragons propose*(nt)* aux hommes• de leur*(s)* rendre service. — 7. Mais il est très **comm**un que les chats joue*(nt)* avec les souris avant de les tu*(és, er, ées)*. — 8. Je ne sui*(e, s, t)* pas venu ici pour jou*(é, er)* ni pour qu'on jou*(e, s, t)* avec moi, di*(e, s, t)* Ged. Je sui*(e, s, t)* venu conclure un marché avec toi. — 9. Je ne conclu*(e, s, t)* jamais de marché, répliqua sèchement le dragon. Je pren*(s, ds, ts)*. Qu'*(a/as/à)*-tu *(a/as/à)* **off**rir que je ne puisse prendre moi-même ? — 10. La sécuri**té**. Ta sécuri**té** ». — 11. La gorge du dragon éme*(t, ts)* un son rocailleux comme une avalanche• de pierre*(s)*• sur le flanc d'une montagne. — 12. « — Tu m'**offr**e*(s)* la sécuri**té** ! Tu me menace*(s)* ? Avec quel*(le)* arme ? — 13. Avec ton nom, Yevaud. Nous sommes d'éga**le** puissance. Tu *(a/as/à)* ta force. J'*(ai/es/est)* ton nom. *(Ais/Es/Est)*-tu disposé à conclure ce marché ? » (D'après U. Le Guin *Le Sorcier de Terremer*, Éditions Opta.)

ACCORD DU VERBE AVEC SON SUJET
2. SUJETS PARTICULIERS

LEÇON

Règles	Exemples
il impersonnel = sujet grammatical → accord du verbe avec *il*	*Il lui arrive bien des mésaventures à d'Artagnan.*
ce = pronom démonstratif → accord du verbe avec le sujet réel Mais : *c'était nous, c'était vous...*	*C'étaient sans cesse de nouvelles alarmes.*
adverbe de quantité : *beaucoup (de), la plupart (de), combien (de), tant (de) ...* → verbe au pluriel	*Tant d'ennemis guettent d'Artagnan !*
nom de nombre : *dizaine, centaine...* → verbe au pluriel	*Une dizaine de laquais entourent notre héros.*
un(e) + nom collectif → verbe au singulier ou au pluriel	*Une troupe de cavaliers l'attaque(nt) au coin d'un bois.*
le (la) + nom collectif → verbe au singulier	*Il fuit, mais la troupe de cavaliers le rattrape.*
moins de deux → verbe au pluriel **plus d'un** → verbe au singulier	— *Moins de deux s'en sortent.* — *Plus d'un attrape un horion.*
titre de roman au pluriel → verbe au singulier, sauf s'il commence par *Les...*	— *« Climats » est un roman que j'aime.* — *« Les Misérables » me touchent.*

EXERCICES

1. Employez les verbes entre parenthèses à la tournure impersonnelle.

Ex. : *Bien des mésaventures (arrivent) à d'Artagnan*

→ Il arrive *bien des mésaventures à d'Artagnan.*

1. Trente centimètres de neige *(étaient tombés)*. — 2. Deux places disponibles *(restent)* encore. — 3. Bien des sottises *(se débitent)* dans les salons. — 4. De drôles de choses *(se passent)* en ce moment. — 5. Un pompier se tenait au bord de la toiture crevée ; des flammes en *(jaillissaient)*). — 6. Pierre avait disparu sous ses draps ; des boucles de cheveux blonds en *(sortaient)* seulement. — 7. Les prisonniers rentraient ; des centaines *(arrivaient)* ce jour-là à la gare. — 8. Parmi les arbres, *(certains sont)* qui gardent leurs feuilles tout l'hiver.

2. Choisissez l'orthographe correcte parmi les formes proposées.

1. Planchet annonça à d'Artagnan qu'il*(s)* lui étai*(en)*t arrivé*(es)* douze bouteilles de vin d'Anjou, de la part de ses amis mousquetaires. — 2. « A la bonne heure ! s'écria d'Artagnan.

Mais il*(s)* manque*(nt)* quelques amis pour égayer la fête ! » — 3. D'Artagnan invita donc deux gardes avec lesquels il*(s)* s'étai*(en)*t créé*(s)* plus de liens qu'avec d'autres. — 4. Comme les deux gardes se trouvai*(en)*t invité*(s)*, l'un pour le soir même, l'autre pour le lendemain, la réunion fut fixé*(e)* au surlendemain. — 5. Comme au fond du carafon se formai*(en)*t des dépôts, d'Artagnan permit à Brisemont de boire cette lie. — 6. Les convives allai*(en)*t porter le premier verre à leurs lèvres, lorsque tout à coup le canon retentit. — 7. Croyant qu'il*(s)* s'agissai*(en)*t d'escarmouches aux remparts, les gardes sautai*(en)*t déjà sur leurs épées. Mais il s'avéra que c'étai*(en)*t le roi et ses mousquetaires qui arrivai*(en)*t. — 8. D'Artagnan remerciai*(en)*t ses amis pour leur vin et il*(s)* s'étonnai*(en)*t d'un envoi dont il*(s)* n'étai*(en)*t assurément pas les auteurs ; il*(s)* leur venai*(en)*t des questions sur son origine. — 9. Arrivé*(s)* chez d'Artagnan, ils virent le malheureux Brisemont qui se tordai*(en)*t par terre dans les convulsions de l'agonie et maudissai*(en)*t d'Artagnan de lui avoir offert ce vin ; des soupçons commencèrent à se former dans leur esprit, qui convergeai*(en)*t autour de Milady. (D'après A. Dumas, *Les Trois Mousquetaires*.)

3. Complétez les points par -ait **ou** -aient.

Le naufrage du Titanic. — 1. La totalité des passagers ignor... que le *Titanic* s'ét... écarté de sa route. — 2. Un assez grand nombre de passagers ét... réunis dans le grand salon où une quarantaine de couples vals... au rythme de l'orchestre. — 3. Autour du buffet se press... robes décolletées et hauts-de-forme sévères. — 4. Quand le navire eut heurté l'iceberg, la plupart des passagers continu... à croire qu'il n'y av... pas de risques. — 5. La taille du bateau, la réputation du constructeur, la confiance en lui-même du capitaine, les port... à la confiance. — 6. Combien pourtant all... périr dans le naufrage ! — 7. Une foule de dames indignées refus... même de monter dans les embarcations de sauvetage ! — 8. Peu à peu cependant parven... au pont supérieur un gargouillis d'eau insidieuse, un inquiétant clapotis, un grondement de cataracte.

4. Remplacez les points par -ait **ou** -aient **(suite du précédent) et accordez les adjectifs et les participes passés.**

1. Nombre d'émigrants av... été enfermé*(s)* dans les ponts inférieurs. — 2. Une douzaine de jeunes gens des troisièmes classes essay... de briser les portes verrouillées. — 3. Beaucoup de passagers ét... admirable*(s)* : ni le danger, ni la mort proche ne leur fais... perdre la tête. — 4. Leur visage aussi bien que leur cœur rest... calme*(s)*. — 5. L'orchestre des musiciens au complet jou... vaillamment des cantiques pendant que le bateau s'inclin... . — 6. De temps à autre cependant s'élev... au-dessus de l'orchestre un cri aigu, un éclat de dispute, un hurlement de terreur. — 7. Le froid et la nuit ajout... à l'horreur du drame. — 8. Le petit nombre des rescapés grelott... dans les chaloupes. — 9. Moins de deux heures av... suffi pour que l'orgueilleux navire eût disparu de la surface de l'Océan.

ACCORD DU VERBE AVEC SON SUJET
3. AVEC PLUSIEURS SUJETS

LEÇON

Règles	Exemples
Plusieurs sujets singuliers → le verbe se met au pluriel (1).	*La pluie, la distance, le danger n'arrêtent pas d'Artagnan.*
Sujets de personnes différentes → la 2e pers. l'emporte sur la 3e → la 1re l'emporte sur les autres.	— *David et toi prenez le car.* — *Charles, toi et moi attendons.*
Sujets reliés par : **plus que, moins que, non, et non, plutôt que...** → le verbe s'accorde avec le 1er mot	*La ruse plus que les coups donne la victoire à d'Artagnan.*
Sujets reliés par : **aussi bien que, autant que, avec...** → singulier ou pluriel sont possibles, suivant l'intention.	*D'Artagnan comme Madame Bonacieux tremble(nt) pour la Reine.* Singulier : d'Artagnan a la vedette. Pluriel : insistance sur la communion.
Sujets reliés par : **ou, ni, soit... soit** → singulier ou pluriel sont possibles, suivant l'intention.	*Ni Athos ni Aramis n'arrive(nt) jusqu'à Londres,* Singulier : sort particulier de chacun. Pluriel : identité des résultats.
L'un et l'autre **Ni l'un ni l'autre** **Tel ou tel** } de préférence verbe au pluriel mais singulier admis.	*L'un et l'autre s'inquiètent (s'inquiète).*
L'un ou l'autre → singulier de préférence.	*L'un ou l'autre viendra (viendront).*
Répétition de : **tout, chaque, nul** → singulier ou pluriel, au choix.	*Chaque incident, chaque danger, chaque secret partagé lie(nt) davantage les amis.*
Vive, qu'importe, peu importe, reste, soit → verbes qu'on accorde ou locutions adverbiales, au choix.	*Soi(en)t deux droites AB et FG.* *Vive(nt) les vacances !*

ATTENTION !

1. **Plusieurs groupes** sujets désignent en fait la **même personne** :
→ le verbe s'accorde au **singulier**.
Ex. : *Cet être vil et ce lâche traître de Bonacieux livre sa femme !*
2. **Énumération** de sujets reprise par : **tout, rien, personne, chacun...**
→ le verbe s'accorde avec ce **dernier mot**.
Ex. : *La pluie, la distance, le danger, rien n'arrête d'Artagnan.*
3. **Gradation** entre des sujets à peu près synonymes → le verbe peut ne s'accorder qu'avec le dernier, le plus expressif. L'accord au pluriel est possible.
Ex. : *L'inquiétude, la crainte, l'effroi, s'empare de Madame Bonacieux.*

EXERCICES

1. Mettez le verbe entre parenthèses au temps (de l'indicatif) indiqué, et à la personne voulue.

1. Sur cette vieille photographie, Maman, mes frères et moi *(être, présent)* assis dans le jardin. — 2. Ni l'élégance ni le charme ne *(manquer, imparfait)* à maman. — 3. Mon frère Eugène et moi *(porter, présent)* des costumes marins. — 4. L'un et l'autre *(hasarder, présent)* un sourire timide. — 5. Le col, les manchettes, les chaussettes, tout *(briller, présent)* de propreté. — 6. Ni toi ni Jacques ne *(pouvoir, présent)* vous souvenir de cette époque. — 7. Car ni ton frère, ni Jacques, ni toi, n'*(être, imparfait)* nés. — 8. « Mais si ! Jacques, toi et moi *(fêter, plus-que-parfait)* nos cinq ans cette année-là ! — 9. Mes souvenirs et les tiens *(avoir, présent)* exactement le même âge. »

2. Complétez les points par -iez, -aient **ou** -ait.

1. La lune et les étoiles brill... dans le ciel. — 2. Les « écureuils agiles » et les « bisons futés » écarquill... les yeux et cherch... à percer l'obscurité des bois. — 3. Eux et vous mani... cartes et boussoles pour gagner le jeu de nuit. — 4. Alors que, dans l'autre équipe, Nicolas et Nathan vérifi... longuement l'itinéraire et essay... méticuleusement de se situer sur la carte, Alexis et toi voy... tout de suite quelle route il fallait prendre et envoy... allègrement les « écureuils agiles » à droite ou à gauche. — 5. Ni lui, ni toi, ni les autres garçons de l'équipe, n'étudi... longuement la carte, mais toi et lui expédi... vite les décisions aux carrefours ! — 6. Votre sens de l'orientation et votre flair stupéfi... les autres !

3. Remplacez les points par -ons, ont.

1. Ni toi ni moi ne souhait... que tout le monde reste ensemble pendant la promenade et ser... les seuls à connaître le chemin. — 2. Voici mon idée : Georges et moi prendr... les raccourcis avec les jeunes. — 3. Sous ta direction, les bébés et les parents emprunter... la route goudronnée et suivr... les lacets. — 4. Ce sera nous qui les guider... — 5. Ce ser... les jeunes qui nous donner... le rythme de notre côté. — 6. Toi comme moi ne regretter... pas la séparation.

DICTÉE À CHOIX MULTIPLES

Un pionnier. — 1. Mess Lethierry ne céd*(ais, ait)* point. — 2. Une va**gu**e qui se cabre, pas plus qu'un voisin qui dispute, ne réussiss*(ait, aient)* à l'a**rr**êter. — 3. Ni une objection• ni une tempête ne le fais*(ait, aient)* fléchir. — 4. Son entêtement• dans la vie aussi bien que son intrépidi**té** sur l'océan é*(tait, aient)* extrême*(s)*•. — 5. L'id**ée** lui vint d'essayer la machine Fulton, si contesté*(e)* et de relier par un bateau *(a / à)* feu l'archip**el** normand *(a / à)* la France. — 6. Mais cette merv**eille**, ce prodige ét*(ait, aient)* **diff**orme*(s)*. — 7. Quelquefois le soir, après le soleil couché, entr*(ait, aient)* dans le goulet de Saint-Sampson une silhouette monstrueuse qui siffl*(ais, ait)* et crach*(ais, ait)* une chose horrible• qui râl*(ais, ait)* comme une bête• et fum*(ais, ait)* comme un volcan, une espèce• d'h**y**dre• bavant dans l'écume : c'ét*(ait, aient)* Durande. — 8. Aujourd'hui, une dizaine de steamers se croisant en *(cens/sens)* inv**erse**• sur un hori**zon** de mer n'excite*(nt)* plus la surprise de personne•. — 9. Mais à *(ces / ses)* bons *(pécheurs / pêcheurs)* d'alors Durande sembl*(ais, ait)* être de l'enfer qui flo**tt**ait. — 10. Cette bête de feu et de fer ne re**ss**emblai*(en)*t-elle*(s)* pas *(a / à)* Léviathan ? — 11. Faire travailler ensemble*(s)* l'eau et le feu, n'était-*(ce / se)* pas refaire le **ch**aos ? — 12. Plus d'un l'**appel**ai*(en)*t « le Bateau-Diable ». (D'après V. Hugo, *Les Travailleurs de la mer*).

HOMONYMES

▸ **pécheur, pêcheur**

— un *pécheur* commet des péchés. — un *pêcheur* pêche des poissons.

CE/SE, C'/S', LEUR/LEURS

LEÇON

ce/se, c'/s'

1. Devant un nom ou un groupe nominal, **ce** est adjectif démonstratif.
Ex. : ***Ce*** *livre m'a plu. —* ***Ce*** *long roman m'a captivé.*

2. Devant *qui, que, dont, à quoi,* **ce** est pronom démonstratif.
Ex. : *Dis-moi* ***ce*** *qui t'est arrivé et* ***ce*** *à quoi tu penses.*

3. Devant un verbe :
— **ce, cela** est pronom démonstratif.
Ex. : ***Ce*** *fut cette nuit-là qu'il débarqua (= cela fut...).*
— **se** est pronom personnel (3e sing. ou pl.) d'un verbe pronominal ; le pronom change quand on conjugue le verbe.
Ex. : *Il* ***se*** *hâte (je me hâte, tu te hâtes, ils se hâtent).*

Ce et **se** s'élident si le verbe commence par une voyelle → **c', s'**.
Ex. : ***C'****est vrai (= cela est vrai). — Il* ***s'****avance (je m'avance, tu t'avances...).*

leur/leurs

1. Leur : pronom personnel pluriel, invariable, se trouve devant un **verbe**.
Ex. : *Les marins voient Lantenac. Il* ***leur*** *fait une forte impression.*
Leur (= aux marins) est pronom personnel invariable.

2. Leur/leurs : adjectif possessif, prend un **-s** s'il détermine un **nom pluriel**.
Ex. : *Les Vendéens prirent* ***leurs*** *jambes à leur cou.*

EXERCICES

1. Choisissez dans la parenthèse le mot qui convient.

1. Un cri désespéré *(ce, se)* fit soudain entendre, ainsi qu'un bruit terrible. — 2. *(Ce, Se)* cri et *(ce, se)* bruit venaient du dedans du navire. — 3. Le capitaine et le lieutenant *(ce, se)* précipitèrent. — 4. *(Ce, Se)* qui venait d'arriver, *(c', s')* était qu'une des caronades de la batterie venait de *(ce, se)* détacher, *(ce, se)* qui est le plus redoutable peut-être des événements de mer. — 5. Un canon qui *(ce, se)* libère de son amarre, *(c', s')* est une machine qui *(ce, se)* transforme en un monstre, qui *(ce, se)* penche avec le roulis, *(ce, se)* redresse avec le tangage, va, vient, *(c', s')* arrête, *(ce, se)* remet à rouler, pirouette, *(ce, se)* dérobe, *(c', s')* évade, *(ce, se)* cabre, heurte, tue et extermine. — 6. *(C', S')* est un bélier qui bat à sa fantaisie une muraille : et *(ce, se)* bélier est en bronze, tandis que la muraille est en bois. — 7. *(Ce, Se)* bloc forcené a l'air d'avoir des idées, de *(ce, se)* raviser. — 8. On dirait que *(ce, se)* que nous appelons les objets inertes prenne soudain sa revanche et *(ce, se)* venge. (D'après V. Hugo, *Quatre-vingt-treize*.)

2. Même exercice que le n° 1 (suite).

1. Comment entraver *(ce, se)* mécanisme monstrueux du naufrage ? — 2. *(Ce, Se)* sont des tournoiements brusquement coupés d'angles droits. — 3. Et comment arrêter *(ce, se)* qu'il faut éviter ? — 4. L'horrible canon *(ce, se)* démène, broie l'obstacle. — 5. Les canonniers *(ce, se)* préparaient au combat. — 6. La caronade, lancée par le tangage, fit une trouée dans *(ce, se)* tas d'hommes et en écrasa quatre d'un coup. — 7. De là *(ce, se)* cri de détresse qu'on

venait d'entendre. — 8. Tous les hommes *(ce, se)* pressèrent à l'escalier-échelle. — 9. La batterie *(ce, se)* vida en un clin d'œil. — 10. L'énorme pièce pouvait faire du bateau *(ce, se)* qu'elle voulait. (D'après V. Hugo, *Quatre-vingt-treize.*).

3. Choisissez dans la parenthèse le mot qui convient.

1. « Écoutez, Marat, *(c', s')* écria Robespierre, avant de *(c', s')* épouser, il faut *(ce, se)* connaître. — 2. Comment avez-vous su *(ce, se)* que j'ai dit hier à Saint-Just ? — 3. Robespierre, je sais *(ce, se)* que vous dites à Saint-Just, comme je sais *(ce, se)* que Danton dit à Lacroix ; comme je sais *(ce, se)* qui *(ce, se)* passe à l'hôtel de Labriffe, repaire où *(ce, se)* rendent les nymphes de l'émigration, et où, maintenant, on va une fois par semaine. » — 4. En prononçant *(ce, se)* on, Marat regarda Danton. — 5. Danton *(c', s')* exclama : — 6. « Si j'avais deux liards de pouvoir, *(ce, se)* serait terrible ! » Marat poursuivit : — 7. « Je sais *(ce, se)* que vous dites, Robespierre, comme je sais *(ce, se)* qui *(ce, se)* passait à la tour du Temple quand *(c', s')* y engraissait Louis XVI et que dans le seul mois de septembre le loup, la louve et les louveteaux *(ce, se)* sont offert quatre-vingt-six paniers de pêches. — 8. Pendant *(ce, se)* temps-là, le peuple était affamé. — 9. Oui, je sais tout, malgré *(ce, se)* que Saint-Just appelle le silence d'État. » — 10. Marat souligna *(ce, se)* mot par l'accent et regarda Robespierre. (D'après V. Hugo, *Quatre-vingt-treize.*)

4. Complétez les points par leur **ou** leurs**, après avoir analysé ce mot.**

1. Les paysans vendéens étaient des combattants étranges, affreux et intrépides. Fourches, faux, fusils, couteaux de braconnage, c'étaient là ... armes. — 2. ... vêtements se délabraient. — 3. Pour assaillir les bleus et pour franchir les ravins, ils avaient ... long bâton de quinze pieds de long, la ferte, arme de combat et de fuite. — 4. Ils chargaient ... fusil en courant ; c'était ... talent. — 5. Toutes ... allures étaient nocturnes. — 6. Ils faisaient quinze lieues en silence, sans courber une herbe sur ... passage. — 7. Le soir venu, ils chargaient ... fusils, marmottaient ... prière, ôtaient ... sabots et filaient pieds nus sur la bruyère et sur la mousse, sans un bruit, sans un mot, sans un souffle. (D'après V. Hugo, *Quatre-vingt-treize.*)

5. Même exercice que le n° 4 (suite).

1. Au plus fort des mêlées, s'ils rencontraient une croix, tous tombaient à genoux et disaient ... prière sous la mitraille. — 2. Le rosaire fini, les survivants se ruaient sur ... ennemis. — 3. On ... faisait accroire ce qu'on voulait. — 4. Les prêtres ... montraient d'autres prêtres, dont ils avaient rougi le cou avec une ficelle serrée et ... disaient : « Ce sont des guillotinés ressuscités. » — 5. Quand les munitions manquaient, ils disaient ... chapelet et allaient prendre de la poudre aux Républicains dans ... caissons. — 6. Ils avaient ... accès de chevalerie. — 7. Ils honorèrent des Républicains qui s'étaient fait sabrer sans lâcher ... drapeaux. — 8. ... piété ne ... interdisait pas la cruauté. — 9. Fusiller les « patauds », c'est-à-dire les bourgeois ... plaisait. — 10. A Fontenay, un de ... prêtres, le curé Barbotin, abattit un vieillard d'un coup de sabre. — 11. A Saint-Germain-sur-Ille, un de ... capitaines, gentilhomme, tua des notables et ... prit ... montre. — 12. Ils ne dédaignaient pas les louis d'or, mais ... préféraient cependant une cartouche. (D'après V. Hugo, *Quatre-vingt-treize.*)

LE PLURIEL DES NOMS ET DES ADJECTIFS
-S, -X, -Z

LEÇON

Singulier	Pluriel	Exemples	Exceptions
Règle générale	**-s**	*un grand arbre* → *de grand**s** arbre**s***	
-s, -x, -z	**invariable**	*un gaz dangereux* → *des ga**z** dangereu**x***	
-ou	**-ous**	*un voyou fou* → *des voyou**s** fou**s***	*des bijou**x**, caillou**x**, chou**x**, genou**x**, hibou**x**, joujou**x**, pou**x***
-ail	**-ails**	*un détail* → *des détail**s***	*des bau**x**, cora**ux**, éma**ux**, soupira**ux**, trava**ux**, vitra**ux***[1]
-eu	**-eux**	*un cheveu* → *des cheveu**x***	*des pneu**s** bleu**s*** *des lieu**s**, des émeu**s***
-au **-eau**	**-aux** **-eaux**	*un beau joyau* → *de beau**x** joyau**x***	*des sarrau**s**,* *des landau**s***
-al	**-aux**	*un journal local* → *des journ**aux** loc**aux***	— *des bal**s**, carnaval**s**, chacal**s**, festival**s**, récital**s**, régal**s***[2] — banca**ls**, fata**ls**, fina**ls**, nata**ls**, nava**ls**

1. *L'ail* → *des ail**s*** ou *des au**lx***
2. *L'idéal* → *des idéa**ls*** ou *des idé**aux***

DES TRUCS

1. Pour savoir s'il faut écrire **-aux** ou **-eaux** au pluriel, cherchez le **singulier**. S'il est en **-ail** ou **-al**, le pluriel est **-aux**.

2. Il n'y a que quelques noms en **-au** : *un noyau, boyau, joyau, tuyau, étau, préau, fléau, sarrau, landau.*

3. Les adjectifs de son « **eu** » s'écrivent **-eux**. Ex. : *heureux.* Sauf : *bleu.*

4. Les noms masculins de son « **eu** » s'écrivent **-eu**. Ex. : *le feu.* Sauf : *un vœu, un nœud — les bœufs, les œufs.*

EXERCICES

1. Mettez les phrases suivantes au pluriel. (Elles vous permettront de retenir toutes les exceptions aux règles.)

1. Mon bijou, mon chou, viens sur mon genou, prends ce caillou en guise de joujou, et jette-le sur ce hibou, qui a un pou. — 2. Résiliez le bail dans cet immeuble : le vitrail de l'escalier

est cassé. L'émail de la façade tombe. Le soupirail est obstrué. Il y en a pour un mois de travail. Le propriétaire devra vendre sa collection de corail. — 3. Après un combat naval et un revers final, un marin retourna dans son pays natal. Après ce jour fatal, un autre des marins était bancal.

2. Choisissez la bonne orthographe dans la parenthèse.

1. Lorsque sortent les hibou*(s, x)*, tous les vieu*(s, x)* grigou*(s, x)* tirent les verrou*(s, x)* pour protéger leurs sou*(s, x)* et leurs bijou*(s, x)* contre les voyou*(s, x)*. — 2. Ils ont de gros toutou*(s, x)* et de fins matou*(s, x)* pour donner l'éveil et, si on marche dans les caillou*(s, x)*, ils vont chercher leurs gros joujou*(s, x)* de la dernière guerre car ce bruit les rend fou*(s, x)*. — 3. Mais ce soir-là, les toutou*(s, x)* cherchent leurs pou*(s, x)* sur les genou*(s, x)* bien dou*(s, x)*, bien mou*(s, x)*, des nounou*(s, x)* et les matou*(s, x)* guettent les coucou*(s, x)* dans les bambou*(s, x)*. — 4. Tous ont des souvenirs bien flou*(s, x)*, mais je sais que des filou*(s, x)* sont passés par les trou*(s, x)* de la clôture du carré de chou*(s, x)*.

3. Mettez les phrases suivantes au pluriel.

1. Le journal de son pays natal raconte le combat naval avec un détail original. — 2. Un fou amical fit un vœu pour arrêter le fléau fatal. — 3. La servante a acheté un œuf, un poireau et un chou. Quel régal ! Elle enlève le noyau du pruneau sous le préau. — 4. Le caporal plaça le clou dans l'étau, mais il tomba dans un trou et le malheureux le cherche, le genou sur le caillou.

4. Mettez les phrases suivantes au pluriel.

1. Le bœuf de ton troupeau lance un adieu silencieux à l'eau de son ruisseau natal. — 2. La nounou a un époux génial, mais laid comme un pou et bancal. Un vrai épouvantail ! — 3. Mon aïeul habite un château féodal. Il y donne un bal prestigieux. Il aime son cheval et son feu. — 4. Un vieil hibou a signé chez lui un bail ; il entre par un vitrail cassé et donne un récital vespéral. — 5. Armé d'un tuyau, un filou entre par le soupirail et commence son travail pour voler un anneau de corail, un oiseau en émail, un éventail précieux, un jeu octogonal et un bijou spécial : un nœud bleu entoure le joyau.

5. Donnez le singulier et complétez les points par -aux ou -eaux.

1. Aux crén... des chât... féod... flottaient des drap... triomph... — 2. Sous des pré..., des femmes lavaient des boy... de pourc... dans de grands s... — 3. D'autres, avec des cout..., enlevaient leurs noy... à des monc... phénomén... de cerises pour les mettre en boc... — 4. Des damois... sortaient de fourn... infern... des pigeonn... aux prun..., des chevr... rôtis, des dindonn..., des perdr..., des jambonn... aux poir... — 5. Une foule d'ouvriers s'activaient à toutes sortes de trav... — 6. — Des forgerons brut... tordaient des barr... sur leurs ét... pour les soupir... seigneuri... — 7. Avec leurs pinc..., des artistes géni... peignaient des tabl... pastor... pleins de ruiss... et de can... — 8. D'autres réparaient les vitr... paroissi... qui étaient en morc... — 9. D'autres fabriquaient des ém... origin... représentant des ois... sur des arbriss... .

6. Mettez au pluriel le mot entre parenthèses.

1. Comme l'hypermarché cassait les *(prix)*, mon père a acheté des *(pneu)* neufs pour la voiture et, *(cheveu)* au vent, nous avons gagné les *(lieu)* de nos exploits. — 2. Nous avons pêché des *(lieu)* et les avons fait cuire sur des *(feu)* de bois, ainsi que différentes sortes de *(riz)* : les bonnes odeurs faisaient frémir tous les *(nez)*. — 3. Les *(neveu)*, vêtus de leurs habits *(bleu)*, ont présenté leurs *(vœu)* à leurs oncles. — 4. Ces *(monsieur)* leur avaient rapporté des *(fez)* du Maroc, ainsi que différents *(jeu)*. — 5. Les *(Hébreu)* n'adoraient pas une multitude de *(dieu)*, mais un seul. — 6. Ils avaient les *(œil)* tournés vers les *(ciel)*.

L'ACCORD DES ADJECTIFS (1)

LEÇON

L'adjectif s'accorde en genre et en nombre avec le nom auquel il se rapporte. Le **participe passé** employé comme adjectif suit la même règle. Pour trouver ce nom, posez la question « Qui est-ce qui est + adjectif ? ».
Ex. : *Des régions hantées.* Qui est-ce qui est hanté ? *des régions* → féminin, pluriel = *hantées.*

Difficultés	Règles et exemples
Adjectif apposé détaché loin du nom	*Trop soulagés pour parler et échanger, les Hobbits suivirent Tom Bombadil en silence.*
L'adjectif se rapporte **à deux noms à la fois** → pluriel	— **féminin**, si les deux noms sont féminins : *une fatigue et une somnolence inquiétantes.* — **masculin**, si l'un des noms ou les deux sont masculins : *un soleil et un air chauds ;* *une sieste et un repas tentants*[1].
cet/cette adj. démonstratif	— **cette** = féminin : ***cette** étape.* — **cet** = masculin (devant un mot qui commence par une voyelle ou *h* muet) : ***cet** arrêt, **cet** homme.*
beau, fou, nouveau mou, vieux : ont deux formes de masculin	— **bel, fol, nouvel, mol, vieil** = masculin, devant un mot qui commence par une **voyelle** ou un ***h* muet** : *un fol amour* (*l'amour fou*). — **belle, folle, nouvelle, molle, vieille** = féminin : *une énergie folle.*
Groupe : Nom + complément + adjectif[2]	*Un cageot de pêches mûres (un ~~cageot mûr~~).* *Un cageot de pêches étiqueté à l'adresse du destinataire (des ~~pêches étiquetées~~).*
Adjectifs singuliers → un nom pluriel	*Aux dix-septième et dix-huitième siècles.* (le XVIIe + le XVIIIe = deux siècles)
chic, kaki, mastoc, capot, gnangnan, rococo	**Invariables :** *des femmes chic ; ils sont capot ; des églises rococo.*
angora, grognon[3]**, fat, tabou, témoin, snob**	Ont un **-s au pluriel**, mais sont **invariables en genre** : *une chatte angora ; des chattes angoras.*

1. Pour l'harmonie, rapprochez le nom masculin de l'adjectif.
Ex. : *Un repas et une ~~sieste~~ tentants → une sieste et un repas tentants.*

2. Avec *une espèce de, une sorte de, une manière de, une façon de,* l'adjectif s'accorde avec le nom qui suit **de**.
Ex. : *Une sorte d'épouvantail hideux se dressait devant moi.*

3. *Une employée grognon,* mais : *une humeur grognonne.*

EXERCICES

1. Remplacez les points par cet **ou** cette.

1. ... air de musique. — 2. ... arrivée tardive. — 3. ... ambiance joyeuse. — 4. ... accueil amical. — 5. ... envie de rire. — 6. ... homme sombre. — 7. ... isolement curieux. — 8. ... ancien dicton. — 9. ... appréhension incompréhensible. — 10. ... excitation malencontreuse.

2. Remplacez les points par cet, cette, c'est.

1. ... à midi qu'ils arrivèrent à une colline au sommet large et aplati, ressemblant à une soucoupe peu profonde. — 2. Ils traversèrent ... espace et regardèrent en direction du nord. — 3. Tournés vers ... horizon, ils apercevaient une ligne sombre. — 4. « Ça, ... une rangée d'arbres, dit Merry, et elle doit marquer la route. — 5. ... fois-ci, nous sommes presque arrivés ! » — 6. « ... épatant dit Frodon. Si on va aussi bon train ... après-midi, on arrivera bien vite. » — 7. A ... heure-là, il n'y avait pas un souffle d'air. — 8. ... atmosphère pesante et ... horrible impression d'étouffer agissaient sur les voyageurs. — 9. « J'aurais bien envie d'une halte à ... endroit », dit Merry. — 10. « ... une bonne idée », reconnut Frodon. — 11. En fait, ... halte faillit leur coûter cher. (D'après Tolkien, *Le Seigneur des anneaux*.)

3. Accordez l'adjectif entre parenthèses. Attention au genre !

1. un *(vieux)* ami. — 2. une *(vieux)* horreur. — 3. un *(nouveau)* avenir. — 4. un *(fou)* entraînement. — 5. Poussés par un *(fou)* espoir et emportés par une *(fou)* audace, ils tentèrent l'aventure. — 6. Glisse ce *(mou)* oreiller sous sa tête. — 7. Par ce temps, mieux vaut *(bon)* hôtel que *(beau)* étoile. — 8. Je n'ai pas eu de *(nouveau)* idée. — 9. Reste ici jusqu'à *(nouveau)* ordre. — 10. de l'eau *(beau)* et fraîche. — 11. Ils ont quitté leur *(vieux)* appartement, déménagé leur *(vieux)* armoire et leur *(vieux)* horloge. — 12. Il est *(beau)* homme. — 13. Notre professeur se plaint de notre *(mou)* enthousiasme et de notre *(mou)* ardeur. — 14. Au *(nouveau)* an, j'aurai de *(nouveau)* chaussures. — 15. J'aurai, le revendant, de l'argent *(beau)* et bon. — 16. *(Beau)* amie, tu ne vas pas dilapider notre *(beau)* héritage !

4. Dites à quel nom se rapporte l'adjectif et accordez-le.

1. des bols d'eau *(sucré)*. — 2. un paquet de gâteaux *(entamé)*. — 3. des bracelets d'or *(fin)*. — 4. des remèdes de bonne femme *(efficace)*. — 5. une purée de légumes trop *(salé)*. — 6. une cartouche de cigarettes *(blonde)*. — 7. des débris de vaisselle *(éparpillé)* par terre. — 8. un sac de billes *(nacré)*. — 9. une agence de voyages *(fermé)* à cinq heures. — 10. un groupe de badauds *(étonné)*. — 11. l'attrait des voyages *(lointain)* — 12. des œuvres d'art universellement *(connu)*. — 13. des îles sans nom *(connu)*. — 14. des toilettes d'été *(gai)* et *(coloré)*. — 15. des monuments en péril *(sauvé)* par une équipe d'ouvriers *(bénévole)*.

5. Accordez les adjectifs entre parenthèses. Donnez la nature de quel.

1. *(Quel)* modestie ! — 2. « Moi, disait un jeune cerisier, je fleuris toujours de *(bon)* heure : un manchon neigeux qui va jusqu'à l'extrémité de mes branches. — 3. Et *(quel)* tenue de pétales ! — 4. Et *(quel)* parfum ! — 5. Et quand vient la défloraison, *(quel)* pluie candide ! — 6. Et *(quel)* tapis sur le sol ! — 7. Les fruits que nous donnons sont *(renommé)* de tout l'univers. Pensez : le bigarreau ! » (G. Duhamel, *Fables de mon jardin*.)

6. Accordez les adjectifs entre parenthèses.

1. Ma tante ne pourrait supporter d'habiter que les *(seizième)* ou *(dix-septième)* arrondissements de Paris. — 2. Toujours *(perdu)*, comme tous les gens *(snob)*, dans ses rêves de vie *(élégant)* elle méprise les maisons *(mastoc)*. — 3. Elle appartient à *(cet)* espèce de femmes *(gnangnan)* que je déteste. — 4. *(Cet)* hiver, je l'ai vue se promener avec une sorte de caniche, *(vêtu)* d'un mantelet et *(chaussé)* de bottines *(kaki)*. — 5. Très *(absorbé)*, chien et maîtresse sont entrés dans plusieurs boutiques *(chic)*. — 6. Les courses de luxe *(terminé)*, une

sorte de maître d'hôtel *(solennel)* a gravement ouvert la porte d'une Mercedes à *(cet)* espèce de paquet *(enrubanné)*. — 7. Nonchalamment *(étendu)* sur les banquettes *(moelleux)*, une chatte *(angora)* rêvait de retrouver les fauteuils *(rococo)* du salon pour reprendre le cours de ses rêves *(interrompu)*. — 8. Le maître d'hôtel jubilait de la partie de cartes *(animé)* qu'il venait de disputer avec deux chauffeurs *(désœuvré)*, plutôt *(grognon)* d'avoir été mis *(capot)*.

7. Dites à quel nom se rapporte l'adjectif (ou le participe) et accordez-le.

1. Au bout d'un moment, les arbres commencèrent à se resserrer, juste à l'endroit où ils avaient paru, à distance, être plus *(clairsemé)* et moins *(enchevêtré)*. — 2. Puis de *(profond)* replis de terrain se découvrirent à l'improviste, comme les ornières d'*(immense)* roues de géants ou des routes *(affaissé)*, depuis longtemps hors d'usage et *(obstrué)* de ronces. — 3. A *(chaque)* descente, ils trouvaient le creux *(rempli)* d'*(épais)* buissons et de broussailles *(emmêlé)* qui, de *(curieux)* façon, refusaient de céder sur la gauche et ne livraient passage que si les voyageurs tournaient à droite. — 4. Chaque fois qu'ils avaient escaladé la pente, les arbres paraissaient plus *(profond)* et plus *(sombre)*. — 5. Et ils étaient toujours *(contraint)* d'aller vers la droite et de descendre. (D'après Tolkien, *Le Seigneur des anneaux*.)

8. Dites à quel nom se rapporte l'adjectif (ou le participe) et accordez-le.

1. Quand le soleil sombra dans les arbres, de *(grand)* ombres tombèrent autour d'eux ; les troncs et les branches étaient *(suspendu)*, *(noir)* et *(menaçant)* au-dessus du sentier. — 2. Des brumes *(blanc)* commencèrent de s'élever, d'onduler à la surface de la rivière. — 3. Ils étaient très *(fatigué)*. — 4. Des bruits *(étrange)* couraient furtivement parmi les buissons et, s'ils levaient les yeux vers le ciel *(pâle)*, ils apercevaient de *(bizarre)* figures *(tordu)* et *(bossué)* qui les lorgnaient du haut de la rive *(escarpé)* et des bords de la forêt... — 5. Tout à coup, sous *(leur)* pieds, l'herbe devint *(doux)* comme si elle avait été *(tondu)*. — 6. Derrière, les avancées de la forêt étaient *(taillé)* et *(soigné)* comme une haie. — 7. Le sentier s'étendait devant eux *(uni)*, bien *(tenu)* et *(bordé)* de pierres. — 8. Devant eux se trouvait la maison tant *(attendu)* de Tom Bombadil. (*Ibidem*)

DICTÉE À CHOIX MULTIPLES

Les Êtres des Galgals. — 1. Toute*(s)* les co**ll**ines qui domin*(ait, aient)* les Hobbits ét*(ait, aient)* cour**onn***(és, ées)* de tertre*(s)* vert*(s)*, sur certain*(s)* desqu*(el, els, elle, elles)* ét*(ait, aient)* des pierres• lev*(és, ées)*, point*(é, és, ée, ées)* en l'air comme des dents ébréch*(é, ée, és, ées)* sortant de gencive*(s)* verte*(s)*. — 2. Cet*(te)* vu*(e)* était quelque*(s)* *(peu/peut)* inquiétante*(s)*. — 3. La pierre contre laqu*(el, elle)* ils a**pp**uy*(ait, aient)* le dos ét*(ait, aient)* fraîche*(s)*, comme si le sol**eil** n'avait eu aucun pouvoir de la récha**uff***(ée, er)*. — 4. Mais à cet*(te)* heure de midi, c'était bien agréable. — 5. Leur*(s)* poneys déchargé*(s)* va**gu***(ait, aient)* dans l'herbe et *(ce/se)* qui devait **arr**iver après un repas un *(peu/peut)* trop prolongé avec les jambes allong*(é, ées)* **arr**iva : ils s'endormirent. — 6. Lorsqu'ils se réveillèrent brusquement, ils sautèrent• sur leur*(s)* pied*(s)*, tou*(s, t)* a**l**armé*(s)*. — 7. Au moment où il*(s)* regard*(ait, aient)*, constern*(é, és)*, vers le soleil couchant, il sombra sous leur*(s)* yeux dans une mer blanche et une ombre jaill*(ie, it)* à l'Est, grise*(s)* et glac*(é, és, ée, ées)*•, qui les tint envelo**pp***(é, ée, és, ées)* dans une sa**ll**e de brume. — 8. Ils se remirent en marche, à la fi**l**e pour éviter d'être sépar*(é, és, ée, ées)*. — 9. Tout à coup Frodon vit, dress*(é, ée, és, ées, er)* devant lui de façon menaçante et légèrement pench*(é, ée, és, ées)* l'une vers l'autre comme les montant*(s)* d'un port**ail** sans lint**eau***(x)*, deux é**n**orme*(s)* pierre*(s)*• lev*(é, ées, aient)*. — 10. Puis il crut voir deux yeux très froid*(s)*, bien qu'éclair*(é, és, ée, aient)* d'une p**â**le lu**eur**, qui sembl*(ait, aient)* venir d'une très grande distance• et il fut sais*(i, it)* d'une étreinte plus forte et plus froide que celle de l'acier. (D'après Tolkien, *Le Seigneur des anneaux*.)

L'ACCORD DE L'ATTRIBUT

LEÇON

L'attribut est une qualité donnée (= attribuée) **à un nom, par l'intermédiaire d'un verbe.**

▶ L'attribut peut être un **adjectif**, mais aussi un **nom** ou un **pronom**.
Ex. : *Nous sommes* ***malades****.* (*malades* = adj. qualif. attribut du sujet *nous*)
Nous sommes ***élèves*** *ici.* (*élèves* = nom commun)
Ces blousons sont ***les nôtres****.* (*les nôtres* = pronom possessif)

▶ On trouve **un attribut du sujet** avec :
— les **verbes d'état :** *être, sembler, paraître, devenir, demeurer, rester.*
— certains **verbes d'action intransitifs.** Ex. : *Ils* ***tombent*** *malades.*
— certains **verbes passifs.** Ex. : *Elles* ***sont ébouillantées*** *vivantes.*
— certains **verbes pronominaux.** Ex. : *Ces médicaments* ***se prennent*** *dilués.*

▶ On trouve un **attribut du C.O.D.** avec des verbes comme : *croire, trouver, estimer, savoir, élire, choisir, rendre, laisser,* etc.
Ex. : *Cette maison, je* ***la crois*** *hantée.*
Ces pêches, je ***les choisis*** *bien mûres.*

▶ L'attribut peut être introduit par des **prépositions.**
Ex. : *Ils se déguisent* ***en*** *policiers.*
Nous serons jugés ***comme*** *voleurs.*
On nous prend ***pour*** *confidents.*
Je les traite ***de*** *lâches.*

▶ L'attribut peut se rapporter à un **sujet non exprimé :**
— avec un **verbe à l'impératif.**
Ex. : ***Soyez*** *gentils.* (sujet de *soyez* = 2 pers. pluriel → *gentils*)
— avec un **verbe à l'infinitif** : cherchez son sujet logique.
Ex. : *Le père recommanda à ses enfants de* ***rester*** *unis.*
(sujet de *rester* = enfants → *unis*)

▶ **Tel, telle, tels, telles** (adjectif indéfini) et **quel, quelle, quels, quelles** (adjectif interrogatif ou exclamatif) sont souvent placés avant le nom.
Ex. : ***Telles*** *sont pour moi* ***les difficultés*** *de l'entreprise.*
Quelles *sont, à votre avis,* ***nos chances*** *de réussite ?*

▶ L'attribut peut se rapporter à un **pronom** : cherchez son **antécédent.**
Ex. : ***Anne, que*** *ses maîtres tenaient pour bornée, révéla alors son génie.*
(*bornée* : attribut du C.O.D. *que* = Anne → *bornée*)

ATTENTION !
— Le **vous de politesse** ne représente qu'une seule personne.
Ex. : *Que* ***vous*** *êtes belle, Baie d'Or ! (vous* = Baie d'Or → *belle)*
— Le **nous « de majesté »** (pompeux) ne représente qu'une seule personne.
Ex. : ***Nous****, Maire de Dijon, sommes inquiet.* (*nous* = le Maire → *inquiet*)
— **On** peut représenter un nom féminin ou pluriel (familier).
Ex. : ***On*** *est bien gaie, ma petite ! (on* = la petite → *gaie*)
On sera contents, Tanguy et moi. (*on* = Tanguy et moi → *contents*)

— **Le** peut représenter une idée, un verbe ou une proposition entière : l'adjectif s'accorde au **neutre singulier** (= masculin).
Ex. : *Que la Terre tourne autour du Soleil, je* ***l'****estime vrai.*
(*l'* = la proposition « *Que la Terre tourne autour du Soleil* » → *vrai*)

EXERCICES

1. Analysez le mot entre parenthèses et accordez-le.
1. Chaque année, nous partions camper *(content)*. — 2. Sur la route, la patrouille marchait *(courbé)* sous le poids des sacs. — 3. Et pourtant, la joie les rendait *(léger)*. — 4. Des boîtes de conserves nous servaient *(d'assiette)* ; des branches, *(de cuillère à pot)*. — 5. Nous avions *(pour chef)* deux grands garçons sympathiques. — 6. Jean-Baptiste et Matthieu goûtaient nos plats *(en connaisseur)*. — 7. « Aimez-vous ces steaks ? — Je les trouve *(cuit à point)* ; mais je crois ceux-ci un peu *(brûlé)*. — 8. Soyez *(fier)* de votre cuisine, les garçons ! » — 9. La soirée s'annonçait *(mouillé)*. — 10. Nous allâmes nous coucher passablement *(trempé)*.

2. Analysez les mots entre parenthèses et accordez-les.
1. Avec Valérie, je suis allée voir Mireille ; je l'ai trouvée *(amaigri)*. — 2. Elle m'a paru bien *(affaibli)*. — 3. Ses mains pendaient *(inerte)* sur le drap. — 4. Elle regarde comme *(inutile)* ou *(dangereux)* toutes les potions que le médecin lui prescrit. — 5. Le médecin, lui, la tient pour *(perdu)*. — 6. L'angoisse nous étreignait de nous sentir si *(démuni)* devant la maladie. — 7. Nous nous affligions de la savoir *(condamné)*. — 8. Et pourtant il nous fallait paraître *(gai)* et *(enjoué)*. — 9. Lorsque nous sommes *(parti)*, nous l'avons laissée *(endormi)*.

3. Analysez les mots entre parenthèses et accordez-les.
1. *(Cher)* Oncle Maxime. — 2. Vous avez dû trouver Paris complètement *(désert)* au mois d'août. — 3. J'ai de la peine à vous savoir *(seul)* dans votre appartement, tandis que Maxime et moi nous nous initions à la montagne, *(saoulé)* de grand air, *(ivre)* d'altitude, *(fou)* de joie lorsque nous atteignons le sommet. — 4. Il nous faut apprendre à être *(hardi)* et *(endurant)*. — 5. Hier, on est *(rentré) (fourbu)* de l'Aiguille du Tour. — 6. On était bien *(content)* de rentrer au châlet. — 7. Vous serez sans doute *(ravi)* de nous savoir *(gai)* et *(content)*. — 8. Quant à vous, je ne saurais vous imaginer *(abattu)*, bien que la solitude rende quelquefois les choses quotidiennes bien *(amer)*. — 9. Je vous imagine *(satisfait)* de pouvoir enfin travailler *(tranquille)*. — 10. Je vous joins l'adresse de tous les restaurants agréables que nous avons trouvés *(ouvert)* l'an dernier au mois d'août. — 11. Vous pouvez tenir ces renseignements pour *(exact)*. — 12. En attendant de vous revoir aussi *(allègre)* qu'à l'accoutumée, nous vous envoyons nos affections les plus *(vif)*.

4. Dites le nom dont l'adjectif est attribut et accordez l'adjectif.
1. *(Quel)* sont ces intenses préparatifs dans toute la maison ? — 2. *(Quel)* sont les cousines que Bilbon a invitées ? — 3. *(Quel)* est l'anniversaire que l'on fête ? — 4. *(Quel)* est cette majorité si importante ? — 5. Celle de Frodon. Bilbon veut faire de lui son héritier : *(tel)* est son affection pour lui. — 6. *(Quel)* est votre projet, mon cher Bilbon ? — 7. *(Quel)* va être votre décision concernant l'anneau ? — 8. *(Quel)* est cette farce que vous préparez ? — 9. Je me demande bien *(quel)* seront ceux qui la trouveront drôle. — 10. Ne craignez-vous pas des rancunes tenaces ? *(Tel)* sont d'ordinaire les réactions des Sacquet de Besace !
(D'après Tolkien, *Le Seigneur des anneaux*, Bourgois.)

5. Dites le mot auquel se rapporte l'adjectif ; si c'est un pronom, précisez son antécédent et accordez l'adjectif.

1. Je tente de monter une pièce de théâtre avec des camarades que je trouve *(sympathique)*. – 2. Marc et Michel ont mis des heures à apprendre des scènes qui semblaient à première vue très *(facile)*. – 3. Des idées qui m'avaient d'abord semblé *(excellent)* se sont révélées *(irréalisable)*. – 4. Au contraire, des difficultés que j'avais imaginées *(insurmontable)* n'étaient pas en fait si *(terrible)*. – 5. Il a fallu sans cesse rétablir des relations qui devenaient de plus en plus *(tendu)* entre les actrices qui sont restées *(enfantin)* et que leurs mères trouvent *(joli)* avec leurs socquettes, et celles qui se veulent *(émancipé)*. – 6. C'est en tout cas une expérience qui nous restera *(gravé)* dans la mémoire. – 7. Delphine et Sandrine, que le spectacle a rendues *(malade)* de rire, ont bien envie de jouer un rôle elles aussi.

DICTÉE À CHOIX MULTIPLES

Naissance • d'une amitié. — 1. **Attabl***(é, és)* devant un repas considérable, ils en furent intimid*(é, és)*. – 2. Ils ne trouv*(ait, aient)* plus rien à se dire ; – 3. et ils mang**e***(ait, aient)* du (*bout/boue*) des dent*(s)*, gên*(é, és)* dans leur*(s)* mouvement*(s)*. – 4. Ils s'**ap**ercevaient brusquement qu'ils étaient des étrangers l'un pour l'autre. – 5. La première demi*(e)*-heure fut d'un **enn**ui mortel*(le)*. – 6. Heureusement, le repas fit bientôt son **eff**et et les deux convives se regardèrent avec plus de confi**ance***(s)*. – 7. Christophe surtout, qui n'était pas **accou**tum*(é, ée, és)* à de par*(eil, eille, eils, eilles)* bomb**ance***(s)*, devint singulièrement lo**qu**ace •. – 8. Puis Otto Diener avoua que *(ces, ses, c'est)* parent*(s)* voulaient faire de lui un **comm**er**ç**ant, le **successeur** • de son père, mais que lui voulait être po**ète***(s)*. – 9. Il avoua, en rougissant, qu'il avait déjà écrit*(s)* des *(vers/verres/verts)* sur la triste**ss**e de vivre. – 10. Christophe les trouva sublime*(s)*. – 11. Enfin, engourdi*(s)* par le repas, les coudes sur la table, il*(s)* parl*(ait, aient)* et s'écout*(ait, aient)* *parl(és, er)* l'un l'autre*(s)* avec des yeux **att**endri*(s)*.
(D'après R. Rolland, *Jean-Christophe*, Albin Michel.)

LES MOTS DE LA FAMILLE : À VOS DICTIONNAIRES !

loqu (= parler) : lo**qu**ace - un solilo**que**, solilo**qu**er - élo**qu**ent(e), l'élo**qu**ence, élo**qu**emment - grandilo**qu**ent, la grandilo**qu**ence.
/ une locution, l'élocution, le locuteur - une allocution - un interlocuteur, une circonlocution.

cedere (= se retirer, marcher) → **céd**er - accéder - concéder - décéder - excéder, excédé(e), excédant(e), un excédent - intercéder - précéder, précédent(e) - procéder, un procédé, une procédure - succéder, un succédané
/ **cès** : l'ac**cès**, le dé**cès**, l'ex**cès**, le pro**cès**, le (in-)suc**cès**, l'abs**cès**.
/ cess- : une ce**ss**ion, ce**ss**ible - l'acce**ss**ion, acce**ss**ible - une conce**ss**ion, conce**ss**if(ve) - exce**ss**if(ve) - l'interce**ss**ion, un interce**ss**eur - une proce**ss**ion, un proce**ss**us - une succe**ss**ion, succe**ss**if(ve), un succe**ss**eur, succe**ss**oral(e).

FICHE 10

ACCORDS PARTICULIERS DE L'ADJECTIF (2)

LEÇON

- Les **nombres cardinaux** sont **invariables**, sauf *un, vingt* et *cent.*
  Ex. : *Cinq mille.*
  — **Un** a un féminin : **une**.
  — **Vingt** et **cent** prennent un **-s** lorsqu'ils sont multipliés et forment un nombre rond de vingtaines ou de centaines.
  Ex. : *Deux cents ; quatre-vingts* (seul cas ou *vingt* se trouve multiplié).
  Mais : *Deux cent quatre ; quatre-vingt-sept* (vingtaines et centaines ne sont pas en nombre rond).
  Cent vingt (100 + 20 : *vingt* n'est pas multiplié).

- Un **mot qui exprime la couleur s'accorde**, s'il est **vraiment un adjectif**.
  Ex. : *Une barbe brune, des pantalons bleus et des bas verts.*
  — **Deux mots** pour une seule couleur restent invariables :
  Ex. : *Des yeux bleu foncé* (= d'un bleu foncé) ; *des fanions rouge et or.*
  — Un nom qui fait **image** reste invariable :
  Ex. : *Des feuilles marron* (= de la couleur du marron).
  Mais : *vermeil, pourpre, mauve, fauve* et *rose* s'accordent.

- **Cas particuliers**

Noms reliés par **ou, comme, ainsi que** : Attention au sens !	— *Il trouva Thomas, comme Louise, fin et racé.* (Thomas est comparé à Louise, déjà connue) — *Son nez comme sa bouche étaient barbouillés.* (les deux le sont pareillement) — *Prends l'autoroute ou la route nationale.* (seule la route peut être « nationale »)
Avoir l'air Attention au sens : — expression du visage — sembler, paraître	 — *Elle a l'air sérieux d'une personne responsable.* — *Elle a l'air sérieuse, mais elle ne l'est guère.*
Gens : Attention à la place et à la fonction de l'adjectif	— *Des gens* ***aigris****.* (adjectif après le nom = hommes) — *Les* ***vieilles*** *gens.* (adjectif épithète avant le nom) — ***Instruits*** *par l'expérience, les vieilles gens sont souvent* ***méfiants****.* (adjectifs apposé ou attribut).
Expressions de quantité : deux possibilités	— *La moitié du boulevard était dépavée.* (quantité) — *La moitié du boulevard était dépavé.* (objet)
Tel, telle, tels, telles : deux possibilités	— *Son adversaire se dressa,* ***tel*** *une vipère.* — *Son adversaire se dressa,* ***telle*** *une vipère.*
Tout ce qu'il y a de... **il n'y a de... que...** **il n'y a pas plus... que...** **n'a de... que... :** deux possibilités	— *Une fille tout ce qu'il y a de plus joli* (ou *jolie*). — *Il n'y a plus ici d'honnête(s) que les imbéciles.* — *La médecine n'a de certain (certains) que les espoirs trompeurs qu'elle nous donne.*
Des plus, des moins, des mieux : deux possibilités	*La situation était des plus difficiles* (= parmi les plus difficiles) ou *des plus difficile* (= extrêmement difficile).

EXERCICES

1. Écrivez les nombres en toutes lettres.

1. Faire des 8. – 2. Se mettre en 4. – 3. Manger comme 12. – 4. Les 11 joueurs de l'équipe. – 5. Les vendredis 13. – 6. Dépenser des 1 000 et des 100. – 7. N'avoir que des 14 et des 15. – 8. Mon grand-père a 80 ans. – 9. Il roulait à 120 à l'heure alors que la vitesse était limitée à 90. – 10. Faire les 400 coups. – 11. L'altimètre indiquait 2 320 mètres d'altitude. – 12. Bientôt il en indiqua 380. – 13. 1 000 et 1 fois.

2. Accordez les mots pour lesquels un choix est proposé.

1. En Chine ancien*(ne)*, les vêtements blanc*(s)* étaient réservé*(s)* à la mort et au deuil. – 2. Les enfants ne devaient être habillé*(s)* que de teintes de joie : étoffes bleu*(es)* roi*(s)*, jaune*(s)* ou rouge*(s)* écarlate*(s)*. – 3. Lorsque Kweï-Lan attend la naissance de son fils, elle va acheter des soies rouge*(s)*, bleu*(es)* pâle*(s)*, rose*(s)*, jade*(s)*, pour tailler des robes. – 4. Elle se procure des satins rose*(s)* abricot*(s)*, arc*(s)*-en-ciel*(s)* et pêche*(s)* pour les vestes, les culottes et les bonnets. – 5. Que son fils sera beau dans ses vêtements rouge*(s)*, avec ses joues vermeil*(les)*, sa peau doré*(e)* et ses yeux noir*(s)* ! (D'après P. Buck, *Vent d'Est, Vent d'Ouest*).

3. Choisissez parmi les formes proposées pour faire l'accord.

1. Les gens d'aujourd'hui vivent trop entass*(és, ées)*. – 2. En ville, je ne vois que des gens ahur*(is, ies)*, affol*(és, ées)*, bouscul*(és, ées)*. – 3. Les *(sots/sottes)* gens que voilà ! – 4. Les gens comme toi et moi sont convainc*(us, ues)* qu'il vaut mieux vivre à la campagne ! – 5. Et toi, qu*(els, elles)* gens as-tu rencontr*(és, ées)* à cette réunion ? – 6. De charm*(ants, antes)* gens du monde, pol*(is, ies)* et bien élev*(és, ées)* ? – 7. Ou des gens de sac et de corde, destin*(és, ées)* à une triste fin ? – 8. Car cert*(ains, aines)* gens sont persuad*(és, ées)* que les gens d'honneur sont dépass*(és, ées)*, que les gens civilis*(és, ées)* sont vainc*(us, ues)* d'avance. – 9. Mais ce sont là de bien méchan*(ts, tes)* gens. – 10. Les pet*(its, ites)* gens ne sont pas forcément plus mal élev*(és, ées)* que bien des gens ais*(és, ées)*.

DICTÉE À CHOIX MULTIPLES

Par(*é, ée, és, ées*) pour le combat. – 1. En quittant le Galgal, Frodon crut voir une main coup*(é, ée, ait)* s'agit*(é, ée, er, ait)* encore dans un *(ta/tas)* de terre éboul*(é, ée, ait, er)*, comme une araignée bless*(é, ée, er, ait)*. – 2. *(Cet/Cette/C'est)* alors que Tom Bombadil reparut, les bras charg*(é, és, er, aient)* d'un grand trésor : objet*(s)* d'or, d'argent, de cuivre et de bronze et de nombreuse*(s)* perle*(s)*, chaîne*(s)* et ornement*(s)* incrust*(é, ée, és, ées)* de pierres précieuse*(s)*. – 3. Après avoir rompu le maléfice du tertre, il choisit pour lui-même une broche incrust*(é, ée, er, ait)* de pierres bleu(*es*), à reflets multiple*(s)*, *(tel/telle/tels/telles)* les fleurs de lin ou les ailes de papillons bleu*(s)*. – 4. Il la contempla longuement, hocha la tête et il finit par dire : – 5. « Bel*(le)* était celle qui la portait sur l'épaule, il y a bien longtemps. – 6. Baie d'Or la portera désormais, et nous n'oublierons pas l'autre ! » – 7. Pour chacuns des Hobbits, il choisit une dague, longue, en forme de feuilles, et **affilé***(e)*•, avec des damasquinages de serpents rouge*(s)* et or*(s)*. – 8. Elles jetèrent des éclairs lorsqu'il les tira de leur*(s)* gaines noir*(e, es)*, faite*(s)* de quelque*(s)* métal*(s)* étrange*(s)*, léger*(s)*, résistant*(s)*, et incrust*(é, ée, ées, er, ait)* de nombreuse*(s)* pierre*(s)* de feu. – 9. Les lames sembl*(ait, aient)* n'avoir subi aucune atteinte du *(tant/temps)* ; sans une tache de rouille, **affil***(é, ée, és, ées)*, elle*(s)* étincel*(ait, aient)* au soleil. – 10. « Les ancien*(s)* poignard*(s)* sont assez long*(s)* pour servir d'épée*(s)* aux Hobbits, dit Tom Bombadil. – 11. Les lames **affilées** sont bonne*(s)* à avoir, si les petit*(s, es)* gens de la Comté vont se promener à l'Est, dans l'obscurité et le danger. » (D'après Tolkien, *Le Seigneur des anneaux*.)

VERBES DU 1er GROUPE

FORMES VERBALES DE SON « É », « È »

LEÇON

	Analyse	Exemples	Trucs
-ez	**présent** 2 pers. pl. **futur** 2e pers. pl. **impératif** 2e pers. pl.	— *Si vous m'en croy**ez**, vous utiliser**ez** peu cet anneau.* — *Gard**ez**-le secret.*	Sujet *vous* exprimé, sauf à l'impératif.
 -ais -ais -ait -aient	**imparfait** 1re pers. sg. 2e pers. sg. 3e pers. sg. 3e pers pl.	 — ***Je** racont**ais** un conte.* — ***Tu** chant**ais**.* — ***Il** éprouv**ait** de la joie.* — ***Ils** rêv**aient** tous.*	**Formes actives :** on peut les remplacer par **le présent**. La phrase garde un sens : — *Je chante.* — *Je secoue.*
-ai	**passé simple** 1re pers. sing. (≠ imparfait, cf. Fiche 33)	*Soudain, je secou**ai** ma torpeur.*	
-er	**infinitif** — après une préposition : **à, de, pour, sans** — après un **autre verbe**	 — *Je commence à m'interrog**er**.* — *Des choses peuvent arriv**er**.*	Remplacez par **verbe du 3e gr.** : *faire, prendre, vendre, venir...*
-é -ée -és -ées	**participe passé** — employé comme **adjectif** (cf. Fiches 8 et 9) — après **être** et **avoir** = temps composé	— *La famille rassembl**ée** festoyait.* (*elle « était » rassembl**ée***) — *La fête a tourn**é** court.* — *La fête est termin**ée**.*	— On peut ajouter *est, était,...* = passif. — On ne peut avoir qu'un **participe passé** (cf. Fiche 22).

ATTENTION !

1. **a + participe passé** ≠ **a + infinitif**
   *Il **avait** tremblé* — *Il commence ~~avait~~ tremblé*
   → *Il **a** tremblé.* — → *Il commence **à** trembl**er**.*
2. Après *paraître, sembler, rester* et certains verbes d'**action intransitifs**, on peut trouver un **participe passé** (attribut du sujet, cf. Fiche 9) ou un **infinitif**.

Le sens seul permet de choisir : l'infinitif est **actif**, le participe passé est **passif**.

Ex. : *L'histoire m'a paru inventée* (l'histoire « est » inventée → passif → **-ée**).
Bilbon m'a paru inventer l'histoire (Bilbon « invente » → actif → **-er**).
L'oiseau tomba foudroyé (l'oiseau « est » foudroyé → passif → **-é**).

3. Après des verbes comme *rendre, voir, juger, croire*, etc., on peut trouver un **participe passé** attribut du C.O.D.
Ex. : *Ce voyageur étrange, je le* ***crois envoyé*** *par Gandalf.*
(le voyageur « est » envoyé → passif → participe passé → **-é**)

EXERCICES

1. Analysez la forme verbale incomplète et complétez les points par -er **ou** -ez.
1. — Pourquoi av...-vous eu la maladresse de ramass... ce mouchoir ? — 2. Pourquoi av...-vous eu celle de le laiss... tomb... ? — 3. Ah ! vous le pren... sur ce ton, Monsieur ! eh bien ! je vous apprendrai à me parl... autrement ! — 4. Et moi je vous renverrai à votre messe, Monsieur l'abbé ! Dégain..., s'il vous plaît, et à l'instant même. — 5. Non pas, s'il vous plaît, mon bel ami ; non, pas ici, du moins. Je veux vous tu..., soy... tranquille, mais vous tu... tranquillement, dans un endroit clos et couvert, où vous ne pourr... vous vant... de votre mort à personne. — 6. Ne vous y fi... pas, et emport... votre mouchoir ; peut-être aur...-vous l'occasion de l'utilis... pour vous pans... . — 7. Monsieur est gascon ? demanda Aramis. (D'après A. Dumas, *Les Trois Mousquetaires*.)

2. Analysez la forme et complétez les points par -er, ait **ou** aient.
1. Pierre distribu... aux gens des croix qui ét... faites en grosse toile bise ; les hommes pieux qui le serv... découp... ces croix dans de vieux sacs ou des couvertures et les lui présent... pour qu'il les touche. — 2. Il en touch... bien mille en une seule journée. — 3. Les hommes approch... d'un côté de la tribune, les femmes de l'autre, et recev... les croix. — 4. Avant de port... la croix, tout homme dev... se confess... de ses péchés ; puis recevoir la croix dans ses mains et la bais... et la cach... sous sa chemise contre son cœur — mais avant de la bais..., cette croix, il fall... l'arros... de larmes de repentir ; — 5. et Pierre parl... de façon si touchante qu'à tous Dieu fais... mont... les larmes aux yeux. — 6. Tous pleur..., même les boulangers qui cach... leur farine quand la récolte ét... mauvaise. — 7. Voilà le miracle : on vit deux boulangers pleur... à chaudes larmes et se couch... par terre dans la boue, tellement ils regrett... le pain de son qu'ils vend... à deux deniers la livre ! (D'après Z. Oldenbourg, *La Joie des pauvres*, Gallimard.)

3. Complétez les points par -er **ou par** -é, -ée, -és, -ées.
1. Je n'arrive pas à gard... la même attitude tout le temps. — 2. Quand je boude, il faudrait boud... tout le reste de la journée, mais je n'y arrive pas. — 3. J'ai des hauts et des bas altern..., c'est comme un yoyo. — 4. Je me sens molle et fatigu..., et j'ai la tête comme vid... — 5. Cinq minutes plus tard, d'un seul coup, tout m'énerve et j'ai envie d'embêt... tout le monde, surtout mon père si j'arrive à le rencontr... entre tous ses rendez-vous d'affaires insens... — 6. Je ne tiens pas en place et j'ai une envie démesur... de dans... ou de faire les pieds au mur ou de m'arrêt... dans la rue et de hurl... comme une sirène. — 7. Je vais dix fois à la cuisine mang... des sandwiches et me prépar... du lait frapp... avec de l'Ovomaltine. — 8. Je suis remont... comme une pendule. (D'après Stéphanie, *Des cornichons au chocolat*, J.-C. Lattès.)

4. Analysez la forme et complétez les points par -ez, -er, -é, -ée, -és.
1. Après les brouillards de l'automne, quand se mettait à souffl... le vent glac... de l'hiver, c'était le moment de chass... l'opossum et le raton laveur. — 2. Pour festoy... dignement pendant le repos octroy... pour Noël, il fallait au moins un opossum. — 3. « — Ces bêtes-là, il faut savoir les apprêt..., disait tante Sally. — 4. Il faut les laiss... tremp... toute une nuit

pour pomp... tout le sang, et bien les nettoy..., et enlev... tous les petits poils dispers... sur la peau. — 5. Et puis il faut les ébouillant... dans une eau vinaigr... (au vinaigre de pommes vertes) et bien sal..., avec du piment, pour leur tir... ce goût sauvage. — 6. Il faut les ébouillant... dans une eau, et puis la chang... et recommenc... dans une autre. — 7. Et puis il faut les rôtir doucement, lentement, jusqu'à ce que toute la graisse soit coul... dehors, et puis il faut caramélis... des patates. » (D'après M. Walker, *Jubilee*, Seuil.)

5. Analysez la forme et complétez les points par -er, -ait, aient, -é, -ée, -ées.
1. « Il n'y a qu'à continu... les recherches commenc... depuis quatre heures. » — 2. Le champ d'investigations se limit... à l'espace compris entre le château, la pelouse de droite, et l'angle form... par le mur de gauche et par le mur oppos... au château, c'est-à-dire par un quadrilatère d'environ cent mètres de côté, où surgiss... çà et là les ruines d'Ambrumésy, ce monastère si réput... au Moyen Âge. — 3. Tout de suite, dans l'herbe foul..., on nota le passage du fugitif. — 4. A deux endroits, des traces de sang noirci, presque desséch..., furent observ... — 5. Après le tournant de l'arcade, qui marqu... l'extrémité du cloître, il n'y av... plus rien, car la nature du sol, tapiss... d'aiguilles de pin, ne se prêt... plus aux empreintes. — 6. Mais s'il était pass... à cet endroit, comment le blessé av...-il pu échapp... au regard de la jeune fille ? (D'après M. Leblanc, *L'Aiguille creuse*, L.G.F.)

6. Choisissez entre a, à **et complétez les points par -é ou -er.**
1. Grégoire *(a, à)* particip... avec nous à un rallye-auto. — 2. Il *(a, à)* trouv... un message difficile *(a, à)* déchiffr..., mais il est de taille *(a, à)* résist... à un premier échec et il *(a, à)* continu... *(a, à)* cherch... la solution. — 3. On s'est attardé *(a, à)* discut... et Fabien *(a, à)* commenc... *(a, à)* bâill... *(a, à)* se décroch... la mâchoire. — 4. Roger *(a, à)* traînass... car il aime *(a, à)* traînass... — 5. Quand tout le monde s'est mis *(a, à)* cherch... les objets *(a, à)* rapport..., tout le monde *(a, à)* remarqu... qu'il *(a, à)* ét... le seul *(a, à)* rest... les bras croisés. — 6. Son attitude est difficile *(a, à)* excus... et Julien *(a, à)* maugré... qu'*(a, à)* traîn... comme cela il mettait toute l'équipe en retard. — 7. Grégoire *(a, à)* éclat... de rire : il est toujours le premier *(a, à)* éclat... de rire quand ça commence *(a, à)* mal tourn...

7. Analysez la forme et complétez les points par -er, **-é ou** -és.
1. Fredegar se méfiait de Merry : il le jugeait peu inform... des dangers de la forêt. — 2. Les voyageurs marchaient courb... sous leur fardeau. — 3. Ils voulaient évit... le Tournesaule. — 4. Mais le chemin paraissait toujours les ramen... dans cette direction. — 5. La fatigue les rendait moins dispos... à la critique. — 6. Le sentier en outre devenait large et civilis... — 7. Mais Frodon sentait ses compagnons abandonn... toute volonté propre. — 8. Il les sentait charm... par l'atmosphère bizarre de l'endroit. — 9. Il les trouvait bien ensommeill... — 10. Il voulut rest... surveill... les bagages, mais ne put résist... et partit pos... la tête sur l'herbe verte. (Variations sur *Le Seigneur des anneaux*, Tolkien.)

8. Même exercice que le n° 8 (suite).
1. Quand Frodon revint à lui, il vit Merry à moitié aval... par le saule. — 2. Le saule le laissait respir... mais paraissait décid... à l'engloutir. — 3. Heureusement Tom Bombadil venait par là récolt... des lys. — 4. Il les voulait color... de vives couleurs pour sa bien-aimée. — 5. Il revenait tout émerveill... d'avoir vu les derniers de la saison point... la tête sous la mousse. — 6. Il fit lâch... prise au saule par une de ses chansons magiques. — 7. Merry sortit de sa prison très commotionn... — 8. Frodon le recueillit tout démantibul... — 9. Il partit march... un peu mais l'aventure le laissait assomm... — 10. Il restait épuis... de sa longue lutte avec l'arbre. — 11. Après un moment, tous les voyageurs repartirent rasséren... avec Bombadil. (Variations sur *Le Seigneur des anneaux*, Tolkien.)

LEQUEL, LAQUELLE, LESQUELS, LESQUELLES

LEÇON

▸ **Pronom interrogatif composé**
Comparez :
Quelqu'un est venu. Qui est venu ? (= interrogatif simple, indéterminé)
Un de tes frères est venu. Lequel est venu ? (= interrogatif composé, déterminé)

1. Ce pronom est composé de :
article défini + adjectif interrogatif
le, la, les *quel, quelle, quels, quelles*

Ces deux parties s'accordent en **genre** avec l'antécédent, et en **nombre** entre elles et selon l'intention.
Ex. : *Voici mes cassettes. Lesquelles* (ou *laquelle*) *veux-tu m'emprunter ?*

2. Ce pronom se combine, comme l'article, avec les prépositions **de** et **à**.

Complément du nom C.O.I. du verbe	**de + pronom :**	*duquel, de laquelle, desquels, desquelles.*
Complément d'attribution :	**à + pronom :**	*auquel, à laquelle, auxquels, auxquelles.*

Ex. : *Tu as appris bien des morceaux. Desquels te souviens-tu ?*
(se souvenir *de + lesquels* = les morceaux)
Parmi ces activités, auxquelles veux-tu participer le mercredi ?
(participer *à + lesquelles* = les activités)

▸ **Pronom relatif composé** (surtout employé après une préposition)
1. Si le pronom désigne une **personne**, on a le choix entre pronom simple et composé :
Ex. : *Le musicien* { *à qui* / *auquel* } *je pense est Beethoven.*

2. Si le pronom désigne une **chose**, on doit utiliser le pronom composé :
Ex. : *La symphonie à laquelle je pense est la « Symphonie pastorale ».*

3. C'est également lui qu'on doit employer à la place de *dont* lorsque le relatif est complément d'un **nom lui-même régi par une préposition.**
Comparez :
Le musicien ***dont*** *je préfère les œuvres est Mozart (œuvres* est construit directement).
Le musicien ***aux œuvres duquel*** *je donne la préférence est Mozart* (*œuvres* est régi par la préposition *à*).

EXERCICES

1. Remplacez les points par le pronom interrogatif composé qui convient.
1. Parmi les filles de la classe, les... voudrais-tu comme amies ? — 2. ... confierais-tu tes secrets ? — 3. ... te méfierais-tu ? — 4. Avec ... aimerais-tu faire du sport ? — 5. Et parmi les garçons, les... voudrais-tu comme amis ? — 6. ... aurais-tu peur ? — 7. ... prêterais-tu tes affaires ?

2. Remplacez les points par le pronom interrogatif composé qui convient.

1. Parmi vos affaires personnelles, vous tenez à certaines et moins à d'autres. Les... préférez-vous ? — 2. ... êtes-vous le plus attaché ? — 3. ... vous souciez-vous assez peu ? — 4. Parmi tous ces objets, ... penseriez-vous d'abord s'il y avait le feu ? — 5. ... seriez-vous débarrassé avec joie ? — 6. Si vous ne pouviez en sauver que deux, ... choisiriez-vous ? — 7. Et de ces deux objets, ... seriez-vous privé avec le plus de peine ?

3. Remplacez les points par le pronom relatif composé qui convient.

1. Les routes par ... nous allons passer sont toutes marquées en vert sur la carte. — 2. Les raccourcis ... vous songez risquent en fait de nous faire perdre notre temps. — 3. Le guide ... vous faites confiance est vieux de quinze ans et vous rêvez de prendre des itinéraires ... aucun chemin ne correspond plus. — 4. Ce chemin creux au long ... vous aviez l'intention de vous promener est en fait un inextricable fouillis de branches et de ronces à travers ... on aperçoit à peine le soleil. — 5. Par la route, nous arriverons plus sûrement à la cascade à cause de ... vous avez entrepris cette excursion.

4. Corrigez les fautes de français commises dans les phrases suivantes en remplaçant le relatif simple entre parenthèses par le relatif composé.

1. J'allais tous les mercredis au conservatoire *(à qui)* ma mère m'avait inscrit. — 2. C'est là que je rencontrai le jeune Frédéric de Mortemar *(à qui)* je devais porter une si vive affection. — 3. Il jouait particulièrement bien les sonates de Mozart pour *(qui)* il éprouvait une sorte de prédilection. — 4. Il les jouait avec un doigté et une sûreté *(à quoi)* je ne pouvais encore prétendre. — 5. Au cours des deux années pendant *(qui)* nous fréquentâmes le même conservatoire, une grande amitié s'établit entre nous, *(à qui)* nous devions être fidèles toute notre vie.

5. Quelle est la seule phrase de l'exercice n° 4 où vous auriez pu garder le relatif simple ?

6. Remplacez le mot entre parenthèses par un pronom relatif et réunissez en une seule les phrases a) et b).

Ex. : *a) Frédéric m'invita un jour chez lui ; b) je tenais beaucoup à l'amitié (de Frédéric).*
→ *Frédéric, à l'amitié duquel je tenais beaucoup, m'invita un jour chez lui.*

1. a) Il avait une foule d'ancêtres ; b) nous passions sous les portraits *(de ses ancêtres)* pour aller dans sa chambre. — 2. a) Les deux grands-pères avaient un air particulièrement sévère ; b) nous jouions sous le regard *(des grands-pères)* au salon. — 3. a) Il me montra ses partitions ; b) je ne pouvais penser sans admiration à la variété *(de ses partitions)*. — 4. a) Je ne saurais dire le nombre d'heures ; b) nous enchaînions les morceaux pendant *(des heures)*. — 5. a) Il me jouait mes morceaux préférés ; b) par le charme *(de mes morceaux préférés)* j'oubliais souvent l'heure. — 6. a) Sa mère ne nous causait aucun plaisir en apportant le goûter ; b) nous étions brutalement arrachés au monde enchanté par la voix *(de sa mère)*. — 7. a) Il faut faire une exception pour le gâteau au chocolat ; b) à l'odeur *(du gâteau au chocolat)* l'eau me venait à la bouche.

SINGULIER OU PLURIEL ?

1. COMPLÉMENTS DE NOM SANS DÉTERMINANT

LEÇON

- **Le sens impose le pluriel pour une collection de choses qu'on peut compter.**
  Ex. : *Un bouquet de fleurs* (un bouquet est fait de plusieurs fleurs).
  Une marchande de légumes (elle vend plusieurs légumes).
  Un tas de pierres (il faut plusieurs pierres pour former un tas).
  Repérez bien les noms qui indiquent plusieurs objets : *tas, paire, bouquet*, etc.

- **Le sens impose le singulier.**
  — Quand on pense à une **chose unique**.
  Ex. : *Des lunettes de soleil* (= pour le soleil. Il n'y a qu'un soleil).
  — Quand il s'agit d'une **matière**.
  Ex. : *Une maison de pierre* (= construite en pierre).
  Des montres en or.
  Un tas de sable (= fait avec du sable).
  — Quand il s'agit de **quelque chose qu'on ne peut pas compter**.
  Ex. : *Beaucoup d'application* (= on a « de l'application »).
  Des terres à blé (= pour cultiver le blé).
  Un verre de vin (= rempli avec du vin).
  Des agents de police (= appartenant à la police).

- **Le sens autorise le singulier ou le pluriel.**
  Ex. : *Une salle de bain* ou *de bains*
  (pour le bain, ou : où l'on prend des bains).
  Une gelée de groseille ou *de groseilles*
  (faite avec de la groseille, ou : avec des groseilles).
  Un marchand de vin ou *de vins.*
  (on peut dire qu'il vend du vin ou des vins).
  Des pommiers en fleur ou *en fleurs.*

- **Si plusieurs propriétaires** possèdent **chacun un objet,** il est au **singulier**.
  Ex. : *Des bateaux à moteur* (chaque bateau n'a qu'un moteur).
  Toutefois, **singulier ou pluriel** peuvent être **admis** dans beaucoup de cas.
  Ex. : *Des pieds de lampe* ou *de lampes.*

- Après *beaucoup, tellement,* **un nom abstrait**, désignant une chose qu'on ne peut pas compter, reste au **singulier**.
  Ex. : *Beaucoup de bonbons ≠ beaucoup de rapidité.*
  Ce film se donne dans beaucoup de cinémas (= deux, dix cinémas)
  ≠ *cette mijaurée fait beaucoup de cinéma* (= elle fait du cinéma)
  La nuance peut être assez subtile :
  Ex. : *J'ai éprouvé beaucoup de joie en recevant ta lettre* (= éprouver de la joie).
  J'ai éprouvé beaucoup de joies durant ma vie (= éprouver des joies).

- Attention aux noms qui n'ont pas de singulier.
  Ex. : *un numéro de claquettes ; une barbe en broussailles.*

EXERCICES

1. Supprimez le -s de la parenthèse lorsqu'il est inutile.

1. une rangée de casserole*(s)* au mur. – 2. un sac de pomme*(s)* de terre*(s)*. – 3. une botte de poireau*(x)*. – 4. un peu de laitue*(s)*. – 5. un kilo d'épinard*(s)*. – 6. une pincée de sel*(s)*. – 7. Voilà pour ma soupe de légume*(s)*. – 8. des côtes de porc*(s)*. – 9. un chapelet d'oignon*(s)*. – 10. une dizaine de brin*(s)* de thym*(s)*. – 11. une gousse d'ail*(s)*. – 12. un bouquet de persil*(s)*. – 13. Voilà pour le plat de résistance*(s)*. – 14. une bolée de cidre*(s)*. – 15. quelques cuillerée*(s)* de farine*(s)*, deux plaques de chocolat*(s)*, cent gramme*(s)* de margarine*(s)*, le double de sucre*(s)*, un saladier de blanc*(s)* d'œuf*(s)* battu*(s)* en neige*(s)*. – 16. Mon gâteau sera meilleur que du pain d'épice*(s)* ou qu'un paquet de gâteau*(x)* sec*(s)*. – 17. des bouteilles de champagne*(s)* pour les jours de fête*(s)*.

2. Supprimez le -s de la parenthèse lorsqu'il est inutile.

1. un palais de marbre*(s)*. – 2. une porte à ferrure*(s)* d'acier*(s)*. – 3. des escaliers de pierre*(s)*. – 4. des meubles de chêne*(s)*. – 5. des commodes à tiroir*(s)*. – 6. un lit à baldaquin*(s)*. – 7. sur la table de chevet*(s)*, une montre et une bague en or*(s)*, un étui à lunette*(s)*, des lentilles de contact*(s)*, des billets de banque*(s)*, des pièces de monnaie*(s)*. – 8. dans le cabinet de toilette*(s)*, un tube de rouge à lèvre*(s)*, un fouillis d'épingle*(s)* à cheveu*(x)*. – 9. une minuscule brosse à dent*(s)*, sans doute pour dent*(s)* de lait*(s)*.

3. Supprimez le -s de la parenthèse lorsqu'il est inutile.

1. J'aime les matches de boxe*(s)*. – 2. Aujourd'hui, une grande tête à claque*(s)* affronte une montagne de muscle*(s)* dont la figure est un entrelacs de cicatrice*(s)*. – 3. Ce ne sont ni l'un ni l'autre des enfants de chœur*(s)*. – 4. Le premier fait pleuvoir une grêle de coup*(s)* de poing*(s)* sur son adversaire. – 5. Mais l'autre a des pectoraux d'acier*(s)* et encaisse sans un battement de cil*(s)*. – 6. L'échalas est bientôt à bout de force*(s)* et l'autre n'a plus qu'à lui asséner le coup de grâce*(s)*.

4. Associez chaque nom collectif de la série A à un nom d'animal de la série B qui sera son complément (introduit par « de »).

Ex. : *A1 + B1 = une famille d'éléphants.*

A : 1. une famille. – 2. une nichée. – 3. une volée. – 4. une meute. – 5. une caravane. – 6. une colonie. – 7. un grouillement. – 8. une nuée. – 9. un banc. – 10. un essaim. – 11. un troupeau. – 12. une harde. – 13. une couvée.

B : 1. éléphant. – 2. ver – 3. moineau. – 4. cerf. – 5. marmotte. – 6. microbe. – 7. mouton. – 8. loup. – 9. abeille. – 10. poussin. – 11. chameau. – 12. sauterelle. – 13. poisson.

5. Associez chaque nom collectif de la série A à un nom de chose de la série B qui sera son complément (introduit par « de »).

Ex. : *A1 + B1 = une grappe de raisins.*

A : 1. une grappe. – 2. une gerbe. – 3. un recueil. – 4. une liasse. – 5. une botte. – 6. un bouquet. – 7. un fagot. – 8. un paquet. – 9. une collection. – 10. une meule. – 11. une colonne. – 12. un ballot. – 13. un écheveau.

B : 1. raisin. – 2. poireau. – 3. nouille. – 4. poème. – 5. coton. – 6. timbre. – 7. laine. – 8. marguerite. – 9. foin. – 10. brindille. – 11. paille. – 12. billet. – 13. chiffre.

6. Même exercice que le n° 5.

A : 1. une cordée. – 2. un équipage. – 3. un ramassis. – 4. une troupe. – 5. une constellation. – 6. une escadrille. – 7. un syndicat. – 8. une équipe. – 9. un commando. – 10. une cohue. – 11. un comité. – 12. un chapitre. – 13. un chœur. – 14. un bureau.

B : 1. avion de chasse. — 2. aide sociale. — 3. alpiniste. — 4. soutien. — 5. jeune artiste plein de talent. — 6. matelot expérimenté. — 7. initiative. — 8. joueur de football. — 9. voyageur allant dans tous les sens. — 10. vaurien. — 11. chanteur. — 12. comédien. — 13. moine. — 14. parachutiste.

7. Même exercice que le n° 5.

A : 1. un foisonnement. — 2. un pullulement. — 3. un bloc. — 4. une rangée. — 5. un attroupement. — 6. un train. — 7. un dédale. — 8. une forêt. — 9. une masse. — 10. une pyramide. — 11. un monceau. — 12. une pile. — 13. un échafaudage. — 14. une file.

B : 1. chemise. — 2. attente. — 3. curieux. — 4. mauvaise herbe. — 5. pomme de terre. — 6. neige. — 7. cafard. — 8. mât. — 9. carton. — 10. atterrissage. — 11. soldat. — 12. rue. — 13. boîte de conserve. — 14. glace.

8. Supprimez le pluriel entre parenthèses lorsqu'il est inutile.

1. une foule de spectateur*(s)*. — 2. beaucoup de bonne*(s)* humeur*(s)*. — 3. des rangées d'enfant*(s)*. — 4. des cornets de frite*(s)*. — 5. des bouteilles de bière*(s)*. — 6. combien de point*(s)* marqué*(s)* ? — 7. peu d'erreur*(s)* de tactique*(s)*. — 8. peu de balle*(s)* au*(x)* but*(s)*. — 9. beaucoup de coup*(s)* d'éclat*(s)*. — 10. tant de coup*(s)* de sifflet*(s)* de l'arbitre ! — 11. trop de faute*(s)* de jeu*(x)* ! — 12. beaucoup d'acharnement*(s)* des joueurs. — 13. trop de soleil*(s)*. — 14. trop de cri*(s)*. — 15. un bain de foule*(s)*. — 16. peu de calme*(s)*. — 17. une foule de supporter*(s)*. — 18. trop de bousculade*(s)*. — 19. « Moins de précipitation*(s)*, je vous prie ! »

9. Même exercice que le n° 8.

1. une multiplicité de boutique*(s)*. — 2. une abondance de salon*(s)* de coiffure*(s)* pour dame*(s)*. — 3. des magasins de luxe*(s)*. — 4. des maisons de couture*(s)*. — 5. un grand nombre de métier*(s)* d'art*(s)*. — 6. des réparateurs d'instrument*(s)* à corde*(s)* et à vent*(s)*. — 7. une frénésie d'activité*(s)*. — 8. une multitude d'activité*(s)* possible*(s)*. — 9. un grand choix de pièce*(s)* de théâtre*(s)*. — 10. une grande variété de restaurant*(s)*. — 11. des spectacles de cirque*(s)*. — 12. une concentration de talent*(s)*. — 13. des quantités de film*(s)*. — 14. un festival de chanteur*(s)* de variété*(s)*. — 15. des danseuses sur pointe*(s)*. — 16. des pas de danse*(s)*.

10. Même exercice que le n° 8.

1. des actes de cruauté*(s)*. — 2. une enquête de police*(s)*. — 3. une foule de suspect*(s)*. — 4. une masse de fiche*(s)*. — 5. des listes de nom*(s)*. — 6. des abîmes de perplexité*(s)*. — 7. un concours de circonstance*(s)*. — 8. une conjonction d'événement*(s)* troublant*(s)*. — 9. une confusion de date*(s)*. — 10. des suspicions de mensonge*(s)*. — 11. une multitude d'indice*(s)*. — 12. trop de nervosité*(s)* du suspect. — 13. une concordance de témoignage*(s)*. — 14. un faisceau de présomption*(s)*. — 15. une pièce à conviction*(s)*. — 16. un combat d'argument*(s)*. — 17. des assauts d'éloquence*(s)*. — 18. des heures d'audience*(s)*.

11. Même exercice que le n° 8.

1. une meute de chien*(s)*. — 2. une vie de chien*(s)*. — 3. un chien de race*(s)*. — 4. des races de chien*(s)*. — 5. un temps de chien*(s)*. — 6. un croisement de race*(s)*. — 7. une portée de cochon*(s)*. — 8. des décisions de grande*(s)* portée*(s)*. — 9. un caractère de cochon*(s)*. — 10. des demoiselles de compagnie*(s)*. — 11. une compagnie de perdreau*(x)*. — 12. un troupeau de vache*(s)*. — 13. du lait de vache*(s)*. — 14. une course de vache*(s)* landaise*(s)*. — 15. une montagne à vache*(s)*. — 16. des coups de vache*(s)*. — 17. un vol d'oie*(s)* sauvage*(s)*. — 18. des rillons d'oie*(s)*. — 19. une patte d'oie*(s)*. — 20. des oiseaux de proie*(s)*.

FICHE 14

SINGULIER OU PLURIEL ?

2. LES ADJECTIFS INDÉFINIS

LEÇON

1. Adjectifs toujours au singulier ou toujours au pluriel.

Adjectifs	Règles	Exemples
plusieurs, différents, divers	toujours pluriel	*Plusieurs amis m'ont fêté mon anniversaire, à différents moments.* (*plusieurs* et *différents* sont alors **avant le nom**)
chaque, aucun(e), nul, nulle	toujours singulier	— *Chaque cadeau a son charme propre.* — *Je n'ai aucune (nulle) raison d'être triste.* (*aucune, nulle* est alors placé **avant le nom**)
n'importe quel(s), quelle(s)	invariable accord en genre et en nombre	*Offre-lui n'importe quelles fleurs.*
tel ou tel tel et tel	toujours singulier	*Comment savez-vous que vous aurez telle ou telle réaction ?*
maint(e)s	pluriel	*A maintes reprises, j'ai couru maints dangers.*
maint(s) et maint(s)	singulier ou pluriel	*Maint et maint conseil* ou *maint et maint conseils* ou *maints et maints conseils.*
l'un ou l'autre ni l'un ni l'autre	singulier	— *Je veux bien voir l'un ou l'autre film.* — *Je ne veux voir ni l'un ni l'autre film.*
l'un et l'autre	singulier ou pluriel	— *Je veux voir l'un et l'autre film.* — *Je veux voir l'un et l'autre films.*

ATTENTION !

1. Même les **adjectifs** qui s'emploient toujours au singulier se mettent **au pluriel** avec les **noms qui n'existent qu'au pluriel**, ou qui sont pluriel dans le sens où on les emploie. Exception : chaque.

Ex. : *Vous recevrez ces échantillons sans aucun**s** frais* (= faire des frais).
*Je n'ai pris aucune**s** vacances cette année* (= prendre des vacances).

2. **Différent, divers, nul, certain**, placés **après le nom**, sont des adjectifs qualificatifs, singuliers ou pluriels, de sens différent de celui de l'indéfini.

Ex. : *J'ai pris un chemin différent du tien* (≠ différents chemins).
Une œuvre diverse et variée (≠ diverses œuvres)
Ces copies sont nulles (≠ Nulle copie n'a moins de dix).
Un événement certain (≠ certains événements).

2. Adjectifs accompagnés d'un article ou d'un pronom qui indique le nombre.

— *un(e) autre, l'autre.*
— *tout le, tout un, toute une, tout ce, tout son, toute sa.*
— *le même, la même.*
— *moi-même, toi-même, lui-même.*
— *d'autres*[1], *les autres*
— *tous les, tous ces, tous ceux* (+ fém. *toute(s) celle(s)*), *tous ses.*
— *les mêmes.*
— *nous-mêmes, vous-mêmes, eux-mêmes.*
— *nous autres, vous autres.*

3. Adjectifs qui changent de sens entre le singulier et le pluriel

Pluriel	Singulier
quelques = plusieurs, en petit nombre (choses qu'on peut compter). Ex. : *Dans quelques jours, apporte-moi quelques livres.*	**quelque** = n'importe lequel, un peu de (grandeur non dénombrable). Ex. : *Dans quelque temps, apporte-moi quelque livre.*
certain(e)s = plusieurs, non nommés. Ex. : *Dans certains pays, on roule à gauche.*	**certain(e)** = un seul, non nommé. Ex. : *Je connais certain petit garçon qui a fait une sottise...*
tous, toutes = totalité d'un ensemble d'objets (on peut ajouter « les »). Ex. : *De toutes parts, à tous coups, à tous égards, en toutes lettres.* N.B. : *En tous points semblables* (= sur tous les points)	**tout, toute :** — entier, plein : *en toute liberté.* — seul : *pour tout potage.* — n'importe lequel : *à tout âge.* N.B. : *En tout point semblables* (= sur n'importe quel point).

1. D' devant **autre** peut être :
— article **de, pluriel** (qui remplace *des* devant un adjectif).
Ex. : *Apporte-moi d'autres fruits.* (= des fruits autres)
— préposition **de** (élidée) qui introduit une apposition singulier.
Ex. : *N'avez-vous rien d'autre à m'offrir ?* (= aucune autre chose)

EXERCICES

1. Choisissez entre le singulier et le pluriel indiqué entre parenthèses.

1. Molière commença à jouer à Paris, sans aucun*(s)* succès. — 2. Comme il ne faisait aucun*(s)* bénéfice*(s)* avec son Illustre Théâtre, il dut passer plusieur*(s)* jour*(s)* au Châtelet, faute de pouvoir payer diverse*(s)* dette*(s)* : nulle*(s)* chandelle*(s)* pour le théâtre, nul*(s)* atour*(s)* pour les comédiennes qui ne se facturent ! — 3. Lorsque son père eut payé pour lui, sans aucune*(s)* hésitation*(s)*, il partit pour la province avec plusieur*(s)* ami*(s)* comédien*(s)* sans aucune*(s)* ressource*(s)*. — 4. Même si son métier ne lui rapportait nul*(s)* gage*(s)*, il n'en voulait point d'autre*(s)*. — 5. Divers point*(s)* demeurent obscur*(s)* : il ne reste aucune*(s)* archive*(s)* concernant la naissance d'Armande Béjart : la page du registre est arrachée. — 6. S'il n'avait eu aucun*(s)* talent*(s)*, il n'aurait eu aucun*(s)* ennemi*(s)*, sans nul*(s)* doute*(s)*. — 7. Plusieur*(s)* auteur*(s)* contemporain*(s)* étaient très jaloux de lui. — 8. Chaque*(s)* nouvelle*(s)* pièce*(s)*, cha-

que*(s)* nouveau*(x)* succès lui attiraient plusieur*(s)* ennemi*(s)* à chaque*(s)* fois. — 9. En tant que comédien, il n'eut droit à aucune*(s)* funéraille*(s)* et fut enterré de nuit.

2. Choisissez l'orthographe correcte parmi les graphies entre parenthèses.
1. Harpagon veille jalousement sur tout*(s, t)* ses écus. — 2. Cela absorbe tout*(s, t)* son temps. — 3. Tou*(s, t)* ce qui bouge l'effraie. — 4. Tou*(s, t)* ceux qui travaillent dans la maison lui sont suspects. — 5. Les valets eux-même*(s)* sont fouillés. — 6. De temps à autre, il fait tou*(s, t)* le tour du jardin pour surveiller son bien. — 7. Son fils, Cléante, pour épouser Mariane veut gagner quelque*(s)* autre*(s)* pays. — 8. Personne d'autre*(s)* n'a voulu lui prêter tou*(s, t)* cet argent qu'un usurier rapace. — 9. Nous autre*(s)* nous pouvons trouver d'autre*(s)* taux plus raisonnables. — 10. Mais un jeune homme comme Cléante, qui d'autre*(s)* lui prêterait ? — 11. Cléante serait resté calme en découvrant tou*(s, t)* autre*(s)* que son père, mais en reconnaissant Harpagon, il perd tou*(s, t)* son calme. — 12. Le notaire en a vu d'autre*(s)*, mais il n'a jamais entendu de tel*(s)* cri*(s)* que ceux d'Harpagon et de Cléante !

3. Choisissez la graphie correcte parmi les formes proposées.
1. Si Argan avait eu affaire à quelque*(s)* honnête*(s)* médecin*(s)*, *(celui-/ceux-)*ci l'aurai*(en)*t tout à fait rassuré sur sa santé. — 2. À la rigueur, il lui aurait prescrit quelque*(s)* repos pour se remettre de tou*(s, t)* les remèdes de Monsieur Purgon. — 3. Car Monsieur Purgon ne lui prescrit pas quelque*(s)* remède*(s)* : il lui prescrit des tonnes de remèdes ! — 4. Argan a toujours quelque*(s)* lavement*(s)* en train d'opérer ou quelque*(s)* saignée*(s)* en perspective. — 5. Il dépense l'équivalent de cinq mille et quelque*(s)* franc*(s)* actuel*(s)* par mois en médicaments. — 6. Cela fait quelque*(s)* jour*(s)* qu'il est préoccupé du mariage de sa fille. — 7. Avec quelque*(s)* égoïsme*(s)*, il veut qu'elle épouse quelque*(s)* médecin*(s)* qui prenne*(nt)* bien soin de *(son/leur)* beau-père. — 8. Il invite donc le jeune Diafoirus avec quelque*(s)* autre*(s)* personne*(s)* : Diafoirus père, Monsieur Purgon, Béline.

4. Même exercice que n° 3 (suite).
1. Il faut dire que quelque*(s)* personne*(s)* prennent bien soin d'entretenir le délire d'Argan. — 2. Les médecins et l'apothicaire tirent de lui quelque*(s)* argent*(s)*. — 3. Il n'a pas non plus manqué quelque*(s)* femme*(s)* intéressée*(s)* pour flairer une bonne affaire : Béline a bien compris qu'elle tirerait quelque*(s)* avantage*(s)* à flatter le délire d'Argan. — 4. Avec quelque*(s)* habileté*(s)*, elle entre dans son jeu de malade. — 5. Moyennant quelque*(s)* sourire*(s)*, quelque*(s)* « mon pauvre petit mari », quelque*(s)* « mon petit fils », quelque*(s)* cajolerie*(s)*, elle s'attire ses bonnes grâces. — 6. Quelque*(s)* fois, elle va chercher quelque*(s)* coussin*(s)* qu'elle place dans son dos et tout autour de lui. — 7. Elle n'a qu'à dire quelque*(s)* mot*(s)* pour le tourner dans le sens qu'elle veut, car elle a fini par exercer quelque*(s)* pouvoir*(s)* sur lui. — 8. Elle n'a pas manqué de se renseigner quelque*(s)* peu sur sa fortune : Elle sait qu'il serre quelque*(s)* vingt mille franc*(s)* dans son alcôve. — 9. Quelle que soit son habileté, elle n'a pu dissimuler qu'elle porte quelque*(s)* intérêt*(s)* à ces questions.

5. Précisez la valeur de *tout*, et choisissez entre le singulier et le pluriel.
1. Sganarelle est, à tou*(s, t)* égard*(s)*, un bien médiocre mari : il est un ivrogne à toute*(s)* épreuve*(s)*, ne travaille pas, et bat sa femme, Martine, à toute*(s)* volée*(s)*. — 2. Voilà justement deux valets qui cherchent un médecin de tou*(s, t)* côté*(s)*. — 3. Martine, qui souhaite de tou*(s, t)* cœur*(s)* être vengée des coups de son mari, improvise à toute*(s)* vitesse*(s)* un plan. — 4. Elle prétend connaître un homme qui est médecin contre toute*(s)* apparence*(s)* : il s'habille en faiseur de fagots et se plaît à dissimuler à tou*(s, t)* prix sa science, alors qu'il abonde de remèdes de toute*(s)* sorte*(s)* ; il suffit de le battre pour qu'il reconnaisse en toute*(s)* franchise*(s)* ses talents. — 5. Sganarelle se demande bien pourquoi ces valets veulent à toute*(s)* force*(s)* qu'il soit médecin, mais lorsqu'ils le bastonnent en tout*(s, t)* sens, il est trop tard

pour s'enfuir à toute*(s)* jambe*(s)*. — 6. Il comprend qu'il a tou*(s, t)* intérêt*(s)* à céder et, à toute*(s)* extrêmité*(s)*, avoue qu'il est médecin. — 7. Avec sang-froid, en toute*(s)* occasion*(s)*, il inventera des remèdes à tou*(s, t)* hasard*(s)*, qui donneront toute*(s)* satisfaction*(s)*. — 8. Toute*(s)* personne*(s)* qui *(a/ont)* quelque*(s)* imagination*(s)* *(peut/peuvent)* donc jouer le rôle d'un médecin ! (D'après Molière, *Le Médecin malgré lui*.)

DICTÉE À CHOIX MULTIPLES

Un peuple cannibale. — 1. **App**are**mm**ent, à mesure que le temps s'écoulait, la subsist**an**ce du monde soute**rr**ain•, de quelque*(s)* façon*(s)* que le fait se soi*(e, t)* produit, étai*(en)*t devenu*(e)* **irr**égulière*(s)*. — 2. La Nécessité, qui avait été écarté*(e)* pendant quelque*(s)* millier*(s)*• d'année*(s)*•, revint et repri*(s, t)* son œuvre. — 3. *(Ce/Ceux)* du monde souterrain, étant en contact avec une mécanique qui nécessitait quelque*(s)* pens**ée***(s)* en dehors de la routine, avai*(en)*t probablement conservé*(s)*, par **force**, un peu plus d'initiative*(s)*• et moins des autre*(s)* caractère*(s)* humain*(s)*•, que *(ce/ceux)* du monde **sup**érieur. — 4. Ainsi, quand il*(s)* manquèrent de nou**rr**iture*(s)*•, les Morlocks[1] retournèrent-il*(s)* à *(ce/ceux)* qu'une **antique** habitude avai*(en)*t jusqu'alors empêché*(s)*. — 5. (...) Le préjugé de l'h**omme** contre la *(chair/chère, chaire)* humaine n'est pas un instinct• bien profondément enraciné. (...). — 6. Et les Éloïs étai*(en)*t simplement*(s)* un bét**ail** à l'engrais• que, telles les fourmi**s**, les Morlocks dévorai*(en)*t, après avoir pourvu*(s)* à sa nou**rr**iture. (D'après H.G. Wells, *La Machine à remonter le temps*, Tallandier.)

LES MOTS DE LA FAMILLE : À VOS DICTIONNAIRES !

la terre → se te**rr**er, le te**rr**ain, te**rr**asser, le te**rr**assement, le te**rr**assier, le te**rr**eau, le te**rr**oir, le te**rr**ier, te**rr**ien (-enne), une te**rr**ine, un te**rr**il, te**rr**eux (-euse), te**rr**estre, le te**rr**itoire - ente**rr**er, l'ente**rr**ement - déte**rr**er - atte**rr**ir, l'atte**rr**issage, atte**rr**er, l'atte**rr**ement - un soute**rr**ain - un parte**rr**e, un te**rr**e-plein - un extrate**rr**estre - la Médite**rr**anée, l'Anglete**rr**e.
mille → mi**ll**ier, mi**ll**ion, mi**ll**ionnaire, mi**ll**ionnième, mi**ll**iard, mi**ll**iardaire, mi**ll**iardième, mi**ll**ième, un mi**ll**énaire, un mi**ll**ésime/mi**ll**igramme, -litre, -bar, -mètre, etc.
nourrir → la nou**rr**iture - nou**rr**issant(e), un nou**rr**i**ss**on - une nou**rr**i**c**e, nou**rr**i**c**ier(-ère) - la nutrition, nutri**t**if(-ive), nutri**c**ier(-ère) - dénutri, la dénutri**t**ion - la malnutri**t**ion. Attention à l'alternance -c-/-t-/-ss-.
initium+ (= le début) → initier, l'initiation, initial(e), les initiales, une initiative, un initiateur.
instinct (*stingere*+ = pousser) : instinctif(vement) - distinct, distinguer, la distinction, distinctif - extinction, un extincteur, (in)-extinguible.
une bête → b**ê**tement, b**ê**tifier, la b**ê**tise, un b**ê**tisier, un b**ê**ta, une b**ê**tasse - be**s**tial(e), la be**s**tialité, les be**s**tiaux, le be**s**tiaire, la be**s**tiole - ab**ê**tir, ab**ê**tissement - emb**ê**ter, un emb**ê**tement, emb**ê**tant. Mais : le bétail.
gras, asse → grassouillet(te), grasseyer, le grasseyement
/ grais : la graisse, graisser, le graissage, graisseux(se) - dégraisser, le dégraissage - engraisser, l'**engrais**.

1. Les Morlocks sont les habitants du monde souterrain.

SINGULIER OU PLURIEL ?

3. COMPLÉMENTS DU VERBE OU DE L'ADJECTIF

LEÇON

Cas	Règles	Exemples	Exceptions
C.O.D. sans déterminant	toujours singulier	*Ils ont faim.* *Ils crient famine.*	*Parler chiffons.* *Ne rêver que plaies et bosses.*
Parties du corps	singulier ou pluriel	*Atteint au cœur, il ne court pas à toutes jambes.* (un cœur, deux jambes)	Locutions fixées par l'usage : *à pied, sur pied, prendre en main, en ruine,* etc.
Possesseurs qui ont chacun un objet	singulier	*Les lapins étaient assis sur leur derrière.* (chaque lapin a un derrière)	*Sur leurs derrières.* (effet de style : plan sur tous les derrières).
Sens de l'adjectif	pluriel	*Sauter à pieds joints.* (*joints* → deux pieds)	
Sens du verbe	pluriel	*Accabler d'insultes.* (*accabler* → pluriel)	

ATTENTION !

— aux mots qui n'existent qu'au **pluriel** : *menacer de* ***représailles*** *;*

— aux mots qui n'ont **pas le même sens** au singulier et au pluriel :

Ex. : *Pense au grand air qu'elle prend* (à la campagne, au grand air).

Pense aux grands airs qu'elle prend (*prendre des airs* = faire des manières).

J'ai besoin d'attention (de faire attention).

*J'ai besoin d'****attentions*** (qu'on ait *des* attentions pour moi).

EXERCICES

1. Choisissez entre le singulier et le pluriel.

1. La chambre de mon ami Georges est tapissée d'affiche*(s)* multicolore*(s)* qui lui rappellent les mises en scène*(s)* réussies de la saison théâtrale. — 2. Il fourmille d'idée*(s)* et de projet*(s)*. — 3. Il donne raison au*(x)* novateur*(s)*. — 4. Ses yeux rayonnent de bonté*(s)* et d'intelligence*(s)*. — 5. Il presse ses interlocuteurs de question*(s)*. — 6. Lorsqu'il prend part*(s)* à une conversation, il assaisonne son discours de mot*(s)* d'esprit*(s)*. — 7. Il tire parti*(s)* de tout. — 8. En allant le voir, je suis toujours rempli de joie*(s)*.

2. Choisissez entre le singulier et le pluriel.

1. Chez mon grand-oncle Julien, au contraire, je pénètre dans un appartement plein de bibelot*(s)* ancien*(s)* et je suis immédiatement submergé de plainte*(s)* et de gémissement*(s)*. — 2. Il se trouve chargé d'année*(s)*, accablé de souci*(s)*. — 3. Il crie misère*(s)* ; il meurt de

faim*(s)*. — 4. Il est pressuré d'impôt*(s)*, couvert de dette*(s)*. — 5. Il perd pied*(s)*, éclate en sanglot*(s)*. — 6. La vie est semée d'embûche*(s)*. — 7. Ses meilleurs amis lui ont fait affront*(s)*. — 8. Il est rempli d'amertume*(s)*.

3. Choisissez entre le singulier et le pluriel.

1. J'ai perdu cette partie d'échec*(s)* et j'en garde un vif sentiment d'échec*(s)*. — 2. Pierre, qui est mauvais joueur, donne un coup de raquette*(s)* sur la table de ping-pong quand il perd. — 3. Les trappeurs, en raquette*(s)*, partaient en chasse*(s)*. — 4. Les deux actrices intervertirent leur*(s)* rôle*(s)*. — 5. Un bon joueur de tennis placerait ses balles avec plus de précision*(s)* que toi. — 6. Tâche d'obtenir plus de précision*(s)* dans l'image quand tu tires tes photos. — 7. Tâche d'obtenir plus de précision*(s)* sur ce voyage.

4. Choisissez entre le singulier et le pluriel.

1. Au*(x)* alentour*(s)* de midi, je sors et cherche des endroits où il n'y ait personne alentour*(s)*. — 2. J'aime les journées éclatantes de lumière*(s)*. — 3. J'aime aussi la nuit, lorsque la ville scintille de lumière*(s)* innombrable*(s)*. — 4. Mais il est hors de question*(s)* que j'emmène ce chien en train*(s)*. — 5. Il ne peut se passer d'arrêt*(s)*-pipi fréquent*(s)*. — 6. Non, ce n'est pas que je me pose trop de question*(s)*. — 7. Les voyageurs perdent leur*(s)* faculté*(s)* de jugement*(s)* quand mon chien tombe en arrêt*(s)* devant eux. — 8. Je n'ai pas besoin de mettre en relief*(s)* ses qualités. — 9. Les attaquants les plus ardents n'ont plus envie*(s)* d'avoir affaire*(s)* à moi. — 10. Ses repas consistent en relief*(s)* de nos propres repas. — 11. Prendre conseil*(s)* auprès des Durand, qui t'on fait leur*(s)* confidence*(s)* ? — 12. Je t'avoue, en confidence*(s)*, que je n'ai que faire de conseil*(s)* stupide*(s)* !

5. Choisissez entre le singulier et le pluriel.

1. Je cherchais ton numéro de téléphone*(s)* pour aller voir ce soir un numéro de claquette*(s)*. — 2. Mon père a trouvé qu'il y avait trop de communication*(s)* téléphonique*(s)* chez nous. — 3. Les moyens de communication*(s)*, dit-il, permettent de se rendre mutuellement visite*(s)*. — 4. Mes parents viennent de payer leur*(s)* contribution*(s)* et l'humeur s'en ressent. — 5. Pourtant, ils me mettent à contribution*(s)* pour toutes les corvées ! — 6. J'ai plaidé ma cause avec conviction*(s)*, mais mes parents ont leur*(s)* conviction*(s)* en matière d'éducation. — 7. J'avais comme dernière*(s)* ressource*(s)* la cabine publique, mais j'étais à bout*(s)* de ressource*(s)*.

6. Choisissez entre le singulier et le pluriel.

1. Nous avons fait connaissance*(s)*. — 2. J'ai eu une mauvaise note en histoire car je manquais de connaissance*(s)*. — 3. Malgré le choc, les blessés avaient toute*(s)* leur*(s)* connaissance*(s)*. — 4. Pour leur pendaison de crémaillère, ils ont invité toute*(s)* leur*(s)* connaissance*(s)*. — 5. Ils ont vite pris congé*(s)*. — 6. Août voit arriver tous les gens en congé*(s)* payé*(s)*. — 7. Je me suis bien tiré d'affaire*(s)*. — 8. Mon père est diplomate au*(x)* Affaire*(s)* étrangère*(s)*. — 9. Il a un rendez-vous d'affaire*(s)*, mercredi. — 10. J'aime la vie au*(x)* champ*(s)*. — 11. Sur le monument sont gravés les noms des soldats tombés au*(x)* champ*(s)* d'honneur*(s)*. — 12. Venez me tenir compagnie*(s)* et racontez-moi ce procès entre compagnie*(s)* d'assurance*(s)*.

7. Choisissez entre le singulier et le pluriel.

1. Au lieu de jouer, ils ont passé l'après-midi à se regarder en chien*(s)* de faïence*(s)*. — 2. Sorcier, ne change pas ces rochers de diamant*(s)*, laisse aux pierres leur*(s)* rôle*(s)* de pierre*(s)*. — 3. Jamais, à force d'effort*(s)* et d'habileté*(s)*, on ne transformera ces bêtes féroces en anim*(al, aux)* familier*(s)*. — 4. Elles ne supporteront pas d'avoir comme dompteur*(s)* des jeunes gens trop doux. — 5. J'ai trouvé chez un antiquaire une de ces petites lampes qu'on appelait autrefois « lampe*(s)* pigeon ». — 6. De redoutable*(s)* silhouette*(s)* d'Indien*(s)* se découpèrent à l'horizon. — 7. D'autre*(s)* étai*(ent)* déguisé*(s)* en polichinelle*(s)* ou en arlequin*(s)*.

8. Choisissez entre le singulier et le pluriel.

1. Ces arbres, de loin semblent impénétrable*(s)*. — 2. Dès que j'approche, leur*(s)* tronc*(s)* se resserrent. — 3. Ils m'accueillent avec prudence*(s)*. — 4. Ils se flattent de leur*(s)* longue*(s)* branche*(s)*, comme des aveugles. — 5. Le jardin est plein d'oiseau*(x)* et l'air crépite de leur*(s)* cri*(s)* menu*(s)*. — 6. La pie sautille à pied*(s)* joint*(s)* par terre*(s)*, en habit*(s)* dès le matin pour bavarder jusqu'au soir. (D'après Jules Renard, *Histoires naturelles*.)

9. Choisissez entre le singulier et le pluriel.

1. Bathilde vivait dans un pays de montagne*(s)* noire*(s)*, de colline*(s)* broussailleuse*(s)*, de marécage*(s)* infranchissable*(s)*. — 2. Les chemins se perdaient et s'entrecroisaient et il ne fallait pas se perdre dans ce labyrinthe de sentier*(s)*. — 3. Les bois étaient infestés de loup*(s)*. — 4. Mais Gauvain était plein de détermination*(s)* et de courage*(s)*. — 5. À travers des pâturages trempés d'eau*(x)*, il arriva enfin à un château flanqué de tour*(s)*. — 6. Après une allée dallée de large*(s)* pierre*(s)*, il franchit une grande porte faite de panneau*(x)* de bronze*(s)*. — 7. Son cheval était couvert d'écume*(s)*. (D'après Vercors, *Contes de Cataplasme*.)

10. Choisissez entre le singulier et le pluriel.

1. Je revêtis une robe de soie*(s)*, brodée de fleur*(s)* de prunier*(s)*, un paletot de satin*(s)* sans manche*(s)* à bouton*(s)* noir*(s)* façonné d'argent*(s)* et des pantoufles en velours noir*(s)*, finement brodées de minuscule*(s)* perle*(s)* d'or*(s)*. — 2. Selon les jours, j'ornais mes cheveux de bijou*(x)* et de fleur*(s)* de jasmin*(s)* frais, ou d'ornement*(s)* de cheveu*(x)* en jade*(s)*. (D'après Pearl Buck, *Vent d'Est, Vent d'Ouest*, Stock.)

DICTÉE À CHOIX MULTIPLES

Les skieurs. — 1. Il*(s)* rentre*(nt)* à midi, fumant*(s)* de j**oie** et de su**eur** *(saine/seine)* avec leur*(s)* petite*(s)* ombre*(s)* d'un bleu vif couché*(e)* à leur*(s)* pied*(s)*. — 2. Ou bien il*(s)* ne revienne*(nt)* que le soir, ralenti*(s)*, muet*(s)* et leur*(s)* mutisme*(s)* semble*(nt)* plein*(s)* de poésie parce qu'il*(s)* ne pense*(nt)* plus à rien. — 3. Ils sont les amants combl*(er, és)*, *(ô, oh)* neige ! Ils n'ont possédé que toi, depuis le lever du jour, et tu leur*(s)* **suff***(is, it)*. — 4. Ils ont vu sous leur*(s)* pas diminu*(er, é)* le *(mon / mont)*, grandir le paysage. — 5. À la hâte ils s'assirent sur un *(paon / pan)* vierge de ta robe, et il*(s)* se tournai*(ent)* de côté• et d'autre, à cause du sol**eil** qui leur br**û**lait• l'épaule. — 6. Cependant, la *(faim / fin)* les rendai*(en)*t creu*(x)* et léger*(s)*, et ils fouillèrent leur*(s)* poche*(s)*. Il*(s)* mangeai*(en)*t face• au soleil, en re**cu**eillant• les miettes pieusement. — 7. Puis, ils lièrent à leur*(s)* pied*(s)* leur*(s)* aile*(s)* et il*(s)* **comm**encèrent leur*(s)* vol*(s)* par-dessus les petites vall**ées**•. — 8. Parfois, ils rayaient de grand*(s)* cercle*(s)* les *(chant(s)/champ(s))* **imm**aculé*(s)*. — 9. Selon leur*(s)* bond*(s)*, ils voyaient une contr**ée** concave les quitt*(ait, és, er)*, revenir à eux, s'écart*(ait, é, er)* encore... — 10. Leur*(s)* ch**ute***(s)* les poudrai*(en)*t de nacre ; il*(s)* plon**gea**i*(en)*t, tête*(s)* première*(s)* dans des cratères de paillette*(s)* où le soleil mettait les sept coul**eur***(s)* d'Iris. — 11. Ils ont **lutt**é, entre eux, d'audace*(s)*, de vit**esse***(s)*... — 12. La nuit, ils dorment d'un long **somm**eil d'enfant*(s)* et leur*(s)* songe*(s)* eux-même*(s)* ne te trahisse*(nt)* pas. (Colette, *Le Voyage égoïste*, Arthème-Fayard.)

HOMONYMES

▸ **ô, oh !**
— *ô* précède une apostrophe en style soutenu.
— *oh !* interjection marquant la surprise, l'indignation.

▸ **pan, paon, pan !**
— *un pan* : partie tombante et flottante d'un vêtement.
— *un paon* : animal.
— *pan !* onomatopée.

LE PLURIEL DES MOTS COMPOSÉS

LEÇON

- Les noms complètement soudés suivent les règles communes.
Ex. : *Des passeports, des portemanteaux.*
Sauf : *bonhomme → bonshommes, gentilhomme → gentilshommes*
et les titres : *monsieur → messieurs, madame → mesdames,*
mademoiselle → mesdemoiselles, monseigneur → messeigneurs.

- Dans les noms composés, seuls les **noms** et les **adjectifs peuvent prendre la marque du pluriel**. Les autres éléments, **verbes, adverbes, prépositions, pronoms**, sont **invariables**.
Ex. : *Des arrière-boutiques* = adverbe (invariable) + nom commun (variable).
Les imprimés ci-joints = adverbe (invariable) + adjectif (variable).
Des chauffe-plats = verbe (invariable) + nom commun (variable).
Des on-dit = pronom (invariable) + verbe (invariable).

- Pour les noms et les adjectifs, **la marque du pluriel n'est pas systématique**. Dans bien des cas, il faut réfléchir au **sens de l'expression** et raisonner selon les règles d'emploi du singulier et du pluriel (Fiches 13 et 15).

— Si les deux noms (ou les deux adjectifs) désignent le **même être**, ou que l'adjectif est **épithète** du nom, les deux parties sont au **pluriel**.
Ex. : *Des oiseaux-mouches* (= oiseaux tout petits, comme des mouches).
Des sourds-muets (= infirmes, à la fois sourds et muets).
Des plates-bandes (= les bandes sont plates).

— **Si l'un des noms dépend de l'autre** (même sans préposition), réfléchissez au sens.
Ex. : *Des arcs-en-ciel* (= des arcs dans le ciel).
Des timbres-poste (= des timbres pour la poste).

— Si le nom est **C.O.D.** du verbe, il faut réfléchir au sens.
Ex. : *Des abat-jour* (= ils abattent le jour → la clarté de la lampe).
Des cure-dents (= ils curent les dents).
Le COD peut être au pluriel, même dans un nom composé singulier.
Ex. : *Un compte-gouttes* (= il compte les gouttes).

ATTENTION !

— Dans les mots composés de *garde-*, celui-ci a un *-s* au pluriel s'il désigne une **personne** (gardien). S'il désigne une **chose**, c'est un verbe, il est invariable.
Ex. : *Des gardes-barrière(s)* (= gardiens d'une ou plusieurs barrières).
Des garde-boue (= ils gardent de la boue).

— Dans les **noms féminins** composés de *grand-*, on peut accorder *grand* au pluriel ou le laisser invariable.
Ex. : *Nos grands-mères* ou *nos grand-mères.*
Dans les **noms masculins**, on accorde toujours *grand-*.
Ex. : *Nos grands-pères.*

— Les noms composés formés de mots étrangers bien francisés, ainsi que les onomatopées, portent le plus souvent la marque du **pluriel** à leur deuxième élément.
Ex. : *Des chewing-gums, des cow-boys, des tic-tacs.*

EXERCICES

1. Tenez compte du sens et écrivez le pluriel.

1. Ce vieux monsieur aimait qu'on lui cuisine de savoureux pot*(s)*-au*(x)*-feu*(x)* (= plat où la viande est cuite dans un pot qui va au feu) pour ses petits tête*(s)*-à-tête*(s)* intimes (= conversation où l'on est tête en face de tête). — 2. Ses discours n'étaient qu'une suite incohérente de coq*(s)*-à-l'âne*(s)* (= conversation où l'on saute d'un sujet à un autre sujet sans rapport avec le premier). — 3. Il discourait des année*(s)*-lumière*(s)* (= distance que parcourt la lumière en une année) qui nous séparent des étoiles. — 4. Il passait brusquement aux problèmes des avions long*(s)*-courrier*(s)* (= qui font des voyages au long cours) et des Terre*(s)*-neuvien*(s)* (= habitants de Terre-Neuve). — 5. Il sautait sans transition à ses pur*(s)*-sang*(s)* (= chevaux qui ont le sang pur) qui sautaient si bien les terre*(s)*-plein*(s)* (= espace remblayé = plein de terre) du parc. — 6. Il finissait invariablement par la location de ses pied*(s)*-à-terre*(s)* (= logement où l'on ne fait que mettre le pied à terre) à Paris.

2. Selon la nature de garde-, **choisissez entre le singulier et le pluriel. Appliquez le même raisonnement à** aide-.

1. des garde*(s)*-manger*(s)*. — 2. des garde*(s)*-malade*(s)*. — 3. des garde*(s)*-meuble*(s)*. — 4. des garde*(s)*-fou*(s)*. — 5. des garde*(s)*-feu*(x)* . — 6. des garde*(s)*-chiourme*(s)*. — 7. des garde*(s)* du corps. — 8. des garde*(s)*-chasse*(s)*. — 9. Les garde*(s)*-côte*(s)* passaient les bouées pour sortir du port et allaient patrouiller toute la nuit à un mille en mer. — 10. des aide*(s)*-maçon*(s)*. — 11. des aide*(s)*-mémoire*(s)*.

3. Réfléchissez au sens et choisissez entre le singulier et le pluriel.

1. un chasse-mouche*(s)*. — 2. un chasse-neige*(s)*. — 3. des brûle-parfum*(s)*. — 4. des casse-tête*(s)*. — 5. un cache-pot*(s)*. — 6. un lance-flamme*(s)*. — 7. des lance-torpille*(s)*. — 8. un lance-grenade*(s)*. — 9. un chauffe-pied*(s)*. — 10. un chauffe-bain*(s)*. — 11. des chauffe-eau*(x)*. — 12. des chauffe-plat*(s)*. — 13. des faire-part*(s)*. — 14. un pare-feu*(x)*. — 15. un pare-étincelle*(s)*. — 16. un pèse-lettre*(s)*. — 17. des pèse-bébé*(s)*. — 18. un passe-montagne*(s)*.

4. Dites la nature de chaque partie du mot et choisissez entre singulier et pluriel.

1. Dans le port, derrière les brise*(s)*-lame*(s)* et les chasse*(s)*-marée*(s)*, on pouvait voir un trois-mât*(s)* où les hommes d'équipage n'étaient que des casse-cou*(s)*, des brise*(s)*-fer*(s)*, des va*(s)*-nu*(s)*-pied*(s)*, des traîne*(s)*-misère*(s)*, des coupe*(s)*-jarret*(s)* et autres tire*(s)*-laine*(s)* hantant les coupe*(s)*-gorge*(s)*, rien que des gens avides de remplir leurs porte*(s)*-monnaie*(s)* sans songer aux gagne*(s)*-pain*(s)* honnêtes. — 2. En guise de couvre*(s)*-chef*(s)*, ilsportaient des serre*(s)*-tête*(s)* et ils tiraient des bouffées de fumée de leurs brûle*(s)*-gueule*(s)*, qu'ils rejetaient par leurs nez en coupe*(s)*-vent*(s)* ou de leurs bouches brèche*(s)*-dent*(s)*. — 3. Certains étaient cul*(s)*-de-jatte*(s)*. — 4. Tous étaient armés de coupe*(s)*-chou*(x)*.

5. Dites la nature de chaque partie du mot et choisissez entre singulier et pluriel.

1. Pour les week*(s)*-end*(s)*, nous partions en automobile, et quelle automobile ! — 2. Un pare*(s)*-choc*(s)* tordu, des pare*(s)*-boue*(s)* en loques, un pare-brise*(s)* étoilé ! — 3. À l'intérieur, les pare*(s)*-soleil*(s)* pendaient, un vide-poche*(s)* débordait, les appuie*(s)*-tête*(s)* étaient de guingois. — 4. Mon père aimait bien prendre les auto*(s)*-stoppeur*(s)*, mais ils ne devaient pas craindre les haut*(s)*-le-corps car sa conduite était fertile en tête*(s)*-à-queue*(s)* et il ne semblait pas avoir beaucoup fréquenté les auto*(s)*-école*(s)*. — 5. Un jour, pendant notre absence, des cambrioleurs nous visitèrent, armés de force pince*(s)*-monseigneur*(s)*, pied*(s)*-de-biche*(s)* et passe*(s)*-partout*(s)*. — 6. Tout cela pour trouver plusieurs porte*(s)*-fenêtre*(s)* ouvertes. — 7. En guise d'eau*(x)*-forte*(s)* ou d'aigue*(s)*-marine*(s)*, leurs amour*(s)*-propre*(s)* professionnels

durent se contenter d'un porte-clef*(s)* et d'un porte-cigarette*(s)*. Maigre butin ! — 8. Les portraits des arrière*(s)*-grand*(s)*-père*(s)* et les photos des petit*(s)*-enfant*(s)* ne les tentèrent pas.

6. Dites la nature de chaque partie du mot et choisissez entre singulier et pluriel.
1. Il ne faut pas se payer de faux-semblant*(s)*. — 2. Ne jouons pas les fier*(s)*-à-bras. — 3. Nous sommes les avant*(s)*-dernier*(s)* dans le domaine des semi*(s)*-conducteur*(s)*. — 4. Nos machines*(s)*-outil*(s)* sont antiques. — 5. Nous en sommes aux marteau*(x)*-pilon*(s)* et sommes sous-équipé*(s)* en matériels informatiques. — 6. Nos savoir*(s)*-faire*(s)* ne sont pas suffisants. — 7. Nos main*(s)*-d'œuvre*(s)*, ici, en Europe, sont trop coûteuses. — 8. Même les aide*(s)*-comptable*(s)* voient du premier coup d'œil les moins-value*(s)* sur les grand*(s)*-livre*(s)*. — 9. Les tiroir*(s)*-caisse*(s)* et les coffre*(s)*-fort*(s)* sont vides. — 10. Nous sommes des sans-le-sou*(s)* et des pleure*(s)*-misère*(s)*. — 11. Nous sommes des laissé*(s)*-pour*(s)*-compte*(s)* du développement. — 12. Nos avant*(s)*-projet*(s)* ne sont que des attrape*(s)*-nigaud*(s)*. — 13. Ce n'est pas le moment de se reconvertir dans les compte*(s)*-tour*(s)* ou les contre*(s)*-écrou*(s)* !

7. Dites la nature de chaque partie du mot et choisissez entre singulier et pluriel.
1. Après avoir traversé un quartier de gratte*(s)*-ciel*(s)*, nous arrivâmes à l'aéroport. — 2. Des cellules photo*(s)*-électrique*(s)* commandaient l'ouverture automatique des portes. — 3. Des haut*(s)*-parleur*(s)* annonçaient des avions en provenance de tous les chef*(s)*-lieu*(x)* de France. — 4. Un homme chargé d'un porte*(s)*-document*(s)* bourré cherchait un passe*(s)*-droit*(s)* pour embarquer avant son tour pour les pays d'outre*(s)*-mer*(s)*. — 5. Il parlementait avec des gratte*(s)*-papier*(s)*, s'emportait contre ces sous-fifre*(s)* et se comportait comme un parfait casse-pied*(s)*. — 6. Des voyageurs revenaient de Grèce par des avions moyen*(s)*-courrier*(s)*. — 7. Des Anglo*(s)*-Normand*(s)* très pince*(s)*-sans-rire*(s)* achetaient des roman*(s)*-fleuve*(s)* interminables, de ces best*(s)*-seller*(s)* parus en roman*(s)*-feuilleton*(s)* pendant l'entre-deux-guerre*(s)*. — 8. Des Franc*(s)*-Comtois très sans-gêne*(s)* dévisageaient sans vergogne des Extrême*(s)*-Orientau*(x)* semi*(s)*-nomade*(s)* et des globe*(s)*-trotter*(s)* sud*(s)*-africain*(s)* vêtus de snow*(s)*-boot*(s)* et de grands cache*(s)*-nez. — 9. Sur les plate*(s)*-forme*(s)* de départ, des Sud*(s)*-Américain*(s)* attendaient leur embarquement sur des long*(s)*-courrier*(s)*.

SINGULIER OU PLURIEL ?
DANS LES TOURNURES NÉGATIVES

LEÇON

- Pour savoir si on emploie le **singulier** ou le **pluriel** après des mots comme : *sans, pas de, plus de,* il faut se demander si l'on mettrait le singulier ou le pluriel dans la **tournure affirmative** correspondante.
  Ex. : *Il n'y a plus de pain ni de biscottes.*
  On dirait : *Il y a* ***du*** *pain et* ***des*** *biscottes.*
  ⇒ *pain* est au singulier et *biscottes* au pluriel.

ATTENTION !

- Aux noms **toujours pluriel** :
  Ex. : *Le directeur m'a parlé sans ambages* (= sans tourner autour du sujet).
- Aux noms qui, dans le sens où ils sont employés, sont pluriel :
  Ex. : *Un individu sans scrupules.* (On dit : *avoir des scrupules*)
  Dans certains cas, singulier et pluriel sont également acceptables :
  Ex. : *C'est une opération sans risque* ou *sans risques.*
  On dirait aussi bien *courir un risque* que *courir des risques.*

EXERCICES

1. Employez le singulier ou le pluriel dans les expressions suivantes.

1. une chaussure sans semelle*(s)*. — 2. un livre sans couverture*(s)*. — 3. une scie sans dent*(s)*. — 4. une bicyclette sans pédale*(s)*. — 5. une poêle sans manche*(s)*. — 6. un habit sans manche*(s)*. — 7. une automobile sans moteur*(s)*, sans roue*(s)*, sans siège*(s)*, sans phare*(s)* et sans volant*(s)*. — 8. une raquette de tennis sans boyau*(x)*. — 9. une voiture d'enfant sans fond*(s)*. — 10. une chaise sans pied*(s)* ni dossier*(s)*. — 11. La décharge à ordure*(s)*.

2. Même exercice que le n° 1 (suite).

1. un sommier sans ressort*(s)*. — 2. des guitares sans corde*(s)*. — 3. une hache sans manche*(s)*. — 4. une brouette sans roue*(s)*. — 5. une roue de bicyclette*(s)* sans rayon*(s)* et sans pneu*(s)*. — 6. des balais sans poil*(s)*. — 7. des lunette*(s)* sans verre*(s)*. — 8. une théière sans couvercle*(s)*. — 9. un réfrigérateur sans porte*(s)* et sans rayonnage*(s)* intérieur*(s)*.

3. Employez le singulier ou le pluriel.

1. Il n'y a pas d'actualité*(s)* ce soir à la télévision. — 2. Plutôt que de regarder un feuilleton sans intérêt*(s)*, je préfère lire *Poil de Carotte.* — 3. Poil de Carotte est élevé sans tendresse*(s)* par sa mère. — 4. Il n'y a jamais de bonbon*(s)* ni de sucrerie*(s)* pour lui à la maison. — 5. À table, il ne reste plus de melon*(s)* pour Poil de Carotte ! — 6. Il n'y a pas non plus de pot*(s)* sous le lit de Poil de Carotte. — 7. Il faut qu'il se lève sans retard*(s)* et coure au*(x)* cabinet*(s)* dans le noir. — 8. Car Madame Lepic ne laisse pas d'allumette*(s)* à son fils. — 9. Et elle ne ressent pas de pitié*(s)*. — 10. Aujourd'hui, il n'y a pas d'école*(s)*. — 11. Félix et Poil de Carotte regrettent de ne pas avoir de botte*(s)* pour aller à la chasse.

4. Employez le singulier ou le pluriel.

1. C'était une nuit sans vent*(s)* et sans étoile*(s)*. — 2. Sur le mont dépourvu d'arbre*(s)*, ce n'était pas sans malaise*(s)* que Ged scrutait les ténèbres sans nom*(s)*. — 3. Il n'avait guère

de raison*(s)* d'être joyeux. — 4. Son camarade l'avait traité sans égard*(s)*. — 5. Celui-là, il ne lui manquait ni fortune*(s)* ni naissance*(s)*, alors que Ged était sans famille*(s)*, sans relation*(s)* et sans argent*(s)*. — 6. Il lui fallait réagir sans faiblesse*(s)* et sans crainte*(s)*. (D'après U. Le Guin, *Le Sorcier de Terremer*, Robert Laffont.)

5. Employez le singulier ou le pluriel.

1. Mon impression générale était celle d'un jardin longtemps négligé et pourtant sans mauvaise*(s)* herbe*(s)*. — 2. Dans l'air, ni moucheron*(s)*, ni moustique*(s)* ; des papillons volaient de-ci, de-là. — 3. Pas de maladie*(s)* dans ce pays : ils s'en étaient débarrassés. — 4. Certaines choses m'étonnaient : je n'avais pu trouver ni machine*(s)* ni matériel*(s)* d'aucune sorte. — 5. Pourtant, les sandales de ces gens, quoique sans ornement*(s)*, étaient des spécimens assez complexes de travail métallique. — 6. Or il n'y avait dans ce pays ni boutique*(s)* ni atelier*(s)*. — 7. Il y avait d'autre part ces puits sans eau*(x)* dont je ne pouvais découvrir l'usage. — 8. J'étais venu sans arme*(s)*, sans nourriture*(s)* et sans outil*(s)* et me trouvais bien démuni. (D'après H.G. Wells, *La Machine à explorer le temps*, Tallandier.)

DICTÉE À CHOIX MULTIPLES

Comédiens au XVIIe siècle. Il n'y avai*(en)*t dans le chariot• que les trois femmes•. Les hommes allai*(en)*t à pied(s) pour ne pas surcharger le triste animal. Tous, n'ayant à exprimer que des pensées désagréables, gardai*(en)*t le silence et marchai*(en)*t isolé*(s)*, s'enveloppant• de leur*(s)* cape*(s)*• du mieux qu'il*(s)* pouvai*(en)*t. (...) Le paysage qu'on traversai*(en)*t n'étai*(en)*t guère propre à dissi**per** la mélancol**ie**. Au premier plan se tordai*(en)*t les squel**ettes** convulsif(s) de quelque*(s)* vieux orme*(s)* tourmenté*(s)*, contourné*(s)*, écimé*(s)*, dont les branches noires au*(x)* filament*(s)* capric**ieux** se détaillai*(en)*t sur un ciel d'un gris jaune très bas et gros de neige(s) qui ne laissai*(en)*t filtrer qu'un jour livide ; au second s'étendai*(en)*t des plaines dépouill*(ées/aient)* de culture*(s)*, que bordai*(en)*t près de l'hori**zon** des co**ll**ines pel**ées** ou des lignes de bois roussâtre*(s)*. De loin en loin, comme une tache de cr**aie**, quelque*(s)* chaumine*(s)* **app**araissai*(en)*t entre les brindilles menues de *(ses/ces)* clôtures•. De temps en temps passai*(en)*t, hâve et dé**gu**enillé, un paysan, ou quelque*(s)* vieille*(s)* courbée*(s)* sous un fagot de bois mort(s), qui, loin d'animer ce désert, en faisai*(en)*t au contraire re**ss**ortir la solitude. Les pies, sautillant sur la terre brune avec leur*(s)* q**ueue***(s)* plantée*(s)* dans leur croupion comme un évent**ail**• fermé, en paraissai*(en)*t les véritables habitantes. Elle*(s)* jacassai*(en)*t à l'aspect du chariot comme pour se **comm**uniqu*(er/ées)* leur*(s)* réfle**x**ions*(s)*• sur les comédiens et d**ansai***(en)*t devant eux d'une façon déris**oire**, en méchant*(s)* oiseau*(x)* sans cœur*(s)* qu'elles étai*(en)*t, insensible*(s)*• à la misère du pauvre monde. (A. France, *La Rôtisserie de la reine Pédauque*, Calmann-Lévy.)

LES MOTS DE LA FAMILLE : À VOS DICTIONNAIRES !

le char → la cha**rr**ette, le cha**rr**etier, le cha**rr**on, la cha**rr**etée, cha**rr**ier, la cha**rr**ue.
Attention : un cha**r**iot.
/**car- :** le ca**rr**osse, la ca**rr**osserie, un ca**rr**ossier, ca**rr**ossable, une ca**rr**iole, la ca**rr**ière.
l'enveloppe → envelopper, l'enveloppement
— développer, le développement
la femme → une fe**mm**elette. Mais : la fe**m**elle, fé**m**inin(e), la fé**m**inité, le fé**m**ininisme, fé**m**iniser - effé**m**iné. (Le **-m-** n'est doublé qu'avec le vocalisme **-a-**).
clore → cl**o**s(e), un cl**o**s, une cl**ô**ture, cl**ô**turer - écl**o**re, écl**o**s(e), l'écl**o**sion - encl**o**re, un encl**o**s - forcl**o**re, forcl**o**s(e), la forclusion
/**clure :** inclure, exclure, un reclus

MOTS INVARIABLES ET HOMONYMES

LEÇON

▶ **dans, d'en, dent**

— **dans** : préposition qui indique le lieu ou le temps.
Dans trois jours, viens dans mon bateau.

— **d'en** : de (préposition) + en (pronom personnel ou adverbe de lieu = *de cela* ou *de là*). *Du thé ? Je viens d'en prendre.*
Dans les verbes *en venir à, en finir, en rester, en être de même,* **en** ne s'analyse pas et fait partie du verbe.

— **une dent** : *Bébé perce une dent.*

▶ **des, dès, dé, dais, dey**

— **des** : 1) article indéfini pluriel. *Il portait des culottes courtes* (→ sing. = *une culotte courte*). 2) article défini contracté. *Le plus petit des enfants* (= *de les enfants*).

— **dès** : adverbe de temps. *Il chante dès le matin.*
En composition : *dès lors, dès que.*

— **un dé** : à jouer ou à coudre.

— **un dais** : tenture tendue comme un toit.

— **un dey** : ancien chef du gouvernement d'Alger (1671-1830).

▶ **fait, faites, faîte, fête, faix**

— **fait** : nom commun (ce qui est arrivé, ce qui a été fait, ce qui est réel) qui entre dans la composition de plusieurs locutions adverbiales : *en fait, de fait, de ce fait, au fait, tout à fait. Au fait, m'as-tu rapporté mon livre ?*

— **Faites !** impératif du verbe *faire*.
Mais faites donc, je vous en prie.

— **le faîte** : le sommet. *Le faîte du toit.*

— **une fête** : ensemble de réjouissances. *Il pleut, c'est fête chez la grenouille.*

Attention : On peut prononcer le *fait* sans faire chanter le [t] final.
Ne confondez pas avec :

— **le faix** : mot vieilli = le fardeau.
« *(Courbé) sous le faix du fagot aussi bien que des ans* », La Fontaine.

▶ **ni, n'y, nid, nie**

— **ni** : conjonction de coordination négative. « *Ni dieu, ni maître.* »

— **n'y** : ne (négation) + y (adverbe de lieu = *là*, ou pronom = *à cela*).
La clef est-elle sur la serrure ? Non, elle n'y est pas (sur la serrure).
Faire attention à ce que je fais ? je n'y arrive pas (à faire attention).

— **un nid** : le nid de l'oiseau.

— **je nie, tu nies, ils nient** : verbe *nier*.

▶ **or, hors, ores, or**

— **or** : conjonction de coordination, qui marque un point de quelque importance dans la succession des faits ou dans un raisonnement.
Or, ce jour-là, il pleuvait.

— ***hors*** (de) : adverbe ou préposition. « *Hors d'ici tout à l'heure* », Molière.

— **d'ores et déjà** : expression vieillie et figée = dès à présent.

— **l'or** : métal précieux.

▶ **par, part, pars, pare**

— **par** : préposition. *Il a dit cela par hasard.*

— **la part** : une partie. Locutions adverbiales : *quelque part, nulle part, d'autre part, de part en part, prendre en bonne (mauvaise) part, à part, de part et d'autre.*

— **je pars, tu pars, il part** : verbe *partir*, au présent de l'indicatif.

— **je pare, tu pares, il pare**, parer à virer : 1) terme de marine qui signifie ***se tenir prêt à, préparer tout pour.*** 2) ***parer un coup*** : se protéger contre lui.

— **pare-** : dans les noms composés signifie qui « protège contre » (invariable). *Un pare-avalanches.*

▶ **quand, quant, qu'en, camp**

— **quand** : 1) conjonction de subordination (lorsque).
Je partirai quand je le pourrai. 2) adverbe d'interrogation (à quel moment ?) *Quand pars-tu en vacances ?*

— **quant à** (au/aux) : préposition, indique que l'on passe à autre chose. *Tu pars à la mer. Quant à moi, je pars à la campagne.*

— **qu'en** : que + en. *Ils ne voyagent qu'en avion.*

— **un camp** : action de camper. *Les scouts auront leur camp en juillet.*

▶ **si, -ci, s'y, scie, si**

— **si** : 1) adverbe d'exclamation (+ adjectif ou adverbe). *Il a si bon cœur !* 2) adverbe interrogatif (+ proposition d'interrogation indirecte). *Je ne sais si le temps va se maintenir.* 3) conjonction de subordination (+ proposition de condition). *Je viendrai, si tu m'invites.*

— **-ci,** adverbe : s'ajoute au démonstratif pour désigner une personne ou un objet proches. (relié par un trait d'union au mot qui le précède). *Je partirai ces jours-ci.*

— **s'y** : se (pronom personnel) + y (= là, à cela). *Ma chatte sent le départ et s'y prépare (=* au départ). Elle saute dans l'auto et s'y installe (= dans l'auto).
Dans les verbes *s'y connaître, s'y prendre (bien ou mal)* « s'y » ne s'analyse pas.

— **une scie** : outil pour scier.

— **je scie, tu scies, il scie, ils scient** : verbe *scier*, présent.

— **si** : note de musique (invariable).

▶ **près de, prêt à, pré**

— **près de** : préposition. *Elle est près de s'évanouir.*

— **prêt à** : adjectif. *Ils sont prêts à partir.*

— **le pré** : *Des vaches paissent dans le pré.*

▶ **à l'envi, envie(s/nt)**

— **à l'envi**, adverbe : à qui mieux mieux, avec émulation.
Ils pédalent à l'envi.

— **l'envie** : 1) le désir. *J'ai envie d'un bon thé chaud.* 2) la jalousie. *L'envie est un vilain défaut.*
— **j'envie, tu envies, il envie, ils envient** : verbe *envier*, présent. *Ils envient ta bonne santé.*

▶ **peu, peux**

— **peu** : 1) adverbe = pas beaucoup. *Les idées peu intéressantes.* 2) Locutions : *un peu, peu à peu, peu s'en faut, à peu près*, etc.

— **je peux, tu peux, il peut** : verbe *pouvoir* au présent. *C'est tout ce que je peux trouver.*

▶ **peut-être, peut être**

— **peut-être**, adverbe : marque l'éventualité. *Il est peut-être malade.* (Notez le trait d'union.)

— **peut être** : verbe *pouvoir* suivi du verbe *être* (infinitif). *Il peut être malade.* On peut mettre à l'imparfait → *Il pouvait être malade.*

▶ **sans, c'en, cent, s'en, sang**

— **sans** : préposition indiquant l'absence de. *Regarde-moi sans rire.*

— **c'en** : = cela en, appartient à la langue littéraire. *C'en est assez !*

— **cent** : 100, adjectif numéral cardinal (cf. p. 30).

— **s'en** : se (pronom personnel) + en (pronom personnel neutre) = de cela. *Il s'en souviendra* (il se souviendra de cela).
Dans les verbes *s'en aller, s'en faire, s'en donner, s'en retourner, s'en revenir, s'en prendre à, s'en tenir à,* « s'en » fait partie du verbe et ne s'analyse pas.

— **le sang** : *Le sang circule dans les veines.* Interjection : *Bon sang* ! Dérivés : *Le sang-froid* (la maîtrise de soi), *un pur-sang* (cheval)

— **sens dessus dessous** et **sens devant derrière**. Dans ces locutions, on n'entend pas le *-s* final du nom *sens.*

▸ **si tôt, sitôt**

— si tôt : tellement tôt. *Il ne fallait pas venir si tôt !*

— sitôt : aussitôt ; dans les locutions adverbiales ou conjonctives. *On ne le reverra pas de sitôt. Sitôt dit, sitôt fait. Sitôt qu'il est arrivé, préviens-moi.*

▸ **tant, temps, tends, t'en, taon, tan**

— **tant** : 1) adverbe de quantité = tellement. *Il a tant de chance !* 2) locutions : *tant mieux, tant pis, tant et plus, tant que, en tant que.*

— **le temps** : *Le temps est à la pluie.* Locutions : *de temps en temps, à temps, au temps de, en même temps, du temps de.*

— **je tends, tu tends, il tend** : verbe *tendre,* présent. *Tu me tends la main.*

— **t'en** : te (pronom personnel) + en (pronom personnel) = de cela. *Ne t'en mêle pas* = ***Ne te mêle pas de cela.***

— **un taon** : insecte qui pique le bétail.

— **le tan** : écorce de chêne pulvérisée, utilisée pour la préparation des cuirs (→ le tannage).

▸ **en vain, vain, vins, vingt, vin, vaincs**

— **en vain**, adverbe : inutilement. *Je l'ai supplié en vain.*

— **vain, vaine**, adjectif : inutile. Les regrets sont vains.

— **je vins, tu vins, il vint** : verbe *venir* au passé simple. *Il vint très tard.*

— **vingt** : 20, adjectif numéral cardinal (cf. p. 30).

— **le vin** : boisson faite avec le raisin. *Le vin coulait à flots.*

— **je vaincs, tu vaincs, il vainc** : verbe *vaincre,* présent.

▸ **voir, voire**

— **voir** : verbe à l'infinitif. *Je veux voir.*

— **voire** : 1) exclamation qui marque le doute. *Il dit qu'il a travaillé. Voire !* 2) Adverbe qui renforce une affirmation = et même. *Il y est resté de longs mois, voire des années.*

EXERCICES

1. Remplacez les points par : dans, d'en, dent.

1. Néron avait décidé ... finir avec les chrétiens. — 2. La foule entrait ... les jardins de l'empereur. — 3. Les allées qui s'enfonçaient ... les fourrés étaient hérissées de piquets. — 4. ... haut, on pouvait contempler les corps qui y étaient ligotés, couverts de fleurs et de feuilles. — 5. ... les fleurs était dissimulée de la poix. — 6. On avait aussi pris la précaution ... enduire les piquets. — 7. Bientôt des esclaves armés de torches reçurent l'ordre ... enflammer la base. — 8. Alors ... la nuit s'éleva une clameur immense, faite de milliers

de cris de douleur, pendant que ... l'air tiède se répandait l'odeur de chair rôtie. — 9. Immédiatement des esclaves s'empressèrent ... faire disparaître l'odeur en jetant de la myrrhe et de l'aloès ... les brûle-parfums placés ... l'intervalle des poteaux. — 10. Au milieu des fumées et des torches humaines s'avançait, ... un rayonnement de lumière, le quadrige ... lequel César avait pris place. — 11. Il contemplait le spectacle et avait l'air ... jouir. — 12. Un mince sourire découvrait ses ... . (D'après H. Sienkiewicz, *Quo vadis ?*)

2. Remplacez les points par : des, dès, dé, dais, dey.

1. Sous son ... de cérémonie, le ... d'Alger ne rêve qu'à la fin ... cérémonies. — 2. ... qu'il le pourra, il appellera ... courtisans pour sa quotidienne partie de ... .

3. Remplacez les points par : fait, faites, faîte, fête, faix.

1. En f..., courbés sous le f... du labeur quotidien, les humbles ne regardent même plus vers ceux qui ont atteint le f... des honneurs, vivent une f... perpétuelle, de bal en dîner et de dîner en spectacle, et n'ont qu'à dire : « F... ! », pour que leurs laquais s'empressent d'exécuter leurs fantaisies. — 2. De f..., leurs univers sont infiniment éloignés.

4. Remplacez les points par : ni, n'y, nid, nie.

1. Les chrétiens étaient livrés au supplice dans l'amphithéâtre et Ursus savait qu'il ... échapperait pas. — 2. ... César, ... les sénateurs, ... le peuple n'avaient encore jamais vu de poitrine si puissante ... de bras semblables. — 3. Mais lorsque le géant s'avança dans l'arène, il ne vit ... croix ... trou pour la croix. — 4. Nul ne savait ce qui allait faire face au géant ... si, au moment décisif, il ne refuserait pas le combat. — 5. Lorsque des grilles surgit un monstrueux auroch de Germanie avec, sur la tête, une femme, Vicinius ... résista pas. — 6. Il hurla « Lygie ! Lygie ! Lygie ! » sans plus penser à César ... à rien de ce qui l'entourait. — 7. Pétrone lui couvrit vite la tête de sa toge et il ... vit plus rien. (D'après H. Sienkiewicz, *Quo vadis ?*)

5. Remplacez Les points par : or, hors, ores, or.

1. C'est un joueur ... pair. — 2. ... l'arbitre vient de le mettre ... jeu. — 3. Toute l'équipe est ... d'haleine. — 4. D'... et déjà elle a perdu le moral. — 5. ... nous étions justement venus pour la voir gagner et les places pour ce match étaient ... de prix. — 6. Nous les avons achetées à prix d'... . —7. Nous sommes furieux et ... de nous.

6. Remplacez les points par : par, part, pars, pare.

1. Tu ... demain pour un périple ... monts et ... vaux. — 2. Or le ...-brise de ta voiture est cassé. — 3. D'autre ..., ses ...-chocs sont tordus et, ... avarice, tu ne les as pas fait réparer. — 4. À ... le moteur, rien n'est vraiment en bon état. — 5. Les ressorts traversent les coussins de ... en .... — 6. ... ici l'eau coule ... les trous que la rouille a creusés de ... et d'autre de la portière gauche. — 7. Et ... là, on voit pendre les ...-soleil. — 8. Cela m'étonne de ta .... — 9. D'ordinaire tu ... à toute éventualité. — 10. Je ... chercher un garage ouvert, mais je crains de n'en trouver nulle ... . — 11. Ne prends pas mes reproches en mauvaise ... . — 12. Tu sais que je te les fais ... amitié.

7. Remplacez les points par : quand, quant, qu'en, camp.

1. Je ne sais ... tu auras tes dates de vacances. — 2. Envoie-moi un télégramme ... tu les connaîtras. — 3. ... à moi, je peux partir dès le mercredi 8 juillet. — 4. Ne m'appelle au téléphone ... cas d'urgence. — 5. J'ai des problèmes ... on m'appelle au bureau. — 6. ... aux lettres, elles mettraient trop de temps. — 7. Tu viendras ... tu le pourras. — 8. Je me moque du ... dira-t-on. — 9. Je pense ... train tu iras plus vite ... voiture. — 10. ... à l'avion, c'est trop cher. — 11. Nous irons visiter un ... d'Indiens. — 12. ... dis-tu ?

8. Remplacez les points par : si, -ci, s'y, scie, si.

1. Cependant Chilon avait gagné l'angle du mur et ... était tapi en attendant la suite de cette aventure ... — 2. ... l'entreprise réussissait, il ferait bon se trouver auprès de Vinicius. — 3. Il était ... certain que Croton tuerait Urbain qu'il rêvait à la maison de Vinicius et ... voyait déjà installé. — 4. « Même ... des chrétiens venaient de ce côté ... et tentaient de secourir Lygie, pensait-il, il savait comment ... prendre pour les retourner en sa faveur. — 5. Il les avait ... bien étudiés qu'il ... connaissait en discours propres à les émouvoir. — 6. Ce coup ..., il allait gagner et voir ... Vinicius tenait parole. » (*Quo vadis ?*)

9. Remplacez les points par : près de, prêt à, pré.

1. Lorsque tu seras ... de la porte, tiens-toi ... à bondir et à gagner le ... — 2. Pense que les gardiens sont ... de la crise de nerfs et ... à tirer.

10. Remplacez les points par : à l'envi, envie.

1. Les skieurs ont tous ... de gagner la course et poussent à l'... sur leurs bâtons. — 2. Ils ... sûrement ceux qui n'ont qu'à suivre la pente pour prendre de la vitesse.

11. Remplacez les points par : peu, peut, peux.

1. ...-tu me donner le ... d'eau qui reste ? — 2. Cela ... m'aider à tenir jusqu'au refuge car je suis à ... près mort de soif. — 3. Je ne ... plus guère avancer et trouve cette montagne ... hospitalière.

12. Remplacez les points par : peut-être, peut être.

1. Quel drôle d'objet ! Je me demande ce que cela ... . — 2. C'est ... un O.V.N.I.

13. Remplacez les points par : sans, c'en, cent, sang, s'en.

a) 1. Le commissaire de police ... est allé ... faire de bruit. — 2. Il n'a pas la réputation de ... faire ... motif, ni de ... prendre aux innocents. — 3. Il est sorti ... prendre son revolver. — 4. Je ne sais comment il va ... tirer ! — 5. S'il tombe sur la bande des ... crânes rasés, c'... est fait de lui ! — 6. Le ... va couler et le quartier sera ... dessus dessous !

b) 7. Chilon Chilonidès était un Grec ... scrupules. — 8. Ses yeux injectés de ..., son manteau ... devant derrière avaient quelque chose d'abject et de malpropre. — 9. Sachant que Vinicius était allié par le ... à Pétrone, et que Pétrone avait accès ... difficulté à la cour de l'empereur, il était bien décidé à ... servir. — 10. Lorsque Vinicius lui lance une bourse, il ... empare ... honte car il a besoin de ... sesterces (monnaie romaine). — 11. On ne peut rien obtenir de lui ... argent. — 12. Il sait bien qu'il cause la perte de Lygie, mais il ne ... inquiète pas. — 13. Il espère qu'Ursus va travailler pour lui ... douter. — 14. Mais quand Ursus voit la pièce ... dessus dessous et Vinicius qui tente d'enlever Lygie, ... est trop pour lui. — 15. Il assomme Vinicius ... ménagement et ... va au plus vite avec la jeune fille. — 16. Chilon pense que cette fois, ... est fait de lui et que s'il ... tire, il aura de la chance. — 17. Puisse-t-il tant ... faire qu'il ... tourne les ... ! (D'après H. Sienkiewicz, *Quo vadis ?*)

14. Remplacez les points par : tant, temps, tends, t'en, taon, tan.

a) 1. Je ... supplie, cher journal, aide-moi à être forte, résolue, à prendre le ... de faire ma gymnastique matin et soir. — 2. Je prends la résolution de ne pas ... manger, d'être tout le ... optimiste, charmante et gaie. — 3. Il faut que tu ... souviennes pour moi. — 4. J'aimerais ... être invitée par un garçon de ... en ... ! — 5. J'aimerais ... avoir du succès ! — 6. Je ... ai déjà fait souvent la confidence, cher journal.

b) 7. Rome tout entière brûle, Vinicius, tu ... rends compte ! — 8. Est-il encore ... de sauver Lygie ? — 9. Tu cherches à atteindre la maison de Linus où tu as passé ... d'heures heureuses avec elle au ... béni où elle t'avouait son amour et où tu ... enivrais. — 10. Il y a ... de fuyards dans les rues que tu dois descendre de cheval, et ... de fumée que tu t'arrêtes de ... en ... pour te frotter les yeux. – 11. Enfin tu arraches un pan de ta tunique pour ... couvrir le nez et la bouche. – 12. Tu arrives au pont Cestius, mais déjà il n'est plus ... de passer : l'île entière est en feu. – 13. Tu ne ... approches pas et tu penses que ... que le Transtévère ne brûle pas, il te reste un ... soit peu d'espoir de revoir Lygie vivante. – 14. Mais ta situation ... à devenir critique. – 15. Tu voudrais ... t'assurer que Lygie a pu fuir que tu oublies qu'il serait ... de songer à ta propre vie et de ... aller au plus vite te mettre à l'abri. (*Quo Vadis ?*)

15. Remplacez les points par : en vain, vain, vins, vingt, vin, vainc.
1. C'est en ... que je ... te chercher à ... heures. – 2. Le ... coulait à flot et l'ivresse ... toujours tes meilleurs sentiments. – 3. Après ce message, notre aïeule ne se consuma pas en pleurs ..., mais prit le train le ... juillet mil huit cent quatre-... et s'en ... ici, à St Louis, Minnesota.

EXERCICES DE SYNTHÈSE

a) 1. *(Si tôt/sitôt)* qu'il avait vu sa princesse ligotée aux cornes du taureau, le Lygien avait bondi vers la bête en démence. – 2. L'amphithéâtre était debout pour mieux *(voir/voire)* et, de *(fait/faite)*, jamais, de mémoire de Romain, on n'avait vu pareil spectacle. – 3. Aucun gladiateur, même au *(fait/faîte)* de sa gloire, n'avait jamais entrepris ce qu'entreprenait Ursus et aucun ne l'entreprendrait de *(si tôt/sitôt)*. – 4. *(Des, dès)* lors, Ursus, arc-bouté contre la bête, évoquait aux spectateurs l'image de Thésée, *(voir/voire)* d'Hercule. – 5. De ce *(fait/faîte)*, il était maintenant pour eux un demi-dieu. – 6. César murmura : « Il va le terrasser » – « *(voire/voir)* », répondit Tigellin, qui ne voulait pas avoir organisé en *(vain/vin/vingt)* la *(fait/faîte/fête)*. – 7. Soudain la bête croula comme une masse et *(vain/vint/vingt)* s'abattre au pied de la tribune. – 8. Tigellin n'en revenait pas de la *(voir/voire)* fléchir *(si tôt/sitôt)*. – 9. Les spectateurs, très au *(fait/faîte/faites)* en matière de lutte, étaient en délire, comme sous l'effet du *(vin/vint/vingt)*. – 10. Les murs de l'immense bâtisse tremblaient sous la clameur de *(vin/vint/vingt)* mille poitrines. – 11. Ursus n'avait pas perdu de temps : *(si tôt/sitôt)* victorieux, il avait délié la jeune vierge et, chargé de ce *(fait/faix)*, il implorait la clémence de César. – 12. Furieux de *(voir/voire)* sa proie lui échapper, Aénobarbe[1] dut se soumettre à la foule et murmura d'une voix éteinte : « *(Faîte/faites)* ce que veut le peuple. » (D'après H. Sienkiewicz, *Quo Vadis ?*)

b) 1. Voil*(a, à)*, cel*(a, à)* fait cinquante ans qu'ils sont mariés. – 2. Malgr*(é, es, ès)* bien *(dé/des/dès)* épreuves, ils sont toujours restés ensemble*(s)*, l'un aupr*(é, ès, êt)* de l'autre. – 3. Ils se sont battus à l'envi*(e)* contre les difficultés et l'envi*(e)*, l'un à côté*(s)* de l'autre. – 4. Bon gré*(s)*, mal gré*(s)*, les enfants ont pris leur envol *(dé/des/dès/dais)* qu'ils en ont été capables. – 5. Elle ne l'a pas fait expr*(é, ès, êt)*. – 6. C'est son cœur qui a lâché, tandi*(s)* qu'elle lui parlait à traver*(s)* la fenêtre. – 7. Et lui, depu*(i, is, its)*, il regarde tout*(e)* autour*(s)* de lui, ne pouvant réaliser qu'elle puisse être ailleur*(s)*. – 8. Lui, naguère*(s)* si vif, a été *(dé/des/dès)* *(l'or/lors)* bien ralenti et n'a plu*(s)* guère*(s)* d'entrain. – 9. Parmi*(s)* toutes ses affaires, il n'a rien gardé, hormi*(s)* son *(dé/des/dès)* à coudre, qui lui rappelle le temps jadi*(s)*, et la photographie de mariage sous le *(dé/des/dès/dais)*.

1. Surnom de Néron = barbe d'airain (Néron était roux).

FICHE 19

ADVERBE INVARIABLE OU ADJECTIF ?

LEÇON

▶ L'adverbe est un **mot invariable** qui modifie le sens d'un verbe, d'un adjectif ou d'un autre adverbe.
Ex. : *On aimerait oublier* ***très vite*** *cette période* ***peu*** *glorieuse.*
vite : adverbe de temps, modifie le sens du verbe *oublier.*
très : adverbe de quantité, modifie le sens de l'adverbe *vite.*
peu : adverbe de quantité, modifie le sens de l'adjectif *glorieuse.*

ATTENTION !

— **debout, arrière, bien, mal** sont des adverbes :
Ex. : *Ils dorment debout. Des roues arrière. Des gens bien. Ils se sentent mal.*
— Ne confondez pas l'adverbe **vite** et l'adjectif *rapide* ;
l'adverbe *loin* et les adjectifs *éloigné* ou *lointain* :
Ex. : *Les trains roulent vite.* ≠ *Des locomotives rapides.*
Ces pays sont loin. ≠ *Des voyages lointains. Des régions éloignées.*

▶ Un certain nombre d'**adjectifs peuvent être employés comme adverbes.** Ils sont alors **invariables.** Ce sont notamment : *bas, bon, cher, clair, doux, droit, dru, faux, fort, ferme, dur, net, franc, juste, haut, court...*
Ex. : *J'ai des amis francs et sincères (francs* = adjectif épithète d'*amis*).
Ils m'ont parlé franc (franc = adverbe modifie le verbe *parler*).

UN TRUC

Mettez au **féminin** : souvent l'accord de l'adjectif s'entend.
Ex. : *J'ai des amies franches.* Mais : → *Elles m'ont parl~~é franches~~.*
L'adverbe, lui, peut se remplacer par un complément circonstanciel.
Ex. : *Ils m'ont parlé avec franchise.* → *franc* = adverbe, indique la manière.

▶ Dans les **adjectifs composés**, l'usage est assez fantaisiste :
— Les deux éléments s'accordent si ce sont deux vrais adjectifs.
Ex. : *Des paroles aigres-douces.*
— Mais souvent le premier adjectif est pris adverbialement.

libre-, extrême-, haut-, court-, mort- : invariables.	*des théories libre-échangistes, les coutumes extrême-orientales, des personnes haut-placées, Perrette court-vêtue, des enfants mort-nés.*
premier-, dernier-, raide-, ivre- : s'accordent.	*la première-née, la dernière-née, raides-mortes, des marins ivres-morts.*
nouveau-, grand-, fin-, frais-, large-, franc-, bas-, long- : deux possibilités.	*une fillette nouveau-né* ou *nouvelle-née, des yeux grand-ouverts* ou *grands-ouverts, une couvée frais-pondue* ou *des fleurs fraîches-écloses, fin-saouls ou fins-saouls, des coutumes bas-bretonnes* ou *basses-bretonnes, des francs-maçons* ou *franc-maçons*[1]*, des longs-courriers* ou *long-courriers.*
préfixe latin, mot en -o ou **-i** : invariables.	*des liaisons ultra-rapides, les Gallo-Romains, des pièces héroï-comiques.*

1. **franc-** ne s'accorde pas en genre : *des recettes franc-comtoises.*

▶ Tout

1. **adjectif indéfini**	Voir Fiche 14 p. 40
2. **pronom indéfini** *tous, toutes, tout*	*Tous* } *veulent tout voir.* *Toutes*
3. **adverbe** : peut se remplacer par *tout à fait* ; et **s'accorde** au féminin devant consonne ou *h-* aspiré [1].	*Des coquelicots tout rouges et tout épanouis.* *Des prairies tout herbeuses et tout ensoleillées.* *Des fermières toutes souriantes et toutes hâlées.*

1. Un *h-* est aspiré si l'on n'élide pas l'article devant le nom correspondant.
Ex. : *hâlé → le hâle* (= *h-* aspiré). Mais : *herbeux → l'herbe* (= *h-* muet).

▶ Même

1. **adjectif indéfini**	Il est placé entre l'article et le nom ou suit un pronom personnel : voir Fiche 14.
2. **pronom indéfini**	*Le même, la même, les mêmes.*
3. **adverbe** : peut se remplacer par *aussi.*	*Nous avons tout exploré, même les fourrés* (= les fourrés aussi). [1]

1. Quand *même* suit le nom, il est adjectif ou adverbe, indifféremment.
Ex. : *Ils ont tué les hommes, les femmes, les enfants mêmes (ou même).*

▶ Mi-, demi-, semi-, nu-

— Ils sont **adverbes** et invariables s'ils sont placés **avant le nom** et reliés à lui par un **trait d'union**.
Ex. : *À mi-hauteur, des demi-heures, des semi-remorques, aller nu-pieds.*
Mais *nu* et *demi* sont **adjectifs** (et s'accordent) s'ils sont placés **après le nom**.
Ex. : *Aller pieds nus, deux heures et demie.*
Ces deux mots peuvent également être des **noms**.
Ex. : *Le peintre peint des nus. L'horloge sonne les demies.*

EXERCICES

1. Dites s'il s'agit d'un nom, d'un adjectif, d'une préposition ou d'un adverbe et choisissez l'orthographe correcte.

Deux enfants juifs ont pris le train pour tenter de fuir la France occupée.

1. Nous avons pu trouver des place*(s)*. — 2. Nous sommes assis, bien*(s)* installé*(s)* ; nous sommes tranquille*(s)* jusqu'*(a/à)* Dax. — 3. À Dax, il y a un contrôle : il nous faudra passer au traver*(s)*. — 4. Un curé, dont les trait*(s)* sont à peine*(s)* éclairé*(s)* par la veilleuse, me regarde. — 5. Il doit me fixer depui*(s)* longtemp*(s)*. — 6. Il a l'air grave, les yeux grave*(s)* des gens qui n'osent guère*(s)* sourire tellement*(s)* ils voient de chose*(s)* triste*(s)*. — 7. Nous apercevons quelque*(s)* personne*(s)* qui sont derrière*(s)* la glace du compartiment. — 8. Un homme et une femme sont debout*(s)* dans le couloir. — 9. Ils sont *(ci/si)* pâle*(s)* ! (D'après J. Joffo, *Un sac de billes*, Lattès.)

2. Même exercice que le n° 1 (suite).

1. Dax. Le nom a claqué tou*(s, t)* à cou*(p, s, t)*. — 2. Les frein*(s)* crissent, les roue*(s)* arrière*(s)* serrée*(s)* à mort*(s)* glissent encor*(e)* quelque*(s)* mètre*(s)* sur les rail*(s)* et s'arrêtent. — 3. Stu-

péfait*(s)*, nous constatons qu'il y a quelque*(s)* place*(s)* vide*(s)* derrière*(s)* nous. — 4. Les compartiment*(s)* sont presque*(s)* vide*(s)*. — 5. Le prêtre est toujour*(s)* *(la/las/là)*. — 6. « Beaucoup*(s)* ont sauté en marche*(s)* au ralentissement », me dit Maurice. — 7. Des gendarmes*(s)* allemand*(s)* viennent bientôt*(s)* vers nous. — 8. Il y a des civil*(s)* aussi*(s)*, en imperméables. (D'après J. Joffo, *Un sac de billes*, Lattès.)

3. Dites la nature du mot et choisissez l'orthographe correcte.

1. Deux hommes courent *(la/là)*-bas, dehor*(s)*, droit*(s)*, devant*(s)* eux. — 2. Ils sont déjà*(s)* loin*(s)*. — 3. Un civil tire un sifflet de sa poche et des appels strident*(s)* retentissent. — 4. Des soldats courent soudain*(s)* à droite et à gauche. — 5. Ils rattrapent vite*(s)* les fuyards. — 6. Les coups pleuvent sec*(s)*. — 7. À l'autre bout du quai des ordres sec*(s)* retentissent. — 8. Je vois le couple de tout à l'heure : ils marchent entre*(s)* deux Allemands. — 9. La femme serre sa chèr*(e)* malette contre elle. — 10. Elle donnerait cher*(e)* pour être ailleur*(s)*. — 11. Nous regagnons lentement*(s)* nos places et nous voilà*(s)* à côté*(s)* du prêtre. — 12. La dame maigre serre déjà*(s)* ses papiers. — 13. Ils tremblent fort*(s)* entre*(s)* ses mains moite*(s)*. — 14. Il y a des cachets rond*(s)* et noir*(s)* au centre, des signatures partout*(s)*. — 15. « Ils doivent se sentir bien*(s)* les gens qui tiennent entre*(s)* leur*(s)* doigts tant*(s)* de paraphe*(s)* et d'autorisation*(s)* ! ». — 16. Les mots viennent soudain*(s)* à mes lèvres : « Monsieur le Curé, nous n'avons pas de papiers. » — 17. « Surtout, ayez l'air parfaitement*(s)* calme*(s)*. Regardez-les droit*(s)* dans les yeux. » (D'après J. Joffo, *Un sac de billes*, Lattès.)

4. Dites la nature du mot et choisissez l'orthographe correcte.

1. Voici encore un de ces clair*(s)* matins d'été. — 2. Les prés sentent bon*(s)*. — 3. Les torrents chantent tou*(s, t)* bas leur chanson joyeuse. — 4. Les chalets d'alpage sont encore bien*(s)* loin*(s)*. — 5. Il nous faudra encore*(s)* marcher trois heures durant*(s)*, mais nous sommes de bon*(s)* montagnards et nous marchons vite*(s)*. — 6. Mais attention aux orages soudain*(s)* ! — 7. Nous voici tou*(s, t)* trempé*(s)* ! — 8. Nous n'avons plus de vêtements sec*(s)*. — 9. Heureusement la sécurité et la chaleur du refuge sont maintenant tout*(es)* proche*(s)*. — 10. Quel bonheur de boire des thés brûlant*(s)* et de manger chaud*(s)* au refuge ! — 11. Nous sommes heureux d'être *(la/là/las)* à l'abri*(s)* et tou*(s, t)* ensemble*(s)*. — 12. En altitude, les flocons doivent tomber dru*(s)*. — 13. Allons vite*(s)* nous coucher car nous dormons debout*(s)* et nous ne voyons plus très clair*(s)*.

5. Est-ce un adjectif ou un adverbe ? Choisissez l'orthographe correcte.

1. Ce sont des touristes juste*(s)* arrivé*(s)* : vous avez deviné juste*(s)*. — 2. Ils ont des sacs haut*(s)* et lourd*(s)* et doivent être bien fort*(s)* pour les porter. — 3. Ils parlent haut*(s)* et fort*(s)*. — 4. Vos remarques sont juste*(s)*. — 5. Leurs cordes sont fort*(s)* usé*(es)* et leur pointes de crampons tout*(es)* émoussé*(es)*. — 6. Je crains que leurs cordes ne cassent net*(es)* et qu'ils ne pestent ferme*(s)* quand cela arrivera. — 7. Ce sont de beau*(x)* imprudent*(s)*. — 8. Ils prennent bel*(le)* et bien des risques. — 9. Ils s'arrêteront probablement à mi*(e)*-course, car ils prennent les demi*(s)*-échecs pour des demi*(s)*-succès !

6. Dites la nature du mot et choisissez l'orthographe correcte.

1. Six heures et dem*(i, ie, ies)* après une réunion de famille fort*(e)* agité*(e)*, le vieux Simeon Lee a été assassiné. — 2. Des meubles, même*(s)* des gros, ont été renversé*(s)* pêle*(s)*-mêle*(s)*. — 3. Dans la demi*(e)*-obscurité, on voit la pièce tout*(e)* éclaboussé*(e)* de sang. — 4. Les dames sont tout*(es)* bouleversé*(es)*. — 5. Tou*(s, t)* les hommes sont horrifié*(s)* et se demandent qui le meurtrier *(peut être/peut-être)*. — 6. David semble pr*(ès, êt)* d'une crise de nerfs. — 7. Hercule Poirot attend peu*(t)*. — 8. D'elles-même*(s)*, les dames viennent bavarder un peu*(t)* avec lui. — 9. Les membres de la famille se soupçonnent à l'envi*(e)*. — 10. Pourtant ce sont presque*(s)* tous des gens bien*(s)* et respectable*(s)*. — 11. Mais l'envi*(e)* peu*(t)* exister dans tout*(es)*

les familles. — 12. Seul*(s)* Harry et Pilar sont *(peut être/peut-être)* peu*(t)* recommandable*(s)*. (D'après A. Christie, *Le Noël d'Hercule Poirot*, Champs-Élysées.)

7. Dites la nature du mot et choisissez l'orthographe correcte.

1. Le vieux domestique, Tressilian, est pr*(ès, êt)* à croire qu'il voit les même*(s)* scène*(s)* se reproduire à peu*(t)* de temps d'intervalle. — 2. Le valet de chambre Horbury *(peut être/peut-être)* le meurtrier : sa personnalité sournoise est tout*(e)* indiqué*(e)* pour voir en lui un voleur. — 3. Mais son alibi est *(peut être/peut-être)* solide. — 4. Le vieux Simeon possédait beaucoup de bien*(s)*. — 5. Pilar est tout*(e)* hésitante et tout*(e)* honteuse. — 6. Elle n'a finalement plus très envi*(e)* d'hériter. — 7. Dans la demi*(e)*-heure qui suit, elle échappe de peu*(t)* à une tentative de meurtre. — 8. Y a-t-il bien deux nu*(s)* dans le corridor ? — 9. Hercule Poirot peu*(t)* affirmer que ce soir-là il y en avait trois. — 10. En fait les diamants brut*(s)* volé*(s)* n'étaient pas bien*(s)* loin*(s)*. — 11. Le détective les découvre peu*(t)* après, tou*(s, t)* mêlés aux cailloux même*(s)* du jardin miniature de Mrs. Lee. — 12. Tou*(s, t)* ces événements sont fort*(s)* mystérieux. (D'après A. Christie, *Le Noël d'Hercule Poirot*, Champs-Élysées.)

DICTÉE À CHOIX MULTIPLES

Mes chers collaborateurs. — Tou*(s, t)* *(ces, ses)* projets tourneront court*(s)* si nous ne prenons que des demi*(es)*-mesures. Ma conduite est tout*(e)* tracé*(e)* : j'emploierai des mots court*(s)*, et je parlerai net*(s)*. Vos **app**ointements ne seront pas les même*(s)* si vous êtes fort*(s)* dynamique*(s)*• ou tou*(t, s)* découragé*(s)*. Vous allez travailler dur*(s)*• et faire de grand*(s)* **eff**ort*(s)*. Vous serez exact*(s)* et **arr**iverez à huit*(s)* heure*(s)* et dem*(i, ie, ies)* précise*(s)*•. Nous avons vu grand*(s)* et nos article*(s)* ne sont pas cher*(s)*. J'escompte• de bon*(s)* bénéfi**ce***(s)* pour cette année•. Je m'engage à *(ce, se)* que même*(s)* les employé*(s)* à mi*(e)*-temps en profite*(nt)*. (Texte de l'auteur).

LES MOTS DE LA FAMILLE : À VOS DICTIONNAIRES !

dynam(o)* (= force) → d**y**namique, le d**y**namisme, la d**y**namite, d**y**namiter, un d**y**namiteur, une d**y**namo, un d**y**namomètre, aérod**y**namique.
compte → com**p**ter, recom**p**ter, décom**p**ter, escom**p**ter, com**p**te rendu, com**p**table, com**p**tabilité, com**p**tant, com**p**toir, com**p**tine.

ON/ON N'

LEÇON

Le son [n] qu'on entend après **on** peut être :

— la **liaison** entre **on** et la voyelle (ou *h-* muet) qui suit :
Ex. : *On était complètement fous !*

— la **négation n'** (= *ne*, élidé devant voyelle ou *-h* muet) :
Ex. : *On n'y croyait plus !*

UN TRUC
Remplacez **on** par un autre **pronom** :
Ex. : *Ils étaient complètement fous ! Ils n'y croyaient plus !*
Un indice : **ne** est souvent suivi de *pas, plus, guère, aucun, rien, personne, jamais, point, que, ni...*

ATTENTION !
Ne peut être explétif (seul et facultatif), après un *si* **conditionnel** ; *non que* et *non pas que* (cause niée) ; *depuis, il y a* (tel temps) *que* ; dans les **comparaisons** ; après les verbes de **crainte, d'empêchement,** de **doute** ou de **négation.**
Ex. : *Il est meilleur qu'on n'aurait cru* (→ qu'il n'aurait cru).
Je crains qu'on n'ait perdu le chemin (→ qu'il n'ait perdu).

EXERCICES

1. Dites ce qu'est le n **qu'on entend et ajoutez, s'il le faut, une négation.**

1. D'abord on ... a peur, surtout à cette heure et dans ce lieu. — 2. Et puis, on ... est chasseur, on ... est enfant ; — 3. à trois qu'on ... est, on ... a pas trente ans ; — 4. on ... est en quête, on fouille, on ... épie les choses cachées ; on ... avance la tête dans ce trou-ci ; comment ne point l'avancer dans ce trou-là ? — 5. De gibier en gibier, on ... arrive au démon. — 6. Être sur la piste des farfadets, rien ... est plus glissant. — 7. Ils s'approchaient donc en retenant leur haleine comme on ... approcherait d'une bête. — 8. Le petit qui marchait en tête en ... était bien digne. — 9. La mer était silencieuse. Lorsqu'il n'y a ni vent ni flot dans cette remuante étendue où d'ordinaire on ... entend pas voler les aigles, on ... entendrait une mouche voler. (V. Hugo, *Les Travailleurs de la mer.*)

2. Remplacez les points par on, on n'.

(*« Sortez ! » a dit le professeur excédé, et deux filles de 5ᵉ D sont parties.*)

1. C'est chouette dans le fond que nos pieds aient décidé pour nous, comme ça ... a pas eu la peine de penser. — 2. Heureusement ! Si ... avait pensé, ... aurait jamais pu se décider. — 3. Juste ! ... a oublié de penser pour un petit instant, et après c'était trop tard ! — 4. Dans le fond, c'est normal que ça soit arrivé à nous : ... était prêtes, ... attendait que le signal. (...) — 5. On se débrouille comme des chefs. Comment ... arrive à se débrouiller aussi bien, débiles comme ... est ? — 6. Parce qu'... est débiles ! — 7. ... a beau nous le dire, on ne pense jamais à rien. — 8. « Regarde donc où tu mets tes pieds ! » ils nous répètent sans arrêt. ... écoute pas notre transistor, et voilà ! — 9. ... est complètement inconscientes ! (...). — 10. Quelle veine qu'on s'aime ! — Et qu'on va vers l'été ! ... a toutes les

veines ! — 11. Si ... allait au Sud ? ... y serait plus vite ! — 12. De toute façon, ... a aucune crainte à se faire. — 13. ... est pas pressées. — 14. Personne n'attend nulle part qu'... arrive. — 15. On ne peut absolument pas se perdre, qu'... aille n'importe où : on ne va nulle part ! (D'après Ch. Rochefort, *Encore heureux qu'on va vers l'été*, Grasset.)

3. Remplacez les points par on, on n'. **Attention au** n' **explétif.**

1. ... ira camper, à moins qu'... ait mauvais temps. — 2. ... a bu plus qu'... aurait dû. — 3. ... a forcé la dose, de peur qu'... ait froid. — 4. ... a essayé de monter la tente, mais jamais ... a pu y arriver. — 5. ... a cessé de parler toute la nuit, et pourtant ... aurait mieux fait de dormir ! — 6. ... a pas allumé de lampe électrique, non qu'... en ait eu envie, mais parce qu'... avait peur d'être dévorés de moustiques. — 7. Jamais ... ira à nouveau camper à moins qu'... ait une tente plus facile à monter. — 8. Et encore ! Je crains qu'... y mette de la mauvaise volonté ! — 9. Il faudra qu'... use bien de la salive pour nous persuader : le camping est bien pire que tout ce qu'... avait imaginé. — 10. Aucun doute qu'... ait du mal !

DICTÉE À CHOIX MULTIPLES

Un enfant prodige. 1. Les vrais enfants prodiges sont assez rare*(s)* pour qu'*(on/on n')*... oublie pas de les signaler lorsqu'*(on/on n')* a l'**occ**asion d'en avoir un. — 2. Le jeune Mozart, qui aura bientôt sept ans, est un phénomène si extraordinaire • qu'*(on, on n')* a de la peine • à croire ce qu'*(on/on n')* a sous les yeux et ce qu'*(on/on n')* entend de ses oreilles. — 3. Il ne lui coûte rien de transposer et de jouer l'*(air/aire)* qu'on lui présente, dans le temps qu'*(on/on n')* exige. — 4. Mais voici ce que j'ai vu et qu'*(on/on n')* a de la peine à croire possible. — 5. Une dame se mit à chanter une cavat**ine** ital**ienne** et lui demanda de l'**acc**ompagner : il est impossible de préparer d'avance • l'**acc**ompagnement d'un *(chant/champ)* qu'*(on/on n')* a jamais • entendu. — 6. Or la deuxième fois, il joua l'air de la main droite, et l'accompagnement de la main gauche sans qu'*(on/on n')* ait la moindre impr**ession** d'emb**arras** •. — 7. Après quoi, il la fit rec**omm**encer dix *(fois/foies)*, en chan**ge**ant à chaque *(fois/foies)* le caractère de l'**acc**ompagnement. Il l'aurait fait répéter vingt fois si *(on/on n')* y avait mis *(fin/faim)* •. (D'après F.M. Grimm, *Correspondance*.)

LES MOTS DE LA FAMILLE : À VOS DICTIONNAIRES !

l'ordre → ordo**nn**er, ordo**nné**(e), une ordo**nnée**, l'ordo**nn**ance, l'ordo**nn**ancement - le désordre, désordo**nné**(e) - coordo**nn**er, les coordo**nnées** - surbordo**nn**er, une subordo**nnée**, un subordo**nné**. Mais : ordi**n**al(e), ordi**n**aire, un ordi**n**ateur, la coordi**n**ation, l'(in)subordi**n**ation - extraordi**n**aire. *(Le* **-n** *n'est doublé qu'après un* **-o-**.*)*

avant → a**v**ancer, a**v**ancé, l'a**v**ance, une a**v**ancée, l'a**v**ancement - a**v**antage, a**v**antager, a**v**antageux(-euse), a**v**antageusement - désa**van**tage, désa**van**tager, désa**van**tageux(-euse), désa**van**tageusement - auparav**ant** - dorénav**ant** - dev**ant** → dev**an**cer, la dev**an**ture, un dev**an**cier.

la barre →ba**rr**er, un ba**rr**eur, une ba**rr**ière, un ba**rr**age, un ba**rr**eau, une ba**rr**ette, une ba**rr**ique, une ba**rr**icade, ba**rr**icader - remba**rr**er - l'emba**rr**as, emba**rr**asser, emba**rr**assant(e) - le déba**rr**as, déba**rr**asser - l'embargo.

Mais : ba**r**iolé et le ba**r**iolage ; le ba**r**il et le ba**r**illet.

HOMONYMES

► **fin, faim, feins, feint**

— *la fin* : l'extrémité.

— *fin, e* (*adj.*) : sans épaisseur.

— *la faim :* envie de manger.

— *je, tu feins, il feint* (verbe feindre) : faire semblant.

LE PASSÉ SIMPLE

LEÇON

Il y a **quatre types de terminaisons** au passé simple.

Tous les **verbes du 1ᵉʳ groupe : -ai**	Tous les **verbes du 2ᵉ groupe** et **certains verbes du 3ᵉ groupe : -is**	Certains **verbes du 3ᵉ groupe : -us**	Certains **verbes du 3ᵉ groupe : -ins**
chanter	**dire**	**vouloir**	**venir**
je chant**ai**	je **dis**	je **voulus**	je **vins**
tu chant**as**	tu **dis**	tu **voulus**	tu **vins**
il chant**a**	il **dit**	il **voulut**	il **vint**
nous chant**âmes**	nous **dîmes**	nous **voulûmes**	nous **vînmes**
vous chant**âtes**	vous **dîtes**	vous **voulûtes**	vous **vîntes**
ils chant**èrent**	ils **dirent**	ils **voulurent**	ils **vinrent**

— N'oubliez pas l'**accent circonflexe** à la 1ʳᵉ et à la 2ᵉ personne du pluriel, et n'en mettez pas ailleurs.

— Pour le 2ᵉ groupe, le singulier est identique au présent et au passé simple. Seul le pluriel change.
Ex. : *finir → je finis, tu finis, il finit* au présent et au passé simple

— Apprenez le passé simple des verbes du 3ᵉ groupe, Fiche 21 p. 64.

EXERCICES

1. Mettez les verbes entre parenthèses au passé simple.

(Joseph, huit ans, a été interrogé par la Gestapo pour qu'il avoue qu'il est juif.)

1. Dans la nuit, j'*(ai)* une impression curieuse : on grattait à notre porte. — 2. Je me *(réveille)*. — 3. Mes doigts *(tâtonnent)* sous le lit et *(rencontrent)* une mitraillette. — 4. Je me *(demande)* comment elle était là et m'en *(empare)*. — 5. Je *(sens)* le froid du plancher sur mes pieds nus et *(vais)* ouvrir la porte. — 6. Je me *(trouve)* nez à nez avec un soldat S.S. — 7. Je le *(vise)* ; ses yeux s'*(agrandissent)* et, juste au moment où je *(presse)* sur la détente, il s'*(écroule)* contre le mur couvert de sang. — 8. Je me *(sens)* divinement bien et *(pars)* dans le couloir. — 9. Des hommes de la Gestapo *(apparaissent)* soudain et ils *(foncent)* sur moi en hurlant. — 10. Je *(lâche)* une rafale, je les *(vois)* tournoyer, les murs *(deviennent)* rouges et je *(commence)* à avancer. (D'après J. Joffo, *Un sac de billes*, Lattès.)

2. Même exercice que le n° 1 (suite).

1. Je me *(mets)* à tirer sans arrêt et *(fais)* un véritable carnage. — 2. Je *(patauge)* dans le sang, je *(suffoque)* d'horreur, me *(mets)* à vomir et *(tombe)* sur un monceau de cadavres. — 3. Mon père *(vient)* alors vers moi du fond d'un tunnel et je *(veux)* courir vers lui. — 4. Mais je ne *(parviens)* pas à me dégager des cadavres. — 5. Je *(fais)* un effort si grand pour émerger que je *(réussis)* à ouvrir les yeux et *(aperçois)* une infirmière. — 6. Je *(sens)* sa main sur mon front et *(sais)* que tout cela n'était qu'un cauchemar. *(Idem.)*

3. Mettez au passé simple les verbes entre parenthèses.

1. Napoléon Bonaparte *(naître)* le 15 août 1769 à Ajaccio, en Corse. — 2. Il *(s'instruire)* dans le métier d'officier à l'école militaire de Brienne, près de Paris. — 3. Il en *(sortir)* avec le grade de lieutenant d'artillerie et *(tenir)* garnison dans plusieurs villes de France. — 4. Lorsqu'*(advenir)* la Révolution, il *(rejoindre)* les rangs des Jacobins. — 5. En 1793, au siège de Toulon, le plan qu'il *(mettre)* en œuvre *(réussir)* et *(permettre)* de reprendre la ville aux Anglais. — 6. On le *(promouvoir)* alors général et on *(résoudre)* de l'envoyer en Italie. — 7. Ami de Robespierre, il *(connaître)* la disgrâce au moment du 9 Thermidor, mais, grâce à Barras, il *(obtenir)* le commandement de l'armée d'Italie en 1796. — 8. Il *(plaire)* à Joséphine Tascher de La Pagerie, veuve du général de Beauharnais et l'*(épouser)*. — 9. Il se *(couvrir)* de gloire en Italie et *(battre)* les Autrichiens. — 10. Puis il *(vouloir)* lutter contre les Anglais et *(intervenir)* en Égypte pour leur couper la route des Indes.

4. Même exercice que le précédent (suite).

1. Le tsar *(rompre)* l'alliance franco-russe en 1812 et *(conclure)* la 6e coalition avec la Suède et l'Angleterre. — 2. Napoléon *(franchir)* le Niémen et *(entreprendre)* la campagne de Russie. — 3. Il *(parvenir)* à Moscou le 14 septembre et *(croire)* tenir la victoire. — 4. Mais les négociations avec le tsar n'*(aboutir)* pas, les Moscovites *(mettre)* le feu à leur ville et Napoléon *(devoir)* battre en retraite. — 5. L'hiver russe *(nuire)* à la Grande Armée. — 6. La glace de la Beresina *(se rompre)* au passage de l'armée, ce qui *(produire)* une catastrophe où *(mourir)* beaucoup de soldats. — 7. En 1814, l'empereur *(connaître)* l'humiliation de la défaite : il lui *(falloir)* abdiquer et s'exiler à l'île d'Elbe. — 8. Il *(s'enfuir)* de l'île, *(reparaître)* en France et *(reconquérir)* les esprits hésitants. — 9. Mais l'Europe coalisée le *(vaincre)* à Waterloo en juin 1815. — 10. Les Anglais le *(retenir)* à Sainte-Hélène où il *(vivre)* prisonnier.

DICTÉE À CHOIX MULTIPLES

Le coffre de mer. — 1. Mon cœur ba**tt**ait • joliment quand nous repart*(i, î)*mes tou*(s, t)* deux, ma mère et moi, seul*(s)* dans la nuit gla**cé***(e)* •. — 2. Nous press*(a, â)*mes le pas, de peur d'être surpris par un gue**tt**eur des pirates, mais nous ne v*(i, î)*mes rien ni n'entend*(i, î)*mes rien jusqu'au moment où la porte de notre auberge se referma*(t)* sur nous. — 3. Aussitôt, je tirai*(s)* le verrou, et, pendant un moment, nous rest*(a, â)*mes **imm**obile*(s)*, haletant*(s)*, seul*(s)* dans la maison avec le cadavre du capitaine Flint. — 4. Ensuite, ma mère chercha*(t)* une chand**elle** et, nous tenant par la main, nous avanç*(a, â)*mes dans la s**alle**. — 5. Il gisait étendu, comme nous l'avions laissé. — 6. Je me mi*(s, t)* aussitôt à genou*(x)* et je fouillai*(s)* ses poches l'une après l'autre. — 7. Je **comm**ençais à désespérer de trouver la cl**e**f du co**ff**re quand ma mère me suggéra*(s)* de regarder autour du cou. — 8. Surmontant ma répugn**ance**, j'écartai*(s)* le col • de sa chemise et là, pend*(u, ue, us)* à une fic**elle** goudr**onné***(e)* que je coupai*(s)* avec le coutelas, nous découvr*(i, î)*mes la cl**é**. — 9. Nous grimp*(a, â)*mes les escaliers sans plus **att**endre pour ouvrir le co**ff**re du capitaine. — 10. Nous sort*(i, î)*mes toutes sortes d'objet*(s)*, mais ce n'était pas ce que nous cherchions. — 11. Enfin, au fond, sous un vieux suroît, nous découvri*(i, î)*mes un paquet envelo**ppé** • dans de la toile ciré*(e)* et qui devait être un rouleau de papiers. — 12. Il y avait aussi un sac de toile*(s)* qui fi*(s, t)* entendre, quand on le dépla**ç**a*(t)*, un tintement • métallique •. (D'après Stevenson, *L'Île au trésor*.)

LES MOTS DE LA FAMILLE : À VOS DICTIONNAIRES !

le métal → méta**ll**ique, méta**ll**oïde, méta**ll**iser, méta**ll**urgie, méta**ll**urgique.
tinter → le tintement, tintinabuler, le tintoin, le tintamarre (≠ teinte = couleur)

ACCORD DU PARTICIPE PASSÉ

LEÇON

Règles	Exemples
Participe passé **employé comme adjectif** : accord avec le **nom** auquel il se rapporte. (Fiches 8, 9 et 10)	*Des filles **dégourdies*** (épithète du nom *filles*). *Ces filles ont l'air **dégourdies*** (attribut du sujet). *Ces filles, **dégourdies**, trouveront la solution* (mise en apposition, détaché). *Je crois ces filles **dégourdies*** (attribut du C.O.D.).
Participe passé avec **auxiliaire être** : accord avec le **sujet** (sauf certains verbes pronominaux, cf. Fiche 24).	*Mes cousines sont arriv**ées** ce matin.*
Participe passé avec **auxiliaire avoir** : — **pas** de C.O.D. → **invariable** — C.O.D. **après** le verbe → **invariable** — C.O.D. **avant** le verbe[1] → **accord** avec le C.O.D.	*Elles ont voyag**é** toute la journée* (pas de C.O.D.). *Elles ont dévor**é** tous leurs sandwichs* (C.O.D. = *sandwichs*, placé après le verbe). *Je les ai amen**ées** vite à la maison* (C.O.D. = *les* = les cousines, placé avant le verbe).

1. Le C.O.D. est placé **avant le verbe,** notamment :
— lorsqu'il est un *pronom personnel* (comme dans le dernier exemple).
— lorsqu'il est un *pronom relatif.*
Ex. : *Voici mes cousines, **que** j'ai amen**ées** de la gare.*
— lorsqu'il sert à *interroger* ou à *s'exclamer.*
Ex. : *Quelles **cousines** as-tu ramen**ées** de la gare ?*
*Quelles jolies **cousines** tu as ramen**ées** de la gare !*

EXERCICES

1. Mettez le verbe au passé composé.

1. Quelles questions as-tu *(comprendre)* ? — 2. Quelle leçon as-tu *(apprendre)* ? — 3. Quelle partie du devoir as-tu *(faire)* ? — 4. Quelle région as-tu *(décrire)* ? — 5. Quelles sont les voitures que tu as déjà *(conduire)* ? — 6. Quelle est celle que tu as finalement *(acquérir)* ? — 7. Est-ce l'épaule qu'il s'est *(démettre)* ? — 8. Les tomates que tu as *(cuire)* dans le faitout sont un peu brûlées. — 9. Ma tante, je l'ai *(craindre)* toute ma vie.

2. Mettez le verbe au passé composé.

1. La bêtise de notre vie, nous l'*(commettre)* ce matin. — 2. Ma femme, la ristourne du propriétaire l'*(séduire)*. — 3. Quand elle l'*(déduire)* du prix total, elle *(croire)* que ce n'était pas cher. — 4. Car notre maison, nous l'*(acquérir)* à force d'économies. — 5. Or nous *(devoir)* refaire la véranda, car nos prédécesseurs l'*(détruire)*. — 6. Et la facture de la toiture, je l'*(omettre)* dans mes comptes ! — 7. Les surprises, quand je les *(découvrir)*, m'ont coupé bras et jambes. — 8. La voiture, après cela, c'est ma femme qui l'*(conduire)* !

3. Mettez le verbe au passé composé.

1. Cette œuvre que j'*(entreprendre)*. — 2. Ces techniques nouvelles que j'*(apprendre)*. — 3. Toutes ces tentatives que j'*(faire)*. — 4. Ces mille morts que j'*(souffrir)*. — 5. Cette lumière que j'*(comprendre)* enfin. — 6. Cette discipline à laquelle je *(se soumettre)*. — 7. Ces cigarettes que j'*(éteindre)*. — 8. Ces voyages que j'*(exclure)*. — 9. Ces sorties que j'*(restreindre)*. — 10. Ces relations que j'*(compromettre)*, non, je ne regrette rien. — 11. Je suis récompensée quand je vois les aquarelles que j'*(peindre)* et la qualité que j'*(atteindre)*.

4. Mettez le verbe au passé composé.

1. Moi, Guenièvre, mon ami m'a *(construire)* une cabane. — 2. Je l'ai *(enduire)* de chaux. — 3. C'est mon oncle qui m'a *(instruire)*. — 4. Les hommes du roi m'ont *(découvrir)*. — 5. Mes poursuivants m'ont *(atteindre)*. — 6. L'effroi m'a *(prendre)*. — 7. Ils m'ont *(contraindre)* à les suivre. — 8. On m'a *(prescrire)* de travailler. — 9. On m'a *(astreindre)* à de durs travaux. — 10. L'intendant m'a *(mettre)* à la lessive. — 11. Personne ne m'a *(plaindre)*. — 12. Que ne m'as-tu, ami, *(soustraire)* à leur tyrannie !

5. Analysez les mots soulignés et accordez les participes.

1. Tous les micros dont nous avions bourr*(é)* la route ont été inutiles. — 2. C'est une automobile que nous n'avions pas prév*(u)* qui est arriv*(é)* et ce sont de simples fusils qu'ont manipul*(é)* les auteurs de l'attentat. — 3. Vous n'en avez pas captur*(é)* un seul ? — 4. Non. La blessure qu'a reç*(u)* Benès à la tête est grave et elle lui a nu*(i)*. — 5. Les secrets qu'il aurait révél*(é)* risquent d'être perd*(u)*. — 6. Les informations, qu'il avait apport*(é)*, vous les a-t-il confi*(é)* pendant le voyage ? — 7. Et ceux de l'autre camp, les leur a-t-il déjà communiqu*(é)* ? — 8. Il faut faire vite : le temps nous est mesur*(é)*. (D'après I. Asimov, *Le Voyage fantastique*, Albin Michel.)

6. Analysez les pronoms soulignés et accordez les participes passés.

(C'est une femme qui parle, dans tout l'exercice, d'elle et de ses amies.)

1. Tout cela m'a donn*(é)* bien du tracas. — 2. Le spectacle m'a coup*(é)* le souffle et m'a enthousiasm*(é)*. — 3. Elles ne m'ont pas par*(u)* solide*(s)*. — 4. Elles nous ont ennuy*(é)*. — 5. Elles nous ont emprunt*(é)* de l'argent. — 6. Cela nous a gên*(é)*. — 7. Elles t'ont agac*(é)*. — 8. Elles t'ont évit*(é)* de te tromper. — 9. Elles ne t'ont pas ment*(i)*. — 10. Je vous ai rappel*(é)* vos paroles. — 11. Je vous ai remerci*(é)*. — 12. Je vous en ai voul*(u)*. — 13. Je vous ai parl*(é)*. — 14. Vous leur avez sour*(i)*. — 15. Elles vous ont pl*(u)*. — 16. Vous les avez admir*(é)*. — 17. Un vertige m'a pris*(e)*.

7. Raisonnez pour accorder les participes.

1. Au cours des veillées qu'elles avaient pass*(é)* ensemble, Tante Sally était deven*(u)* de plus en plus bavarde et Vyry aimait l'écouter. — 2. « Toi, tu es seulement arriv*(é)* depuis pas longtemps dans ce monde, alors ça ne fait pas bien longtemps que tu es par ici. — 3. C'est pendant les chaleurs de l'été que tu es n*(é)*, quand le coton est encore vert. — 4. Tu es arriv*(é)* avant que ces étoiles commencent de tomber. — 5. J'en ai v*(u)* des étoiles qui tombaient du ciel ! — 6. Elles sont tomb*(é)* l'année d'après que tu es n*(é)*. — 7. C'était l'année des terreurs, où les Blancs ont d*(u)* prendre leurs fusils pour chasser les Indiens loin de la Géorgie et où ils leur ont cour*(u)* après jusqu'en Alabama et jusqu'à la Floride, jusqu'à ce qu'ils soient forc*(é)* de demander la paix. — 8. Et toi, on a tout de suite v*(u)* que tu serais toute blanche, avec tes cheveux dor*(é)*, bien que ta maman soit toute noir*(e)*. — 9. Et le maître John, quand il t'a v*(u)*, il est deven*(u)* tout rouge, et Madame Maîtresse elle a fait*(e)* une de ces colères ! Elle pleurait, elle cassait des choses. — 10. Elle était rend*(u)* comme folle de colère après ta maman et ton papa, et folle de colère après le Maître John, parce

qu'on dit que le Maître, il est justement ton papa. — 11. Puis, on a d*(u)* t'envoyer loin d'ici, parce que, si tu étais rest*(é)* avec Jake et Netta, Jake t'aurait tu*(é)*. — 12. Voilà comment ça c'est pass*(é)* et pourquoi on t'a donn*(é)* à Maman Sukey, qui t'a élev*(é)* jusqu'à présent. — 13. Je ne devrais peut-être pas te raconter tout ça, mais quand tu m'as pos*(é)* des questions, je dois bien te dire la vérité. » (D'après M. Walker, *Jubilee*, Seuil.)

8. Raisonnez pour accorder les participes.

1. Lucy, dont les chiens avaient retrouv*(é)* la trace, avait été ramen*(é)* à la plantation. — 2. Et maintenant, solidement ligot*(é)*, elle se tordait sur le sol. — 3. Quand des esclaves l'eurent soulev*(é)* et lui eurent déli*(é)* les poignets, ils lui attachèrent les bras à deux pieux enfonc*(é)* dans le sol. — 4. Grimes commanda à quelques jeunes nègres, qui avaient recondu*(it)* les chiens au chenil et qui étaient reven*(u)* dans la cour, de maintenir la tête de la jeune fille. — 5. Vyry restait fig*(é)* sur le seuil de sa cuisine : si Madame Maîtresse l'avait gifl*(é)* à ce moment-là, elle n'aurait pas boug*(é)* ; elle aurait sans doute ignor*(é)* même qu'on la battait. — 6. Le surveillant, après s'être pench*(é)* sur le feu, saisit avec des pinces un morceau de fer rouge. — 7. Mais Vyry ne le vit pas marquer la jeune fille : elle tomba évanou*(i)* sur le sol de brique, cependant qu'au plus profond de son être elle crut percevoir le mugissement terrible d'une bête hurlant de douleur. — 8. Lorsqu'elle rouvrit les yeux, elle se demanda pourquoi elle était étend*(u)* à terre et combien de temps elle était rest*(é)* étend*(u)* sans connaissance. — 9. Elle espérait qu'elle avait rêv*(é)*, qu'elle avait seulement fait un cauchemar de plus. — 10. Tous les autres avaient dispar*(u)* de la cour, mais Lucy était là, toujours attach*(é)*, et se tordait de douleur, le visage ensanglant*(é)* et tellement gonfl*(é)* qu'on ne la reconnaissait pas. — 11. Grimes était part*(i)* chasser. *(Ibidem.)*

9. Raisonnez pour accorder les participes.

1. Le lendemain de l'arrestation du pauvre Bonacieux, d'Artagnan entendit des cris, puis des gémissements de femme et reconnut la voix de Madame Bonacieux, qui devenait de plus en plus étouff*(é)*, et qui se réduisit bientôt à quelques sons inarticul*(é)*. — 2. D'Artagnan s'élança, l'épée n*(u)*, dans l'appartement de maître Bonacieux, dont la porte, sans doute m*(u)* par un ressort, se referma d'elle-même sur lui. — 3. Alors les voisins ébah*(i)* entendirent de grands cris, des trépignements, un cliquetis d'épées et un bris prolong*(é)* de meubles. — 4. Quelque temps après, ils virent la porte se rouvrir et quatre hommes vêt*(u)* de noir, non pas en sortir, mais s'envoler comme des corbeaux effarouch*(é)* : deux ou trois égratignures fait*(e)* par l'épée du Gascon les avaient épouvant*(é)*. Dix minutes avaient suff*(i)* à leur défaite. — 5. Lorsque Madame Bonacieux, renvers*(é)* sur un fauteuil et à demi-évanou*(i)*, vit son libérateur, elle lui tendit aussitôt les mains et sourit. — 6. « Ah ! monsieur, dit-elle, c'est vous qui m'avez sauv*(é)* ! Permettez que je vous remercie. Mais savez-vous où est mon mari ? » — 7. « Des agents de M. le Cardinal sont venu*(u)* le prendre hier pour l'emmener à la Bastille. — 8. Son crime est d'être votre mari. » « — Vous savez donc... » « — Je sais que vous avez été enlev*(é)*, Madame. — 9. Une lettre en avait préven*(u)* votre mari, lettre écrit*(e)* par le ravisseur lui-même. — 10. Mais comment vous êtes-vous enfu*(i)* ? » — 11. « — J'ai profit*(é)* d'un moment où l'on m'a laiss*(é)* seule, et, à l'aide de mes draps, je suis descend*(u)* par la fenêtre. — 12. Alors, comme je croyais mon mari ici, je suis accour*(u)*. » — 13. « — Ne nous attardons pas, dit d'Artagnan. Les hommes que j'ai écart*(é)* vont revenir avec main forte. — 14. S'ils nous retrouvent ici, nous sommes perd*(u)*. — 15. J'ai bien fait prévenir trois de mes amis, mais qui sait si on les aura trouv*(é)* chez eux ! » « — Oui, s'écria Madame Bonacieux effray*(é)*, fuyons ! » (D'après A. Dumas, *Les Trois Mousquetaires*.)

10. Raisonnez pour accorder les participes.

1. « — Ce qui est arriv*(é)* au laser, est-ce un accident, ou un sabotage ? — 2. Nous sommes tous ici embarqu*(é)* dans un espace petit et on pourrait croire que nous sommes chacun observ*(é)* par les autres. — 3. En fait, nous avons tous été tellement absorb*(é)* par les événements que n'importe lequel d'entre nous peut s'être rend*(u)* dans le fond du sous-marin et avoir démol*(i)* le laser. » — 4. « — Et quand votre corde s'est détach*(é)* ? Était-ce un accident ? C'est Duval qui l'avait attach*(é)*. » — 5. « — Oui. Mais vous, ou Duval, ou Miss Peterson avez p*(u)* aller jusqu'au sous-marin sans être remarqu*(é)* et l'avoir détach*(é)*. » — 6. « — La meilleure occasion, c'est Duval qui l'a *(eu)*, puisqu'il a lui-même avou*(é)* qu'il regardait la corde quand elle s'est détach*(é)*. » — 7. « — Et quelle raison aurait-il *(eu)* de se débarrasser de moi ? » — 8. « — Vous êtes beau garçon, Grant. Duval a sans doute remarqué de quels yeux vous a regard*(é)* son assistante. — 9. Lors du tourbillon, vous l'avez empêch*(é)* d'être grièvement bless*(é)*, peut-être même lui avez-vous sauv*(é)* la vie. — 10. Duval l'a v*(u)* et il a d*(u)* voir aussi quelle a ét*(é)* la réaction de Miss Peterson. » — 11. « — Elle ne m'a jamais manifest*(é)* la moindre attention. » — 12. « — Détrompez-vous. Quand vous étiez perd*(u)* dans l'alvéole, elle était affol*(é)*. — 13. Cette évidence — à savoir qu'elle est attir*(é)* par vous — a p*(u)* apparaître à Duval depuis longtemps et c'est la raison pour laquelle il a voul*(u)* se débarrasser de vous. » (D'après I. Asimov, *Le Voyage fantastique*, Albin Michel.)

DICTÉE À CHOIX MULTIPLES

Un apprenti sorcier — 1. Les garçons que Ged avait jadis mené*(s)* ou sur lesquel*(s)* il avait régné*(s)* l'avai*(en)*t maintenant tous devancé*(s)*• à cause des mois qu'il avai*(en)*t perdu*(s)*. — 2. Maintenant, muet*(s)* et **imm**obile*(s)* en dépit de quelque*(s)* frisson*(s)*, les autres garçons l'observai*(en)*t : le grand sort allait-il se produire ? — 3. Cela faisait plus de deux ans que Ged avait l*(u, us, ues)* les runes du Sort d'**App**el dans le livre d'Ogion et, depuis, il ne les avai*(en)*t jamais eu*(es)* sous les yeux. — 4. Pourtant, il lui semblait qu'il était en train de relire, sur une page ouverte devant lui, dans la nuit noire, *(ces/ses)* runes qu'il avai*(en)*t lu*(es)* jadis dans l'obscurit**é**. — 5. Sa *(voie/voix)* n'avait rien perdu*(e)* de sa douc**eur**• mais elle *(resellait/rescellait/recelait)*• maintenant un chant grave et les mots qu'il*(s)* prononçai*(en)*t leur*(s)* étai*(en)*t inco**nn**u*(s)*•. — 6. Puis il se tu*(t)*. — 7. Soudain, le vent se leva, grondant parmi les herbes. Ged tomba à genou*(x)* et lança une clam**eur**. — 8. Puis il se pencha en avant comme pour prendre la terre• entre ses bras tendu*(s)* ; et quand il se leva, il tenait entre *(ces/ses)* mains quelque chose de sombre et de lourd. — 9. Alors la masse informe et ténébreuse qu'il avait soulevé*(e)* se sépara, se disjoigni*(e, t)*, et là, dans un ova**le** de lumière **pâle**, tous virent un instant• boug*(é, ée, er)* une forme, une silhou**ette** humaine, une grande femme qui regardait derrière son épaule et dont le visage reflétai*(en)*t une **aff**li**c**tion et une crainte **imm**ense*(s)*. (D'après U. Le Guin, *Le Sorcier de Terremer*, Éditions Opta.)

LES MOTS DE LA FAMILLE : À VOS DICTIONNAIRES !

celer (= cacher) → déceler, receler, le recel, le receleur
stare (latin) = se tenir debout → la st**a**tion, st**a**tionner, st**a**tionnaire, la st**a**tue, st**a**tique - dist**a**nt, dist**a**nce - const**a**nt(e), const**a**mment, const**a**nce - incons**ta**nt(e) - un ins**ta**nt, ins**ta**ntané, ins**ta**mment, l'inst**a**nce - la subst**a**nce, subst**a**ntiel, un subst**a**ntif - la circonst**a**nce, circonst**a**ncié, circonst**a**nciel(le) - la prest**a**nce.
doux, douce *(adj.)* → dou**c**eur, dou**c**ement, dou**c**eâtre, dou**c**ereux(-euse), dou**c**et(-ette), dou**c**ettement - adou**c**ir, adou**c**issement, adou**c**isseur, adou**c**issant - radou**c**ir, radou**c**issement.

ACCORD DU PARTICIPE PASSÉ
LES ACCORDS DIFFICILES

LEÇON

Cas particuliers	Règles et exemples
Participes *dit, dû, cru, su, pu, voulu, permis, pensé, prévu...* + infinitif	Le C.O.D. peut être celui du seul infinitif. *Il a pris toutes les affaires qu'il a pu* (prendre) *(il a pu*: C.O.D. = (prendre) ; *qu'* = C.O.D. de *prendre*). **Attention** : *prendre* est exprimé ou ne l'est pas.
entendre, voir, sentir, regarder, écouter, apercevoir ou autres **verbes de perception** + infinitif	— **Accord**, si le C.O.D. est **sujet de l'infinitif.** *La chanteuse que j'ai entendue chanter* (= elle chante). — **Pas d'accord** si le C.O.D. est **C.O.D. de l'infinitif.** *La chanson que j'ai entendu chanter* (= on la chante). **Un truc :** accordez quand on peut dire : *en train de.*
faire + infinitif → invariable	*Je regrette les soupçons que j'ai fait naître.* *Regarde la toiture que j'ai fait réparer.*
laisser + infinitif → possibilités	*Au lieu de noter mes idées, je les ai laissé* (ou *laissées) perdre.*
subordination au 2e degré → trouvez bien le **C.O.D.**	*Écoute les aventures que j'ai imaginées* (1er degré : C.O.D. = *que* = *aventures*). *Écoute les aventures que j'ai imaginé que je vivrais* (C.O.D. = *que je vivrais* ; 1er *que* = *aventures* = C.O.D. de *vivre*).
verbe impersonnel → participe passé invariable	*Souviens-toi* { *des chaleurs qu'il a fait.* / *des orages qu'il y a eu.* } (*chaleurs* et *orages* sont sujets réels du verbe)
C.O.D. = pronom l'antécédent peut être **une proposition**	*La récolte est plus belle que nous l'avions espéré.* (*C.O.D. d'espérer* = *que la récolte serait belle*) Voir Fiche 9 p. 27.
compléments circonstanciels sans préposition (temps, prix, mesure) : ce ne sont **pas des C.O.D.**	*Je regrette les 500 francs que cela m'a coûté* (*que* = *500 Frs* = complément de prix de *coûter*). Attention aux différents sens d'un même verbe : *Je regrette les efforts que ce travail m'a coûtés* (au sens de « causer de la peine », *coûter* est transitif).
en → participe invariable	*Des hommes admirables, j'en ai connu* (*en* = de ceux-là = partitif).

EXERCICES

1. Dites pourquoi vous accordez ou n'accordez pas le participe.

1. Quels soins il a fallu*(s)* pour élever cette fillette ! — 2. Ses parents lui ont permis toutes les fantaisies qu'elle a voulu*(es)* s'offrir. — 3. Chaque fois qu'ils l'ont entendu*(e)* pleurer, ils sont accouru*(s)* pour la consoler. — 4. Ils ne l'ont jamais laissé*(e)* se heurter aux difficultés. — 5. Ils l'ont toujours fait*(e)* aider. — 6. Qu'ils puissent ainsi en faire une enfant gâté*(e)*, ils ne l'ont jamais soupçonné*(e)*. — 7. Si des amis leur avaient dit*(s)* : « Écoutez les principes que nous avons estimé*(s)* que vous devriez lui inculquer », ils l'auraient très mal ressenti*(s)*. — 8. Mais ils ont rencontré ensuite beaucoup plus de problèmes qu'ils ne l'avaient pensé*(s)*. — 9. Quand il est arrivé*(es)* à leur fille toutes sortes d'histoires épouvantables, ce n'est pas eux-mêmes qu'ils ont accusé*(s)*. — 10. Pourtant, il y a des punitions qu'ils auraient dû*(es)* donner.

2. Dites pourquoi vous accordez ou n'accordez pas le participe.

1. Avez-vous vu*(es)* les filles que j'ai envoyé*(es)* chercher l'éponge ? — 2. Je ne les ai pas vu*(es)* revenir. — 3. C'est les acrobaties qu'elles ont regardé*(es)* exécuter dans le gymnase qui les ont retardé*(es)*. — 4. Ensuite les filles que le professeur a empêché*(es)* de monter à la corde les ont appelé*(es)*. — 5. Les cris que vous avez entendu*(s)* pousser étaient les leurs. — 6. Toutes les minutes précieuses qu'elles auraient bien voulu*(es)* rattraper étaient malheureusement bel et bien perdu*(es)*. — 7. Toutes les excuses qu'elles ont prévu*(es)* de donner, vous savez ce qu'elles valent. — 8. Même quand vous les avez envoyé*(es)* chercher, elles ne sont pas plus pressé*(es)*. — 9. Quand elles se seront bien fait*(es)* gronder, elles seront peut-être plus empressé*(es)* une autre fois.

3. Devinette. Dites si la femme est la victime ou l'agresseur.

1. a) La femme que j'ai vue injurier. b) La femme que j'ai vu injurier. — 2. a) La femme que j'ai vu frapper. b) La femme que j'ai vue frapper.

4. Analysez le pronom relatif souligné et accordez le participe passé.

1. Le timbre ancien de deux shillings <u>que</u> j'ai acheté*(s)* est déchiré et ne vaut rien, je suis furieux des cent francs <u>que</u> j'ai déboursé*(s)*. — 2. Les trois jours <u>que</u> tu es resté*(s)* avec nous ne nous ont pas paru*(s)* longs. — 3. Il n'aura jamais les cinquante mille francs <u>que</u> lui aura coûté*(s)* sa voiture ! — 4. Les mille francs <u>que</u> j'ai perdu*(s)* m'ont bien manqué*(s)*. — 5. Les cent kilos <u>qu'</u>il avait pesé*(s)* l'année précédente étaient maintenant bien dépassé*(s)* ! — 6. Les deux litres de lait <u>qu'</u>il avait mesuré*(s)* attendaient dans le bidon. — 7. Jeanne n'était pas sorti*(e)* pendant les quelques jours <u>que</u> sa maladie avait dur*(é, ée, és)*. — 8. Les dix centimètres de tissu <u>que</u> j'ai coupé*(s)* font maintenant défaut.

5. Dites si les verbes sont transitifs ou intransitifs et accordez les participes.

1. Les armoires ne valent plus les fortunes qu'elles ont valu*(es)* au siècle dernier. — 2. Les réprimandes que m'a valu*(es)* mon indiscipline m'ont fait réfléchir. — 3. Les arguments que tu as soigneusement pesé*(s)* sont très convaincants. — 4. Les cent kilos que tu as pesé*(s)* ne sont plus qu'un mauvais souvenir. — 5. La trentaine d'années que ce roi a régn*(é, ée, és)* ont été un mauvais souvenir pour son peuple. — 6. Les risques que tu as couru*(s)* étaient considérables. — 7. Les cent mètres qu'il a couru*(s)* l'ont mis hors d'haleine. — 8. Quelles heures j'ai vécu*(es)* !

DICTÉE À CHOIX MULTIPLES

La mort des arbres. — 1. Autrefois, je ne savais pas qu'un arbre pouvait mou**r**ir. — 2. Comme tout le monde, je parlais des arbres mort*(s)* ; mais je ne les avai*(s, ent)* pas vu*(s)* mou**r**ir. — 3. Maintenant, je *(c'est/s'est/sais/sait) (ce/se)* que *(c'est/s'est/sait)* que l'agonie d'un arbre et *(c'/s')* est une raison de trist**esse** ajout*(é, ée, ait, er)* à beaucoup d'autre*(s)*. — 4. Quand la tempête est **arr**ivé*(e)* de l'ouest et est pass*(é, ée)* sur notre jardin, je me suis mis*(e)* à la fenêtre pour surveill*(é, er, és)* nos arbres. — 5. Ils ont s**ouff**ert*(s)*, ils ont résisté*(s)* ils m'ont inspiré*(é, ée, és)* de l'admir**ation**. — 6. Ils ont une façon de rassembl*(er, ées)* parfois toute*(s)* leur*(s)* feuille*(s)* en paquets, pour fuir, *(sans/s'en)* chang*(é, er, eait, eaient)* de pl**ace**. — 7. Il en *(est/ait)* qui sont fragile*(s)* : les peupl**iers** se défendent mal*(s)* et, dans chaque*(s)* tourbillon*(s)*, je les *(ai/est)* vu*(s)* perdre quelque*(s)* branche*(s)*. — 8. L'autre hiver, deux grand*(s)* arbre*(s)* ont été*(s)* brisé*(s)* par le vent. — 9. J'en *(ai/est)* senti*(e)* de la pi**tié**. — 10. Les moignons que, l'*(on/on n')* a pas encore rogn*(é, és, aient)*, sont couvert*(s)*, cette a**nn**ée •, d'une frondaison exubérante. — 11. La sève cherche iss*(u, ue, ues)*, dédo**mm**agement •. (...). — 12. Les arbres périssent parfois de mort viol**ente** et acciden**telle**. — 13. Mais il*(s)* leur*(s)* **arr**ive*(nt)* de mou**r**ir assassin*(é, és, er)*. — 14. Quand les b**û**cherons • posent la cogn*(é, ée, ait)* pour achev*(é, ée, er)* leur*(s)* victime*(s)* en tirant sur les c**â**bles •, je suis saisi d'horreur •. — 15. L'arbre en tombant fait entendre une sorte de cri te**rr**ible • qui me déchire le cœur. (D'après G. Duhamel, *Le Bestiaire et l'Herbier*, Le Mercure de France.)

LES MOTS DE LA FAMILLE : À VOS DICTIONNAIRES !

Le suffixe -er sert à former les noms de l'arbre à partir de leur fruit ; ex : la poire → le poir**ier**. Les noms d'arbres s'écrivent tous -er.

damner → la da**mn**ation, un da**mné**, da**mné**(e), da**mn**able - conda**mn**er, une conda**mn**ation, un conda**mné**(e), conda**mné**(e), conda**mn**able - inde**mne**, une inde**mn**ité, inde**mn**iser, l'inde**mn**isation.

/**dam :** à son dam, au grand dam de.

dommage, endo**mm**ager, dédo**mm**ager, dédo**mm**agement.

la bûche → le b**û**cher, le b**û**cheron, la b**û**chette, b**û**cher (fam.), une emb**û**che. Mais : trébucher, une embuscade, s'embusquer.

un câble → câbler, le câblage (un navire), câblier mais : une enc**a**blure - acc**a**bler.

l'horreur → ho**rr**ible, ho**rr**iblement - ho**rr**ifier, ho**rr**ifique - ho**rr**ipiler, ho**rr**ipilant, l'ho**rr**ipilation - abho**rr**er

/ une **or**dure, **or**durier

la terreur → te**rr**ible, te**rr**iblement, te**rr**ifier, te**rr**ifiant(e), te**rr**ifié(e) - te**rr**oriser, un te**rr**oriste, le te**rr**orisme.

l'an/l'année → a**nn**uel, bisa**nn**uel, trisa**nn**uel, un a**nn**uaire, un a**nn**iversaire, une a**nn**uité, des a**nn**ales, une bie**nn**ale, trie**nn**al, quinque**nn**al, un septe**nn**at, une déce**nn**ie, sura**nné**(e). Mais : un quadragé**n**aire, un quinquagé**n**aire, un sexagé**n**aire, un septuagé**n**aire, un octogé**n**aire, un nonagé**n**aire, un cente**n**aire, un millé**n**aire.

ACCORD DU PARTICIPE PASSÉ
LES VERBES PRONOMINAUX

LEÇON

Règles	Exemples
Verbe pronominal de **sens passif** → accord avec le **sujet**.	*Ses tableaux se sont bien vendus* (= ont été bien vendus → sens passif).
Verbe **essentiellement pronominal** (n'existe qu'à la voix pronominale) → accord avec le **sujet**.	*Elles se sont efforcées d'être là* (« *efforcer* » n'existe pas → verbe essentiellement pronominal) [1].
Verbes pronominaux de **sens réfléchi** et de **sens réciproque** → accord comme avec l'**auxiliaire avoir** (Fiche 21) : — pronom = C.O.D. → accord — pronom = C.O.I. → pas d'accord — un autre mot peut être C.O.D. **Truc** : remplacez *être* par *avoir*.	— *Elle s'est lavée* (= elle a lavé elle-même → accord avec *s'* = C.O.D.). — *Elle s'est lavé les dents* (elle a lavé → C.O.D. = *dents* ; *s'* = C.O.I. = à elle-même). — *Les dents qu'elle s'est lavées...* (C.O.D. = *que* = *dents* ; *s'* = C.O.I.). — *Ils se sont nui* (= ils ont nui à eux-mêmes → *se* = C.O.I.).

1. *S'arroger* est essentiellement pronominal, mais *s'* = C.O.I. → pas d'accord. Ex. : *Elles se sont arrogé ce droit.*

UN TRUC

Lorsque le verbe n'est pas facile à classer :
— si le pronom personnel n'est pas manifestement C.O.I.,
— et s'il n'y a pas d'autre C.O.D. manifeste,
accordez le participe avec le pronom personnel.

Ex. : *Ils se sont imaginé que c'était vrai* (*que c'était vrai* = C.O.D. manifeste).
Elles se sont tues (*se* n'est pas C.O.I. ; il n'y a pas d'autre C.O.D. → accord).

EXERCICES

1. Mettez les verbes au passé composé. Attention aux participes.

1. Jeanne et Sylvie *(se rencontrer)*. — 2. Elles *(se sourire)*. — 3. Elles *(se dire)* bonjour. — 4. Elles *(se parler)*. — 5. Elles *(s'apprivoiser)*. — 6. Elles *(se raconter)* des histoires personnelles. — 7. Elles *(s'écouter)* avec sympathie. — 8. Elles *(se fixer)* un prochain rendez-vous. — 9. Elles *(se dire)* au revoir. — 10. Elles *(s'envoyer)* des cartes postales. — 11. Elles *(se retrouver)* ensuite souvent. — 12. Elles *(se tenir compagnie)*. — 13. Elles *(s'amuser)* ensemble. — 14. Elles *(se rendre)* service. — 15. Elles *(se faire)* des cadeaux. — 16. Elles *(se réjouir)* beaucoup de se connaître et *(s'apprécier)* mutuellement.

2. Mettez les verbes au plus-que-parfait. Attention aux participes.

1. Sophie et Claire *(s'ennuyaient)*. — 2. Elles ne *(se souvenaient)* plus de leur promesse de rester tranquilles. — 3. Elles *(s'imaginaient)* qu'elles étaient des amazones. — 4. Elles *(s'imaginaient)* déjà sur la jument. — 5. Elles *(s'approchaient)* de la jument. — 6. Elles *(s'efforçaient)* de monter sur son dos. — 7. La jument *(se cabrait)*. — 8. Sophie *(se cassait)* le bras et Claire *(se foulait)* la cheville.

3. Accordez, s'il y a lieu, le participe passé entre parenthèses.

1. Mes amis se sont *(offert)* un voyage en Afrique. — 2. Ils se sont *(abstenu)* d'emporter des fourrures. — 3. Ils se sont *(interdit)* de patauger dans les mares pieds nus. — 4. Leurs filles et les nôtres se sont *(envoyé)* des cartes de vœux. — 5. Elles se sont *(choisi)* des cartes très colorées. — 6. Elles se sont *(écrit)* pour mettre au point des vacances communes et elles se sont *(promis)* de se revoir dès leur retour. — 7. Elles se sont naturellement *(engagé)* à s'écrire régulièrement.

4. Dites quel est le COD et, selon sa place, accordez le participe.

1. Ma chienne cocker s'est *(enfoncé)* une épine dans la patte. — 2. Elle souffre à cause de l'épine qu'elle s'est *(enfoncé)*. — 3. Elle s'est *(aménagé)* un lit de douleurs. — 4. Le lit qu'elle s'est *(aménagé)* est confortable. — 5. En fait, elle s'est *(approprié)* la couverture de laine de mon lit. — 6. La couverture qu'elle s'est *(approprié)* est la plus moelleuse de mes couvertures. — 7. Elle s'est *(léché)* la patte endolorie. — 8. Elle a calmé la douleur de la patte qu'elle s'est *(léché)*.

5. Remplacez les mots soulignés par un pronom personnel et accordez le participe.

Ex. : *Ils se sont donné leur parole → ils se la sont donnée.*

1. Elles se sont aperçues de leur erreur. — 2. Il s'est imposé une rude discipline. — 3. Ils se sont attiré les bonnes grâces du professeur. — 4. Ils se sont concilié sa bienveillance. — 5. Ils se sont préparé des « antisèches ». — 6. Ils se sont complu dans leur paresse. — 7. Ils ne se sont pas souciés des conséquences.

6. Accordez le participe passé entre parenthèses.

1. Elles se sont *(livré)* au désespoir. — 2. Ils se sont *(donné)* deux jours pour trouver une solution. — 3. Ils se sont *(entraidé)*. — 4. Tout cela, c'est des folies qu'elle s'est *(imaginé)*. — 5. Elle s'était *(laissé)* mourir. — 6. Elle ne s'était pas *(senti)* piquer par le moustique. — 7. Elles se sont *(plu)* à la campagne. — 8. Ils se sont *(souri)* d'un air de connivence. — 9. Elles se sont *(persuadé)* qu'elles sont malades. — 10. Elles se sont *(persuadé)* de la réalité de leur maladie. — 11. Elles se sont *(cru) (perdu)*. — 12. Elles se sont *(enquis)* de la date de leur mort. — 13. Elles se sont *(méfié)* de leur médecin. — 14. Les jours se sont *(succédé)*. — 15. Les mois se sont *(écoulé)*. — 16. Elles se sont *(étonné)* d'être encore là.

DICTÉE À CHOIX MULTIPLES

La princesse laide. — 1. *(Aussi tôt/Aussitôt)* que les gens *(se/ce)* furent massé*(s)* sur la place des fêtes et que les filles *(se/ce)* furent **ali**gné*(es)* sur la grande place, le roi Dô-Samô fit son **apparition**. — 2. Quand son escorte et lui *(se/ce)* furent insta**ll***(é, ée, és, ées)*• à l'ombre des paléstu**viers**•, le roi s'adressa à son peuple : — 3. « J'ai prom*(i, is, it)* la main de la plus belle fille de mon pays au chasseur qui nous aurait déba**rr**a**ss***(é, és)*• du bu**ff**le. — 4. Il y a ici toutes les jeunes filles en âge d'être mari*(er, é, ées)* des douze*(s)* provinces de Dô. — 5. Moké Dantouman, choisi**ss***(er, ez, é)* ! » — 6. La volont**é** de plaire au héros du jour, d'être admir*(é, ée, ées)* et choisi*(i, ie, ies)* par lui *(s'/c')* étai*(en)*t empar*(é, ée, ées)* de toutes les jeunes filles de Dô. — 7. Il y avait dans leur*(s)* regard*(s)*, dans leur*(s)* sourire*(s)*, quelque chose de *(ci/si)* **att**irant, de *(ci/si)* provo**cant** que Moké Dantouman perdait la volon**té** de quitt*(é, er, és)* les rangs des jeunes filles. — 8. Il *(c'/s')* était quan*(d, t)* même re**ss**ais*(i, is, it)* lorsque, tout à coup, au bout de la place, un épervier qui planait au-dessus de la f**oule** plon**ge**a dans le vide. — 9. Depuis des lunes, depuis toujours, la place des fêtes avait été*(e)* une place où une p**oule** et *(ces/ses)* poussins ne *(ce/se)* fussent pas hasard*(é, ée, és, ées)*. — 10. Les femmes *(si/s'y)* étai*(en)*t mass*(é, ées)* et semblai*(en)*t ne *(c'/s')* être r**ass**embl*(é, ées)* *(la/là)* que pour le plaisir des yeux. — 11. Que pouvait bien cherch*(é, er)* l'épervier ? — 12. Pour Moké Dantouman, *(ce/se)* fut un signe, le *(cygne/signe)* qu'il y avait, *(la/là)* où avait plongé l'épervier, une fille extraordinaire•. — 13. *(Dès/Des)* que Moké Dantouman les *(eut/eues)* quitt*(é, er, ées)*, les regards et les sourires des jeunes filles s'étai*(en)*t ferm*(é, és, ées)*. — 14. Alors Moké Dantouman **aperçut** Sogolôn, perch*(é, ée, ait, er)* sur le mirador. — 15. Il escalada lestement l'éch**elle** et pri*(s, t, x)* Sogolôn par la main. — 16. *(Des/Dès)* *(l'or/lors)*, la foule, loin de faire la fête• — comme *(c/s')*eût été le cas si Moké Dantouman se fût chois*(i, ie, it)* la plus joli*(e)* fille de Dô —, **acc**orda à peine un regard à Moké Dantouman et à Sogolôn, la bossu*(e)*, et *(ce/se)* regard était le plus ind**iff**é**rent**, le plus morne, le plus aveugle des regards (D'après C. Laye, *Le Maître de la parole*, Plon.)

LES MOTS DE LA FAMILLE : À VOS DICTIONNAIRES !

la stalle → installer, installation, installateur - réinstaller, réinstallation.
beau, belle → un be**ll**âtre, la be**ll**adone, be**ll**ot - embellir, un embellissement, une embellie.
un héros → une héroïne, héroïque, l'héroïsme (≠ un héraut).
la fête → un fêtard, fêter / une festivité, festif(ve), festoyer, un festin.
le cas → une o**cc**asion, o**cc**asionner, o**cc**asionnel.
/**cad : cad**uc, la **cad**ence, **cad**encé(e) - la dé**cad**ence, dé**cad**ent - le **cad**avre - la cas**cade**, cas**cad**er, un cas**cad**eur.
/**cid- :** l'ac**cid**ent, ac**cid**entel(le), ac**cid**enté - l'in**cid**ent - coïn**cid**er, une coïn**cid**ence - l'oc**cid**ent, oc**cid**ental(e) - la ré**cid**ive, ré**cid**iver, un ré**cid**iviste.
le rang, la ran**g**ée, ran**g**er, etc.
quiet(-ète) → la **qu**iétude - in**qu**iet, l'in**qu**iétude, in**qu**iéter, in**qu**iétant(e).
— acquitter (*ad, quietus*), l'acquittement, acquittable, un acquit (→ par acquit de conscience).
— être quitte, une quittance, *quitter* mais le quitus.

-U, -UE, -UES, -US, -UT, -UENT

LES FORMES VERBALES EN -U

LEÇON

-ue, -ues, -uent	**Présent de l'indicatif, 1er groupe.** → *je remue, tu remues, il remue, ils remuent.*	On peut remplacer **la forme verbale** par **l'imparfait** sans nuire au sens.
-us, -ut	— **Présent de l'indicatif, 3e groupe.** 3 verbes : *conclure, inclure, exclure* → *je conclus, tu conclus, il conclut.* — **Passé simple, 3e groupe.** *boire → je bus, tu bus, il but.*	
-u, -ue, -us, -ues	**Participe passé.** *boire → j'ai bu.*	On ne peut **pas remplacer** la forme verbale par l'imparfait.

Au **masculin**, le participe se termine toujours par **-u**.

Sauf : *inclure → inclus*
et *croître → crû, crue ; devoir → dû, due ; mouvoir → mû, mue*, qui ont un **accent circonflexe**, mais au masculin singulier seulement.
Ex. : *J'ai dû m'arrêter.* Mais : *une somme due, des honneurs dus.*

Mais : *les crus du Bordelais, un bouilleur de cru, une idée de mon cru.*
— *Accru, décru, ému, indu, promu,* n'ont pas d'accent circonflexe.
— *Redû* et *recrû* en ont un. Ex. : *L'herbe a recrû.*
Dans l'expression *« être recru de fatigue », recru* n'est pas le participe passé du verbe *recroître*, mais de *recroire* = « se remettre à la merci, être rendu ».

EXERCICES

1. Conjuguez au présent de l'indicatif.
Inclure cette somme et effectuer l'addition. Exclure un joueur et lui substituer un remplaçant.

2. Conjuguez au passé simple de l'indicatif.
Lire une annonce et vouloir y aller.

3. Conjuguez au passé composé :
a) pour Arnaud et Benoît ; b) pour Anne et Agnès.
Répondre à l'invitation et venir à l'anniversaire.

4. Analysez le verbe et complétez les points par -ue, -ues, -us, -ut.
1. Je restit... — 2. Je résol... — 3. Tu conn... — 4. Il contrib... — 5. Il b... — 6. La salle s'emb... — 7. Tu cour... — 8. Je cr... — 9. Il insin... — 10. Je dimin... — 11. Il d... — 12. Tu t'habit... — 13. Je ponct... — 14. Je déch... — 15. Tu mour... — 16. Il instit... — 17. Tu accentu... — 18. Il reç... — 19. Je pl... — 20. Tu par...

5. Analysez le verbe et complétez les points par -ue, -ues, -us, -ut.
1. Tu pourv... — 2. Il obstr... — 3. Je voul... — 4. Je perpét... — 5. Tu te t... (2 possibilités)

— 6. Il reconstit... — 7. Il incl... — 8. Tu t'évert... — 9. Je véc... — 10. Il s... (2 possibilités) — 11. Tu aperç... — 12. Il substit... — 13. Je m'ém... — 14. Il rem... — 15. Il compar... — 16. Il refl... — 17. Tu étern...

6. Analysez le verbe et complétez les points par -u, -û, -us, -ut.

1. Il était mal vêt... et voul... se changer. — 2. Il lui a bien fall... rentrer chez lui. — 3. Je cr... d'abord que la porte était ouverte. — 4. J'ai s... par la suite que sa mère avant ten... à la fermer à clef lorsqu'elle avait résol... de partir faire ses courses. — 5. Je concl... rapidement que nous ne pouvions pas entrer. — 6. Il fall... faire ouvrir la porte. — 7. Tu cour... chercher un serrurier. — 8. Tu as d... payer l'intervention.

7. Analysez le verbe et complétez les points par -u, û, -ue, -ues, -us, -ut.

1. Je contin... mon exposé et je reconstit... l'affaire. — 2. La production a cr... et pourtant l'argent dimin... dans la caisse. — 3. C'est que le directeur a cr... bien faire. — 4. Il a incl... les ventes à crédit dans ses comptes. — 5. Mais il était excl... que tous les débiteurs paient sans histoires. — 6. Cela contrib... à son déficit. — 7. « — Tu attén... donc sa responsabilité ? — 8. Tu excl... une malhonnêteté de sa part ? » — 9. Je concl... que sa gestion a été imprudente et que s'il s... maintenant, c'est qu'il n'a pas bien s... prévoir son budget.

DICTÉE À CHOIX MULTIPLES

Convalescence. 1. Il fall *(u, ut)* trois jours à Ged pour parvenir à la Tour Isolée et, lorsqu'il l'aperç*(u, ut)*, batt*(u, ue, ut)* des vents au-dessus des flots **siffl**ant*(s)*• et écumant*(s)* de Cap Nord, il était **ép**uisé, romp*(u, ut)* — 2. Kuremkamerruk le reç*(u, ut)* de sa façon bourr*(u, ue, ut)* coutumière, sans même lui souhait*(é, ée, er)* la bienven**ue**. — 3. « Va te coucher ! Quand on est fourb*(u, us, ut)*, on a l'esprit conf*(u, us, ut)* — 4. Demain, quand tu seras redeven*(u, us, ut)* toi-même, tu pourras **app**rendre par cœur les noms que tu auras l*(u, us, ut)* dans le livre des Entreprises des Faiseurs. » — 5. À la fin de l'hiver, Ged f*(u, us, ut)* fait sorcier•. — 6. Ensuite, il p*(u, us, ut)* étudier les hauts arts et les enchantements•. — 7. L'ombre qu'il avait libérée n'avait pas repar*(u, ue, ut)* et Ged se demandait ce qu'elle était deven*(u, ue, ut)*, car il savait bien qu'elle n'avait pas p*(u, us, ut)* s'évanouir *(or/hors)* du monde. — 8. Dans « La question des Dragons », Ged l*(u, us, ut)* qu'un Maître des Dragons avait véc*(u, us, ut)* une histoire du même genre, mais le livre ne disait pas ce qui était adven*(u, us, ut)* pour finir. — 9. D'où une telle ombre était-elle ven*(u, ue, ut)* ? — 10. « De la mauvaise face du monde », avait répond*(u, us, ut)* le Maître Chanteur. — 11. L'**App**eleur était souvent ven*(u, us, ut)* s'asseoir auprès de Ged pendant sa malad**ie**. Voici les propos qu'il lui avait ten*(u, us, ut)* : — 12. « Seul un pouvoir imm**ense** a p*(u, us, ut)* faire venir cette ombre, et une seule *(voie/voix)*, la tienne, était capable de le faire. — 13. Comment une telle situ**ation** évol*(u, ue, ut)*, je l'ignore, avait-il concl*(u, us, ut)*. Peut-être te faudra-t-il mourir, ou pire encore que mou**r**ir. (D'après U. Le Guin, *Le Sorcier de Terremer*, Opta.)

LES MOTS DE LA FAMILLE : À VOS DICTIONNAIRES !

siffler → un sifflement, un sifflet, sifflant(e), le siffleur, siffloter, un sifflotement. Mais : persifler, le persiflage.
le sorcier(-ère) → sorcellerie, ensorceler, ensorcellement, ensorcelant, ensorceleur. /**sort** → sortilège, sortir.
le chant → chanter, enchanter, déchanter, un enchanteur, enchanter, un enchantement - la chanson, chansonner, la chansonnette, le chansonnier. /**cant- :** un cantique, une cantate, une cantatrice - incanter, incantation.

-I, -IE, -IS, -IT, -IES, -ITS, -IENT

LES FORMES VERBALES DE SON « I »

LEÇON

<table>
<tr><td>-ie, -ies, -ient</td><td colspan="2">Présent de l'indicatif, 1er groupe.
confier → je confie, tu confies, il confie, ils confient.</td></tr>
<tr><td rowspan="2">-is, -it</td><td colspan="2">Présent de l'indicatif, 2e groupe et certains du 3e groupe.
grandir → je, tu grandis, il grandit ; lire → je lis, tu lis, il lit.</td></tr>
<tr><td colspan="2">Passé simple, 2e groupe et certains du 3e groupe.
grandir → je, tu grandis, il grandit ; faire → je fis, tu fis, il fit.</td></tr>
<tr><td>-i, -ie, -is, -ies</td><td>Participe passé de tous les verbes du 2e groupe et de certains du 3e groupe.
grandir → j'ai grandi ; cueillir → j'ai cueilli.</td><td rowspan="3">Pour savoir la dernière lettre d'un participe masculin, cherchez son féminin :
enduit → enduite
pris → prise
cueilli → cueillie</td></tr>
<tr><td>-is</td><td>Verbes du 3e groupe
qui ont le participe en -is.
prendre → pris ; mettre → mis ; acquérir → acquis ; asseoir → assis (et leurs composés) [1].</td></tr>
<tr><td>-it, -its</td><td>Verbes du 3e groupe
qui ont le participe en -it.
dire → dit ; écrire → écrit ; et les verbes en -uire comme cuire → cuit
(sauf luire → lui et nuire → nui) [2].</td></tr>
<tr><td colspan="3">1. + circoncis, occis et sis. — 2. + confit et frit.</td></tr>
</table>

▶ **Remarques**

1. Attention aux **homonymes** : cherchez l'infinitif du verbe et son temps.
Ex. : *Tu **relies** deux points par une droite* (*relier*, présent).
*Tu **relis** ta lettre avant de la poster* (*relire*, présent).
*Il **fit** une erreur* (*faire*, passé simple).
*Il se **fie** à elle* (*se fier*, présent).

2. Un mot difficile : **béni(t)**
bénit, bénite : adjectif, se dit d'une chose consacrée par un rituel de bénédiction : *eau bénite, pain bénit.*
béni, bénie : 1. participe passé avec auxiliaire. 2. s'emploie pour une personne
Ex. : *Béni sois-tu !* (être) — *Un curé a béni le mariage* (avoir).
Béni soit le jour de la délivrance ! (aucun rituel sur le jour).

EXERCICES

1. Conjuguez au présent de l'indicatif.
1. Sourire et remercier — 2. Médire et calomnier.

2. Conjuguez au passé simple de l'indicatif.
1. Grossir et se mettre au régime — 2. Maigrir et reprendre espoir.

3. Donnez la 1re personne du pluriel du plus-que-parfait de l'indicatif.
1. Grandir à la campagne, rire ensemble, acquérir de l'expérience, écrire ses souvenirs.

4. Conjuguez le verbe partir **au futur antérieur.**
a) C'est Delphine et Sandra qui partent. — b) C'est Nicolas et Laurent qui partent.

5. Analysez et complétez les points par -ie, -ies, -is, -it.
1. J'acqu... — 2. Je m'ass... — 3. Je certif... — 4. Il balbut... — 5. Tu cous... — 6. Tu terrif... — 7. Il falsif... — 8. Il cueill... — 9. Tu batt... — 10. Je remerc... — 11. Il craign... — 12. Je joign... — 13. Tu négoc... — 14. Tu naqu... — 15. Il vivif... — 16. Tu humil...

6. Analysez et complétez les points par -ie, -ies, -is, -it.
1. Je modif... — 2. J'atteign... — 3. Je l... un livre. — 4. Tu ment... — 5. Tu congéd... — 6. Tu condu... — 7. Il classif... — 8. Il écr... — 9. Il m... — 10. Je su... mon idée. — 11. Il rectif... mon jugement. — 12. Tu vainqu... ta timidité. — 13. Il serv... le café. — 14. je cop... un texte. — 15. Tu env... les citadins.

7. Analysez et complétez les points par -ie, -ies, -is, -it.
1. Mme Bonacieux se f... arrêter par des agents du Cardinal. — 2. Mme Bonacieux se f... à d'Artagnan. — 3. Le vicomte, furieux, pr... son chapeau et sort... en claquant la porte. — 4. Le moine pr... de longues heures à la chapelle. — 5. Tu te récr... bien fort devant cette proposition. — 6. Tu récr... cette page car elle est trop sale. — 7. Ce commerçant décr... la marchandise de son concurrent. — 8. Je décr... un paysage que j'aime. — 9. Tu identif... les suspects. — 10. Il contref... un billet de banque. — 11. Don Quichotte déf... les moulins à vent. — 12. Tu déf... tes nœuds de chaussures. — 13. Je satisf... à toutes les exigences. — 14. Il te conf... un poste important.

8. Mettez au passé composé, à la 3e personne du singulier.
1. Acquérir une maquette anglaise. — 2. Traduire la notice. — 3. Suivre les instructions. — 4. Saisir les pièces. — 5. Entreprendre le montage. — 6. Se servir d'un pinceau. — 7. Enduire les bords de colle. — 8. Mettre les pièces bord à bord. — 9. Reproduire le modèle. — 10. Construire le porte-avions. — 11. Ne pas commettre d'erreurs. — 12. Inscrire le nom du bateau.

9. Mettez les verbes entre parenthèses au passé composé de l'indicatif.
1. Georges *(fuir)* la ville. — 2. Il *(prendre)* la route et *(conduire)* sa moto toute la nuit. — 3. Il *(ressentir)* une grande joie à revoir son jardin. — 4. Les feuilles mortes *(pourrir)*. — 5. Georges *(finir)* de retourner la terre. — 6. Il *(détruire)* un vieux hangar. — 7. Cela *(requérir)* beaucoup d'efforts. — 8. Georges *(salir)* son pantalon. — 9. Au printemps les poiriers *(fleurir)* et *(sortir)* leurs feuilles vert tendre. — 10. Le voisin *(prédire)* des gelées tardives. — 11. Elles *(compromettre)* la récolte de pêches. — 12. Mais le jardin *(produire)* de belles récoltes de cerises. — 13. Les fruits *(mûrir)* et le jardin *(conquérir)* tous les visiteurs.

10. Analysez et remplacez les points par -i, -is, -it.
1. Il s'ass... — il est ass... — 2. Tu réduis... — tu as rédu... — 3. Tu as ment... — tu ment... — 4. Il luis... — il a lu... — 5. Il s'est enqu... — il s'enqu... — 6. Je serv... — j'ai serv... — 7. Il conqu... — il a conq... — 8. Tu as écr... — tu écriv... — 9. Il compr... — il a compr... — 10. Je brun... — j'ai brun... — 11. Tu red... — tu as red... — 12. Il a soum... — il soum...

11. Analysez et remplacez les points par -i, -is, -it, -ies, -ie.
1. Je d... encore aujourd'hui ce que j'ai toujours d... — 2. Il fin... son travail. Hourra ! il a fin... ! — 3. Tu glorif... ton skieur favori, mais il avait om... de passer une porte dans la descente et l'arbitre le disqualif... — 4. Tu as trop cu... le poulet : il a un peu rous... ; tu balbut... des excuses et tu ne r... pas du tout car d'ordinaire tu cu... tes plats tout à fait à point ; tout le monde a bien r... et tu as roug... — 5. Non seulement je méd... de toi, mais encore je te calomn..., je préd... ta défaite et je te nu... autant que je le pu... ; en fait tu as réuss... et j'ai roug... d'avoir méd... de toi et de t'avoir nu... .

12. Analysez et remplacez les points par -i, -is, -it.
1. J'ai fu... – 2. Il fu... – 3. Tu ment... – 4. Il a ment.... – 5. Tu as préd... – 6. Tu préd... – 7. D'Artagnan a occ... son adversaire. – 8. Il les occ... vite. – 9. Je réuss... – 10. J'ai réuss... – 11. Il se repent... – 12. Il s'est repent... – 13. Je me suis enqu... de lui. – 14. Le soleil a lu... toute la journée. – 15. Il lu... encore.

13. Analysez et remplacez les points par -i, -is, -it.
1. Cela suff... – 2. Cela m'a suff... – 3. Il s'est épr... d'une coquette. – 4. Tu as r... quand on t'a d... que le tabac nu... à ta santé, mais j'en connais qui ont tressaill... et qui ont défaill... devant le cancer du larynx ou du poumon. – 5. C'était trop tard : le tabac leur avait déjà nu... – 6. Les conseils ne leur avaient pas serv... – 7. Il méd... – 8. Il a méd... – 9. Il tressaill... – 10. J'ai dorm... – 11. Je dorm... – 12. Tu défaill... – 13. J'ai consent... – 14. Il consent... – 15. Il ne s'est pas départ... de son calme.

DICTÉE À CHOIX MULTIPLES

Science-fiction. 1. Nous avons acqu*(i, is, it)*• la certitude que les objets• peuvent être miniaturisé(s). – 2. Vous avez déjà v*(u, ue, ut)* une **ph**otographie **ag**rand*(i, ie, it)* ou rétréc*(i, ie, it)* à la taille d'un microfilm ? – Évide**mm**ent. – 3. Michaël sour*(i, is, it)* : – 4. Eh bien, nous avons entrepr*(i, is, it)* d'étendre le même pro**cess**us aux objets à trois dim**ensions**. – 5. Nous avons fourn*(i, is, it)* des cours spéciaux• aux physiciens les plus avert*(i, is, it)* du pays. – 6. Nous avons déjà rétréc*(i, is, it)* des objets• dans des propo**rtion**s presque infin*(i, ie, ies, is)* – 7. Mais ce qui nous **ennu***(i, ie, ies, is)*, c'est que les temps de miniaturi**sation** sont encore très rédu*(is, it, its)* – 8. Je vous fourn*(is, it, its)* les explic**ations** math**é**matiques ? – 9. Non. Votre parole me **suff***(i, ie, is, it)*. – 10. Mais qu'est-ce que tout cela signif*(i, ie, is, it)* ? – 11. Nous allons, comme je vous l'ai d*(ie, is, it)*, miniaturiser un sous-marin• et l'injecter• dans une des artères de Benès pour opérer le caillot de l'intéri**eur**. – 12. Je crois avoir compr*(i, is, it)* que vous avez été chois*(i, is, it)* pour cette mi**ssion**, puisque vous avez parfaitement réuss*(i, is, it)* votre précédente mission• et avez condu*(ie, it, is, its)* vos passagers jusqu'ici. – 13. Je ne su*(ie, it, is, its)* pas volontaire pour des trucs pareils ! inte**rr**omp*(ie, it, is, its)* Grant. – 14. Je ne prends que les risques que j'ai moi-même chois*(ie, it, is, its)* ! – 15. Il suiv*(ie, it, is, its)* cependant Michaël et de**sc**end*(ie, it, is, its)*• avec lui jusqu'à la salle de conférences. (D'après I. Asimov, *Le Voyage fantastique*, Albin Michel.)

LES MOTS DE LA FAMILLE : À VOS DICTIONNAIRES !

la mer → le marin, le sous-marin, maritime, la marine, le marinier, la marée, la marinade, mariner, la marinière, le mareyeur - le marais, le marécage.
Mais : amerrir, amerrissage. *(Le* **-r-** *redouble avec la racine* **mer-** *mais pas avec la racine* **mar-***).*
jeter → le jet, la jetée, un jeté, le jetage, un jeteur (de sorts), un jeton – déjeter, une déjection – projeter, un (avant-)projet, la projection – rejeter, le rejet, le rejeton – surjeter, un surjet – un sujet, la sujétion, assujettir, l'assujettissement – un *objet*, objecter, une objection, un objecteur (de conscience), un (télé-)objectif, objectif(ve), l'objectivité – un trajet, une trajectoire – une conjecture, conjecturer, conjectural(e) – une injection, *injecter*, injectable – éjecter, une éjection, éjectable – une interjection – abject, l'abjection.

SES/CES, C'EST/S'EST, SAIS/SAIT

LEÇON

▶ **Ses** et **ces** sont des **adjectifs** : ils sont suivis d'un nom sans article.

ses	**adjectif possessif :** on peut trouver le possesseur.	*Martin a oublié ses lunettes* (= les lunettes de Martin).
ces	**adjectif démonstratif** qui sert à montrer.	*« Vois sur ces canaux dormir ces vaisseaux... »* (*canaux* et *vaisseaux* n'ont pas de possesseur).

▶ **C'est** et **s'est** sont des **formes verbales** contenant le verbe **être.**
On peut remplacer *est* par *était* : la phrase garde un sens.

c'est : — **présentatif** : *c'* = cela ; — annonce *qui* ou *que.*	*C'est fini* (→ *Cela est fini*). *C'est moi qui ai crié.*
s'est + participe passé = **verbe pronominal** au passé composé.	*La fête s'est finie très tard* (= *se finir* au passé composé).

▶ **Je sais, tu sais, il sait** = verbe *savoir*, présent de l'indicatif.
Ex. : *Tu le sais très bien.*

EXERCICES

1. Essayez l'imparfait et remplacez les points par c'est **ou** ses.

1. « — Papa,... important : il faut que tu m'aides à réparer une injustice. » — 2. Et je lui ai raconté toute l'histoire, en pensant tout le temps à Xavier avec ... doigts en V de la victoire et ... yeux pleins de larmes derrière la vitre du bus. — 3. Papa m'a dit : « — Si ton prof t'a dit que ta censeur ne voulait pas revenir sur ... décisions, à mon avis, ... rapé, ton affaire. » — 4. « — Pourquoi ? » — « Parce que ... comme ça. » — 5. J'ai quand même tellement supplié que papa a fini par téléphoner, mais il n'a pas pu en placer une et ... la censco qui a parlé tout le temps. — 6. Après, il m'a dit : « — ... pas la faute de ton copain, mais ton censeur, ... pas dans ... idées de revenir en arrière. — 7. « — ... tout ? » — 8. « — Non, ça ... le début. Après je me suis fait dire que je ferais mieux de m'occuper de ma fille, de ... notes et de ... résultats catastrophiques. ». — 9. « — Ça, ... vrai. Mais pour Xavier, avoue que ... tout de même injuste ! » (D'après Stéphanie, *Des cornichons au chocolat*, J.-C. Lattès.)

2. Dites s'il y a un possesseur et remplacez les points par ses **ou** ces.

1. Un an jour pour jour après le départ de ... fils, le père Olgerson prit lui-même la route et après un voyage d'une semaine arriva dans ... propriétés des montagnes du R'han. — 2. En entrant dans l'atelier de ... fils, il demeura d'abord muet d'horreur : sur toutes les toiles s'étalaient des objets d'une forme absurde, monstrueuse, auxquels leur couleur verte semblait vouloir conférer la qualité de végétal. — 3. Certains de ... monstres étaient consti-

tués par un assemblage d'énormes oreilles d'ours, vertes, hérissées de piquants. — 4. Les moins inquiétants, malgré leur absurdité, étaient peut-être ... chandelles écailleuses, qui paraissaient démesurément hautes et s'épanouissaient en un bouquet de feuilles longues au moins comme ... deux bras. — 5. « — Qu'est-ce que c'est que ... horreurs-là ? » rugit le père. — 6. « — Mais, mon père, répondit Oscar pour défendre ... œuvres, ce sont des arbres. » — 7. « — Quoi ? des arbres, ça ? Ainsi, c'était pour vous livrer à ... dépravations que vous avez voulu vous retirer dans la montagne ? — 8. Vous allez me faire le plaisir de rentrer à la maison et de renoncer à ... goûts scandaleux. » — 9. Oscar accueillit ... dispositions sans récriminer, mais le premier paysage qu'il exécuta fut un buisson d'oreilles d'ours, et le deuxième une perspective de chandeliers sur fond de sable. — 10. Loin d'avoir abandonné ... erreurs, il s'enfonçait chaque jour davantage dans l'absurde. (D'après M. Aymé, *Contes*, Gallimard.)

3. Remplacez les points par c'est, s'est **ou** sait.

1. Une des caronades de la batterie ... détachée. — 2. ... le plus redoutable peut-être des événements de mer. — 3. Un canon qui casse son amarre devient brusquement on ne ... quelle bête surnaturelle. — 4. ... une machine qui ... transformée en un monstre. — 5. ... un bélier qui bat à sa fantaisie une muraille. — 6. ... l'entrée en liberté de la matière. — 7. ... la faute du chef de pièce qui a négligé de serrer l'écrou. — 8. À force de jouer, le combleau ... cassé. — 9. Lorsqu'un paquet de mer ... abattu sur le sabord, la caronade mal amarrée a brisé sa chaîne et ... mise à errer formidablement dans l'entrepont. — 10. Le chef de pièce ne ... comment la maîtriser. (D'après V. Hugo, *Quatre-vingt-treize*.)

4. Remplacez les points par c'est, s'est, ces, ses, sais **ou** sait.

Suicide au porc. 1. « À 17 heures hier, une automobile bleue, de type coupé, ... mise en route toute seule. — 2. Elle ... d'abord dirigée vers le cours Garibaldi. — 3. ... à une vitesse croissante qu'elle a tourné à gauche dans la rue Elvezia, puis à droite dans le cours Montello et ... enfin jetée contre les vieilles ruines du château des Sforza. — 4. Elle ... même écartée, d'un brusque coup de volant, d'un vélomoteur qui ... jeté sous ... roues. — 5. ... à titre d'information que nous donnons ... détails, car, ... temps-ci, les épisodes de ce genre ne sont pas rares. » — 6. Après avoir lu ... lignes dans le journal, je me précipitai chez mon ami Stéphane, que je trouvai occupé à arroser ... fleurs. « — C'était Faustina ? » « — Oui, c'était Faustina. Tu l'avais compris, toi ? » — 7. « — Je ne ... pas. Cela me paraissait tellement absurde ! » — 8. « — Absurde, oui, dit-il en cachant sa figure entre ... mains. — 9. Pourtant il arrive que l'amour fasse de ... miracles. — 10. Une nuit, il y a sept ans, pendant que j'étais entre ... bras, elle ... mise à pleurer et à trembler. — 11. Elle se raidissait, et puis elle ... mise à gonfler. — 12. Elle a juste eu le temps de sortir dans la rue et elle était là qui m'attendait avec .... lignes souples et sinueuses. » — 13. « — Et alors ? » « — Alors, je ... que je suis un salaud, une ordure. — 14. ... sièges de cuir ont commencé à se raper ; personne ne regardait plus ... chromes dans la rue ; à tout bout de champ il fallait la conduire au garage et les mécaniciens ne comprenaient rien à ... pannes. — 15. ... alors que j'ai pensé à la remplacer. — 16. Et tu ... où j'allais hier ? Chez un revendeur de voitures. — 17. ... abominable, pour cent cinquante mille lires j'allais vendre ma femme, alors qu'elle, elle ... sacrifiée pour moi ! — 18. Maintenant tu ... pourquoi elle ... tuée. » (D'après D. Buzzati, *Le K.*, R. Laffont.)

MA/M'A, MON/M'ONT TA/T'A, TON/T'ONT MES/M'ES/M'EST TES/T'AI/T'ES/T'EST

LEÇON

1. Les **adjectifs possessifs** sont toujours **suivis d'un nom** :

masculin singulier	féminin singulier	pluriel, masculin et féminin
mon (chien)	**ma** (mobylette)	**mes** (amis et amies)
ton (chien)	**ta** (mobylette)	**tes** (amis et amies)
son (chien)	**sa** (mobylette)	**ses** (amis et amies)

(sujet)	pronom personnel **m' ou t'** (= **me ou te**) **complément**	**auxiliaire** ***avoir*** ou ***être*** accordé avec le sujet	**(participe passé d'un verbe)**
(Ils)	**m'**	**ont**	(attaqué)
	t'	**ont**	(attaqué)
(Tu)	**m'**	**as**	(défendu)
(Il)	**t'**	**a**	(défendu)
(Je)	**t'**	**ai**	(défendu)
(Il)	**m'**	**est**	(arrivé une aventure)
(Il)	**t'**	**est**	(arrivé une aventure)
(Tu)	**t'**	**es**	(surpassé)

UN TRUC

Mettez l'expression à l'imparfait pour faire apparaître ses composants :
Ex. : *Ils m'ont attaqué → Ils m'avaient attaqué.*
Tu t'es surpassé → Tu t'étais surpassé.

2. Adjectifs possessifs et homonymes :

▸ *ma ; m'a ; m'as ;*
— *un mas :* une maison provençale ;
— *un mât* (de bateau).

▸ *ta ; t'a ;*
— *un tas :* un amoncellement.

▸ *mon ; m'ont ;*
— *un mont :* une montagne.

▸ *ton ; t'ont ;*
— *je tonds, tu tonds, il tond* (tondre) ;
— *le ton :* l'intonation ;
— *le thon* : le poisson de mer.

▸ *mes ; m'es ; m'est ;*
— *je mets, tu mets, il met* (mettre) ;
mais : conjonction de coordination (opposition) ;
— *un mets* : aliment savoureux ;
— *mai* : 5ᵉ mois de l'année ;
— *la maie* : pétrin, huche.

▸ *tes ; t'es ; t'est ; t'ai ;*
— la taie (d'oreiller) ;
— *le thé* : boisson ;
— *le té* : règle à dessin en T.

EXERCICES

1. Mettez au passé composé et accordez les participes passés.

1. Voilà ce que me dit ma mère la veille de mon mariage : — 2. « Kwei-Lan, ma fille, je t'apprends à présenter le thé à une personne âgée, je te dresse à te soumettre. — 3. C'est pour ton mari que je t'initie à farder tes lèvres et tes ongles, que je te lie les pieds et te rends si gracieuse sur des pieds menus. — 4. On t'apprend à jouer de l'ancienne harpe pour la joie de ton Seigneur. — 5. On t'enseigne les vers les plus fameux de nos poètes anciens. — 6. Je t'éduque parfaitement et j'espère que la famille Li me prépare une belle-fille aussi accomplie pour ton frère. » (D'après Pearl Buck, *Vent d'Est, Vent d'Ouest,* Stock.)

2. Mettez au passé composé et accordez les participes.

1. Roger et ses parents passent prendre des nouvelles de grand-papa et me serrent la main. — 2. Plus tard, quand grand-maman me demande d'aller chercher des chips, Roger me suit à la cuisine. — 3. Roger ! Il m'invite même à sortir avec lui ! J'aurais voulu mourir, là, tout de suite, et plus tard, dans le jardin, il m'explique ses projets d'avenir. — 4. Il m'avoue même sa crainte de partir et me confie ses désirs. — 5. Et puis il m'embrasse et c'est exactement ce que j'ai rêvé depuis le jardin d'enfants. — 6. D'autres garçons m'embrassent, mais ce n'est pas du tout la même chose. — 7. C'est vraiment une chose merveilleuse qui m'arrive ! (D'après *L'Herbe bleue,* Presses de la Cité.)

3. Remplacez les points par ma **ou** m'a.

1. Le Yorkshire de ... mère est un animal franchement ridicule. — 2. Quand ... mère ... demandé de le sortir, j'ai refusé et j'ai dit à ... mère que c'était son chien, pas le mien. — 3. ... mère ... répondu que je n'avais pas de cœur. — 4. « — Tu peux parler, je lui ai dit. À cause de lui, Garfunkel, mon chat, n'ose plus sortir de ... chambre ! » — 5. Elle ... dit qu'elle ne voulait plus me voir. — 6. Quand elle a entendu ... réponse, qu'elle serait bien embêtée si je la prenais au mot, elle ... giflée. — 7. J'ai fait ... tête de celle à qui ça ne fait rien, et d'ailleurs ça ne ... rien fait : — 8. Je concentre ... pensée sur autre chose et je ne sens même plus ... joue. (D'après Stéphanie, *Des cornichons au chocolat,* J.-C. Lattès.)

4. Remplacez la parenthèse par l'orthographe correcte.

« — Au voleur ! au voleur ! à l'assassin ! — 1. On m*(a)* coupé la gorge, on m*(a)* dérobé m*(on)* argent ! (...) — 2. Hélas m*(on)* pauvre argent, m*(on)* pauvre argent, m*(on)* cher ami, on m*(a)* privé de toi ! — 3. Et, puisque tu m*(è)* enlevé, j'ai perdu m*(on)* support, m*(a)* consolation, m*(a)* joie ; (...) — 4. Sans toi, il m*(è)* impossible de vivre. » (Molière, *L'Avare* IV, 7.)

5. Remplacez la parenthèse par l'orthographe correcte et accordez les participes.

1. Il m*(è)* bien facile de me souvenir : tu t*(è)* cass*(é)* la cheville au mois de m*(è)*, dans m*(on)* m*(a)* provençal du m*(on)* Ventoux, à l'époque où le berger t*(on)* m*(è)* moutons et m*(è)* leur laine dans m*(on)* grenier. — 2. Tu m*(è)* très reconnaissante parce que je t*(è)* bien soign*(é)*, Irène. — 3. Tu t*(è)* install*(é)* sur m*(a)* terrasse avec tous t*(è)* documents, qui m*(on)* donn*(é)* un t*(a)* de soucis, car les rafales de mistral t*(on)* éparpill*(é)* bien des pages et il t*(è)* bien sûr impossible de courir les chercher avec t*(a)* jambe dans le plâtre ! et tu m*(a)* demand*(é)* de le faire d'un t*(on)* si charmeur ! — 4. Tu t*(è)* pl*(u)* à suivre des yeux le m*(a)* des bateaux qui reviennent de la pêche au t*(on)* : il t*(è)* si agréable de déguster ce m*(è)* succulent pour t*(on)* dîner ! et ce spectacle t*(a)* bien souvent chang*(é)* les idées ! — 5. Tu me demandes où je m*(è)* toutes m*(è)* t*(è)* d'oreiller et m*(è)* serviettes à t*(é)* ? — 6. M*(è)* dans la m*(è)* qui orne m*(a)* lingerie ! Les t*(è)* m*(on)* été offert*(e)* en cadeau de mariage par t*(è)* tantes, m*(è)* la m*(è)*, elle m*(a)* été donn*(é)* par m*(a)* mère.

LA, L'A OU L'AS → QUI LA, QUI L'A OU QU'IL A
LES, L'AI, L'EST OU L'ES → QUI LES, QUI L'AI OU QU'IL EST

LEÇON

1. La et **les**, articles définis, **accompagnent un nom** :
— **la** accompagne un nom féminin singulier.
Ex. : ***La** casquette.*
— **les** accompagne un nom pluriel (masculin ou féminin).
Ex. : ***Les** chauffeurs.*

2. La et **les** peuvent également être des **pronoms personnels C.O.D.**
Ex. : *La casquette ? Je **la** vois* (*la* remplace un nom féminin singulier).
*Les chauffeurs ? Je **les** vois* (*les* remplace un nom pluriel).

(sujet)	**pronom personnel l' = le ou la → C.O.D.**	**auxiliaire *avoir* ou *être* accordé avec le sujet**	**(participe passé, accordé avec le C.O.D.)**
(*Il*)	***l'*** (= la casquette)	*a*	(*trouvée*)
(*Tu*)	***l'*** (= la casquette)	*as*	(*trouvée*)
(*Je*)	***l'*** (= la casquette)	*ai*	(*trouvée*)

(sujet)	**pronom personnel neutre[1] + verbe *être***	
(*Intelligent, oui, il*)	***l'*** (= intelligent)	*est*
(*Intelligent, oui, tu*)	***l'*** (= intelligent)	*es*

1. Voir Fiche 9, p. 27.

3. Autres homonymes :

▶ **là, -là, las, lacs**

— *là* : adverbe de lieu. *Nous sommes là.*

— *là* fait partie des démonstratifs : *ce détective-là, ces bandits-là, celui-là, celle-là, ceux-là, celles-là* ;
ou d'adverbes : *là-bas, çà et là, par là.*

— *las, lasse*, adjectif : fatigué. *Arrête-toi : tu as l'air si las !*

— *les lacs* (vieilli) : lacet pour prendre les animaux au piège.

▶ **laid, lait, laie, lai, lès**

— *laid, laide*, adjectif : qui n'est pas beau.

— *le lait* des vaches.

— *la laie* : femelle du cochon.

— *le lai* : poème du Moyen Âge.
un (frère) *lai* (adjectif masculin) : religieux non destiné à être ordonné prêtre.

— *lès* ou *lez*, préposition (vieux français) : près de, dans les noms propres. *Villeneuve-lès-Avignon.*

EXERCICES

1. Remplacez la parenthèse par un pronom personnel et accordez le participe.
1. Sa sœur, c'était Goupi-La-Belle. On a, un matin, retiré *(Goupi-La Belle)* morte d'un puits. — 2. La rumeur populaire chuchote que Mains Rouges a tué *(Goupi-La Belle)*. — 3. « Oui, dit Goupi-Mains Rouges, on a dit que j'ai assassiné *(Goupi-La Belle)*, que je guignais sa part d'héritage. — 4. En effet, c'est moi qui ai eu *(l'héritage)* ! c'était ça : des graines, des herbes. — 5. Il jeta *(les graines et les herbes)* dans le puits. — 6. La nuit, à ce qu'on prétend, le fantôme de La Belle remonte du puits mais je n'ai jamais vu *(le fantôme)*.

2. Remplacez les points par la, l'a, là, l'as.
1. Et ... casquette ? — 2. Sait-on qui ... achetée ? — 3. Oui, un chauffeur. Il a demandé, ce matin dans ... boutique une casquette en cuir jaune. — 4. Il restait celle- ... — 5. Il ... payée sans même s'occuper de ... pointure. — 6. Ce matin ? Qu'est-ce que tu me chantes ... ? — 7. Comment ... -tu su ? (D'après M. Leblanc, *L'Aiguille creuse*, L.G.F.)

3. Remplacez les points par l'ai, les, l'est.
1. Le vieil astronome : « — As-tu la Terre dans ta lunette ? » — Le disciple : « — Oui, Maître ! Je ... — 2. Voilà un spectacle incroyable ! Par ici, partout ... usines sont arrêtées, partout je vois des milliers d'êtres inoccupés qui cherchent péniblement leur nourriture. — 3. Sur ce même globule de boue où des Terriens meurent de faim, d'autres Terriens entassent leurs récoltes et ... laissent pourrir, inutiles. — 4. Cette planète est-elle peuplée de fous ? » Le vieil astronome : « — Assurément, elle ... — 5. De tous ... êtres qui peuplent l'Univers,... Terriens sont ... plus fous. — 6. Comme tu vois la Terre aujourd'hui, je ... vue, moi qui la connais bien, dix fois, cent fois au cours de son histoire. — 7. Après trente ou quarante ans de paix et d'efforts pour bâtir un bonheur stable, chaque fois que l'édifice a semblé près d'être achevé, je ... vu s'écrouler et ensevelir des millions de Terriens. — 8. Après chaque ébranlement, il leur faut quinze ou vingt années terrestres pour retrouver leur équilibre, je ... constaté. » — 9. Le disciple : « — Cela n'est-il pas décourageant ? » Le vieil astronome : « — Cela ... » (D'après A. Maurois, *Mes songes que voici*, Grasset.)

4. Remplacez les points par qui l'a, qui la, qu'il a, qu'il l'a, qu'il la.
1. L'Empereur attend l'armée de Davout ... rappelée de Vienne. — 2. Soult commandera son centre, Lannes sa gauche ; quant à la droite, c'est l'armée de Davout... constituera : — 3. C'est lui ... décidé depuis le 21 novembre. — 4. Mais ce n'est pas dit ... verra arriver à temps. — 5. Davout sait que la distance ... à parcourir en deux jours est de cent quarante kilomètres et que la troupe ... parcourt est à pied. — 6. C'est une gageure ... faite et rien ne prouve ... tiendra. — 7. L'armée ... accomplie est épuisée. — 8. Napoléon ... voit arriver a un tel mouvement de joie qu'... presque embrassée en la personne de son général. (D'après Cl. Manceron, *Austerlitz*, Robert Laffont.)

5. Remplacez les points par qui l'ai, qui l'es(t), qu'il est, qu'il ait, qui les, qu'il l'est.
1. — C'est moi ... aperçu le premier. — 2. C'est moi ... aperçus le premier. — 3. Ça m'étonnerait ... aperçu l'escorte le premier : je sais ... très myope. — 4. Myope ? Mais oui, c'est lui ..., pas moi. — 5. Sûr d'avoir raison contre tous ? mais c'est assurément toi ... — 6. Maintenant je t'assure ... temps que le bataillon s'éveille, bien ... assurément fort peu dormi. — 7. L'Empereur ? Je sais ... parti en reconnaissance avec une escorte. — 8. Les soldats ... ont vu passer ont eu peur ... un accident dans le noir et ont fait des brûlots de paille ... éclairent. — 9. Quant à l'Empereur, moi ... vu, je sais ... mécontent. (*Ibidem*)

CE/CEUX, CELA/CEUX-LÀ (TOUT) CE QUI/(TOUS) CEUX QUI (TOUT) CELA/(TOUS) CEUX-LÀ

LEÇON

Ce et **ceux**, **cela** et **ceux-là** sont des **pronoms démonstratifs**.

▶ **Ce** et **cela** : pronoms neutre singulier, remplacent une chose ou une idée.
Ils sont suivis d'un **verbe au singulier**.
• Devant **ce** et **cela**, **tout** est au masculin singulier.
Ex. : *Tout ce qui brille n'est pas or.*
Tout cela est faux.

▶ **Ceux** et **ceux-là** : pronoms masculin pluriel, remplacent des personnes ou des choses dont il a été question dans la phrase précédente.
Ils sont suivis d'un **verbe au pluriel**.
• Devant **ceux** et **ceux-là**, **tous** est au masculin pluriel.
Ex. : *Invite tous ceux qui veulent venir.*
Tous ceux-là seront les bienvenus.

EXERCICES

1. Remplacez les points par ce, ceux.

1. Cimourdain avait une pitié à part, réservée seulement à ... qui étaient misérables. — 2. Devant ... qui fait horreur, il se dévouait. — 3. Les actes secourables les plus laids à voir, les plus difficiles à faire, c'est ...-là qu'il préférait. — 4. Un jour à l'Hôtel-Dieu, comme un homme allait mourir d'une tumeur à la gorge, Cirmoudain appliqua sa bouche à la tumeur, la pompa, recrachant à mesure ... que sa bouche avait pompé, vida l'abcès et sauva l'homme, ... qui le fit populaire dans les quartiers sombres de Paris. — 5. C'est pourquoi il faisait de ... qui souffrent, qui pleurent et qui menacent, ... qu'il voulait. — 6. À l'époque des colères contre les accapareurs, ... fut Cimourdain, qui, d'un mot arrêta ... qui voulaient piller un bateau chargé de savon sur le port St-Nicolas et qui dissipa les attroupements furieux de ... qui arrêtaient les voitures à la barrière St-Lazare. — 7. Cimourdain était de ... qui ont en eux une voix et qui écoutent ... qu'elle dit. (D'après V. Hugo *Quatre-vingt-treize*.)

2. Remplacez les points par cela, ceux-là, **et accordez les verbes.**

1. « Nous devons aller de l'avant dit le capitaine Smolett, parce que ... nous est impossible de reculer. — 2. Si je faisais virer de bord, ... produirai*(en)*t instantanément la rébellion de l'équipage. — 3. Il y a bien les matelots que Trelawnay a lui-même recrutés : ... nous *(sera, seront)* fidèles. » — 4. « — Non, interrompit le chevalier, Hands était un de... » — 5. « — ... est incroyable, dit le capitaine ! Je me serais pourtant fié à lui ! — 6. Il faudra provoquer la bataille au moment où ... nous sera le plus favorable. — 7. Mais trois matelots fidèles et nous, ... fait sept, y compris Hawkins qui est un enfant, tandis que ... sont dix-neuf ! — 8. ... semble*(nt)* bien inégal ! » (D'après Stevenson, *L'Île au trésor*.)

3. Remplacez les points par ce, ceux, **accordez** tou(t,s) **et les verbes.**

1. Comme toute grande bataille, la bataille d'Austerlitz a été incompréhensible à presque tou*(t, s)* ... qui y participai*(en)*t. — 2. Dans le camp des vaincus, même les officiers d'état-

major n'ont commencé à comprendre ... qui se passai*(en)*t que vers le milieu du combat vers 11 heures du matin. — 3. À 4 heures, c'est le réveil pour tou*(s, t)* ... qui *(va, vont)* combattre, hommes et officiers. — 4. ...-ci sont anxieux de tenir leurs unités prêtes ; ...-là sont très préoccupés de ne pas marcher le ventre vide et tirent de leur sac tou*(t, s)* ... qu'ils ont gardé pour le jour décisif. — 5. Il faut manger tou*(t, s)* ... qu'on a maintenant ; ce soir, on sera mort ou vainqueur. — 6. ... sera à deux *(Français)* contre trois *(Alliés)* que la bataille va se jouer. — 7. Avant de quitter le bivouac les soldats jettent au feu tou*(t, s)* ... qui ne servir*(a, ont)* plus. — 8. Une tension violente marque les visages de tou*(t, s)* ... qui entoure*(nt)* Napoléon. — 9. Un intense brouillard empêche de reconnaître ... qui se passe*(nt)* devant soi. — 10. En fait, ... sera le coup de pouce de Dieu : le brouillard qui monte laisse bien voir aux Français les mouvements des Russes sur le Pratzen ; mais les Alliés ne voient pas ... des Français. (D'après Cl. Manceron, *Austerlitz*, Robert Laffont.)

4. Remplacez les points par tous ceux **ou** tout ce **et accordez le verbe.**

1. Le village de Sokolnitz se compose, comme ... ... de la région, d'une rue de 15 m de large bordée de maisons basses, sans étage. — 2. Le général Merle a placé comme il le pouvait, ... du 16e léger. — 3. Mais la disproportion d'effectifs et de matériel entre Français et Russes est telle que si ... ...-ci coordonnai*(en)*t mieux leurs efforts, rien ne pourrait les empêcher de faire sauter ... ... qui tente*(nt)* de faire verrou, côté français. — 4. Voici soudain la pente fourmillant de ... ... que le 8e régiment de chasseurs à pied russes compte*(nt)* d'uniformes gris. — 5. Mécaniquement, les Français épaulent, tirent sur ... ... qui apparaisse*(nt)* au sommet du coteau. — 6. ... ... qui ne tombe*(nt)* pas sous les balles françaises arrive*(nt)* au corps à corps. — 7. Deux compagnies de chasseurs russes enlèvent le château de Sokolnitz ; ... ... qui en subsiste*(nt)* du moins. — 8. Tout était-il perdu ? Non. Tout dépendait, en ce temps-là, de la maîtrise avec laquelle les officiers savaient reprendre en main le reflux de ... ... qui fuyai*(en)*t et le changer instantanément en flux offensif. (D'après Cl. Manceron, *Austerlitz*, Robert Laffont.)

LE FUTUR DE L'INDICATIF

LEÇON

▸ Conjugaison du verbe **crier** au futur

je crier**ai**	nous crier**ons**
tu crier**as**	vous crier**ez**
il crier**a**	ils crier**ont**

▸ **Formation du futur**

1. Pour former le futur, partez toujours de l'**infinitif** du verbe : vous n'oublierez pas le **-e-** devant **-rai** au 1er groupe.
Ex. : *crier → je crierai*
finir → je finirai

2. Si l'infinitif du verbe se termine par **-e**, supprimez-le.
Ex. : *battre → je battrai*

3. Les **verbes en -yer** changent leur **-y-** en **-i-** devant le **-e-** muet.
Ex. : *payer → je paierai*
se noyer → je me noierai
appuyer → j'appuierai.

▸ **Futurs irréguliers**

être → je serai	*cueillir → je cueillerai*	*venir → je viendrai*
avoir → j'aurai	*savoir → je saurai*	*tenir → je tiendrai*
faire → je ferai	*valoir → je vaudrai*	*devoir → je devrai*
aller → j'irai	*vouloir → je voudrai*	*recevoir → je recevrai*

s'asseoir → je m'assiérai ou *je m'assoirai.*

▸ Verbes qui redoublent le **-r-** au futur

envoyer → j'enverrai	*pouvoir → je pourrai*	*entrevoir → j'entreverrai*
courir → je courrai	*revoir → je reverrai*	*acquérir* et les autres verbes
voir → je verrai	*mourir → je mourrai*	en *-quérir → j'acquerrai*

(mais : *prévoir → je prévoirai,* et *pourvoir → je pourvoirai*)

EXERCICES

1. Remplacez les points par -era, -ra.

1. Un homme hargneux et méchant fouett... son cheval et mett... ses enfants au pain sec et à l'eau. — 2. Il maltrait... ses vaches et ne les reconnaît... pas les unes des autres. — 3. Il promett... des récompenses à ses enfants et ne leur achèt... rien du tout. — 4. Il ne s'inquiét... de personne et commett... bien des injustices. — 5. Il abatt... du gibier braconné et il se hât... d'effacer les traces de son acte. — 6. Il tond... les moutons de son voisin et inond... son pré. — 7. Il convoit... les champs des autres et accroît... son bien.

2. Remplacez les points par -ierai, -irai.

1. C'est décidé : je m'inscr... dans une école de commerce et j'étud... les sciences économiques. — 2. Je l... des livres de gestion et je clarif... mes notions sur le fonctionnement des entreprises. — 3. Je défin... soigneusement les termes et je me déf... des mots dont je ne sais... pas bien le sens. — 4. Je me souc... de l'actualité et l... régulièrement les journaux.

— 5. Je multipl... mes sources d'information et tradu... des articles de la presse étrangère. — 6. Je m'init... au fonctionnement de la Bourse. — 7. Je franch... les portes du sanctuaire et je m'ingén... à comprendre ce qui s'y passe. — 8. Bientôt je m'y sent... chez moi.

3. Remplacez les points par -eront, -ront.

1. Bientôt ce sera l'automne : les enfants se croi... encore en été et se plai... encore à jouer sur la plage, mais déjà les vignes vierges rougeoi... et les nuances cuivrées du hêtre pourpre chatoi... dans le soleil. — 2. Puis les feuilles tournoi... au vent d'octobre, les bancs de nuages se déploi... dans le ciel et les oiseaux se tai... peu à peu. — 3. Les grands-parents balai... la terrasse et déblai... les allées encombrées de feuilles mortes. — 4. Ils les emploi... à faire du terreau. — 5. Ils maugré... quand les rafales ploi... les peupliers sur la route. — 6. Ils s'assoi... près du poêle et boi... un café bouillant. — 7. Le bruit et l'animation des jeunes n'égai... plus la maison et leurs histoires ne les distrai... plus.

4. Mettez les verbes au futur de l'indicatif, à la même personne.

1. Vous vous asseyiez sur les gradins. — 2. Nous pourvoyions à la dépense. — 3. Tu envoyais le ballon. — 4. Il cueillait la balle au bond. — 5. Ils se faisaient des passes. — 6. Tu n'y voyais que du feu. — 7. Nous courions à perdre haleine. — 8. Vous mouriez d'envie de gagner. — 9. Ils conquéraient le titre de champion. — 10. Tu revoyais tes erreurs. — 11. J'allais te consoler. — 12. Nous pouvions nous lamenter. — 13. Tu acquérais de l'expérience. — 14. Il prévoyait des progrès. — 15. Il entrevoyait de futurs succès.

DICTÉE À CHOIX MULTIPLES

La maison. — 1. Quand tu entrera*(s)* dans la maison, les autres locataires viendron*(s,t)* t'**acc**ueillir chaleureusement. — 2. Tu l*(i, ie)*ras sans doute ami**tié***(s)* avec le docteur Polpar, avec mademoiselle Mastorna, qui est professeur de piano, avec l'horloger Latrani, un peu*(t)* avec tous en **somm**e. — 3. Et tu te sent*(i, ie)*ras à l'aise, comme en famille, protégé contre les embûches• de la vie par cette magnifi**que** cuirasse d'**aff**ection*(s)*. — 4. Jusqu'au*(x)* jour*(s)* *(ou/où)* tu entend*(e)*ras de l'autre côté de ta porte un bavardage sur le palier. — 5. Tu ouvr*(i, ie)*ras : Latrani et le docteur Polpar r*(i, ie)*ront. « Comment ? Vous ne savez pas ? te d*(i, ie)*ront-il*(s)*. Vous n'avez rien entendu dire sur mademoiselle Mastorna ? » — 6. « — Pourquoi ? Qu'est-il **arr**ivé ? » « — Il est arrivé que, te gliss*(e)*ront-il*(s)* à l'oreille, il est arrivé que bz, bz, bz, bz... Vous ne trouvez pas cela scandal**eux**• ? » — 7. Le lendemain, c'est mademoiselle Mastorna qui t'**arr**êtera*(s)* et qui te **rapp**ortera*(s)* des choses horribles• sur le *(conte/compte)* du docteur Polpar, et ainsi de suite dans un enchevêtrement sans fin. — 8. Puis tu te rendra*(s)* *(conte/compte)* que la même chose **arr**ive aussi pour toi. — 9. Madame Fossadoca te dir*(a, s)* : « Faites **attention**• à ce que vous dites à Latrani. Moi, je ne m'y fi*(e)*rais pas. Vous savez ce qu'il raconte sur votre *(conte/compte)* ? » — 10. Et puis tu rencontre*(s)* Latrani. « Si vous saviez, te conf*(i, ie)*ra*(s)*-t-il, *(quelle/qu'elle)* rage me prend*(s)* quand j'entend*(s)* parler de vous par *(ce/se)* Polpar... » — 11. Et tu te rendra*(s)* *(conte/compte)* que même*(s)* tes plus chers amis, qui plus qui moins, sont de belle*(s)* vache*(s)* qui exulte*(nt)* à la moindre tuile qui te tombe*(s)* dessus. — 12. *(Ce/Se)* sera le bon moment pour voir si tu te r**app**elles quelque*(s)* chose*(s)* des **ph**iloso**ph**es• **anti**ques• et prend*(s)* comp**assion** et bon**té** comme seul*(s)* remède*(s)*. (D'après D. Buzzati, *Le K.*, R. Laffont.)

HOMONYMES

▶ **Compte, conte, comte**

— *le compte* : calcul, état des dépenses et recettes → se rendre compte.

— *le conte* : récit imaginaire.

— *le comte* : titre de noblesse.

PRÉSENT OU IMPARFAIT
LA CONCORDANCE DES TEMPS

LEÇON

▶ Conjugaison du verbe **crier** à l'imparfait

je cri**ais**	nous cri**ions**
tu cri**ais**	vous cri**iez**
il cri**ait**	ils cri**aient**

▶ **Formation de l'imparfait**

1. Pour former l'imparfait des verbes du 3e groupe, partez de la **1re personne du pluriel** du présent.

Ex. : *peindre → nous peignons → je peignais*

2. Aux 1re et 2e personnes du pluriel, la différence avec le présent est peu sensible à l'oreille pour les verbes dont le radical se termine par **-i-, -y-, -gn-, -ill-**. N'oubliez pas le -i- à l'imparfait.

	crier	**payer**	**soigner**	**bâiller**
présent	nous crions	nous payons	nous soignons	nous bâillons
imparfait	nous criions	nous payions	nous soignions	nous bâillions
	crier	**croire**	**plaindre**	**cueillir**
présent	vous criez	vous croyez	vous plaignez	vous cueillez
imparfait	vous criiez	vous croyiez	vous plaigniez	vous cueilliez

▶ **La concordance des temps**

Dans une proposition subordonnée, la **simultanéité** avec une proposition principale est indiquée :

— quand la principale est au **présent** ou au **futur**, par le **présent** :

Ex. : *Je {crois / croirai} que vous riez.*

— quand la principale est au **passé**, par **l'imparfait** :

Ex. : *Je {croyais / crus / ai cru / avais cru} que vous riiez.*

N.B. : On peut trouver le présent dans la proposition subordonnée même après une principale au passé si cette subordonnée indique une vérité générale, toujours vraie, dans le passé comme dans le présent.

Ex. : *Il ne se **rendait** pas encore compte que le temps **passe** vite.*

(*Le temps passe vite* = vérité générale, vraie hier comme aujourd'hui.)

EXERCICES

1. Mettez les verbes entre parenthèses à l'imparfait de l'indicatif.

1. Nous, les Sioux, nous *(régner)* sur le domaine du bison. — 2. À la chasse, nous *(essayer)* d'isoler un bison du troupeau. — 3. Nous *(manier)* l'arc avec beaucoup d'habileté et nous *(atteindre)* le but avec chacune de nos flèches. — 4. Nous *(contraindre)* le bison à s'effondrer

d'épuisement. — 5. Nous *(employer)* les sapins pour creuser de longs canoës et nous *(pagayer)* pour traverser les rivières. — 6. Dans les premiers temps, nous *(accueillir)* les voyageurs étrangers comme des hôtes et nous *(croire)* à la parole des Blancs. — 7. Par la suite, quand nous *(voir)* les Blancs s'installer sur nos territoires, nous ne *(se défier)* de leur appétit de terre. — 8. Lorsqu'ils nous trompaient et manquaient à leurs traités, nous *(bouillir)* de rage. — 9. Nous leur faisions voir que nous *(allier)* l'audace au courage et nous *(assaillir)* leurs chariots dans la prairie. — 10. Nous *(châtier)* les traîtres et les *(supplicier)* au poteau de torture. — 11. Lorsque nous étions nous-mêmes prisonniers, nous ne *(se plaindre)* jamais, ne *(supplier)* pas et *(stupéfier)* nos ennemis par notre impassibilité.

2. Mettez les verbes entre parenthèses à l'imparfait de l'indicatif.

1. Vous, les squaws, dès six ans, vous *(s'initier)* aux travaux du ménage : vous *(balayer)* le sol du tipi, vous *(charrier)* l'eau pour la famille, vous *(employer)* les bouses séchées pour le feu. — 2. À dix ans, vous *(veiller)* sur les petits frères et sœurs : vous les *(débarbouiller)* et les *(baigner)*, vous les *(peigner)* et les *(habiller)*, les *(distraire)* et *(soigner)* leurs bobos. — 3. Vous ne *(craindre)* cependant pas de monter à cheval et vous *(étriller)* votre monture, tout comme les garçons. — 4. Vous *(se marier)* à quatorze ans. — 5. Alors vous *(dépouiller)* les bêtes abattues par les hommes. — 6. Vous *(recueillir)* le sang des animaux encore chaud et tous le buvaient avec délice. — 7. Vous *(griller)* ou *(bouillir)* les bons morceaux et vous *(s'asseoir)* pour le festin. — 8. Vous *(remercier)* Wakan Tanka, le Grand Esprit, d'avoir accordé la nourriture. — 9. Vous *(se soucier)* alors de faire sécher la viande et de préparer le pemmican : vous *(broyer)* la viande séchée pour la réduire en poudre et vous y *(joindre)* de la moelle et des myrtilles. — 10. Puis, vous *(nettoyer)* les peaux de la chair qui y restait et vous *(s'employer)* à la tanner. — 11. Vous *(tailler)* les vêtements et les mocassins que vous *(peindre)* avec talent. — 12. Vous *(travailler)* sans cesse.

3. Selon le temps de la principale, appliquez la concordance en complétant par -ez ou -iez.

1. « —Je vous demandais pourquoi vous ri... si fort. » — 2. « — Je vous affirme que vous me plaign... bien à tort et que vous me témoign... trop de sollicitude. » — 3. « —Mais non ! Je ne vous demandais pas si vous vous plaign... de trop travailler ! » — 4. « — Mais pas du tout ! Je vous dis que c'est vous qui travaill... trop ! » — 5. « — Je vous avais demandé pourquoi vous clign... ainsi de l'œil et vous égay... tout seul. » — 6. « Je vous assure que vous gaspill... vos forces et que vous vous éparpill... dans trop de directions. » — 7. « — Mais non ! non ! et non ! Dites-moi pourquoi vous vous méfi... de moi et vous ingéni... à ne pas me répondre. ». — 8. « Je vous ai dit et redit que vous sacrifi... votre vie familiale, que vous vous débrouill... très mal et que vous vous ennuy... finalement beaucoup. ». — 9. « — Je commence à croire que vous feign... la surdité et m'envoy... à la figure toutes les choses désagréables que vous voulez me dire ! »

4. Mettez les verbes au temps convenable. Attention à la concordance.

1. Cela faisait des heures que nous avions commencé à gravir l'interminable série des contreforts du Pelvoux. À chaque fois que nous arrivions au pied d'un nouveau contrefort, nous *(se réfugier)* dans l'espoir que c'*(être)* le dernier et nous *(croire)* que bientôt nous *(aller)* atteindre le but. — 2. Nous grimpions avec ardeur, nous *(déblayer)* des blocs de rochers et nous escaladions une dentelure du bastion. — 3. Mais hélas ! quand enfin nous en *(atteindre)* le point culminant, ce n'était que le sommet d'un contrefort et nous devions redescendre douze ou quinze mètres. — 4. Lorsque nous recommencions à monter, Sémiond, notre guide, nous encourageait, sûr, disait-il, que nous ne *(dévier)* pas du droit chemin. — 5. Nous étions presque au milieu du jour et nous ne nous *(voir)* pas plus près du sommet du Pelvoux qu'au

moment de notre départ, si bien que nous *(se décourager)* un peu et nous *(se fier)* déjà moins à notre guide. — 6. « Sémiond, mon vieux, êtes-vous sûr que nous ne nous *(éloigner)* pas de la bonne voie ? — 7. Êtes-vous sûr que nous ne *(se fourvoyer)* pas ? » — « Je le crois. » — 8. Il ne faisait plus que croire. « Êtes-vous sûr que nous *(se frayer)* bien un chemin vers le Pic des Arsines et que nous ne *(gaspiller)* pas notre énergie ? » — 9. « Le Pic des Arsines ? s'écria-t-il tout étonné, comme si nous *(prononcer)* ces mots pour la première fois, le Pic des Arsines ! non ! Mais nous allons tout droit vers la Pyramide ! » Ainsi nous lui avions parlé de ce pic pendant des jours entiers et maintenant il avouait qu'il ne le connaissait pas ! (D'après E. Whymper, *Escalades dans les Alpes*, 1871.)

DICTÉE À CHOIX MULTIPLES

Une génération perdue. — 1. Parmi les prairies qu'il y avai*(en)*t derrière notre ville s'élevai*(en)*t, le long d'un ruisseau, une rangée de vieux peuplier*(s)*. — 2. Ils étaient visible*(s)* de très loin*(s)* et, bien qu'ils forment une seule file, on les appelai*(en)*t l'allée des peupliers. — 3. Nous avions pour eux une prédilection ; inexplicablement, ils nous attirai*(s, ent)*. — 4. Nous nous asse*(y, yi)*ons à leur ombre, sur le bord du ruisseau, et nous laissions pendre nos pieds dans le courant• clair*(e)* et limpide. (...) — 5. Mais ici, dans les tranchées, ce genre de souvenir*(s)* étai*(en)*t perdu*(s)*. — 6. Il ne s'élevait plus en nous-même*(s)* ; nous étions mort*(s)* et lui se tenait au loin à l'horizon. — 7. C'était une sorte d'apparition, un reflet mystérieux qui nous visitai*(en)*t, que nous craign*(i)*ons et que nous aimions sans espoir. (...) — 8. Et, même si on nous le rendai*(en)*t, ce paysage de notre jeunesse•, nous ne saurions en faire grand-chose. — 9. Les forces délicates et secrètes qu'il*(s)* suscitai*(en)*t• en nous ne peuvent plus renaître•. — 10. Alors, les plus petites choses aboutissai*(en)*t toujours à la route de l'infini*(e)*. — 11. Peut-être n'étai*(en)*t-ce là que le privilège de notre jeunesse ; nous ne voy*(i)*ons encore aucune*(s)* limite*(s)* et nulle• part nous n'admettions• une *(fin/faim)*. — 12. Mais aujourd'hui, nous passerions dans le paysage de notre jeunesse comme des voyageurs. — 13. Nous sommes consumé*(s)* par les *(faits / faix)* ; nous savons reconnaître• les nécessités, comme les bouchers. — 14. Nous sommes d'une indifférence terrible•. — 15. Nous sommes grossier*(s)*, triste*(s)* et superficiel*(s)*• : je crois que nous sommes perdu*(s)*. (E.M. Remarque, *À l'Ouest rien de nouveau*, L.G.F.)

LES MOTS DE LA FAMILLE : À VOS DICTIONNAIRES !

courir → le cours, la course, un coursier - le concours, le décours, le discours, le parcours, le recours, le secours / cour- : un coureur(euse), courant(e), le courant (électrique), être au courant, couramment - accourir - recourir - secourir, secourable, un secouriste, le secourisme - concourir - parcourir - discourir, un discoureur - encourir / courr- : le courrier, la chasse à courre / curr- : un concurrent, la concurrence, concurrencer, concurrentiel - occurrent(e), une occurrence - récurrent, la récurrence /curs- : un curseur, le cursus - une incursion - une excursion, un excursionniste, excursionner - discursif(ve).

jeune → la jeunesse, jeunet, jeunot - rajeunir, le rajeunissement / la jouvence, le jouvenceau /juvénil, la juvénilité.

maître → la naissance, un naissain, naissant(e) - renaître, la renaissance, renaissant - connaître, la connaissance, connu, connaissable, un connaisseur - (un) inconnu, inconnaissable - méconnaître, la méconnaissance, méconnu, méconnaissable - reconnaître, la reconnaissance, reconnu, reconnaissable, reconnaissant(e) - né(e), inné(e), René, la puîné.

citare* = mettre en mouvement : citer, une citation - précité - inciter, une incitation - exciter, l'excitation, excitable, un excitateur - surexciter, la surexcitation - susciter - ressusciter.

FICHE 33

IMPARFAIT : -AIS, OU PASSÉ SIMPLE : -AI

LEÇON

▶ L'**imparfait** et le **passé simple** servent tous deux à exprimer des **actions passées** mais leur emploi diffère.

Imparfait	Passé simple
Action qu'on présente comme **en train de se faire**. *Le train **entrait** en gare.*	Action qu'on présente comme complètement **terminée**. *Le train **entra** en gare.*
Action **habituelle**, qui se **répète**. *Tous les jours, je **voyais** Sylvie.*	Action qui ne s'est produite qu'**une fois**. *Je **vis** Sylvie.*
Action présentée dans sa **durée** : temps de la description [1]. *Elle **portait** une robe légère.*	Action présentée comme **ponctuelle** [2], généralement dans une **succession d'actions**, temps du récit. *Je l'**embrassai** et **saisis** sa valise.*
Temps de la **concordance** : dans les **subordonnées** C.O.D. ou causales, il exprime la **simultanéité** avec une principale au passé (cf. Fiche 32). *Je croyais que tu **riais**.*	

1. Dans un récit au passé simple, on emploie généralement l'*imparfait* pour exprimer ses *sentiments* (ses « états » d'âme). Les propositions relatives donnant des précisions sur l'état d'une chose ou d'une personne sont aussi à l'imparfait.

2. Ce qui compte, ce n'est pas la durée objective de l'action (le temps mesuré par une pendule), mais la manière dont on présente l'action.
Ex. : *La guerre entre Français et Anglais dura pendant cent ans.*
(Malgré la durée objective de « cent ans » on présente la guerre comme un point, un événement parmi d'autres dans la succession des faits historiques.)
Ex. : *Je m'**essuyais** les mains quand on sonna à la porte.*
(Pendant la durée de l'action, pourtant minime, un autre fait s'est produit.)

▶ **Les indices**

1. Une **subordonnée** peut aider à déterminer le temps de la principale.
Ex. : *Dès que je **fus arrivé** à la gare, je **hélai** un taxi* (= un jour, une fois).
*Dès que j'**étais arrivé** à la gare, je **hélais** un taxi* (= habitude, répétition).

2. Certaines **conjonctions** de subordination : *à mesure que, pendant que, comme*, impliquent par leur sens une durée et sont **toujours suivies de l'imparfait**.
Ex. : *Pendant que j'**achetais** ma montre, midi sonna.*

3. Dans les propositions de **condition**, l'imparfait exprime la supposition (1) ou l'irréel du présent (2).
Ex. : 1. *Si je me **transformais** en ogre, je ne mangerais pas les enfants.*
2. *Si j'**étais** un ogre, je ne me regarderais pas dans une glace.*

UN TRUC

Remplacez la 1re personne du singulier par la 1re personne du pluriel :

Ex. : *Je m'essuyais les mains quand on sonna à la porte.*

→ *Nous nous essuyions les mains quand on sonna...*

Mais : *Nous nous essuyâmes les mains quand on sonna...* a un sens bien différent : ils attendent pour s'essuyer les mains l'instant où l'on sonne !

EXERCICES

1. Soulignez les différences de sens par des adverbes : soudain, peu à peu, **etc.**

1. Le vent soufflait ; les étoiles disparaissaient derrière les nuages. — 2. Le vent souffla ; les étoiles disparaissaient derrière les nuages. — 3. Le vent soufflait ; les étoiles disparurent derrière les nuages. — 4. Le vent souffla ; les étoiles disparurent derrière les nuages.

2. Expliquez les différences entre les phrases en dessinant le pré et les bouses.

1. Je traversai le pré et glissai sur les bouses qui étaient là. — 2. Je traversais le pré et glissais sur les bouses qui étaient là. — 3. Je traversais le pré et glissai sur les bouses qui étaient là.

3. Mettez le texte suivant au passé en employant le passé simple et l'imparfait.

1. Le fantôme de Canterville choisit le vendredi 17 août pour se venger de la famille Otis et emploie la majeure partie de cette journée à essayer sa garde-robe. — 2. Il se décide finalement pour un grand chapeau de feutre mou avec une plume rouge, un linceul plissé aux poignets et au col et un poignard rouillé. — 3. Vers le soir, il y a un violent orage, et le vent est tellement déchaîné que toutes les fenêtres de la vieille maison tremblent et claquent. — 4. Bref, c'est précisément le genre de temps qu'il aime. (...). — 5. À dix heures et demie, il entend la famille aller se coucher. — 6. Pendant quelque temps, il est dérangé par les éclats de rire des jumeaux, qui, avec la gaieté insouciante des écoliers, s'amusent avant d'aller se coucher. — 7. Mais à onze heures et quart, tout est silencieux. — 8. Aux douze coups de minuit, il se met en route. — 9. La chouette bat des ailes contre les vitres, le corbeau croasse du haut du vieil if, et le vent erre en gémissant comme une âme en peine autour de la maison. — 10. Mais la famille Otis dort, sans se douter du sort qui l'attend.

4. Mettez le texte suivant au passé en employant l'imparfait et le passé simple.

1. Je marche seule sur une immense plage, il n'y a personne. — 2. J'écoute le roulement des vagues et le piaillement des mouettes. — 3. Il fait beau et je suis heureuse. — 4. Tout à coup, je vois une ancre et je cours pour la voir de plus près. — 5. Elle est rouillée mais belle. — 6. Sa forme est différente de celle de toutes les autres ancres que je connais. — 7. Je me pose bien des questions, quand soudain je m'aperçois que cette ancre tient à une corde et que cette corde plonge dans la mer. — 8. Je ne sais que faire : vais-je m'en aller et ne plus y penser, ou rester et essayer de percer ce mystère ?. — 9. Je choisis la dernière solution. — 10. Je plonge dans l'eau bien froide et suis la corde. — 11. Je ne sais pas que cela va me mener si loin.

5. Même exercice que le n° 4 (suite).

1. Plus je descends, plus j'ai l'impression que cela ne finira jamais. — 2. Mais tout à coup la corde se tend. — 3. Je suis donc au bout ! — 4. En même temps, j'ai un peu peur, si loin, toute seule. — 5. Je descends encore quelques mètres en me tirant sur la corde et soudain je vois... une licorne ! oui, une licorne qui orne la proue d'un vaisseau échoué là

au fond. — 6. Ma curiosité augmente d'instant en instant et je décide donc d'explorer ce navire. — 7. Je viens de prendre cette décision et me dirige vers une ouverture de la coque, lorsque j'entends une jolie musique. — 8. À nouveau, je me mets à trembler et à frissonner : le navire est habité, il n'y a pas de doute ! — 9. Et si c'est par un monstre ? — 10. Je suis comme pétrifiée ; plus un son ne sort de mon gosier. — 11. Pourtant la curiosité l'emporte et je m'avance jusqu'à l'ouverture. — 12. Je passe la tête et je vois une sirène qui chante et qui joue de la harpe. — 13. C'est une sirène rose, blonde, avec des yeux bleus et elle porte des colliers de coquillages. — 14. J'entends sa voix douce et mélodieuse.

6. Ajoutez d'ordinaire **ou** ce jour-là, cette année-là **en tête des phrases suivantes selon que leur temps indique une action qui se répète ou qui s'est produite une seule fois.**

1. Mlle Stangerson travaillait dans le laboratoire avec son père. — 2. Quand son père eut dit quelques mots au garde, il la trouva déjà au travail. — 3 À la venue de l'hiver, elle réintégrait son appartement au château. — 4. Elle décida de ne quitter le pavillon que lorsque les travaux scientifiques de son père seraient achevés. — 5. Je rencontrai dans le train M. de Marquet, le juge d'instruction. — 6. En effet, pour me rendre au château, j'utilisais le train de la gare d'Orléans jusqu'à Épinay-sur-Orge. — 7. J'aimais fumer ma pipe dans le train. — 8. Je remarquai soudain Rouletabille. (D'après G. Leroux, *Le Mystère de la chambre jaune*, L.G.F.)

7. Mettez les verbes entre parenthèses à l'impartait ou au passé simple.

1. Le jeudi *(être)* un jour de grande toilette et ma mère *(prendre)* ces choses-là très au sérieux. — 2. Ce jeudi-là, je *(commencer)* par m'habiller des pieds à la tête, puis je *(faire)* semblant de me laver à grande eau : c'est-à-dire que vingt ans avant les bruiteurs de la radio-diffusion, je *(composer)* la symphonie des bruits qui suggèrent une toilette. — 3. J'*(ouvrir)* d'abord le robinet du lavabo, et je le *(mettre)* adroitement dans une certaine position qui *(faire)* ronfler les tuyaux... — 4. Pendant que le jet d'eau *(bouillonner)* bruyamment dans la cuvette, je *(regarder)*, à bonne distance. — 5. Au bout de quatre à cinq minutes, je *(tourner)* brusquement le robinet, qui *(annoncer)* sa fermeture en faisant, d'un coup de bélier, trembler la cloison. — 6. J'*(attendre)* un moment, que j'*(employer)* à me coiffer. (M. Pagnol, *La Gloire de mon père*, Pastorelly).

8. Remplacez les points par -ai ou -ais.

1. Tous les ans, lorsque je séjourn... à Chamonix, je part... en course avec toi. — 2. L'an dernier, je décid... de monter au mont Blanc du Tacul par le Triangle dont je désir... expérimenter la glace vive inclinée à cinquante degrés. — 3. Cette idée me vint pendant que je me repos..., la veille, au col du Midi, et que je contempl... la goulotte au centre, entre les gros rochers. — 4. Pendant tout le temps que je dîn... au refuge des Cosmiques, je ne cess... d'aller surveiller le ciel tant j'espér... le beau temps. — 5. À mon réveil, le lendemain, je constat... que le ciel était dégagé : j'exult... ! — 6. Comme je ne posséd... pas encore de moufles, je t'emprunt... ta paire de rechange. — 7. Je m'équip... soigneusement et t'attach... au bout de la corde. — 8. C'était moi qui all... grimper en tête ce jour-là. — 9. Sitôt que j'eus traversé la rimaye, j'attaqu... la pente de glace vive.

9. Mettez le verbe entre parenthèses au temps et au mode convenables.

1. Huit jours après ces événements, je reçus un télégramme me disant que je *(devoir)* venir au Glandier par le premier train et apporter des revolvers. — 2. Je vous ai déjà dit qu'à cette époque, jeune avocat stagiaire et à peu près dépourvu de causes, je *(fréquenter)* le palais plutôt pour me familiariser avec mes devoirs professionnels que pour défendre la veuve et l'orphelin. — 3. Rouletabille savait que je *(disposer)* de tout mon temps et combien

je m'*(intéresser)* à l'affaire de la Chambre jaune. — 4. Des notes du reporter dans *L'Époque* avaient divulgué qu'à l'analyse, les marques laissées sur l'os de mouton *(être)* bien du sang humain et qu'il *(s'agir)* de celui de Mlle Stangerson. — 5. Les traces anciennes *(provenir)* d'autres crimes pouvant remonter à plusieurs années. — 6. Vous pensez si l'affaire *(défrayer)* la presse du monde entier ! — 7. Après avoir constaté que le seul revolver que je *(posséder)* *(fonctionner)* correctement, je me *(diriger)* vers la gare d'Orléans. — 8. En chemin je *(réaliser)* que je n'*(apporter)* qu'un revolver alors que le télégramme *(parler)* de « revolvers », au pluriel, et je *(s'arrêter)* chez un armurier pour acheter une deuxième arme. (D'après G. Leroux, *Le Mystère de la chambre jaune*, L.G.F.)

DICTÉE À CHOIX MULTIPLES

Une rencontre marquante. — 1. Pendant l'hiver de 1720, un jour j'**acc**ompagn*(ai, ais)* mon père à Hambourg. — 2. Je sav*(ai, ais)* que l'église Sainte-Catherine possédait un très bel*(le)* orgue à quatre*(s)* clavier*(s)*. — 3. Le lendemain de mon **arrivée**, j'all*(ai, ais)* faire des achats avec ma grand-mère et, sur le chemin du retour, comme je pass*(ai, ais)* devant l'église, je demand*(ai, ais)* la perm**ission**• d'y entrer pour jeter un coup d'œil. — 4. Tandis que je pouss*(ai, ais)* la porte, j'entend*(is, it)* quelqu'un jouer. — 5. Des sons si merveilleux sort*(ait, aient)* de l'obscuri**té** que, dans un éclair, je pens*(ai, ais)* qu'un ar**ch**ange était assi*(s, t)* au clavier. — 6. Je me gliss*(ai, ais)* tout doucement à l'intérieur et rest*(ai, ais)* là. — 7. Tout*(e)* en écoutant, je regard*(ai, ais)* les orgues, qui se trouvaient sur la gale**r**ie de l'Ouest ; je voy*(ai, ais)* les gros tuy**aux** s'envol*(er, aient)*• vers la voûte•, mais je ne pouv*(ai, ais)* **ap**ercevoir l'organiste. — 8. Je ne sais combien de min**ute***(s)* je pass*(ai, ais)* ainsi dans l'église vide, n'étant plus qu'oreille*(s)*, comme si j'avais pris racine*(s)* dans les da**ll**es• de pierre*(s)* : dans l'ivr**esse** de cette musique, je perd*(ai, ais)* complètement le sentiment• du temps. — 9. Lorsqu'après une suite d'accord*(s)* glori**eux** la musique se fut **arrêt***(é, ée)*, que l'organiste lui-même eut paru*(t)* sur la tribune et se fut **app**roché de l'escalier, je me trouv*(ai, ais)* encore debout, comme si le tonnerre• sortant des tuyaux all*(ait, aient)* continuer de rouler. — 10. Je regard*(ai, ais)* l'organiste sans bouger, comme pétri**fié***(e)*•, trop **eff**rayé*(e)* par sa soudaine **app**arition pour pouvoir prononcer un mot. — 11. Après un tel*(le)* concert, c'était *(sain / saint / sein)* Georges, *(plutôt/plus tôt)* qu'un homme, que je pens*(ai, ais)* voir. — 12. Puis je **comm**enç*(ai, ais)* à trembler, **attrap***(ai, ais)* ma *(mante/menthe/mente)* tombé*(e)* sur le sol et me précip**it***(ai, ais)* *(or/hors)* de l'église. — 13. J'ignor*(ai, ais)* qui était l'organiste que j'avais entendu*(e)*, mais, lorsqu'au*(x)* repas du soir je racont*(ai, ais)* à mon père ma petite aventure•, il s'écria : « Cela ne peut être que le Maître de Chapelle du duc de Goethen, Jean-Sébastien Bach ! » (D'après *La Petite Chronique d'Anna Magdalena Bach*, auteur anonyme.)

LES MOTS DE LA FAMILLE : À VOS DICTIONNAIRES !

arch-* → 1. vieux : l'**arch**éologie, un **arch**éologue, l'**arch**éoptérix, **arch**aïque, un **arch**aïsme, un **arch**étype / 2. chef : un **arch**ange, l'an**archi**e, la hiér**archi**e, un mon**arque**.
la voûte → voûté(e), voû**t**er - envoû**t**er, envoû**t**ement - une volute, l'évolution, évoluer, évolutif(ve) - une révolution - dévolu(e), la dévolution.

HOMONYMES

▶ **mante, menthe, mente**
— *la mante* : vêtement ancien qui couvre les épaules.
— *la menthe* : plante odoriférante.
— *mente* : subjonctif du verbe *mentir*.

L'IMPÉRATIF

-E OU -S (2e PERSONNE DU SINGULIER)

LEÇON

▶ Dans les verbes des **2e et 3e groupes,** l'impératif est semblable à l'indicatif (sans pronom sujet).

Indicatif			**Impératif**		
tu fini**s**,	nous finiss**ons**,	vous finiss**ez**	fini**s** !	finiss**ons** !	finiss**ez** !
tu prend**s**,	nous pren**ons**,	vous pren**ez**	prend**s** !	pren**ons** !	pren**ez** !

Sauf pour quatre verbes usuels :

avoir	**être**	**savoir**	**vouloir**	
aie	sois	sache	veuille	(veux) [1]
ayons	soyons	sachons	veuillons	(voulons) [1]
ayez	soyez	sachez	veuillez	(voulez) [1]

▶ Pour les **verbes du 1er groupe**, ainsi que *cueillir, offrir, ouvrir*, etc., et *aller*, l'impératif est le seul mode où la **2e personne** du singulier n'a **pas de -s**.

Indicatif	**Impératif**
tu chant**es**	chant**e** !
tu v**as**	v**a** !
tu cueill**es**	cueill**e** !
tu ouvr**es**	ouvr**e** !

Toutefois, devant *-en* et *-y* on leur ajoute un *-s* pour l'euphonie.

Ex. : *Parle ! ≠ Parles-en à ta mère*

Va ! ≠ Vas-y vite !

Cueille ! ≠ Cueilles-en trois !

(N'oubliez pas le trait d'union entre le verbe et le pronom qui le suit.)

1. Ces formes ne s'utilisent que dans l'expression *en vouloir à*.
Ex. : *Ne m'en voulez pas* à côté de *Ne m'en veuillez pas.*

EXERCICES

1. Mettez les verbes au temps et au mode indiqués.

1. Ce que j'*(entendre, passé simple de l'indicatif)* dans la barrique de pommes. — 2. « — Tout l'argent que tu *(avoir, imparfait ind.)* est perdu maintenant, pas vrai ? — 3. Tu n'*(oser, fut. ind.)* plus te montrer à Bristol. — 4. *(Se cacher, impér. présent 2e sing.)* ». — 5. « Où *(penser, présent ind.)* tu donc qu'il est ? demanda Silver. Chez moi ! Bien à l'abri ! » — 6. « — Et tu *(se fier, présent ind.)* à ta bourgeoise ? demanda l'autre. — 7. *(Se méfier, impér. présent 2e sing.)* davantage. » — 8. « — Je *(se méfier, présent ind.)* de tout le monde, *(être, impér. présent, 2e sing.)* en sûr. — 9. Mais si tu me *(jouer, présent ind.)* un vilain tour, tu ne *(rester, futur ind.)* pas longtemps dans le même monde que Long John, *(croire, impér. présent 2e sing.)* moi. ». — 10. « — Eh bien, je te le *(dire, présent ind.)*, on voit que tu ne *(se vanter, présent ind.)* pas et que tu *(mener, présent ind.)* ton monde. — 11. J'en suis. *(Toper, impér. présent. 2e sing.)* là ! — 12. Mais *(écouter, impér. présent 2e sing.)* un peu. J'en ai assez du capitaine Smolett ». (D'après Stevenson, *L'Île au trésor.*)

2. Mettez les verbes au temps et au mode indiqués.
1. *(Être, prés. ind.)* tu capable de mener le bateau ? — 2. *(Penser, impér. prés. 2ᵉ sing.)* y bien ! — 3. *(Faire, impér. prés. 2ᵉ sing.)* attention. — 4. *(Coucher, impér. prés. 2ᵉ sing.)* à l'avant et *(rester, impér. prés. 2ᵉ sing.)* y sagement ! — 5. *(Avoir, impér. prés. 2ᵉ sing.)* la vie dure et *(filer, impér. prés. 2ᵉ sing.)* doux, jusqu'au moment que je *(juger, futur ind.)* bon. » — 6. « Dick, mon garçon, *(s'en aller, impér. 2ᵉ sing.)* nous chercher des pommes dans ce tonneau et *(donner, impér. 2ᵉ sing.)* en une au capitaine Flint. » — 7. « — Bah ! *(Laisser, impér. 2ᵉ sing.)* donc ça ! — 8. Ne *(sucer, impér. 2ᵉ sing.)* pas de pareilles pourritures. — 9. *(Donner, impér. prés. 2ᵉ sing.)* nous plutôt une lampée de rhum. — 10. Voilà la clef. *(Aller, impér. 2ᵉ sing.)* y vite, *(remplir, impér. 2ᵉ sing.)* une topette et *(rapporter, impér. prés. 2ᵉ sing.)* la. » (D'après Stevenson, *L'Île au trésor*.)

3. Mettez les verbes entre parenthèses à l'impératif présent.
1. Tu *(enverras)* une carte à ta grand-mère. — 2. Tu y *(penseras)*. — 3. Tu *(sauras)* tes verbes irréguliers. — 4. Tu *(voudras)* bien commencer par faire ton travail. — 5. Tu *(essaieras)* d'être raisonnable. — 6. Tu ne *(t'ennuieras)* pas pour autant. — 7. Tu *(auras)* bonne mine à ton retour. — 8. Tu *(seras)* dehors chaque fois que ce sera possible. — 9. Tu *(skieras)* tant que tu le pourras. — 10. Tu *(croiras)* à toute mon affection. — 11. P.S. Tu recevras un avis de la poste. Tu y *(iras)* vite : ce sera mon paquet de chocolats. — 12. Tu en *(donneras)* à tes amis. — 13. Tu ne m'en *(voudras)* pas d'avoir un peu tardé à te les envoyer.

DICTÉE À CHOIX MULTIPLES

De la Chine ancienne à la Chine moderne : conseils d'une mère à sa fille. — 1. Ma mère se mi*(s, t)* à parler : — 2. « Je ne croi*(e, s, t)* pas avoir **commi***(s, t)* d'**err**eur • dans la manière dont tu *(a/as)* été élevé*(e)*. (...) — 3. Malgré tout, il n'existe qu'un sentier qu'une femme en *(ce/se)* monde doit suivre coûte que coûte. — 4. Il lui faut plaire *(a/à)* son *(mari / marri)* et montrer une parfaite soum**ission** •. — 5. Il ne te reste*(s)* d'autre*(s)* choix que de faire *(ce/se/ceux)* qu'il*(s)* désire*(nt)*. — 6. Cependant, **attend***(s)*. — 7. Essaie*(s)* encore de le sé**duire** : met*(s)* en avant tes plus grands **eff**orts. — 8. Pare*(s)*-toi de vert jade et de moire. — 9. Empl*(ois, oie, oies, oye)* le parfum • des nénuphars. — 10. Sour*(i, ie, is, ies)*, non par hardiment, mais avec cet*(te)* timidit**é** qui promet*(s)* tou*(s, t)*. — 11. Lorsque tu le voi*(e, s, t)* rire, soi*(e, s, t)* gai*(e)*. — 12. Si après *(cela/ceux-là)*, il demeure impassible •, tu n'aura*(s)* plus qu'à t'inclin*(ée, er)* devant sa volont**é**. » — 13. « — Irai*(s)*-je jusqu'à déband*(ée, er, és)* mes pieds ? » murmurai*(s)*-je. — 14. Ma mère garda le silence un instant •. — 15. « — Débande*(s)* tes pieds », dit-elle avec lassitude •. — 16. Les *(tant/temps)* sont changé*(s)*. (D'après P. Buck, *Vent d'Est, vent d'Ouest*, Stock.)

LES MOTS DE LA FAMILLE : À VOS DICTIONNAIRES !

errer → l'**err**eur, l'**err**ance, **err**ant(e), **err**atique, un **err**ement, **err**oné, l'**err**e - abe**rr**ant, une abe**rr**ation.
parfum → parfu**m**er, un parfu**m**eur, une parfu**m**erie.
pâtir (= subir un dommage, souffrir) → la patience (= aptitude à supporter les maux sans se plaindre), **pati**ent(e), **pati**emment, **pati**enter, un **pati**ent - com**pati**r, com**pati**ssant(e), (in)com**pati**ble / radical **pass-** : la **pass**ion (mouvement de l'être qui domine la raison, que l'on subit), **pass**ionné, **pass**ionnant, **pass**ionnément, **pass**ionnel - **pass**if(ve), **pass**ivité, **pas**sivement, **pass**ible - im**pass**ible, l'im**pass**ibilité - dé**pass**ionner - la com**pass**ion.

INFINITIF, IMPÉRATIF

LES DIFFÉRENTES FONCTIONS DE L'INFINITIF

LEÇON

▶ Un **ordre** peut être donné à l'impératif ou à l'infinitif.

Impératif	**Infinitif**
Avancez jusqu'à la case départ. (ordre précis donné aux joueurs)	*Avancer jusqu'à la case départ.* (ordre donné en général)

1. Certains **mots** de la phrase peuvent obliger à choisir :

Avancez chacun à ***votre*** *tour.* (*votre* = adj. possessif 2e plur.)	*Avancer chacun à* ***son*** *tour.* (*son* = adj. possessif 3e sing. pour l'infinitif impersonnel)
Cédez à plus petit que ***vous****.* (*vous* = pronom personnel 2e plur.)	*Céder à plus petit que* ***soi****.* (*soi* = pronom personnel 3e sing.)

2. La **place des mots** peut obliger à choisir :

Ne jetez pas le jus. *Récupérez bien le jus.* *Laissez-le refroidir.*	*Ne pas jeter le jus.* *Bien récupérer le jus.* *Le laisser refroidir.*

▶ Reconnaissez les autres **fonctions d'un verbe à l'infinitif.**

Infinitif **exclamatif** = indignation	*Me soupçonner ! Moi !*
Infinitif **délibératif** — interrogation directe — interrogation indirecte	 *Que faire ? Travailler ? Mendier ?* *Je ne sais que faire.*
Infinitif **sujet** ou **attribut du sujet**	*Souffler n'est pas jouer.*
Infinitif de **narration** : donne plus de rapidité au récit	*« Ainsi dit le renard, et flatteurs d'applaudir*[1]*. »*
Infinitif de **possibilité** dans une proposition relative	*Je voudrais un buffet où ranger ma vaisselle.* (= où je pourrais ranger...)
Infinitif dans proposition subordonnée infinitive C.O.D. d'un **verbe de perception**	*J'ai vu* (prop. princ.) *le soleil se coucher*[2]. (prop. sub. infinitive)
Infinitif de but après un **verbe de mouvement**	*Je vais pêcher.*

1. L'**infinitif de narration** est précédé de la préposition *de* mais pas le passé simple : *Les flatteurs applaudirent.*
2. « *Le soleil se couchait* » a un sens. Attention à la structure d'ensemble de la phrase.

1. Complétez par -er **ou** -ez **en choisissant l'infinitif dès que c'est possible.**

1. Racont... vos vacances. — 2. Pass... sous silence les détails sans intérêt, tels que l'heure précise où vous av... déjeuné, goûté, dîné. — 3. Évit... les lieux communs. — 4. Insist... au contraire sur ce qui est original, propre au pays ou à la région où vous vous trouvi... — 5. Cherch... dans votre mémoire les incidents cocasses, insolites ou bouleversants qui ont eu lieu. — 6. Trouv... des mots, en tout cas précis, et si possible pittoresques pour peindre les objets et les êtres.

2. Remplacez les points -er **ou** -ez.

1. Ne pas crach... — 2. Attach... vos ceintures. — 3. Fum... le moins que vous pourr... — 4. Ne pas fum... — 5. Souffr... en silence. — 6. Ferm... votre porte. — 7. Entr... quand on vous le dira. — 8. Cess... de convoit... les biens d'autrui ; content...-vous des vôtres. — 9. Remett... régulièrement de l'huile dans le moteur pour évit... un échauffement excessif.

3. Remplacez les points par -er **ou** -ez.

Recette de la sauce béchamel. — 1. Se procur... du beurre, de la farine, du lait et du gruyère. — 2. Pren... du beurre et chauff...-le doucement jusqu'à ce qu'il soit fondu. — 3. Y incorpor... la farine. — 4. Ne laiss... pas le feu trop fort mais baiss...-le tout doux. — 5. Remu... bien le mélange avec une cuillère sans vous arrêt... — 6. S'occup... alors du lait, l'ajout... tout d'un coup sans arrêt... et tourner jusqu'à ébullition. — 7. Lorsque le gruyère est râpé, ajout...-le.

4. Analysez le verbe et complétez par -ais, ait, aient, er **ou** -é, és, ée, ées.

1. Le soleil entr... par les hautes fenêtres et j'entend... les bourdons enivr... heurt... pesamment les vitres, tandis que les mouches énerv... ronfl... des ailes au-dessus de nos têtes. — 2. Par la fenêtre, je voy... deux barques attach... dans le port qui s'agit... au bout de leur corde. — 3. Mon grand-père, que je sav... fatigu... par ces chaleurs, était assis, accabl... dans son fauteuil. — 4. Je voy... sa tête pench... gliss... insensiblement vers sa poitrine. — 5. J'écout... les marins qui all... pêch... siffl... leur air ensommeill...

5. Remplacez la parenthèse pour obtenir une proposition infinitive.

1. J'aperçus les nuages *(qui ourdirent)* un complot au large. — 2. Je les vis *(qui s'épaissirent)* et *(devinrent)* d'un noir d'encre. — 3. Je renonçai à fermer les volets et les laissai *(de sorte qu'ils finirent de s'arracher de leurs gonds)*. — 4. J'écoutai les flots déchaînés *(qui bondirent contre la digue)*. — 5. J'entendis des rafales de vent *(qui mugirent en se déchirant sur les rochers du cap)*. — 6. L'aube fit enfin *(que l'horizon pâlit)* et *(que mes terreurs finirent)*.

6. Justifiez le mode du verbe que vous choisissez dans la parenthèse.

1. Ils prirent de quoi se *(nourrir, nourrirent)*. — 2. Ils voulaient *(se suffire, se suffirent)* à eux-mêmes. — 3. Ils prirent des vivres qui ne *(suffire, suffirent)* pas à toute l'expédition. — 4. Alors que la veille je les avais vus encore *(sourire, sourirent)* de ce que les cuisiniers leur *(offrir, offrirent)*, je les vis ce jour-là *(pâlir, pâlirent)*. — 5. Les cuisiniers s'étaient demandé que *(servir, servirent)* à manger. — 6. Finalement ils *(servir, servirent)* les chats que personne ne les avait vus *(frire, frirent)*, avec des souris, dont ils les *(farcir, farcirent)*. — 7. Lorsque les teints *(verdir, verdirent)*, je sentis l'ardeur et le courage de mes troupes *(mollir, mollirent)*. — 8. Ils écoutèrent ce que les chefs *(dire, dirent)*, lesquels ne savaient vraiment que *(dire, dirent)*.

7. Complétez par -er ; -ait, -aient ; -é, -ée, -és, -ées. **Justifiez vos emplois de l'infinitif.**

1. Les voitures roul... en rangs serr... sur l'autoroute, sur trois files. — 2. Soudain un hurluberlu d'arriv... derrière nous à grande vitesse, de réclam... le passage à grands appels de phares et de s'indign... que nous ne nous souciions pas d'obtempér... — 3. Nous press...

de nous rang... à droite, alors que les trois files, toutes trois satur..., roul... sensiblement à la même vitesse ! — 4. Vraiment, il ne sav... qu'invent... pour ennuy... les autres automobilistes ! — 5. Que décid... ? — 6. Ses appels de phares nous aveugl... et nous gên... — 7. Rest... devant lui ? C'était inconfortable. — 8. Se rang... à droite et lui céd... ? — 9. C'était laiss... régn... la loi de la jungle. — 10. Soudain mon père de se rang..., de laiss... pass... l'hurluberlu enchant..., de regagn... derrière lui la file de gauche et de lui réclam... à son tour le passage à grands appels de phares. — 11. Hé oui, lui-même, limit... par la vitesse de la voiture précédente, ne pouv... avanc... plus vite ! — 12. Nous supposions que notre hurluberlu voudrait un trou où se cach... — 13. Mais pas du tout : le monstre de frein... brusquement pour provoqu... un accident par lequel nous oblig... à pay... notre humour !

DICTÉE À CHOIX MULTIPLES

Tempête sous un crâne.

En apprenant qu'un nommé Champmathieu a été arrêté sous son nom, Jean Valjean, qui s'est refait une vie honnête sous un faux nom, a commencé par se réjouir. Mais sa conscience veille.

1. Il continua de se questio**nn***(ait, er)*. — 2. Il se demanda ce qu'il entend*(ait, er)* par ceci : « Mon but est atteint ! ». — 3. Que*(le)* but ? cach*(é, er)* son nom ? tromp*(é, er)* la police ? Était-ce pour une chose si petite qu'il avait fait *(tous / tout) (ceux / ce)* qu'il avait fait ? — 4. Est-ce qu'il ne cherch*(ait, er)* pas un autre but, qui était le grand, qui était le vrai ? — 5. Sauv*(er, ez)* non sa personne•, mais son âme. — 6. Demeur*(er, ez)* honnête• et bon. Être un juste. — 7. C'était bien ce que l'évêque lui avait ordonn*(ait, é, er)*. — 8. Ferm*(é, ée, er)* la porte à son passé ? — 9. Mais il ne la ferm*(ait, ée)* pas, grand Dieu ! — 10. Il la rouvr*(ait, ée)* en faisant une action infâme ! mais il redeven*(é, ait, er)* un voleur et le plus odieux des voleurs ! — 11. Au contraire, se livr*(é, ait, er)*, sauv*(é, ait, er)* cet*(te)* homme fra**pp***(é, ait, er)* d'une si lugubre erreur•, proclam*(é, ait, er)* son nom, assum*(é, ait, er)* le forçat Jean Valjean, c'était là vraiment achev*(é, ait, er)* sa résurrection et ferm*(é, ait, er)* à jamais l'enfer d'où il sort*(é, ait, er)* ! — 12. Y retomb*(é, ait, er)* en **apparence**, c'était y échapp•*(é, ait, er)* en **réalité** ! — 13. Il fallait donc all*(é, er)* à Arras, délivr*(ait, er)* le faux Jean Valjean, dénonc*(é, er)* le véritable ! (d'après V. Hugo, *Les Misérables*.)

LES MOTS DE LA FAMILLE : À VOS DICTIONNAIRES !

une personne (être humain, individu) → perso**nn**el(le), le perso**nn**el, perso**nn**ellement, perso**nn**ifier, la perso**nn**ification, la perso**nn**alité, perso**nn**aliser, la perso**nn**alisation, le perso**nn**age - imperso**nn**el(le) l'imperso**nn**alité, imperso**nn**ellement - déperso**nn**aliser, déperso**nn**alisation.

l'honneur → ho**nn**ête, l'ho**nn**êteté, ho**nn**êtement - malho**nn**ête, la malho**nn**êteté - le désho**nn**eur, désho**nn**ête. *Mais* : ho**no**rer, ho**no**rable, l'ho**no**rabilité, ho**no**rifique, des ho**no**raires - désho**no**rer, désho**no**rant. *(Il n'y a qu'un* ***-r-*** *lorsque le radical est* ***honor-****).*

la cape → la ca**p**ote, ca**p**oter, un ca**p**otage, être ca**p**ot, un ca**p**ot, la ca**p**uche, le ca**p**uchon - déca**p**er, le déca**p**age, une déca**p**euse ; déca**p**oter, déca**p**otable - une escapade / **la chape** : le cha**p**eau, le cha**p**elier, cha**p**eauter, le cha**p**elet (couronne de roses sur la tête de la Vierge), la cha**p**elle (endroit où l'on gardait la chape de saint Martin), le cha**p**elain, le cha**p**eron, cha**p**eronner - recha**p**er, le recha**p**age. *Mais* : écha**pp**er (= sortir de la cape qu'on laisse aux mains des poursuivants), écha**pp**ement, une écha**pp**atoire, une écha**pp**ée, une écha**pp**age - récha**pp**er.

FUTUR : -RAI, OU CONDITIONNEL : -RAIS

1. DANS LES PROPOSITIONS INDÉPENDANTES OU PRINCIPALES

LEÇON

▶ Le **futur de l'indicatif** exprime une action future dont la **réalisation** est considérée comme **quasi certaine**.
Ex. : *Demain, j'irai à la pêche* (= 95 % de chances).

▶ Le **présent du conditionnel** exprime :

1. Une action purement **imaginaire**. C'est le mode du rêve.
Ex. : *Je serais un cheval ; j'aurais une robe pommelée et je galoperais.*

2. Une action **plus ou moins probable**, dont on n'est pas sûr.
Ex. : *Il semblerait que le beau temps tienne ; j'aurais alors du soleil dimanche.* (La certitude est bien moindre.)
C'est le mode employé par la presse pour les nouvelles non confirmées.
Ex. : *Il n'y aurait pas de survivant après l'accident du Boeing.*

3. Une **affirmation atténuée**, ou une suggestion polie.
Ex. : *Je désirerais un peu d'eau. Voudriez-vous m'en donner ?*
(C'est bien maintenant que je désire, et non dans le futur.)

4. Une **action seulement éventuelle**, envisagée comme une hypothèse.
Ex. : *Avec ton aide, je tirerais plus facilement les poissons de l'eau.*
(= Si tu m'aidais. L'aide est très hypothétique [1]).

5. *Je devrais* + infinitif, *je pourrais* + infinitif, *je ferais mieux de* + infinitif, *je ne saurais (= je ne serais pas capable de)* + infinitif, *je parierais que, j'aurais beau* + infinitif sont au conditionnel à cause de l'éventualité implicite :
Ex. : *J'aurais beau m'acharner, je n'y arriverais pas.*

6. L'**étonnement** ou l'**indignation** devant une éventualité choquante.
Ex. : *« Moi, héron, j'ouvrirais pour si peu le bec ! »*

7. Dans la langue soutenue, une indépendante au conditionnel peut être l'équivalent d'une proposition subordonnée de condition.
Ex. : *Fuirais-je loin de lui, il me retrouverait* (= même si je fuyais...).
Ex. : *Je perdrais ma mère, que je serais le seul à la pleurer* (= si je perdais...).

---

1. Un indice : La **subordonnée de condition** introduite par **si**.
a) **Si + présent de l'indicatif** → futur de l'indicatif dans la principale.
Ex. : *Si tu m'aides, je tirerai plus facilement le poisson de l'eau.* (La condition a toute chance de se réaliser.)
b) **Si + imparfait de l'indicatif** → présent du conditionnel dans la principale.
Ex. : *Si tu m'aidais, je tirerais plus facilement les poissons de l'eau.* (L'aide est soit une pure hypothèse, soit une irréalité dans le présent.)

EXERCICES

1. Choisissez le mode et le temps convenables pour les verbes à l'infinitif, entre parenthèses.

(*Deux petites filles ont laissé leur poupée et jouent avec le chat.*)

« Vois-tu ma sœur, cette poupée-là est plus amusante que l'autre. Elle remue, elle crie, elle est chaude. Vois-tu ma sœur, jouons avec. — 1. Ce *(être)* ma petite fille. — 2. Je *(être)* une dame. — 3. Je *(venir)* te voir et tu la *(regarder)*. — 4. Peu à peu, tu *(voir)* ses moustaches et cela t'*(étonner)*. — 5. Et puis tu *(voir)* ses oreilles, et puis tu *(voir)* sa queue, et cela t'*(étonner)*. — 6. Et tu me *(dire)* : « Ah ! mon Dieu ! » et je te *(dire)* : « Oui, madame ; c'est une petite fille que j'ai comme ça. Les petites filles sont comme ça à présent. » (D'après V. Hugo, *Les Misérables*.)

2. Choisissez le temps et le mode convenables pour les verbes à l'infinitif entre parenthèses.

(*La fille de Victor Hugo, Léopoldine, s'est tragiquement noyée dans la Seine avec son mari, juste après son mariage*).

Demain, dès l'aube, à l'heure où blanchit la campagne,
Je *(partir)*. Vois-tu, je sais que tu m'attends.
J'*(aller)* par la forêt, j'*(aller)* par la montagne,
Je ne puis demeurer loin de toi plus longtemps.

Je *(marcher)* les yeux fixés sur mes pensées,
Sans rien voir au dehors, sans entendre aucun bruit,
Seul inconnu, le dos courbé, les mains croisées,
Triste, et le jour pour moi, *(être)* comme la nuit.

Je ne *(regarder)* ni l'or du soir qui tombe,
Ni les voiles au loin descendant vers Harfleur,
Et quand j'*(arriver)*, je *(mettre)* sur ta tombe.
Un bouquet de houx vert et de bruyère en fleur.

(D'après V. Hugo, *Les Contemplations*.)

3. Mettez le verbe entre parenthèses au temps et au mode convenables.

Je décidai de partir le lundi... — 1. Je *(partir)* après souper, vers huit heures. Il fait encore jour. — 2. J'*(arriver)* au pont une heure après. À ce moment-là, la nuit est tombée... — 3. J'en *(profiter)* pour passer sur le pont. — 4. L'ombre *(empêcher)* l'aiguilleur de me voir passer. — 5. J'*(emporter)* dans mon sac d'écolier de quoi manger pendant deux jours... — 6. Le pont franchi, je *(se diriger)*, de nuit, vers Barbantane... (D'après H. Bosco, *Antonin*.)

4. Atténuez les phrases suivantes pour parler d'un ton très poli.

1. Il faut que tu sois coiffé comme tout le monde. — 2. Je veux que tu passes inaperçu. — 3. Il vaut mieux que tes cheveux aient une teinte naturelle. — 4. Je souhaite qu'ils ne soient pas orange. — 5. Je préfère que tu ne rases pas les côtés. — 6. Veux-tu, pour me faire plaisir, renoncer à ta crête de coq ?

5. Mettez le verbe au futur de l'indicatif ou au conditionnel présent.

1. Si tu passais, en juin, entre les prairies fauchées (...), tu *(sentir)*, à leur parfum, s'ouvrir ton cœur. — 2. Tu *(fermer)* les yeux, avec cette fierté grave dont tu voiles la volupté, et tu *(laisser)* tomber ta tête, avec un muet soupir... — 3. Et si tu arrivais, un jour d'été, dans mon pays, au fond d'un jardin que je connais (...), tu m'*(oublier)* et tu t'*(asseoir)* là, pour n'en plus bouger jusqu'au terme de ta vie ! — 4. Il y a encore, dans mon pays, un petit

chemin que je connais, une vallée étroite comme un berceau où, le soir, s'étire et flotte un fil de brouillard (...). Si tu restes trop tard penché vers lui sur l'étroite vallée, (...) un frisson te *(saisir)*, et toute la nuit tes songes *(être)* fous... — 5. Si tu suivais, dans mon pays, un petit chemin que je connais, jaune et bordé de digitales d'un rose brûlant, tu *(croire)* gravir le sentier enchanté qui mène hors de la vie... — 6. Comme te voilà pâle et les yeux grands ! Que t'ai-je dit ? (...) Ne le crois pas ! Je t'ai parlé sans doute d'un pays de merveilles ? N'y va pas ; tu le *(chercher)* en vain. — 7. Tu ne *(voir)* qu'une campagne un peu triste qu'assombrissent les forêts. (D'après Colette, *Les Vrilles de la vigne, Jour gris*, Hachette.)

6. Exprimez la condition avec des moyens grammaticaux différents.

Ex. : *Si j'avais une bicyclette, je pourrais faire plus de choses.* (= proposition subordonnée) → *Muni d'une bicyclette, je pourrais...* (= participe passé apposé) → *En possédant une bicyclette,...* (= gérondif) → *Avec une bicyclette* (= complément circonstanciel) → *Je pourrais..., mais je n'ai pas de bicyclette* (proposition indépendante).

S'il faisait beau, je partirais bien en montagne. — 2. En prenant le bateau, je mettrais plusieurs jours pour aller en Grèce. — 3. À l'écouter, je dévaliserais les boutiques de matériel vidéo. — 4. S'il fallait payer ce prix, je ne voudrais pas d'un trésor. — 5. Épargnées par les pucerons, mes fleurs auraient été magnifiques. — 6. « Ne forçons point notre talent : nous ne ferions rien avec grâce. » (La Fontaine). — 7. Sans soins des adultes, comment un bébé vivrait-il ?

DICTÉE À CHOIX MULTIPLES

Une proposition alléchante. — 1. « — Vous êtes brave, monsieur d'Artagnan, continua le cardinal. Voyons, que diriez-vous d'une enseigne dans mes gardes, et d'une compagnie après la campagne ? » « — Votre bonté me confon*(d, ds)*, Monseigneur, répondit d'Artagnan, et je reco**nnai***(s, t)*• dans Votre Émin**ence** une grand**eur** d'âme qui me fai*(s, t)* petit comme *(ver/vers/vert/verre)* de te**rr**e ; mais enfin, puisque Monseigneur me perme*(t, ts)* de lui parler franchement... » — 2. D'Artagnan s'**arr**êta. « — Oui, parlez. » « — Eh bien ! je dirai*(s)* à Votre Éminence que tous mes amis sont au*(x)* mousquetaire*(s)* et au*(x)* garde*(s)* du roi, et que mes **enn**emis, par une fatal**ité** inconcevable, sont à Votre Éminence ; je serai*(s)* donc mal venu ici et mal regardé là-bas, si j'**acc**eptai*(s)* ce que m'**off**re Monseigneur. » — 3. « — Auriez-vous déjà cette or**gu**eilleuse• idée que je ne vous offre pas ce que vous valez, monsieur ? » dit le cardinal avec un sourire de dédain. « — Monseigneur, Votre Éminence est *(sans/cent/s'en)* fois trop bonne pour moi, et, au contraire, je pense n'avoir point encore fait assez pour être digne de *(ses/ces)* bon**tés**. — 4. Le siège de La Rochelle va s'ouvrir, Monsieur ; je servirai*(s)* sous les yeux de Votre Éminence, et si j'ai le bonheur de me conduire à ce siège de telle façon que j'**att**ire ses regards, eh bien ! après j'aurai*(s)* au moins derrière moi quelque*(s)* action*(s)* d'éclat*(s)* pour justi**fier** la protection dont elle voudra bien m'honorer•. — 5. Toute chose doit se faire à son temps, Monseigneur ; peut-être plus tard aurai*(s)*-je le droit de me donner ; à cette heure, j'aurai*(s)* l'*(air/aire)* de me vendre. » — 6. « — C'est-à-dire que vous refusez de me servir, Monsieur, dit le cardinal avec un ton de dépit dans lequel perçait cependant une sorte d'estime. Je vous donnerai*(s)* un cons**eil** : tenez-vous bien, monsieur d'Artagnan, car, du moment que j'aurai*(s)* retiré ma main de dessus vous, je n'achè**te**rai*(s)* pas votre v**ie** pour une obole. » — 7. « — J'y t*(a, â)*cherai*(s)* Monseigneur », répondit le Gascon avec une noble assur**ance**. (D'après A. Dumas, *Les Trois Mousquetaires*).

HOMONYMES

▶ **tache, tâche**

— *une tache* : une marque, une salissure → **ta**cher : salire.

— *une tâche* : un travail, devoir, mission → **tâ**cher (de) : s'efforcer de.

FICHE 37

FUTUR : -RAI, OU CONDITIONNEL : -RAIS

2. DANS LES PROPOSITIONS SUBORDONNÉES

LEÇON

▸ **Dans les propositions subordonnées interrogatives ou conjonctives**

1. Principale au **présent** → subordonnée au **futur.**

Ex. : *Je me demande* *si je prendrai des poissons.*
Je pense *que j'en attraperai.*

2. Principale à un **temps du passé** → subordonnée au **conditionnel présent.**

Ex. : *Je me demandai(s)* *si je prendrais des poissons.*
Je pensai(s) *que j'en prendrais.*

Ce conditionnel présent a une valeur de « futur dans le passé ».

3. Attention : Même avec un verbe principal au présent, le verbe de la subordonnée peut être au conditionnel présent s'il a l'une des valeurs indiquées Fiche 36 pour les propositions indépendantes ou principales.

Ex. : *Je pense que j'attraperais des poissons si tu ne faisais pas de bruit.*
(*j'attraperais* = irréel du présent, manifesté par l'imparfait *faisais*)

▸ **Dans les autres surbordonnées**

1. Subordonnées de **condition** introduites par *au cas où* et *quand bien même* ou *quand* (mais jamais *si*) → **conditionnel.**

Ex. : *Au cas où je prendrais un poisson, prépare l'épuisette*
(= hypothèse peu vraisemblable, mais pas exclue).

Ex. : *Quand (bien même) je ne prendrais rien, je serais heureux*
(= même si je ne prenais rien...).

2. Les propositions de **conséquence** et de **cause**, ainsi que les **relatives** peuvent avoir une **valeur éventuelle.**

Ex. : *Tu parles si bien l'anglais que je te prendrais* pour un Anglais
(= si je ne savais pas que tu es français).

Ex. : *Mieux vaut me taire, parce que je dirais des sottises* (= si je parlais).

Ex. : *C'est moi qui le dirais, si vous me laissiez parler* (= je le dirais, si...).

UN TRUC

Remplacez la 1re personne du singulier par la 1re personne du pluriel.

Ex. : *Je me demande si je prendrai(s) des poissons.*
→ *Je me demande si nous prend**rons** des poissons.*
Il faut le futur → ***si je prendrai.***

EXERCICES

1. Complétez les points par -rai **ou** -rais**, en justifiant votre choix.**

1. Je me demande parfois ce que je fe... plus tard et quel métier j'aime... exercer lorsque je se... adulte. — 2. A première vue, je n'ai aucune idée du métier que je pour... choisir, ni par conséquent de la section dans laquelle je dev... m'orienter. — 3. Je m'interroge... donc sur mes goûts actuels pour savoir dans quelle direction aller. — 4. J'adore la lecture : si j'en avais le temps, je li... au moins un livre par jour. — 5. J'aime les chevaux et

j'aime... bien pouvoir monter plus souvent. — 6. J'aime voyager et aller à des expositions ; par contre je ne supporte... pas de rester constamment enfermé dans un bureau. — 7. Les matières scientifiques ne me passionnent pas et j'y réussis médiocrement ; je ne tente... donc pas un baccalauréat scientifique, mais j'i... plutôt vers des études de langues ou de lettres. — 8. A présent, j'ai une idée un peu plus précise de ce que je désire... faire plus tard. (Copies d'élèves interrogés sur leurs projets d'avenir.)

2. Complétez les points par -rai **ou** -rais, **en justifiant votre choix.**

1. Je me fais bien du souci au sujet de la nouvelle école, à laquelle j'i... pour la première fois aujourd'hui. — 2. J'aime... bien que Tom aille déjà au lycée. — 3. S'il n'était pas encore à l'école primaire, j'au... au moins un petit frère avec moi. — 4. Il a déjà fait la connaissance d'un garçon de son âge qui habite notre rue et je dev... me réjouir pour lui, mais je ne le peux pas, je suis trop triste pour moi. — 5. J'espère que je ne se... pas trop différente des autres filles et qu'on ne me montrera pas du doigt. — 6. Ah ! comme je voud... avoir une amie ! — 7. Je fe... mieux de me coller un grand sourire sur la figure, car j'entends maman. (D'après *L'Herbe bleue, Journal d'une jeune droguée,* Presses de la Cité).

3. Complétez les points par -rai **ou** -rais, **en justifiant votre choix.**

1. J'ai le cœur chaque jour plus gros d'être sevrée de ma famille : je crois que je rentre... immédiatement à la maison si je n'avais pas peur de Richie. — 2. Oh ! papa, ce que j'ai pu être idiote et naïve ! Mais c'est fini : jamais, jamais plus, en aucun cas, je ne tâte... de la drogue. — 3. C'est l'unique cause du pétrin dans lequel je suis à présent et je voud..., de tout mon cœur et de toute mon âme, ne jamais en avoir entendu parler. — 4. Et j'aime... bien qu'il n'y ait pas de cachet de la poste sur les lettres, parce qu'alors je pour... écrire à papa et maman, aux petits, à mes grands-parents. — 5. Il y a tant de choses que je voud... leur dire ! (D'après *L'Herbe bleue, Journal d'une jeune droguée,* Presses de la Cité).

4. Complétez les points par -rai **ou** -rais, **en justifiant votre choix.**

1. A la veille de son départ, son ami Vesce pénétra dans sa chambre. « — Je pensais que tu ne viend... pas me voir, Vesce », dit Ged. — 2. Ce n'était pas un reproche ; mais Vesce lui répondit : « — Je n'ai pas eu la permission de venir. Écoute, quand tu seras libre, viens chez moi, au lointain Est. Je t'atten.... — 3. Tu ne resteras pas toujours emprisonné ici. » « — Je ne sais pas encore ce que je fe..., dit Ged. — 4. Peut-être pour...-je travailler avec le maître de la Tour et chercher les noms perdus, de sorte que je ne fe... plus de mal, quand bien même je ne fe... guère de bien. » « — J'aime... rester et parler avec toi, dit Vesce, mais je ne le peux pas, car mon bateau lève l'ancre ce soir. » (D'après U. Le Guin, *Le Sorcier de Terremer,* Opta).

5. Transcrivez en style indirect les phrases suivantes (qui sont en style direct). Effectuez les changements de pronoms personnels et de modes nécessaires.

Ex. : *Il se disait que....*

1. Ce que Jean Valjean avait toujours le plus redouté, c'était d'entendre un jour prononcer ce nom ; il se disait : « Ce sera là pour moi la fin de tout ; le jour où ce nom reparaîtra, il fera évanouir autour de moi ma vie nouvelle, et qui sait même peut-être ? au-dedans de moi ma nouvelle âme. » — 2. Certes, si quelqu'un lui avait dit en ces moments-là : « Une heure viendra où ce nom retentira à ton oreille, où ce hideux mot, Jean Valjean, sortira tout à coup de la nuit et se dressera devant toi, où cette lumière formidable resplendira subitement sur ta tête ; et ce nom ne te menacera pas, cette lumière ne produira qu'une obscurité plus épaisse, ce voile déchiré accroîtra le mystère, ce tremblement de terre consolidera ton édifice, ce prodigieux incident n'aura d'autre résultat, si bon te semble, à toi, que de rendre ton existence à la fois plus claire et plus impénétrable, et, de ta confronta-

tion avec le fantôme de Jean Valjean, le digne et bon bourgeois monsieur Madeleine sortira plus honoré plus paisible et plus respecté que jamais. » — 3. Si quelqu'un lui avait dit cela, il aurait hoché la tête et regardé ces paroles comme insensées. (D'après V. Hugo, *Les Misérables.*)

6. Transposez au passé le texte suivant. Attention aux temps et aux modes.
Ex. : *Aux Trois-Corbeaux, je sentis très clairement que...*
1. Aux Trois-Corbeaux, je sens très clairement que je fais pendant ces huit semaines le marmiton, le garçon de courses, et qu'ensuite, à la rentrée, je ferai le lycéen. — 2. Et je le sens assez vite pour admettre qu'il n'est pas au-dessous de ma dignité d'accepter des pourboires. — 3. Ils seront même les bienvenus puisque mon père m'a coupé les vivres. — 4. Du reste, en les refusant, j'indisposerai les clients. — 5. Enfin ce sera, en réalité, le premier argent que je gagnerai. — 6. Cette idée me plaît tellement que je résous de conserver toute ma vie le premier pourboire que je recevrai, et qui sera sans doute une pièce de monnaie... — 7. C'est un gras et joyeux étudiant en casquette verte et rose qui me donne mon premier pourboire, un mark d'argent presque neuf ! — 8. Je me mets à rêver : Dès que j'en aurai les moyens, cette pièce sera entourée d'un large cercle d'or et je la suspendrai à une chaîne que je porterai au poignet gauche. Et... — 9. Voilà mon étudiant qui revient et qui m'explique qu'il lui manque un peu d'argent pour acheter son billet de train et que je lui rendrai le plus signalé service en lui rendant le pourboire qu'il m'a donné ; dès qu'il sera entré chez lui, il m'enverra une compensation. — 10. Je ne peux refuser et lui rends sa pièce... Trois jours après, je reçois un mandat-poste, de cinq marks. Honnête et généreux étudiant ! Mais je me demande bien comment je ferai monter en breloque un mandat-poste ! (D'après V. Larbaud, *Aux couleurs de Rome,* Gallimard.)

7. Mettez le verbe au futur de l'indicatif ou au conditionnel présent.
1. Je vous rappelle que les élections *(avoir lieu)* peu de temps après. Je vous avais rappelé que les élections *(avoir lieu)* peu de temps après. — 2. Je pense que je *(venir).* J'ai pensé que je *(venir).* — 3. Vous comprîtes que je *(s'échapper)* par n'importe quel moyen. Vous comprendrez que je *(s'échapper)* par n'importe quel moyen. — 4. Si vous n'aviez pas de chauffage, vous *(geler)* par ces grands froids. Si vous n'avez pas de chauffage, vous *(geler)* par grand froid. — 5. Si je ne prends pas de risques, je n'*(avoir)* aucune chance de gagner. Si je ne prenais pas de riques, je n'*(avoir)* aucune chance de gagner.

8. Remplacez les points par -rai ou -rais.
1. Je mange... jusqu'à ce que je n'aie plus faim. — 2. Je mange... sans faim, toute la journée ! — 3. J'aime tellement nager que je nage... jusqu'à la fin du monde ! — 4. Je suis si entêtée que je recommence... — 5. Je suis si craintif que je rentre... dans un trou de souris plutôt que d'affronter la colère du patron. — 6. Je continue... à tricher tant que je ne décide... pas de changer. — 7. Je promis que je cour... tant que je le pour... — 8. Il a des yeux si pâles que je n'en sau... dire la couleur exacte. — 9. Je vais retenir une place de théâtre parce que la semaine prochaine j'i... voir *Cyrano de Bergerac.* — 10. J'ai renoncé à la compétition parce que je me fatigue... trop.

FUTUR ANTÉRIEUR DE L'INDICATIF : -RAI OU CONDITIONNEL PASSÉ 1re FORME : -RAIS

LEÇON

- **Le futur antérieur de l'indicatif** exprime :

1. **L'antériorité** par rapport à un futur, dans les indépendantes ou dans les subordonnées temporelles.
Ex. : *Quand j'aurai dîné, j'irai me coucher.*

2. L'**hypothèse** presque certaine.
Ex. : « *C'est un bel esprit qui aura ouï parler de nous.* » (Molière).

3. La **situation fictive** dans le futur pour contempler le présent.
Ex. : *J'aurai donc tout manqué, même ma mort !*

4. L'**affirmation atténuée.**
Ex. : *Je serai donc venu pour rien.*

- **Le conditionnel passé 1re forme** exprime :

1. Des actions qui auraient **pu être accomplies dans le passé**, mais qui ne l'ont pas été. C'est l'« irréel du passé ». Il dépend souvent d'une proposition de condition au plus-que-parfait de l'indicatif.
Ex. : *Si Cathos avait su qui était Mascarille, elle ne l'aurait pas reçu.*

2. Des **actions probablement accomplies** dans le présent ou dans le futur.
Ex. : *Le président serait arrivé à l'aéroport à midi.*
Avant peu ce brigand aurait commis quelque crime.
C'est le mode employé pour rapporter des faits dont on n'est pas sûr.

3. L'**indignation** devant des assertions concernant le passé.
Ex. : *Moi, j'aurais eu peur à ce moment-là !*

4. Le **futur antérieur du passé** par rapport à un conditionnel présent à valeur de futur dans le passé. (Voir fiche 37.)
Ex. : *Je savais que j'aurais fini mon travail quand mon père rentrerait.*
Mais : *Je sais que j'aurai fini mon travail quand mon père rentrera.*

5. L'**hypothèse** dans le passé dans toutes les propositions subordonnées à l'indicatif.
Ex. : *La reine grondait le prince comme elle aurait fait d'un bambin ordinaire.*
Elle le corrigeait parce qu'il serait devenu odieux sans réprimandes.
Le prince était si honteux qu'il se serait caché s'il l'avait pu.
Je pense qu'il aurait été moins embarrassé sans les courtisans.

6. *Il aurait fallu, j'aurais dû, j'aurai pu* : nécessité, obligation, possibilité qui a existé dans le passé mais qui n'a pas abouti.
Ex. : *Il aurait fallu plus d'énergie. J'aurais dû m'acharner. J'aurais pu réussir.*

EXERCICES

1. Remplacez la parenthèse par une subordonnée conjonctive à la voix active.

1. (*La boîte ouverte*), je sortirai soigneusement toutes les pièces de la maquette. — 2. (*Les pièces détachées de leur support*), je consulterai la notice de montage. — 3. (*Le tube de*

colle ouvert), je le poserai toujours bien droit. — 4. (*Le fuselage assemblé*), je placerai les ailes. — 5. (*Les réacteurs fixés*), je m'occuperai des autocollants. — 6. (*Mon avion terminé*), je le placerai sur mon étagère.

2. Supprimez peut-être **et exprimez l'hypothèse presque certaine sur la cause.**

1. Il est mort dans son fauteuil : c'est (*peut-être*) le cœur qui a lâché. — 2. Je ne trouve plus mes lunettes : je les ai (*peut-être*) laissées dans ma chambre. — 3. Comment se fait-il que ta molaire soit fendue ? Tu as (*peut-être*) encore cassé des noisettes avec tes dents. — 4. Mon poulet est carbonisé : j'ai (*peut-être*) oublié d'arrêter mon four.

3. Mettez le verbe entre parenthèses au temps et au mode convenables.

1. Si le pigeon n'avait pas été blessé, il ne (*se poser*) pas dans le vieux cimetière de Trieste. — 2. Si Zirone avait eu à manger, il ne (*chercher*) pas à s'emparer de l'oiseau. — 3. « Si Zirone m'avait persuadé de tuer le pigeon voyageur, pensait Sarcany, je ne (*savoir*) jamais quel était le destinataire du message chiffré attaché sous son aile. — 4. Si Silas Toronthal s'était débarrassé de moi, je ne (*s'introduire*) jamais chez le comte Zathmar et je ne (*réussir*) jamais à décoder le message. » — 5. Si Silas Toronthal et Sarcany ne les avaient vendus à la police autrichienne, la conspiration de Mathias Sandorf et du comte Zathmar (*réussir*) sans doute à libérer la Hongrie. (D'après J. Verne, *Mathias Sandorf*.)

4. Mettez à l'imparfait le verbe principal. Attention aux modes et aux temps.

1. J'espère que quand je me serai introduit dans la maison du comte Zathmar, je trouverai le moyen de déchiffrer le message. — 2. Je suis persuadé que quand j'aurai trouvé la grille, il me suffira de l'appliquer sur les colonnes de lettres. — 3. Mais je me dis que quand j'aurai pris la grille dans le secrétaire du comte, il va s'apercevoir de sa disparition. — 4. C'est pourquoi j'ai l'idée de remettre la grille en place lorsque je l'aurai décalquée. (D'après J. Verne *Mathias Sandorf*.)

5. Complétez les points par -ai **ou** -ais**.**

Récit du comte Sandorf. — 1. « Après le jugement, nous fûmes conduits dans une assez vaste cellule : je pensais que pendant les dernières heures qui me restaient à vivre j'aur... été incarcéré avec mes amis, j'aur... été avec eux jusqu'au moment de mourir. — 2. Mes amis, m'écriai-je, c'est moi qui aur... causé votre mort ! Il s'agissait de l'indépendance de la Hongrie. Ce sera un bonheur de mourir pour elle. — 3. Mathias, ajouta Étienne Bathory, je ser... mort pour l'œuvre à laquelle j'aur... consacré toute ma vie. Je ne regrette rien ! » (D'après J. Vernes, *Mathias Sandorf*.)

6. Remplacez les points par -ai **ou** -ais **en justifiant votre orthographe.**

1. Vous ne sortirez qu'après que je vous y aur... autorisés. — 2. Il faisait si sombre sous les arbres que je me ser... crue en pleine nuit. — 3. Je disais qu'avant la fin de l'année j'aur... fait des progrès. — 4. J'aur... bien travaillé cette année ! — 5. J'étais si grand et si fort pour mes quinze ans que j'aur... pu facilement passer pour dix-huit. — 6. D'après lui, j'aur... pris le raccourci. — 7. Quel dommage que tu sois partie : chaque soir, quand je ser... rentré, je t'aur... trouvée à la maison. — 8. Tu sais que quand j'aur... fini, rien ne me retiendra plus ici. — 9. Je faisais tout machinalement, comme je me ser... brossé les dents. — 10. C'est moi qui aur... eu un beau succès si j'avais eu ce costume indien ! — 11. Cette fête a été très réussie. Je ne me ser... pas donné du mal pour rien.

LE SUBJONCTIF PRÉSENT ET PASSÉ

LEÇON

▸ Le subjonctif présent

1. Conjugaison du verbe **croire** :

que je croie	que nous croy**ions**
que tu croi**es**	que vous croy**iez**
qu' il croie	qu' ils croi**ent**

Remarques :
— Les terminaisons du subjonctif sont les mêmes pour les trois groupes.
— Les 1re et 2e personnes du pluriel sont identiques au subjonctif présent et à l'imparfait de l'indicatif.

UN TRUC
Pour trouver le **subjonctif**, prenez la 3e personne du pluriel du présent de l'indicatif.
Ex. : *prendre → ils prennent → que je prenne.*

2. Six verbes usuels irréguliers :

aller	**faire**	**savoir**
que j'aille	que je fasse	que je sache
que nous allions	que nous fassions	que nous sachions
pouvoir	**vouloir**	**valoir**
que je puisse	que je veuille	que je vaille
que nous puissions	que nous voulions	que nous valions

3. Risques de confusion avec l'indicatif présent :
— Les verbes dont le **radical** se termine par **-i, -y, -ill, -gn** sont presque homophones aux 1re et 2e personnes du pluriel. (Cf. Fiche 31, p. 90).
Ex. : *voir* → indicatif : *nous voyons* → subjonctif : *que nous voyions*
vous voyez — *que vous voyiez*
— Au **singulier**, certains verbes ne diffèrent que par l'orthographe.
Ex. : *croire* → indicatif : *je crois, tu crois, il croit*
subjonctif : *que je croie, que tu croies, qu'il croie*

4. Emploi : le subjonctif présent dans une subordonnée exprime la **simultanéité** avec une principale au présent (ou au futur).
Ex : *Bien que j'aie peur, je saute* (ou : *je sauterai*).

▸ Le subjonctif passé

1. Conjugaison des verbes **tomber** et **voir** :

tomber : auxiliaire *être*			*voir : auxiliaire avoir*		
que je	**sois**	tombé	que j'	**aie**	vu
que tu	**sois**	tombé	que tu	**aies**	vu
qu'il	**soit**	tombé	qu'il	**ait**	vu
que nous	**soyons**	tombés	que nous	**ayons**	vu
que vous	**soyez**	tombés	que vous	**ayez**	vu
qu'ils	**soient**	tombés	qu'ils	**aient**	vu

Remarques :
— Il n'y a pas de *-i-* après le *-y-* aux 1re et 2e personnes du pluriel d'*être* et d'*avoir*.
— L'indicatif présent : *j'ai*, et le subjonctif : *que j'aie, que tu aies, qu'il ait, qu'ils aient* sont **homonymes.**

2. Emploi : le subjonctif passé dans une subordonnée exprime l'**antériorité** par rapport à une principale au présent (ou au futur).
Ex. : *Bien que j'aie eu peur, je recommence* (ou : *je recommencerai*).

EXERCICES

1. Donnez la 2e personne du pluriel a) du présent de l'indicatif b) du présent du subjonctif, précédé de Je crains que + ne (explétif).

1. se joindre à une bande d'amis — 2. s'égailler à travers champs — 3. cueillir des mûres — 4. croire connaître le pays — 5. rire à gorge déployée — 6. se fourvoyer — 7. entrevoir son erreur — 8. essayer un autre chemin — 9. s'effrayer à la tombée de la nuit — 10. s'asseoir et avoir peur — 11. larmoyer, geindre et se plaindre.

2. Reconstituez après coup ce qui a pu se passer dans l'exercice 1, en mettant les verbes au subjonctif passé, à la même personne. Attention aux accords de participes. Ce sont des filles à qui l'on parle. Commencez votre texte par : Il n'est pas impossible que vous... .

3. Donnez la 1re personne du singulier et la 3e personne du pluriel du présent de l'indicatif, puis la 1re personne du singulier du subjonctif présent, précédé de Il faut que je... .

1. apprendre à parler — 2. résoudre son problème de diction — 3. croire en être capable — 4. avoir bon moral — 5. revoir son texte d'exposé — 6. le savoir presque par cœur — 7. joindre le geste à la parole — 8. sourire à son public — 9. plaire aux auditrices — 10. conclure rapidement — 11. convaincre le public.

4. Donnez la 2e personne du singulier a) du présent de l'indicatif b) du présent du subjonctif, précédé de Bien que tu... .

1. vivre au jour le jour — 2. ne guère prévoir l'avenir — 3. se croire très fort — 4. mourir d'ennui en classe — 5. dormir souvent — 6. parcourir distraitement son livre — 7. fuir dans le rêve — 8. déplaire à ses professeurs — 9. se distraire au cours — 10. ne pas pouvoir se taire — 11. faire du bruit — 12. dire des sottises — 13. rire de tout et de rien — 14. se nuire à soi-même — 15. ne pas vouloir faire grand-chose — 16. exclure la possibilité de progresser — 17. aller à sa perte — 18. requérir beaucoup de patience, je t'aime bien !

5. Mettez les verbes entre parenthèses à la 3e personne du singulier a) du présent de l'indicatif b) du présent du subjonctif, précédé de J'attends que... .

1. La fermière (*s'asseoir*) sur le tabouret et (*traire*) sa vache. — 2. L'âne (*braire*) et elle (*pourvoir*) à sa nourriture. — 3. La poule (*s'enfuir*), elle (*s'en apercevoir*) et elle (*courir*) après elle. — 4. Elle (*recoudre*) son tablier, le (*revêtir*) et (*moudre*) son café. — 5. Elle (*boire*) son café, (*tressaillir*) aux coups frappés à la porte, (*accourir*) pour ouvrir, (*s'émouvoir*) à la vue d'un mendiant, le (*recevoir*) à sa table et le (*secourir*). — 6. Enfin, elle (*avoir*) un moment de calme et (*pouvoir*) me parler.

LE SUBJONCTIF IMPARFAIT ET PLUS-QUE-PARFAIT

LEÇON

Le subjonctif imparfait

1. Conjugaison du verbe **aimer** :

que j' aim**asse**	que nous aim**assions**
que tu aim**asses**	que vous aim**assiez**
qu' il aim**ât**	qu' ils aim**assent**

UN TRUC

Pour trouver le subjonctif imparfait aux 2ᵉ et 3ᵉ groupes, ajoutez **-se** à la 1ʳᵉ singulier du passé simple de l'indicatif.

Ex. : *tenir* → passé simple : *je tins* → subj. imparfait : *que je tinsse*
voir → " " *je vis* → " " *que je visse*
boire → " " *je bus* → " " *que je busse*

2. Risques de confusion avec le passé simple de l'indicatif.
La 3ᵉ personne du singulier ne diffère que par l'orthographe :

Passé simple indicatif :	*il* ***aima***	*il* ***prit***	*il* ***but***	*il* ***vint***
Imparfait subjonctif :	*qu'il* ***aimât***	*qu'il* ***prît***	*qu'il* ***bût***	*qu'il* ***vînt***

3. Emploi :

a) Le passé simple de l'indicatif
On le trouve dans les propositions indépendantes ou principales, dans les subordonnées de temps ou de cause et dans certaines relatives.
Il indique des **actions terminées** qui ne se sont produites qu'une fois. (Voir Fiche 33 p. 94.)
Ex. : *Il* ***eut*** *peur et* ***fit*** *un geste brusque qui renversa la lampe.*

b) Le subjonctif imparfait
On le trouve dans les propositions subordonnées au subjonctif, pour exprimer la **simultanéité** avec une principale à un temps du passé.

Ex. : *Il* { *craignait* / *craignit* / *avait craint* / *a craint* } *qu'elle* ***eût*** *peur.*

Le subjonctif plus-que-parfait

1. Conjugaison des verbes **venir** et **voir** :

venir : auxiliaire **être**	**voir** : auxiliaire **avoir**
que je **fusse** venu	que j' **eusse** vu
que tu **fusses** venu	que tu **eusses** vu
qu' il **fût** venu	qu' il **eût** vu
que nous **fussions** venus	que nous **eussions** vu
que vous **fussiez** venus	que vous **eussiez** vu
qu' ils **fussent** venus	qu' ils **eussent** vu

Remarque : la 3ᵉ personne du singulier d'*être* et d'*avoir* ne diffère de la même personne du passé simple de l'indicatif que par l'**accent circonflexe**.

2. Emploi :

a) Le passé antérieur de l'indicatif

On le trouve dans les propositions principales ou indépendantes, dans les subordonnées conjonctives de temps à l'indicatif pour exprimer une **action antérieure à une principale au passé simple** (ou au présent de narration).

Ex. : « *Après qu'il eut brouté, trotté, fait mille tours, Jeannot Lapin retourne aux souterrains séjours.* (La Fontaine)

b) Le subjonctif plus-que-parfait

On le trouve dans les propositions subordonnées conjonctives au subjonctif pour exprimer une action antérieure à une principale à un temps du passé.

Ex. : *Bien qu'il n'eût rien fait, on l'arrêta.*

Remarque : la langue contemporaine tend à employer le subjonctif présent et passé dans la subordonnée dans tous les cas, même lorsque le verbe de la principale est à un temps du passé, surtout aux 1re et 2e personnes.

Ex. : *Je craignais que tu ne viennes pas* (au lieu de : « *que tu ne vinsses pas* »).
Il craignait que nous n'ayons pas déjeuné (au lieu de : « *que nous n'eussions pas déjeuné* »).

Les exercices se feront au fur et à mesure de l'étude de l'emploi de l'indicatif ou du subjonctif dans les propositions subordonnées.

LE SUBJONCTIF
DANS LES PROPOSITIONS INDÉPENDANTES OU PRINCIPALES

LEÇON

Les propositions indépendantes ou principales sont le plus souvent à l'indicatif. On peut cependant y trouver le subjonctif :

- **Le subjonctif d'ordre**
L'impératif n'existe qu'à la 2e personne du singulier et aux 1re et 2e personnes du pluriel. Aux autres personnes, on exprime l'ordre avec **que** suivi du subjonctif.
Ex. : *Qu'ils aillent au diable ! Qu'il croie ce qu'il veut !*

- **Le subjonctif de souhait**
Le subjonctif de souhait est souvent précédé de la locution *pourvu que*[1]. Il est au présent lorsque le souhait porte sur le futur :
Ex. : *Pourvu qu'elle n'ait pas d'accident !*
Il est au subjonctif passé lorsque le souhait porte sur un passé (qu'on ignore).
Ex. : *Pourvu qu'elle n'ait pas eu d'accident !*

- **Le subjonctif d'indignation**
Il peut être au présent ou au passé ; il est introduit par **que**.
Ex. : *« Moi ! héron, que je fasse une si pauvre chère ! »* (La Fontaine)
Moi, que j'aie assassiné ce bijoutier ! Mais c'est faux !
Ne confondez pas le subjonctif d'indignation avec l'indicatif de regret, également introduit par *que* et reconnaissable à l'inversion du sujet.
Ex. : *Que ne m'avez-vous dit cela plus tôt ! Que ne l'ai-je su plus tôt !*

- **Le subjonctif de regret**
Il est précédé de la locution *plût au ciel que.*
— Il est au **subjonctif imparfait** pour un regret qui porte sur le **présent**.
Ex. : *Plût au ciel que j'eusse une maison !* (mais je n'en ai pas dans le présent).
— Il est au **subjonctif plus-que-parfait** pour un regret qui porte sur le **passé**.
Ex. : *Plût au ciel que j'eusse travaillé* (mais je ne l'ai pas fait dans le passé).

- **Le subjonctif plus-que-parfait** (ou conditionnel passé 2e forme), dans la langue soutenue, exprime une **hypothèse qui ne s'est pas réalisée dans le passé**.
Ex. : *Une tempête à ce moment-là eût été un grand malheur.*

UN TRUC

On peut remplacer un conditionnel passé 2e forme par un conditionnel passé 1re forme, qui exprime plus familièrement le même rapport.
Ex. : *Une tempête à ce moment-là aurait été un grand malheur.*
Une proposition subordonnée conditionnelle peut manifester cette valeur.
Ex. : *S'il y avait eu une tempête à ce moment-là, c'eût été un grand malheur.*
(cf. Fiche 40)

1. Le verbe *pouvoir* au subjonctif (+ infinitif) forme également une locution de souhait. Ex. : Puisse-t-elle ne pas avoir d'accident !

EXERCICES

1. Modifiez la phrase pour exprimer des ordres (ou des défenses) au subjonctif.
Ex. : *Ils iront au diable* → *Qu'ils aillent au diable !*
1. Ils ne sauront rien. — 2. Ils n'y verront que du feu. — 3. Ils boiront la tasse. — 4. Ils croiront ce qu'ils voudront. — 5. Ils s'assiéront pour réfléchir. — 6. Ils bouilliront de colère. — 7. Ils ne se plaindront pas. — 8. Ils nettoieront le pont. — 9. Ils voudront bien se taire.

2. Transformez l'expression du souhait pour l'exprimer au subjonctif.
Ex. : *Ah s'il réussissait !* → *Pourvu qu'il réussisse !*
→ *Puisse-t-il réussir !*
1. Ah ! si le médecin me prescrivait du repos ! — 2. S'il me suffisait de quelques jours ! — 3. Ah ! si je pouvais être en forme ! — 4. Ah ! si mes cousins me reconnaissaient ! — 5. Ah ! si je conduisais le tracteur ! — 6. Ah ! si tu me rejoignais ! — 7. Ah ! si tu courais encore dans les prés avec moi ! — 8. Ah ! si je m'asseyais sur le petit mur ! — 9. Ah ! si je voyais entrer les troupeaux ! — 10. Ah ! si la fraîcheur du soir me surprenait !

3. Exprimez l'indignation au subjonctif.
Ex. : *Moi, aller en prison ?* → *Moi, que j'aille en prison !*
1. Des enfants, mourir de faim ! — 2. Moi, concevoir que l'abondance est un îlot dans le monde ! — 3. Moi, convenir que c'est injuste ! — 4. Nous, nous repaître à chaque repas ? — 5. Moi, m'émouvoir de leur sort ? — 6. Nous, apprendre à nous restreindre ? — 7. Moi, soustraire un enfant à la mort ? — 8. Moi, pourvoir à son entretien ? — 9. Moi, vaincre mon égoïsme ?

4. Exprimez le regret en mettant le verbe entre parenthèses à l'imparfait ou au plus-que-parfait du subjonctif avec plût au ciel que.
1. Aujourd'hui je (*sais*) ma leçon. — 2. Je ne (*m'émeus*) pas ainsi. — 3. Je (*parviens*) à rassembler quelques souvenirs. — 4. Le sujet ne me (*paraît*) pas si difficile. — 5. Je ne (*commets*) pas autant d'erreurs. — 6. J'(*obtiens*) une note correcte. — 7. Hier je (*crois*) mes pressentiments. — 8. Je (*prévois*) l'interrogation. — 9. Je (*revois*) ce chapitre.

5. Reprenez l'exercice n° 4 à la 3e personne du singulier.

6. Dites ce qu'exprime le verbe, son mode et remplacez les points par ai, aie, ait, aient.
1. Fasse le ciel que je n'... pas joué à pile ou face sur les tombes d'un cimetière ! — 2. Fasse le ciel que je n'... pas bu tant de rhum ! — 3. Que n'...-je écouté ma mère ! — 4. Ma pauvre mère ! Pourvu qu'elle n'... pas appris ce que je suis devenu ! — 5. Que n'...-je laissé là tous ces chevaliers de fortune ! — 6. Plaise au ciel qu'ils ne m'... pas laissé sur cette île ! — 7. Moi, que j'... encore envie de me joindre aux pirates ! — 8. J'... changé grâce à ces trois années de solitude, et j'... pris la décision de vivre en honnête homme. — 9. Quant à ton chevalier, qu'il ... confiance en Ben Gunn, et je l'aiderai. (D'après Stevenson, *L'Île au trésor.*)

7. Choisissez dans la parenthèse l'orthographe correcte.
1. « C'est bien ! dit le roi, mais dites à M. de La Trémouille qu'il me néglige, qu'il y a tantôt trois ans que je ne l'(*ai/aie*) vu et que je ne le (*vois/voie*) que quand je l'env(*oie, ois*) chercher. » — 2. « Merci, Sire, merci, dit le duc de La Trémouille, mais que Votre Majesté (*croit/croie*) bien que ce ne sont pas ceux qu'elle (*voit/voie*) à toute heure du jour qui lui sont le plus dévoués. » (D'après A. Dumas, *Les Trois Mousquetaires.*)

8. Remplacez le conditionnel passé 1re forme par un conditionnel passé 2e forme pour retrouver la phrase de l'auteur.

1. Dans mon quartier natal on n'(*aurait pas compté*) vingt maisons privées de jardin. — 2. J'aurais volontiers illustré ces pages d'un portrait photographique. Mais il m'(*aurait fallu*) une « Sido » debout, dans le jardin, entre la pompe, les hortensias, le frêne pleureur et le très vieux noyer. — 3. Qui donc (*aurait pu*) croire que ce baryton (...) pousse devant lui sa romance comme une blanche haleine d'hiver, afin qu'elle détourne de lui l'attention ? — 4. Et pourquoi (*aurait-il été*) sincèrement gai ? — 5. De sentir le loup, la jument était furieuse ; un peu plus, c'est elle qui l'(*aurait attaqué*). — 6. Mon père n'y (*aurait pas mis*) tant de façons. (D'après Colette, *Sido*, Hachette.)

9. Remplacez le conditionnel passé 1re forme par un conditionnel passé 2e forme pour retrouver la phrase de l'auteur.

1. Javert (*aurait arrêté*) son père s'évadant du bagne et dénoncé sa mère en rupture de ban. — 2. Et il l'(*aurait fait*) avec cette sorte de satisfaction intérieure que donne la vertu. — 3. Dans cette détresse, avoir sa petite fille (*aurait été*) pour Fantine un étrange bonheur. — 4. Oh ! comme elle (*aurait souhaité*) revenir à Paris !

DICTÉE À CHOIX MULTIPLES

Une effrayante catastrophe. — 1. Le canon allait et venait dans l'entrepont(*s*). — 2. On (*eut/eût*) dit le char**i**ot• vivant de l'Apocalypse. (...). — 3. Il y avait juste assez de mer(*s*) pour que l'**acc**ident (*fut/fût*) aussi complet que possible. — 4. Une tempête (*eut/eût*) été désirable. — 5. Elle (*eut/eût*) (*peut être/peut-être*) culb**uté** le canon, et, une fois les quatre(*s*) roues en (*l'air/l'aire*) on (*n'*)(*eut/eût*) pu s'en rendre maître (...). — 6. Encore quelque(*s*) instant(*s*) et le naufrage était **in**évitable. — 7. Du dehors, le flot ba**tt**ant• le navire répondait au(*x*) choc(*s*) du canon par des (*cous / coûts / coups*) de mer(*s*). — 8. On (*n'*)(*eut/eût*) dit deux marteaux alternant(*s*). — 9. Tout à coup, on (*vit/vît*) un homme **app**araître une ba**rr**e• de fer à la main. — 10. Quand il (*eut/eût*) sauté dans l'entrepont, le combat s'enga**ge**(*a, ât*). (...) — 11. Chose étrange, on (*eut/eût*) dit que le canon avait une âme, lui aussi ; mais une âme de haine et de rage. (...) — 12. Il y avait, on l'(*eut/eût*) pu croire du moins, de la ruse dans cette masse. (...) — 13. Mais quand le vieux passager (*eut/eût*) saisi un ba**ll**ot• de faux assignat(*s*) et, au risque d'être écrasé, (*eut/eût*) réussi à le jeter entre les roues de la caronade, le monstre trébuch(*a, ât*). — 14. Le canon s'**arr**êt(*a, ât*). Ce mouvement décisif et périlleux n'(*eut/eût*) pas été exécuté avec plus de just**esse**(*s*) et de précision(*s*) par un homme rompu à tous les exercices de la mer. (...) — 15. Tout l'équipage se précipi**t**(*a, ât*). — 16. En un instant le canon (*fut/fût*) ama**rr**é•. (D'après V. Hugo, *Quatre-vingt-treize*.)

HOMONYMES

▶ **cou, coup, coût**
— *le cou* : partie du corps.
— *le coût* : ce que coûte une chose.
— *le coup* : choc de deux objets.

LES MOTS DE LA FAMILLE : À VOS DICTIONNAIRES !

la balle : 1. jeu d'enfant → ba**ll**on, ba**ll**onné, ba**ll**onnement, ba**ll**onnet - 2. gros paquet de marchandises → ba**ll**ot - emba**ll**er, emba**ll**ement, emba**ll**age - déba**ll**er, déba**ll**age.
une amarre → l'ama**rr**age, ama**rr**er - déma**rr**er, le déma**rr**age, le déma**rr**eur.

INDICATIF OU SUBJONCTIF

PROPOSITIONS COMPLÉTIVES D'OBJET

LEÇON

▶ **Le mode des propositions subordonnées complément d'objet** dépend d'abord du **sens du verbe principal.**

Verbe principal	Mode	Exceptions
Verbes de **déclaration** *dire, rappeler, annoncer, affirmer, prétendre, promettre, écrire*, etc.	**indicatif** *Je jure que tout s'est passé ainsi.*	*nier que, contester que, démentir que* **+ subjonctif** *Je nie que ce soit vrai.*
Verbes d'**opinion** *penser, croire, savoir, s'apercevoir, se rendre compte, se douter, juger, espérer que*, etc.	**indicatif** *Je crois que tu es fatigué.*	*douter* et *désespérer que* **+ subjonctif** *Je doute que tu sois fatigué.*
Verbes de **volonté, souhait, empêchement** *vouloir, prescrire, prier, désirer, veiller à ce que*, etc.	**subjonctif** *Il exige que j'aie la forme.*	
Verbes de **sentiment** *craindre, s'étonner, s'irriter, se plaindre, se réjouir, préférer que, attendre, s'attendre à ce que*, etc.	**subjonctif** *Je redoute qu'il y ait un contrôle.*	

▶ **Après un verbe de déclaration ou d'opinion à la forme interrogative ou négative,** le subjonctif peut se substituer à l'indicatif, pour introduire des **doutes** sur la réalité du fait.

Principale	Subordonnée	(Pensée)
Affirmes-tu	*qu'il est travailleur ?*	(Il est travailleur. L'affirmes-tu ?)
	qu'il soit travailleur ?	(Il n'est pas travailleur. Comment peux-tu affirmer qu'il le soit !)
Tu n'affirmes pas	*qu'il est travailleur.*	(Il est travailleur. Et pourtant, tu ne l'affirmes pas.)
	qu'il soit travailleur.	(Il n'est pas travailleur. Et tu te gardes d'affirmer qu'il le soit.)

▸ **Remarques**

1. Une subordonnée complétive en tête de phrase est au subjonctif.
Ex. : *Que tout soit en ordre, je le constate.*

2. Verbes à double construction : *dire, comprendre, admettre, concevoir ...*
Ex. : *Je dis* { *qu'on est prêts* (verbe de déclaration).
{ *qu'on soit prêts* (verbe de volonté = j'ordonne).

Je comprends { *que tu es fatigué* (verbe d'opinion).
{ *que tu sois fatigué* (verbe de sentiment).

3. Les subordonnées de ce type peuvent compléter un nom ou un adjectif, suivant les mêmes principes pour l'emploi des modes.
Ex. : *L'idée que tous les hommes sont égaux en droit* ... (Cf. verbes d'opinion)
Un automobiliste furieux qu'on l'ait dépassé ... (Cf. verbes de sentiment)
Elle ne se fait pas à l'idée qu'une femme d'Occident soit belle (Cf. verbe d'opinion à la forme négative).

EXERCICES

1. Dites la nature du verbe principal (déclaration, opinion, etc.) et mettez le verbe entre parenthèses au temps et au mode convenables.

1. Je m'aperçois que je (*prendre*) de l'âge. — 2. Je souhaite que tu (*revenir*) bientôt. — 3. Tante Eulalie se plaint que je ne lui (*écrire*) jamais. — 4. J'avoue que je ne (*savoir*) pas quoi lui raconter. — 5. Je crains que mes efforts épistolaires ne m'(*avoir*) donné la migraine. — 6. Il est écrit sur la notice que ce comprimé (*se dissoudre*) dans l'eau, mais je n'arrive pas à ce qu'il (*se dissoudre*). — 7. Tu obtiens de moi que je (*s'asseoir*). — 8. Tu t'étonnes que cela me (*plaire*) de rester debout et que je ne (*concevoir*) même pas de me mettre au lit. — 9. Tante Gertrude se met à hurler que j'(*avoir*) raison et qu'elle ne (*vouloir*) pas qu'on me (*contredire*). — 10. Tu souhaites gentiment que je (*survivre*) au milieu de ma famille. — 11. J'attends que la tante (*être*) calmée et qu'elle (*avoir*) le dos tourné pour déplorer avec toi qu'elle (*intervenir*) à tort et à travers.

2. Même exercice que le n° 1.

1. Je suis certain que tu (*voir*) l'enjeu de l'affaire. — 2. J'exige que tu (*revoir*) tous ces chapitres. — 3. Je constate que tu (*entrevoir*) maintenant le problème. — 4. Je ne souffrirai pas que tu (*se croire*) inférieur à moi, car j'estime que j'(*avoir*) moins de mérite que toi. — 5. Je crois que j'(*avoir*) eu plus de chance que toi, mais je ne crois pas que j'(*avoir*) eu plus de mérite que toi. — 6. J'obtiendrai qu'il (*prévoir*) son travail à l'avance. — 7. Je me rends compte que ce petit garçon (*rire*) de tout son cœur. — 8. J'aime qu'il (*rire*) ainsi. — 9. Je voudrais qu'il (*rire*) ainsi toute sa vie.

3. Remplacez les points par ai, aie, aies, ait, es, est.

1. Je jure que je t'... prêté cette somme. — 2. Je nie que tu m'... remboursé. — 3. Tu crois que j'... renoncé à mon argent. — 4. Crois-tu que j'... si peu de suite dans les idées ? — 5. Je te préviens que ton père ... en colère contre toi. — 6. Je me doute bien que tu n'... pas non plus heureux ainsi. — 7. Mais je doute que tu ... l'intention de me rembourser. — 8. Je ne crois pas que tu ... intérêt à t'entêter. — 9. J'attendrai que le tribunal ... tranché.

4. Mettez les verbes entre parenthèses au temps et au mode convenables.

1. « — Permettez que j'(*aller*) plaider votre cause devant le juge », dit Zadig à son maître Sétoc. — 2. Devant le juge, Zadig dut reconnaître que les témoins (*être*) morts, mais il rap-

pela que l'argent (*être compté*) sur une large pierre. — 3. « S'il plaît à Votre Grandeur d'ordonner qu'on (*aller*) chercher la pierre, j'espère qu'elle (*porter*) témoignage ; nous resterons ici, l'Hébreu et moi, en attendant que la pierre (*venir*). Je consens que ce (*être*) aux dépens de mon maître Sétoc. » — 4. Le juge accepta qu'on (*procéder*) ainsi, et se mit à expédier d'autres affaires. — 5. A la fin de l'audience, il s'étonna que la pierre ne (*être*) pas encore arrivée. — 6. L'Hébreu, en riant, s'exclama que sa Grandeur (*pouvoir*) bien attendre jusqu'au lendemain que la pierre (*venir*) ; qu'elle (*être*) à plus de six miles de là et qu'il (*falloir*) plus de quinze hommes pour la remuer. — 7. Zadig s'écria alors que la pierre (*avoir*) bien porté témoignage, que, puisque l'homme (*savoir*) où elle (*être*), il avouait donc que c'(*être*) sur elle que l'argent (*être compté*). — 8. Le juge ordonna que l'Hébreu (*être*) lié à la pierre sans boire ni manger, jusqu'à ce qu'il (*rendre*) les cinq cents onces. Elles furent bientôt payées. (D'après Voltaire, *Zadig*).

5. Remplacez le son entre parenthèses par l'orthographe correcte.

1. Le malheur de la reine Astarté voul(*u*) qu'elle f(*u*) prise elle-même par un parti hyrcanien, et qu'on la men(*a*) devant le prince. — 2. Vous serez flatté en apprenant que le prince trouv(*a*) la reine plus belle que l'Égyptienne ; mais vous serez fâché d'apprendre qu'il la destin(*a*) à son sérail. — 3. Missouf, avec qui la reine était enfermée, lui racont(*a*) son aventure en Égypte et elle ne dout(*a*) plus que ce f(*u*) Zadig qui (*eu*) combatt(*u*) pour elle. — 4. Elle se pr(*i*) à espérer qu'il f(*u*) encore à Memphis. (D'après Voltaire, *Zadig*).

6. Mettez les verbes entre parenthèses au temps et au mode convenables.

1. « — Croyez-vous, dit Candide, que les hommes se (*être*) toujours mutuellement massacrés comme ils (*faire*) aujourd'hui ? — 2. Qu'ils (*avoir*) toujours été menteurs, fourbes, ingrats, lâches, envieux, avares, ambitieux, fanatiques et sots ? » — 3. « — Croyez-vous, dit Martin, que les éperviers (*avoir*) toujours mangé les pigeons quand ils en (*avoir*) trouvé ? » — 4. « — Oui sans doute », dit Candide. — « Eh bien, dit Martin, si les éperviers (*avoir*) toujours eu le même caractère, pourquoi voulez-vous que les hommes (*avoir*) changé le leur ? » (D'après Voltaire, *Candide*).

7. Choisissez dans la parenthèse l'orthographe convenable.

1. Moi qui siffle dès que je suis triste, je voudrais que Sido (*eut/eût*) compris que la suprême offense, c'est la pitié. — 2. Je me tourmente au sujet de mon père car je sais qu'il (*eut/eût*) la vertu d'être triste à bon escient. — 3. En vieillissant, il ne tolérait plus que Sido (*eut/eût*) mauvaise mine, qu'elle (*fut/fût*) malade. — 4. Sido n'accept(*a, ât*) que son fils échapp(*a, ât*), comme elle disait, à la musique. (D'après Colette, *Sido*, Hachette).

8. Mettez le verbe entre parenthèses au temps et au mode convenables.

1. Il affirme qu'il (*convaincre*) tout le monde. — 2. Crois-tu qu'il (*convaincre*) tout le monde ? — 3. Je ne crois pas qu'il (*convaincre*) tout le monde. — 4. Je me rends compte qu'il (*voir*) mal. — 5. Je doute qu'il (*voir*) vraiment clair. — 6. Te rends-tu compte qu'il n'y (*voir*) rien ? — 7. Prétends-tu qu'il y (*voir*) clair ? — 8. Tu ne doutes plus maintenant qu'il y (*voir*) mal. — 9. Je suis sûr qu'il en (*rire*). — 10. Penses-tu qu'il en (*rire*) ?

9. Mettez le verbe entre parenthèses au temps et au mode convenables.

1. Cette lettre signifia pour lui que tout (*être*) fini entre eux. — 2. La surveillante signifia à Fantine qu'elle (*avoir*) à sortir sur-le-champ de l'atelier. — 3. « Javert, j'entends que vous (*garder*) votre place, dit M. Madeleine. » (Hugo). — 4. Grâce aux marches qui craquent, de ma chambre, j'entends que vous (*monter*) l'escalier. — 5. J'admets qu'on (*être*) en retard, mais je n'admets pas qu'on (*être*) grossier. — 6. Soit, j'admets que les choses se (*être*) passées comme vous dites. — 7. Tu concevras que j'en (*avoir*) assez. — 8. Conçois-tu ce que son attitude (*avoir*) de choquant ?

INDICATIF OU SUBJONCTIF

LES SUBORDONNÉES CONJONCTIVES SUJETS

LEÇON

Les propositions subordonnées introduites par **que** sont souvent **le sujet réel de verbes** (ou locutions) **impersonnels précédés d'un *il*, sujet apparent.** Pour leur **mode,** on raisonne selon les mêmes principes que pour les **subordonnées C.O.D.** (Voir Fiche 42.)

Le verbe principal exprime	Indicatif	Subjonctif
la certitude *il est sûr, certain, vrai, évident,* etc. [1]	Il est à la **forme affirmative** *Il est sûr que j'**ai** raison.*	Il est à la **forme négative** *Il n'est pas vrai que j'**aie** peur.*
	Il est à la **forme interrogative** *Est-il vrai que tu **as** peur ?* (= simple confirmation)	*Est-il vrai que tu **aies** peur ?* (= doute → reproche)
il semble, il est vraisemblable	+ de 50 % de chances *Il semble qu'il **est** en vie.*	– de 50 % de chances *Il semble qu'il **soit** en vie.*
la possibilité *il se peut, se trouve* etc.	Verbe a un temps du **passé** *Il advint qu'il tomba.*	Verbe au **présent** *Il arrive que j'**aie** raison.*
la nécessité *il suffit, il s'en faut* etc.		*Il faut que j'y **aille**.*
le sentiment *il est bon, juste, triste, il vaut mieux, quel dommage, il est temps que,* etc. [2]		*Cela lui est égal que je n'**aie** rien.*

1. Après *il n'est pas douteux que, nul doute que, est-il possible que,* on peut trouver l'indicatif pour insister sur la réalité du fait.

2. Ne confondez pas le gallicisme de mise en relief *il y a... que* avec un verbe impersonnel. Le gallicisme pourrait se supprimer sans altérer gravement le sens de la phrase. C'est une fausse subordination.
Ex. : *Il y a dix jours que je ne l'ai vu.* = Je ne l'ai pas vu depuis dix jours.

EXERCICES

1. Mettez le verbe principal à la forme négative, puis à la forme interrogative et faites les transformations de mode nécessaires.

1. Il est certain qu'il viendra à Noël. — 2. Il est sûr qu'il croit au père Noël. — 3. Il s'ensuit qu'il faut l'avertir du rôle de ses parents. — 4. Il est vrai qu'un peu de merveilleux est nécessaire à l'enfance. — 5. Il te semble que j'ai raison. — 6. Il est évident que tu as un avis sur la question.

2. Mettez le verbe entre parenthèses au temps et au mode qui conviennent.

1. Gaylord n'était pas surpris que Papa *(croire)* encore au père Noël. — 2. Papa croyait tout ce qu'on lui *(dire)*, du moment que ça l'*(arranger)*. — 3. Mais que Maman, qui ne *(pouvoir)* jamais accepter la moindre déclaration sans la passer au crible, que Maman *(accepter)* sans hésitation une croyance aussi absurde, était réellement stupéfiant. — 4. Il était rare que le comportement des adultes ne *(être)* pas pour Gaylord une source de surprise et de tristesse. (D'après E. Malpass, *Le Matin est servi,* J'ai lu.)

3. Mettez le verbe entre parenthèses au temps et au mode qui conviennent.

1. C'est dommage que j'*(avoir)* un rendez-vous... — 2. Marthe, Marie ! Croirais-tu que je ne l'*(avoir)* jamais mieux senti qu'avec cette femme combien j'aurais pu être heureux avec toi ! (...) — 3. Il faut que je *(s'en aller)*. — 4. Tu as réussi à te délivrer — Sûr que j'y *(avoir)* réussi ? — 5. Non ce n'est pas sûr que tu *(avoir)* réussi. (D'après P. Claudel, *L'Échange,* Mercure de France.)

4. Mettez le verbe entre parenthèses au temps et au mode qui conviennent.

1. Quel bonheur c'était que Bruno *(aimer)* les enfants et *(s'intéresser)* à eux ! — 2. Cela n'a rien d'extraordinaire qu'il n'*(être)* pas invité ! — 3. Il y a longtemps que je n'*(avoir)* parlé avec lui. — 4. Ça me serait égal qu'il *(avoir)* combattu sous le drapeau yankee. — 5. Quelle bonne idée j'*(avoir)* eue tout à coup de les quitter ! — 6. Ça n'avait aucune importance qu'il leur *(plaire)* de vivre uniquement dans le présent. — 7. « Une voix lui disait qu'il fallait maintenant qu'il *(monter)* plus haut que l'évêque ou *(retomber)* plus bas que le galérien, qu'il fallait qu'il *(devenir)* ange s'il voulait devenir bon et que s'il voulait rester méchant, il fallait qu'il *(devenir)* monstre. » (V. Hugo)

5. Mettez le verbe entre parenthèses au temps et au mode qui conviennent.

1. Il semblait que le père Madeleine *(songer)* beaucoup aux autres et peu à lui. — 2. Il ne semblait pas que le commerce *(être)* son principal souci. — 3. A mesure que le loisir lui venait avec la fortune, il semblait qu'il en *(profiter)* pour cultiver son esprit. — 4. Seul, Javert était comme un œil fixé sur Monsieur Madeleine, mais il semblait que cela *(être)* insignifiant pour M. Madeleine. — 5. « Est-il bien vrai que j'*(avoir)* vu ce Javert et qu'il m'*(avoir)* parlé ainsi ? » se demandait M. Madeleine. (D'après V. Hugo, *Les Misérables.*)

6. Mettez le verbe entre parenthèses au temps et au mode convenables.

1. C'est miracle que j'en *(avoir)* réchappé. — 2. Il se peut que tu en *(rire)* . — 3. Il n'est pas séant qu'on te *(voir)* grimper et escalader. — 4. Peu importe qu'il y *(avoir)* beaucoup de neige ou non. — 5. Il vaut mieux que tu *(voir)* toi-même le résultat. — 6. Il est hors de question qu'il *(sourire)*. — 7. Il est inutile que je *(venir)* en personne. — 8. Il était rare qu'on me *(téléphoner)*. — 9. Il était peu probable que quelqu'un *(gravir)* le sommet par ce temps-là. — 10. Il fallait qu'il *(connaître)* parfaitement l'itinéraire. — 11. Est-ce vrai que j'*(avoir)* donné le bonheur à quelqu'un ? — 12. Il est rare qu'on me *(sourire)*.

QUEL(S)/QUELLE(S) OU QU'ELLE(S)

LEÇON

- **Quel(s), quelle(s) est un adjectif interrogatif ou exclamatif** qui s'accorde avec le **nom** qu'il détermine.
  Ex. : *Quel sot ! quelle sotte ! quels sots ! quelles sottes !* (exclamatif)
  Quelle heure est-il ? (interrogation directe)
  Demande quels sont les prix. (interrogation indirecte)

- **qu'elle(s) = que** (élidé) + **elle(s)**
  que = conjonction de subordination ou pronom relatif ou adverbe exclamatif.
  elle(s) = pronom personnel sujet.

  Ex. : *Je crois qu'elle est belle. Voici celui qu'elle aime. Qu'elles sont jolies !*

UN TRUC !
Seul *qu'elle(s)* peut être remplacé par *qu'il(s).*
Ex. : *Qu'elles sont jolies ! →Qu'ils sont jolis.*
Mais : *Quelle heure est-il ? → ~~Qu'il~~ heure est-il ?*

EXERCICES

1. Complétez par qu'elle(s), quel(s), quelle(s) **et analysez ce(s) mot(s).**

1. Lucie chiffonnait avec des gestes de folle une serviette ... était en train de repriser. — 2. Georgette essayait de se dominer mais son visage tourmenté indiquait assez ... efforts elle faisait pour y parvenir. — 3. « La Gestapo ! » répéta Lucie et l'on eût dit ... poussait un hurlement. — 4. Il ne lui vint même pas à l'esprit... était peut-être responsable de la mort de son mari. — 5. Votre mari et M. Martin sont en état d'arrestation dit l'officier allemand. — Et pour ... raison ? s'écria Georgette. Si l'on arrêtait tous les ivrognes, la garnison de la ville passerait son temps en prison ! — 6. Soudain Lucie se rendit compte ... assistait à une représentation, à une pièce désespérée que Georgette avait inventée et ... jouait à la perfection. — 7. Ce fut assez pour ... gardât le silence.

2. Même exercice que le n° 1 (suite).

1. Les femmes en voulaient un peu moins à Lucie du rôle ... avait joué dans cette tragédie en songeant que son mari était tué et ... n'avait même pas la triste consolation de pleurer sur sa dépouille. — 2. Mais elles rageaient en pensant ... devaient la vie de leur mari à des prostituées. — 3. ... devaient rire en affirmant que douze citoyens les plus en vue de la ville étaient leurs clients attitrés ! — 4. Les dames allemandes étaient aux anges et riaient si fort ... en pleuraient. — 5. ... humiliation pour les fières dames françaises ! — 6. ... bel exemple de l'esprit chevaleresque et de la galanterie des Français ! — 7. ... leçon pour ces femmes qui les regardaient de si haut ! — 8. Allaient-elles garder leur arrogance maintenant qu'on savait en ... compagnie leurs maris passaient leur temps ? — 9. Malgré leur fou rire, les dames allemandes plaignaient Lucie : ... ait appris en même temps la mort de son mari et son infidélité leur semblait terrible pour la pauvre petite, ... admiraient de travailler avec courage. — 10. Elles décidèrent ... redoubleraient de prévenance à son égard. — 11. Quant aux autres, elles décidèrent ... leur éclateraient de rire au nez chaque fois ... les rencontreraient.

INDICATIF OU SUBJONCTIF
BUT — OPPOSITION — COMPARAISON

LEÇON

- Dans les **propositions subordonnées conjonctives complément de but et d'opposition**, on emploie toujours le **subjonctif**.
- Dans les **propositions subordonnées conjonctives complément de comparaison**, on emploie presque toujours l'**indicatif**.

Propositions	Conjonctions	Exemples
But toujours subjonctif	*pour que, afin que, de peur que, de crainte que* *que* (après verbe à l'impératif)	*Il fait couler l'eau pour que sa mère croie qu'il fait sa toilette. Approche, que je voie tes oreilles !*
Opposition toujours subjonctif	*bien que, quoique, quoi que, si... que, qui que, quelque... que, quel(le, s, les) que, où que, loin que, sans que*	*Bien que j'aie quinze ans, je ne sors pas le soir. Il est venu sans qu'on l'ait invité.*
Comparaison généralement indicatif [1]	— *comme, ainsi que, de même que, autant*[2] *que, aussi*[2] *que, tel(le, s, les) que,* etc. — *moins que, plus que, autre que, mieux que,* etc. — proportion : *d'autant plus... que, selon que,* etc. *plus... plus, autant... autant, plus moins... moins,* etc.	— *Gérard est loin d'être aussi sot que tu le crois.* — *Il est chez lui tout autre que tu ne le vois à l'école.* — *Il se montre d'autant plus malin qu'on le croit plus astucieux.* — *Plus on le croit malin, plus il l'est.*

1. Les **propositions de comparaison** peuvent également être au conditionnel (voir Fiche 37).
Ex. : *Il me reste plus d'argent que je ne l'aurais cru.*
Ne confondez pas le conditionnel passé 2e forme avec le passé antérieur de l'indicatif :
Ex. : *Sa bourse était plus pleine qu'il eût pu le croire.*

2. *Aussi* et *autant* peuvent être remplacés par *si* et *tant* dans les propositions négatives.
Ex. : *Porthos n'est pas si fin que l'est Aramis.*

EXERCICES

1. Mettez les verbes entre parenthèses au temps et au mode qui conviennent.
1. Partons vite, de peur que vous ne (*bouillir*) d'impatience. — 2. Dessine-moi un plan, que je (*savoir*) aller au stade Roland-Garros. — 3. J'ai pris des places au premier rang pour que nous (*voir*) bien le match. — 4. Presse-toi, que nous (*avoir*) le temps d'acheter du Coca-

Cola. — 5. Oui, je t'emmènerai, pour qu'enfin tu (*sourire*). — 6. On vous a mis sur le court n° 1 afin que vous (*briller*) aux yeux du grand public. — 7. Elle me sourit pour que je (*vouloir*) bien lui acheter un esquimau. — 8. Nous faisions des vœux pour que vous (*vaincre*) l'équipe tchèque. — 9. Fais-moi jouer plus souvent, que j'(*acquérir*) une bonne technique des revers.

2. Mettez les verbes au mode convenable et au temps qu'exige la concordance.

1. Il fallait à Cédric un molosse pour qu'il (*dormir*) tranquille. — 2. Il lui fallut mettre à son chien une muselière, de crainte qu'il ne (*mordre*) encore les passants. — 3. Il nous avait invités afin que nous (*voir*) la bête. — 4. Il voulait nous le montrer pour que je (*croire*) ses récits. — 5. En effet, il avait fallu bien des incidents pour qu'il se (*résoudre*) à une telle mesure. — 6. Il mit une forte courroie afin que la muselière (*tenir*) bien. — 7. Il en informa ses amis pour qu'ils ne (*craindre*) plus d'entrer chez lui. — 8. Mais même lorsqu'il eut supplié sa femme pour qu'elle (*emmener*) le chien se promener, elle s'obstina dans son refus, de crainte que le molosse ne l'(*entraîner*) malgré elle.

3. Subordonnez la seconde indépendante pour en faire une subordonnée conjonctive de but.

1. Roxane fixe rendez-vous à Cyrano ; il saura qui elle aime et prendra Christian sous sa protection. — 2. Cyrano donne des gâteaux à la duègne ; elle ne viendra pas les déranger. — 3. Les cadets insistent auprès de Cyrano ; il leur fera le récit de son combat à la porte de Nesle. — 4. Christian provoque Cyrano ; on ne le croira pas un lâche. — 5. Il prononce le mot « nez » à chacune de ses phrases ; il sera furieux et voudra se battre. — 6. Tous se hâtent de sortir ; Cyrano mettra Christian en hachis (*ils en ont bien peur*). — 7. Christian avoue qu'il préfère se taire ; à son premier mot, Roxane s'apercevra qu'il n'a pas d'esprit (*il en a peur*). — 8. Cyrano donne des leçons à Christian ; il acquerra un langage capable de séduire Roxane.

4. Faites que le verbe entre parenthèses exprime l'antériorité par rapport au verbe principal.

1. Le train s'arrête brusquement bien que personne n'(*tirer*) le signal d'alarme. — 2. Bien qu'il (*effleurer*) seulement cette flaque d'eau, le pilote dérape. — 3. Encore qu'il (*être*) absent au dernier match, Jacques est choisi comme chef d'équipe. — 4. Édouard est venu dîner à la maison sans qu'on l'(*inviter*). — 5. Florence a mis le couvert sans qu'on le lui (*demander*). — 6. On m'a mis en prison sans que j'(*faire*) rien. — 7. On a licencié ces employés, si grands que (*être*) les services qu'ils ont rendus à l'entreprise. — 8. Où que vous (*aller*), vous auriez pu demander la permission de partir. — 9. Quels que soient les services que nous (*demander*), il a toujours refusé.

5. Faites que le verbe entre parenthèses exprime la simultanéité avec le verbe principal.

1. Où qu'il (*être*), Émile se faisait remarquer par ses sottises. — 2. Quelles que (*être*) les circonstances, il déclenchait toujours des catastrophes. — 3. Loin qu'il (*grandir*), il semblait se complaire dans les gamineries. — 4. Il ne se passait pas une heure sans qu'il (*faire*) une nouvelle trouvaille. — 5. Quelque énormes que (*être*) ses sottises, il était toujours souriant. — 6. Quoique sa bonne mine (*désarmer*) la rancune, il recevait souvent des punitions. — 7. Si maladroit qu'il se (*montrer*), tout le monde l'aimait.

6. Remplacez l'indépendante coordonnée par mais, **par une subordonnée conjonctive d'opposition.**

Certain lièvre pensait en lui-même : 1. Je folâtre, mais j'ai défié la tortue à la course et je me promets bien d'arriver avant elle. — 2. Je continue à folâtrer mais elle parvient presque au but. — 3. Je ne la rattrape pas, mais je cours le plus vite possible et je fais des bonds prodigieux. — 4. La tortue arrive avant moi, mais je me crois bien plus rapide qu'elle et je le suis !

7. Mettez le verbe entre parenthèses au temps et au mode convenables.

1. Il parle tout autrement qu'il n'(*écrire*). — 2. Tu ne ris pas autant que je (*rire*). — 3. Les choses ne se passent jamais comme on le (*croire*). — 4. Je te vois bien tel que tu (*être*). — 5. Je te réclame cet argent d'autant plus vivement que j'en (*avoir*) plus besoin. — 6. Dans la mesure où il (*croire*) bien faire, il ne se tracasse guère. — 7. Ne m'attribue pas plus d'esprit que je n'en (*avoir*). — 8. Il est d'autant plus furieux qu'il (*sourire*) plus aimablement.

8. Mettez les verbes entre parenthèses au temps et au mode convenables.

1. Gertrude est une chipie ; plus je (*discourir*) d'elle, plus je la déteste. — 2. Elle se comporte avec nous tout autrement qu'elle n'(*agir*) avec vous. — 3. Elle est loin d'être aussi parfaite que vous le (*croire*). — 4. Cependant, il est vrai que son caractère change suivant que nous lui (*envoyer*) des gifles ou que nous la (*prier*) d'accepter un pain au chocolat. — 5. Alors, elle paraît infiniment plus aimable que j'(*pouvoir*) le croire. — 6. Telle que je la (*voir*), elle est capable de tout pour obtenir ce qu'elle désire. — 7. Il faut la prendre comme elle (*être*).

9. Choisissez la forme correcte dans la parenthèse.

1. J'ai cherché sur ce peintre autant de renseignements que j'(*ai/aie*) pu. — 2. Il était plus connu de son vivant qu'on ne le (*crut/crût*) à sa mort. — 3. Il fut moins homme d'argent que sa femme l'(*eut/eût*) voulu. — 4. Elle, elle était plus cupide qu'il l'(*eut/eût*) imaginé avant de l'épouser. — 5. Elle avait les dents plus longues qu'il n'(*eut/eût*) souhaité. — 6. Mais il se gagna une plus grande clientèle qu'elle ne l'(*eut/eût*) prévu. — 7. Les visiteurs furent d'autant plus nombreux à son exposition que la publicité (*fut/fût*) mieux faite. — 8. Le succès fut plus grand qu'on ne l'(*eut/eût*) cru à lire les critiques. — 9. Il avait peint beaucoup plus de toiles qu'il n'en (*montra/montrât*) de son vivant.

10. Analysez la subordonnée et écrivez correctement son verbe.

1. Je suis plus fort en sciences naturelles que tu ne le (*croire*). — 2. Je sais que les microbes circulent dans notre corps sans qu'on les (*voir*). — 3. Si petits que (*être*) les microbes, nous pouvons les voir au microscope. — 4. Passe-moi un microscope, que je (*voir*) les microbes. — 5. Quoi que tu (*voir*), ne t'effraie pas. — 6. Les microbes, bien sûr, sont en réalité bien plus petits qu'on ne les (*voir*) au microscope.

QUOIQUE/QUOI QUE, QUEL/QUELLE/QUELS/QUELLES QUE OU QUELQUE/QUELQUES

LEÇON

▶ **Quoique,** en un seul mot = conjonction de subordination.
On peut le remplacer par **bien que**.
Ex. : *Quoiqu'il fasse beau, je reste chez moi.* (= Bien qu'il fasse beau...)

▶ **Quoi que** = *quoi* (pronom indéfini neutre) + *que*.
On peut le remplacer par **quelle que soit la chose que**.
Ex. : *Quoi que je fasse, ma mère est toujours derrière moi.* (= Quelle que soit la chose que je fasse...)

▶ **Quel, quelle, quels, quelles que** = adjectif indéfini, attribut du nom sur lequel porte l'indétermination + *que*.
Ex. : *Quelle que soit l'heure, cette station service sera ouverte.*
(*Quelle* = attribut du sujet *l'heure* = féminin singulier)

▶ **Quelque** peut être adjectif ou adverbe. Il est toujours suivi d'un **que**.

1. **quelque** est adverbe invariable lorsqu'il modifie un **adjectif**.
On peut le remplacer par **si**.
Ex. : *Quelque méchants que soient les hommes, il restait optimiste.*
(= Si méchants que soient...)

2. **quelque(s)** est un adjectif indéfini toujours épithète d'un **nom**.
Ex. : *Quelques sottises qu'il commette, sa mère le soutient.*
Attention : Quand le nom est accompagné d'un adjectif, *quelque* ne doit pas être considéré comme un adverbe portant sur le seul adjectif, mais bien comme un adjectif indéfini portant sur le groupe entier.
Ex. : « *Quelques puissants appas que possède Amarante,*
Je trouve qu'après tout ce n'est qu'une suivante. » (Corneille).

EXERCICES

1. Remplacez les points par quoique **ou** quoi que.
1. ... nous soyons débordés de travail, j'irai aider ma grand-mère. — 2. ... tu me l'interdises, j'irai escalader la falaise. — 3. ... tu puisses me dire, je le ferai. — 4. ... tu entreprennes, procède méthodiquement. — 5. ... il fasse nuit, je sortirai mon chien. — 6. ... tu me dises que je suis beau, je sais que tu penses le contraire. — 7. ... tu décides de faire cet après-midi, moi je dormirai. — 8. ... tu fasses tous tes efforts pour me cacher la vérité, je la saurai. — 9. ... tu fasses, tu es perdu. — 10. Il a été arrêté ... il ait un alibi.

2. Cherchez l'adjectif attribut et transformez la proposition de concession de façon à employer les locutions si...que, quelque...que, pour...que.
Ex. : *Bien qu'il soit fort, je le vaincrai* → *Quelque fort qu'il soit, je le vaincrai.*
1. Bien que ses résultats soient médiocres, il travaille beaucoup. — 2. Bien qu'il soit gentil, il manque un peu d'éducation. — 3. Bien qu'il soit indulgent, il ne pourra me pardonner cette fois-ci. — 4. Quoique cet homme soit pauvre, il fait la charité à plus pauvre que lui.

— 5. Quoique le comte soit riche, jamais il ne déboursera une telle somme. — 6. Bien que les deltaplanes soient frêles, ils résistent à de fortes rafales.

3. Cherchez le nom auquel se rapporte l'adjectif, remplacez les points par quel, quelle, quels, quelles, **et accordez le verbe avec son sujet.**

1. ... que soi... son amour pour Chimène, Rodrigue veut venger son père. — 2. ... qu'en soi... les conséquences, il ira jusqu'au bout de son devoir. — 3. Don Diègue a d'abord cherché la conciliation, ... que soi... l'arrogance du comte. — 4. Rodrigue défie le comte, ... que soi... sa jeunesse et son inexpérience. — 5. Chimène reçoit Rodrigue ... que soi... ses griefs contre lui. — 6. ... que soi... le crime, l'amour fait beaucoup pardonner. — 7. ... que soi... sa peine et son désir de vengeance, Chimène ne peut se défendre totalement d'aimer encore Rodrigue. — 8. ... que soi... nos sentiments sur l'honneur dont Chimène et Rodrigue font tant de cas, il nous faut leur connaître de la grandeur d'âme.

4. Remplacez les points par quelque, quelques **ou** quel, quels, quelles, quelle que.

1. ... en soit la raison, je n'excuse pas ton absence. — 2. ... usuelle que soit cette faute, elle m'agace toujours autant. — 3. ... grands honneurs qu'on t'ait fait, n'oublie pas qu'on cherche à te rouler. — 4. ... raisons que tu donnes, il ne t'écoutera pas. — 5. ... soient tes projets, viens me voir en Provence une semaine. — 6. ... soit ta note, je ne te gronderai pas. — 7. ... soit la droite D du plan, tracez un triangle ABC tel que A et B soient des éléments de D. — 8. ... sérieux ennuis qui en résultent, il faut tenter cette opération. — 9. ... coûteux que soient tes vêtements, je te mettrai à l'eau. — 10. ... soient les conditions météorologiques, il faudra bien que l'expédition passe ce col pour redescendre.

5. Supprimez le s **proposé entre parenthèses lorsqu'il faut le singulier.**

1. Quelque*(s)* faciles que paraissent ces exercices, fais attention. — 2. Quelque*(s)* flatteries que lui débite Renart, Chantecler se méfie. — 3. Quelque*(s)* doux chatouillements que son amour-propre ressente, il reste sur ses gardes. — 4. Quelque*(s)* séduisantes que soient ses propositions de paix, il n'oublie pas que son but est de le manger. — 5. Quelque*(s)* attraits qu'ait pour lui la paix, il reste vigilant. — 6. Quelque*(s)* grossières que soient les ficelles de Chantecler, Renart s'y laisse prendre. — 7. Quelque*(s)* faibles chances qu'il y ait que le Seigneur passe par là avec ses chiens, Renart s'enfuit au plus vite.

INDICATIF OU SUBJONCTIF

LES PROPOSITIONS CONJONCTIVES DE TEMPS

LEÇON

- Si l'**action de la subordonnée est antérieure** à celle de la principale, **ou simultanée**, son mode est l'**indicatif**.
- Si l'**action de la subordonnée se passe après** celle de la principale, son mode est le **subjonctif**.

Conjonctions	Mode	Exemples
Presque toutes les conjonctions : *après que, dès que, au moment où, depuis que, sitôt que, quand*[1], *lorsque*[1], *pendant que*[1], *tandis que*[1], *tant que, alors que*[1], *à mesure que, comme, que*[2], *à peine... que*[3], *ne... pas... que*[3], *ne... pas plus tôt... que*[3], etc.	**Indicatif**	*Après qu'il eut dîné, j'allais me coucher.* *Pendant que tu ris, je travaille.*
avant que, en attendant que et *jusqu'à ce que.*	**Subjonctif**	*Je lisais en attendant qu'il eût dîné.*

1. Ces conjonctions peuvent indiquer à la fois *le temps* et *l'opposition.* Même avec cette double valeur, elles sont **suivies de l'indicatif**.
Ex. : *Le mari était taciturne, tandis que sa femme était bavarde.*
2. **Que** remplace d'autres conjonctions de temps pour éviter de les répéter. Il est **suivi de l'indicatif**.
Ex. : *Quand il fit noir et qu'il fut rentré, il ferma les volets.*
3. Ces locutions conjonctives encadrent le verbe de la subordonnée. Ce qui suit **que** est donc la principale.
Ex. : *À peine eut-il fini de dîner qu'elle sortit.*
prop. sub. conj. de temps prop. principale

EXERCICES

1. Mettez le verbe entre parenthèses au temps et au mode qui conviennent.

1. Avant qu'on en *(venir)* au mariage, il faut bien des étapes. — 2. Après qu'on *(rencontrer)* au temple ou à la promenade l'objet de sa flamme, on rentre chez soi tout rêveur. — 3. Après que l'amant *(faire)* sa déclaration dans l'allée de quelque jardin, tandis que la compagnie *(s'éloigner)* un peu, la dame courroucée bannit l'amant de sa présence. — 4. Après qu'il *(trouver)* le moyen d'apaiser la dame, l'amant peut obtenir d'elle « l'aveu qui fait tant de peine ». — 5. Lorsque les amants *(s'avouer)* leur amour, ce n'est pas fini ! — 6. Il faut encore bien des épreuves jusqu'à ce que l'amour *(pouvoir)* s'épanouir. — 7. Après que les pères *(persécuter)* les amants, les rivaux se jettent à la traverse. — 8. Puis les jalousies séparent les amants, en attendant que les enlèvements *(aller)* les éloigner physiquement. — 9. C'est seulement après que les amants *(épuiser)* toutes les gammes des plaintes et du désespoir que le roman peut arriver à sa conclusion. (D'après Molière, *Les Précieuses ridicules*.)

2. Mettez le texte précédent au passé en respectant les règles de la concordance : « Au XVIIe siècle, ... il fallait... ».

3. Faites que le verbe de la parenthèse soit antérieur au verbe principal.

1. Après que mon chien *(manger)* sa pâtée, je pars en promenade avec lui. — 2. Le joueur n'*(faucher)* plus tôt son adversaire, que l'arbitre sortit son carton jaune. — 3. Après que tu *(arriver)*, rien n'est plus allé comme avant. — 4. Après qu'il *(finir)* son travail, la télévision le distrayait. — 5. Après que ton père *(couper)* les branches, tu mettras du mastic. — 6. Après que l'avion *(lâcher)* ses bombes, il rentra à sa base. — 7. Il n'*(ouvrir)* plus tôt la bouche qu'on le fit taire. — 8. Après que les condamnés *(être amenés)* dans le cirque, on lâchait les lions. — 9. Après que le professeur nous *(faire)* ce cours, nous ne devons plus faire de fautes. — 10. Après que sa mère l'*(coucher)*, le bébé s'endormit. — 11. Après que je l'*(féliciter)*, elle s'est enfuie tout intimidée.

4. Inventez huit phrases qui comprendront une proposition subordonnée conjonctive de temps, en employant les divers temps simples de l'indicatif dans la principale et en utilisant à chaque fois une conjonction de subordination différente.

5. Avec les propositions indépendantes suivantes, faites une seule phrase comprenant une principale et une subordonnée de temps, en proposant autant de solutions que l'indique le chiffre entre parenthèses.

Ex. : *il dîna ; aussitôt après il alla se coucher* (5).

Aussitôt qu'il (Dès qu'il, Sitôt qu'il) eut dîné, il alla se coucher.
Il n'eut pas plus tôt dîné qu'il alla se coucher.
À peine eut-il dîné qu'il alla se coucher.

1. L'offensive ennemie commença ; ce fut aussitôt l'enfer. (5) — 2. Le lieutenant n'avait pas encore traversé la rue ; déjà un obus éclatait. (1) — 3. Il fut blessé à la jambe ; aussitôt ses camarades l'emmenèrent à l'ambulance. (5) — 4. Le front tenait bien ; les secours étaient bien organisés. (2) — 5. Il arriva à l'ambulance ; on l'évacua aussitôt vers l'arrière. (5) — 6. Mais à l'arrière il dut patienter avant d'être opéré ; le médecin allait rentrer de vacances ! (2). (D'après Hemingway, *L'Adieu aux armes*, Gallimard.)

6. Choisissez dans la parenthèse l'orthographe qui convient.

1. Dès que j'*(ai/aie)* reçu un paquet, vous vous précipitez pour l'ouvrir. — 2. Tant que j'*(ai/aie)* été trop gentille avec vous, vous ne m'avez pas écoutée. — 3. Mais à partir d'aujourd'hui, plus question pour vous d'ouvrir un paquet avant que je l'*(ai/aie)* vu ! — 4. Jusqu'à ce que je *(cours/coure)*, tu m'obliges à garder mon pull. — 5. Aussi longtemps que je *(cours/coure)*, j'ai suffisamment chaud en maillot de corps. — 6. Dès que j'*(ai/aie)* fini l'épreuve, avant que j'*(ai/aie)* eu le temps de me refroidir, tu me passes un pull. — 7. En attendant que j'*(ai/aie)* la possibilité de me rhabiller, tu essaies que je ne reste pas dans les courants d'air. — 8. Après que j'*(ai/aie)* refusé sa proposition, il s'est mis dans une violente colère. — 9. Comme je *(crois/croie)* que j'ai raison de refuser, je m'en tiens à mon refus. — 10. Mais il ne cessera pas de me persécuter jusqu'à ce que je le *(crois/croie)* et *(acquiers/acquière)* son produit.

7. Mettez le verbe au passé antérieur de l'indicatif ou au subjonctif plus-que-parfait.

1. Dès que le chef de la mission en Antarctique *(décider)* de procéder à un relevé du sous-sol glaciaire au carré 612, une équipe partit. — 2. Jusqu'à ce que l'hélicoptère *(s'élancer)* en hurlant vers les terres glacées, il était encore temps de s'arrêter. — 3. Aussitôt que l'hélicoptère les *(débarquer)* sur la banquise, le vent assaillit les membres de la mission avec

ses mains trempées dans le froid de l'enfer. — 4. Avant que le docteur Simon *(s'asseoir)* sur la chenille du snow-dog, Grey y avait vite posé une couverture pliée en quatre. — 5. Lorsque le sondeur *(révéler)* des lignes qui évoquaient une architecture titanesque et bouleversée, ils se servirent d'un nouvel appareil plus précis. — 6. Or, avant que Lancieux *(projeter)* le profil d'un gigantesque escalier, Grey avait capté les ondes d'un émetteur d'ultrasons. — 7. Une civilisation humaine avait donc existé il y a plus de neuf cent mille ans, avant que les singes n'*(habiter)* la terre et que *(apparaître)* l'homme de Cro-Magnon ! — 8. Quand on *(mettre)* au courant le chef de centre, qu'il *(refuser)* puis *(accepter)* enfin l'évidence, il conclut qu'il fallait transmettre les documents au siège, à Paris. (D'après R. Barjavel, *La Nuit des temps*, Presses de la Cité.)

DICTÉE À CHOIX MULTIPLES

L'anneau• magique. — 1. Après que Bilbon *(ce/se) (fut/fût)* perdu dans les ténébreuses galer**ie**s de mine*(s)* au plus profond de la montagne, comme il tâtonnait• vainement• dans le noir, il posa la main sur un anneau• qui gisait sur le sol*(e)*. — 2. Il continua à descendre, jusqu'au moment où il ne *(put/pût)* aller plus loin. — 3. C'est alors qu'il rencontr*(a/ât)* Gollum. — 4. Dès que Gollum *(vit/vît)* Bilbon, il voul*(u/ut/ût)* l'**atta**qu*(é, er)*, mais il pensa à *(tant/temps)* qu'il n'avait pas sur lui son **ann**eau magi**que** qui le rendait invisible et préféra défi*(é, er)* Bilbon aux énigmes. — 5. Bilbon, à *(boue/bout)* d'énigme*(s)*, demanda : « Qu'*(ai/est)*-je dans ma poche ? » — 6. Gollum ne put répondre et Bilbon avait gagné. — 7. Mais, bien que la promesse *(fut/fût)* tenu*(e)* pour chose sacré*(e)*, Gollum méditait la perfid**ie** et s'esquiva pour reprendre son anneau. — 8. *(Or/Hors)* l'anneau avait disparu. — 9. Le cri per**ç**ant de Gollum fit frémir Bilbon, bien qu'il ne compr*(is, it, ît)* pas encore ce qui *(c'/s')*était passé. — 10. Gollum, lui, avait compri*(s, t)* maintenant *(ce/se)* que Bilbon avait dans sa poche et il le poursuivit pour récupérer son « trésor ». — 11. La chance sauva Bilbon une fois de plus : avant que Gollum l'*(eut/eût)* **attrapé**•, il mi*(s, t)* la main dans sa poche et l'anneau se glissa doucement à son doigt. — 12. *(Ce/Se)* fut ainsi que Gollum passa près de lui sans le voir et poursuiv*(i, it)* son chemin pour garder l'iss**ue** de peur que son « voleur » ne s'éch**app***(a, ât)*•. — 13. Bilbon le suivit tandis qu'il allait, jurant et se parlant à lui-même de son trésor, et finit, grâce à ses propos, par deviner la **vérité**. — 14. Il eut souvent rec**ours**• à l'anneau pendant sa quête•, mais il garda le secret à *(ce/se)* sujet• aussi longtemps qu'il le *(put/pût)*. (D'après Tolkien, *Le Seigneur des anneaux*, Bourgois.)

LES MOTS DE LA FAMILLE : À VOS DICTIONNAIRES !

un anneau → anneler, annelure, annelet
tâter → **tâ**tonner, à **tâ**tons, un **tâ**tonnement.
vain, vaine, en vain → la **va**nité, un **va**niteux(-euse) - s'év**an**ouir, un év**an**ouissement, év**an**escent.
la trappe → le tra**pp**eur, le tra**pp**iste (religieux de la Trappe), la tra**pp**istine
mais : attra**p**er, une attra**pe**, un attra**pe**-nigaud, une chausse-tra**pe**, une attra**p**ade - rattra**p**er, le rattra**p**age.

FICHE 48

INDICATIF OU SUBJONCTIF

LES PROPOSITIONS DE CAUSE ET DE CONSÉQUENCE

LEÇON

▶ La cause

Conjonctions	Mode	Exemples
non que, non pas que et *ce n'est pas que*	**Subjonctif** (cause niée)	*Le renard dédaigna la grappe, non qu'elle fût verte...*
parce que, puisque, comme, attendu que, vu, étant donné que, etc.	**Indicatif** (cause réelle)	*... mais parce qu'elle était hors de sa portée.*

▶ La conséquence

Conjonctions	Mode	Exemples
assez..., suffisamment..., trop... pour que, etc.	**Subjonctif** (*pour* ajoute une idée de but)	*Les microbes sont trop petits pour qu'on les voie à l'œil nu.*
de telle sorte que, de façon que, de manière que, si bien que, au point que, tel(s, le, les) que, tellement que, si... que[1], *tant... que*[2], etc.	**Principale affirmative : → Indicatif**	*Il s'est endormi si profondément qu'on ne peut le réveiller.* (la conséquence est réalisée)
	Principale { interrogative / négative / à l'impératif : →Subjonctif	*Est-il si endormi / Il n'est pas si endormi / Endors-le si bien } qu'on ne puisse le réveiller.* (la conséquence est éventuelle)

1. À ne pas confondre avec la *comparaison*, cf. Fiche 45 p. 129.
2. À ne pas confondre avec la *comparaison*, cf. Fiche 45 p. 129, et avec le *temps*, Fiche 47 p. 134.

EXERCICES

1. Mettez le verbe entre parenthèses au temps et au mode qui conviennent.

1. Ce n'est pas que le temps *(être)* franchement mauvais, mais Frédéric est trop frileux pour sortir. — 2. Je mets en marche le moteur, non que j'*(avoir)* peur de m'être avancé trop loin en mer, mais parce que de gros nuages noirs *(surgir)* à l'horizon. — 3. Je vais les quitter rapidement, non que je les *(voir)* assez, mais parce que j'*(avoir)* très sommeil. — 4. Le footballeur ne fit pas la passe, non qu'il *(être)* encerclé, mais parce qu'il *(être)* très personnel. — 5. Il fit une grimace atroce, non pas qu'il *(jouer)* la comédie, mais parce que

la douleur était insupportable. – 6. Ce n'est pas que je le *(croire)* incapable d'accomplir cette mission, mais il est tout de même un peu fluet. – 7. Je l'envoie en mission parce que je *(croire)* cette mission réalisable. – 8. Le bateau a coulé, non qu'il y *(avoir)* du vent, mais parce que le capitaine ne *(remarquer)* pas un rocher à fleur d'eau.

2. Inventez six phrases qui comprendront deux propositions subordonnées conjonctives de cause : une cause refusée et une cause réelle.

3. Remplacez l'indication de son entre parenthèses par l'orthographe correcte du verbe.

1. Le maître d'hôtel se m*(i)* en colère, non qu'il n'y *(eu)* aucun client, mais parce qu'il v*(i)* un chien chiper le gigot. – 2. Le client refus*(a)* la soupe, non qu'elle f*(u)* sure, mais parce qu'il aperç*(u)* un cheveu qui flottait à la surface. – 3. Son ami ne v(*in*) pas, non qu'il f(*u*) malade, mais parce qu'il avait raté son train, et il s'inquiét(*a*) fort de ne pas le voir venir. – 4. Ce n'est pas que cette hypothèse ne lui v(*in*) à l'esprit, mais son tempérament anxieux lui suggér(*a*) immédiatement des explications bien plus dramatiques.

4. Mettez les verbes au temps et au mode convenables et accordez les adjectifs.

1. Il pleut si fort qu'il (*falloir*) mettre vos cirés. – 2. Il ne pleut pas si fort qu'il (*falloir*) mettre vos cirés. – 3. Font-ils de (*tel*) réductions dans ce magasin que cela (*valoir*) la peine de se déplacer ? – 4. Ils font de (*tel*) réductions dans ce magasin que cela (*valoir*) la peine de se déplacer. – 5. Il y a un (*tel*) brouillard que je n'y (*voir*) rien à deux mètres devant moi. – 6. Y aura-t-il un (*tel*) brouillard qu'on n'y (*voir*) rien à deux mètres devant soi ? – 7. Comment peut-il avoir une (*tel*) assurance que tout le monde le (*croire*) ? – 8. Son assurance est (*tel*) que tout le monde le (*croire*). – 9. J'ai tant de travail que je n'en (*voir*) pas le bout. – 10. Il y a trop de travail pour que j'en (*voir*) le bout. – 11. La situation de l'industrie est assez inquiétante pour que le gouvernement (*prévoir*) des mesures de relance. – 12. La situation de l'industrie n'est pas si inquiétante que le gouvernement (*prévoir*) des mesures de relance.

5. Mettre les verbes au temps et au mode convenables et justifiez votre choix.

1. Bernard l'avait retenue trop longtemps pour qu'elle (*pouvoir*) encore attraper son train. – 2. Bernard l'avait retenue si longtemps qu'elle ne (*pouvoir*) attraper son train. – 3. Elle avait pourtant cru que Bernard ne l'avait pas retenue si longtemps qu'elle ne (*pouvoir*) attraper son train. – 4. Le taxi la (*déposer*) juste à temps à la gare routière pour qu'elle (*sauter*) dans le dernier autobus. – 5. Elle était si fatiguée quand elle (*arriver*) chez elle qu'elle n'(*avoir*) pas la force de se faire à dîner et elle tombait de sommeil au point qu'elle n'(*avoir*) pas le courage de se déshabiller. – 6. Mais elle ne (*s'endormir*) pas d'un si bon sommeil qu'elle n'(*entendre*) les bruits de la rue et ne (*s'éveiller*) plusieurs fois dans la nuit. – 7. De toute façon, la recette de son ami était trop compliquée pour qu'elle (*se risquer*) à l'essayer.

6. Inventez six phrases comprenant une proposition subordonnée conjonctive de conséquence, dont la moitié seront au subjonctif. Variez les conjonctions de subordination et le temps du verbe de la principale.

PARCE QUE/PAR CE QUE

LEÇON

- **Parce que** est une conjonction de subordination qui indique la cause.
  Ex. : *M. Desqueyroux fut empoisonné parce que Thérèse voulait se débarrasser de lui.*

- **Par** + **ce** + **que**
  préposition + pronom démonstratif + pronom relatif C.O.D.
  Ex. : *M. Desqueyroux fut empoisonné par ce que Thérèse lui versait tous les soirs dans son verre.*

EXERCICES

1. Remplacez les points par parce que, par ce que.

1. Je suis étonné ... vous me dites. — 2. Je suis étonné ... vous ne me dites pas la vérité. — 3. Je commence ... personne ne veut le faire. — 4. Je commence ... personne ne veut entreprendre d'ordinaire. — 5. Je m'aperçois, ... vous m'apprenez, que j'ai commis une erreur. — 6. ... il avait de lenteur dans ses mouvements et de gravité dans les traits du visage, cet homme en imposait. — 8. ... il avait de la lenteur dans ses mouvements et de la gravité dans les traits du visage, il en imposait.

2. Remplacez les points par parce que, par ce que.

1. Jim est prisonnier des pirates ... il a cru que ses amis étaient encore dans le fortin. — 2. Il est très étonné ... il entend de la bouche de Long John : — 3. « Tu ne peux plus rejoindre tes amis ... ils ne veulent plus de toi. — 4. Laisse-toi tenter ... je te propose. — 5. Tu as intérêt à venir avec nous ... pour le moment tu es entre nos mains, et tu y es bien. » — 6. Jim est plutôt rassuré ... lui dit Long John. — 7. Il continue à le questionner ... il veut savoir où sont ses amis. — 8. Le docteur est venu la veille en ambassadeur ... il voulait proposer un marché aux pirates. — 9. Les pirates ont été suffoqués ... il leur a apporté : la carte pour trouver le trésor ! — 10. Long John défendra Jim contre les pirates ... Jim représente sa dernière chance de ne pas être pendu. — 11. Il a compris qu'il avait perdu la partie ... la goélette avait disparu. (D'après Stevenson, *L'Ile au trésor.*)

INDICATIF OU SUBJONCTIF
LES PROPOSITIONS DE CONDITION

LEÇON

Conjonctions	Mode	Exemples
si[1], *selon que,* *suivant que,* *même si,* *comme si.*	**Indicatif**	*Si je mettais cette robe, je lui plairais.* (voir Fiche 36, p. 105) (condition + opposition) (condition + comparaison)
que	**Subjonctif**	*Que je mette cette robe, et je lui plairai.* (*que* exprime la condition suffisante) *Si je mettais cette robe et que j'aille chez le coiffeur, je lui plairais.* (*que* évite de répéter *si* = et si)
à supposer que, *en admettant que,* *à condition que,* *pourvu que,* *pour peu que,* *à moins que,* *soit que... soit que...,* *que... ou que...*	**Subjonctif**	*Pourvu que j'aie le sourire, les petits défauts disparaîtront.*

1. Dans la langue littéraire :
- **Le conditionnel passé 2e forme** (= subjonctif plus-que-parfait) peut s'employer à la fois dans la principale et dans la subordonnée de condition pour exprimer l'irréel du passé.
Ex. : *Si sa marraine ne l'eût aidée, Cendrillon n'eût pu aller au bal.*
(= si sa marraine ne l'avait aidée, Cendrillon n'aurait pu aller au bal.)
- **La proposition subordonnée de condition** peut être au conditionnel passé 2e forme, sans conjonction de subordination.
La principale, elle, peut être introduite par **que**.
Ex. : *N'eût été la bonne marraine, Cendrillon n'eût pu aller au bal.*
Eussent-elles été jolies, que ses sœurs n'eussent pas séduit le prince.
(= Même si elles avaient été jolies)
- On met un **accent aigu** sur le *e* final d'*eusse* suivi de *je*.
Ex. : *Eussé-je été au bal, que je n'aurais pas été choisie*
(Même si j'avais été au bal, je n'aurais pas été choisie.)
La tournure existe aussi dans certaines locutions avec l'imparfait du subjonctif sans conjonction de subordination : *dussé-je, fût-ce.*
Ex. : *Fût-ce le roi lui-même, je ne me dérangerais pas.*

2. D'autres conjonctions de condition sont suivies du conditionnel (cf. Fiche 37, p. 106.)

EXERCICES

1. Mettez le verbe entre parenthèses au temps et au mode convenables.

1. Pour peu que vous *(voir)* un homme de cinquante ans en bonne santé qui a fumé toute sa vie durant, vous concluez hâtivement que le tabac *(être)* inoffensif. — 2. Pourtant cet

homme aura statistiquement peu de chances d'échapper à tout ennui de santé, soit qu'il se *(ressentir)* d'une bronchite, soit qu'il *(subir)* les douleurs d'une artérite, soit qu'il *(s'enlaidir)* de rides précoces. — 3. A supposer qu'il *(atteindre)* soixante-dix ans, il sera bien chanceux s'il *(voir)* cet âge sans cancer du poumon ou du larynx. — 4. La cigarette fera encore bien des victimes à moins qu'on *(avertir)* les jeunes de ses dangers. — 5. Rêvons : que l'ensemble de la population *(interrompre)* son habitude de fumer, et l'on fermerait la moitié des lits d'hôpitaux ! — 6. Qu'il n'y *(avoir)* plus de fumeurs en France, et quelle économie pour la Sécurité sociale ! — 7. Si les professeurs donnaient le bon exemple et que les élèves les *(prendre)* pour modèles, bien des choses changeraient.

2. Mettez le verbe entre parenthèses au temps et au mode convenables.

1. Rodrigue se battra contre le Comte à condition qu'il *(résoudre)* son dilemme intérieur. — 2. S'il *(vaincre)* le Comte et le *(tuer)*, bien sûr, le mariage avec Chimène est impossible. — 3. Mais pour peu qu'il *(comprendre)* que de toute façon Chimène est perdue, soit qu'il *(courir)* à la vengeance, soit qu'il *(conclure)* la paix avec le père de Chimène, il penche vers la vengeance. — 4. En effet, même s'il se *(soustraire)* à son devoir de vengeance, il perdra Chimène. — 5. Car Chimène ne peut l'aimer qu'à condition qu'il *(conquérir)* son admiration. — 6. S'il *(fuir)* le combat, évidemment il *(déchoir)*. — 7. Et pour peu qu'il *(déchoir)*, il ne sera plus digne de Chimène. — 8. Quant à Chimène, soit que Rodrigue *(mourir)*, soit qu'il *(vaincre)*, elle sait aussi qu'il est perdu pour elle. — 9. Nous ne pouvons entendre Rodrigue et Chimène lutter et souffrir sans que cela ne nous *(émouvoir)*.

3. Évitez la répétition de la conjonction de subordination en remplaçant la 2e par que **et modifiez la phrase en conséquence.**

1. Scarlett s'habilla pour aller voir Franck comme si elle se parait pour un bal et comme si elle partait en guerre. — 2. Si Franck avait été moins naïf et si Scarlett lui avait laissé le temps de se reconnaître, il ne serait pas tombé aussi aisément dans le piège. — 3. Mais même s'il se souvenait encore de Suellen et même s'il se méfiait un peu, la flatterie vint facilement à bout de sa résistance. — 4. Si cela lui était utile et si elle voulait s'en donner la peine, Scarlett savait être charmante. — 5. Si elle avait été amoureuse et si elle avait véritablement donné son cœur, elle n'aurait pu être plus tendre. — 6. En fait, elle se disait : « Si Franck peut m'avancer cette somme et si je l'ai à ma disposition, Tara est sauvée. »

4. Remplacez les points par -ez **ou** -iez**.**

1. Même si vous ne le croy... pas, n'en laissez rien paraître. — 2. Que vous le croy... ou non, n'en laissez rien paraître. — 3. A moins que vous ne le raill..., vous garderez sa confiance. — 4. Je continue à vous payer pourvu que vous m'envoy... vos petits comptes rendus. — 5. Vous savez que les sommes varient selon que vous m'en envoy... souvent ou rarement. — 6. Que vous ne m'envoy... plus rien du tout et la manne s'arrêtera instantanément. — 7. En admettant que vous surveill... qui vous sav... nuit et jour, vous devez pouvoir m'adresser un pli toutes les semaines. — 8. Même si vous ne le surveill... pas pendant deux heures, ce n'est pas un drame.

5. Remplacez si, même si + indicatif **par une tournure plus soutenue** (cf. note 1) **pour retrouver la phrase de l'auteur.**

1. « Faire le poème de la conscience humaine *(même si ce n'était)* qu'à propos d'un seul homme, *(même si ce n'était)* qu'à propos du plus infime des hommes, ce serait fondre toutes les épopées dans une épopée supérieure et définitive » (V. Hugo, *Les Misérables*). — 2. « Les parents poussent leurs enfants *(même si c'est)* à grands coups de pieds dans le derrière, vers des destinées qu'ils jugent meilleures » (Colette, *Sido*). — 3. « *(Si ce n'avait été)* sa colère, j'aurais regagné, dansant, le jardin » (Colette, *Sido*). — 4. « *(Si je ne l'avais pas tenu)* d'elle,

qu'elle m'eût donné l'amour de la province » (Colette, *Sido*). — 5. « Pourvu que l'on arrive, c'est tout ce qu'il faut, *(même si on arrive)* moulu, brisé en morceaux » (A. Dumas).

DICTÉE À CHOIX MULTIPLES

Martyr de la science•. — 1. Je demandai*(s)* pour mes étr**ennes** le gros livre de chimi**e** de Troost[1]. — 2. *(Ce/Se) (fut/fût)* ma *(tante/tente)* Lucie qui me l'**offr***(it, ît)*. — 3. Ma *(tante/tente)* Claire, à qui je l'avai*(s, t)* d'abord demandé, trouvait ridi**cule** de faire cadeau d'un livre de classe. — 4. Mais je criai*(s)* si fort qu'aucun*(s)* autre*(s)* livre*(s)* ne pouvait me faire plus de plaisir*(s)*• que ma *(tante/tente)* Lucie céd*(a, ât)* à mon désir. — 5. Je n'avais encore que trei**ze** ans, mais je proteste qu'aucun*(s)* étudiant*(s)* jamais ne plon**ge***(a, ât)* dans *(ce/se)* livre avec plus d'avidi**té***(s)* que je ne f*(is/ît)*. (...) — 6. Ma mère consen*(it/ît)* à mes expériences. — 7. C'est là que j'installai*(s)*• un petit fourneau à alcool, mes matras[2] et mes **appareils**. — 8. J'admire encore *(quelle/qu'elle) (m'est/m'ait/mes)* laissé*(e)* faire. — 9. Soit qu'elle ne se rend*(it, ît)* pas n**ett**ement *(conte/compte)* des risques que couraient les murs, le plancher et moi-même, soit qu'elle estim*(a, ât)* qu'il val*(ait, aient)* la peine de les courir s'il*(s)* devai*(ent)*t en sortir pour moi quelque*(s)* profit*(s)*. — 10. Il **arr**iv*(a, ât)* nécessairement qu'un beau matin le récipient dans lequel*(le)* je fabri**qu**ai*(s)* de l'h**y**drogène m'éclat*(a, ât)* au nez : (...) — 11. Je n'*(eus/eût)* pas *(plutôt/plus tôt)* **app**roché*(e)* l'**all**umette que la fla**mm**e•, envahissant l'intéri**eur** de l'**app**areil, projet*(a, ât)*• au diable *(vers/verre/verres)*, tubes et bouchon*(s)*. — 12. Je compris en tremblant que pour *(peut/peu)* que le récipient *(eut/eût)* été solidement bouché, il m'*(eut/eût)* éclaté au visage, et ceci me rend*(it, ît)* plus réservé dans mes **rapp**orts avec les gaz. (D'après A. Gide, *Si le grain ne meurt*, Gallimard.)

LES MOTS DE LA FAMILLE : À VOS DICTIONNAIRES !

la science → scientifique, le scientisme, scientiste - la prescience - la (in)conscience, (in)conscient(e), consciencieux(se, ment) - le subconscient, la subconscience - omniscient(e) - à bon escient.
la flamme → flammé(e), une fla**mm**èche, une fla**mm**ette - enfla**mmé** - (in)infla**mma**ble, l'infla**mm**ation, infla**mm**atoire - un orifla**mme**.
plaire → le pl**ai**sir, pl**ai**sant, pl**ai**samment, la pl**ai**sance, un pl**aisa**ncier → pl**aisa**nter, la pl**aisa**nterie, un pl**aisa**ntin - compl**aire**, compl**ai**sant, la compl**ai**sance - dépl**aire**, dépl**ai**sant, le dépl**ai**sir.

HOMONYMES

▶ **martyr, martyre**
— *un martyr* : l'homme qui souffre pour ses croyances.
— *le martyre* : tourments subis pour la foi.

▶ **tante, tente**
— *une tante* : sœur de l'un ou l'autre des parents.
— *tente* : abri de toile (→ tendre).

1. Troost : chimiste français, 1835-1911.
2. Matras : vase de verre ou de terre à long col, employé en chimie.

INDICATIF OU SUBJONCTIF
LES PROPOSITIONS RELATIVES

LEÇON

Les propositions relatives sont le plus souvent à l'indicatif. Elles peuvent être au **subjonctif** quand :

- elles marquent **le but, l'intention, la conséquence voulue :**
  Ex. : *Donne-moi une boisson qui soit fraîche* (= telle qu'elle soit).
  On envoie un messager qui dise la nouvelle (= pour qu'il dise).

- **un superlatif** ou une expression analogue, comme *le seul, le premier, le dernier,* accompagne l'**antécédent** :
  Ex. : *C'est la seule qui veuille l'épouser.*
  C'est la plus jolie fille que j'aie jamais vu.

- **l'antécédent est un mot négatif** :
  Ex. : *Cela ne me dit rien qui vaille.*

- **l'antécédent** est dans une **proposition interrogative** ou **conditionnelle** :
  Ex. : *Existe-t-il quelque chose qui vaille la peine de vivre ?*
  Si tu trouves une robe qui te plaise, achète-la.

- elles ont **une valeur conditionnelle.**
  Ex. : *Un passant qui l'eût aperçu l'eût pris pour un fou.* (= s'il l'eût aperçu)

UN TRUC

Essayez le conditionnel passé 1re forme pour vérifier qu'il s'agit bien du conditionnel passé 2e forme :
Ex. : *Un passant qui l'aurait aperçu → qui l'eût aperçu.*

ATTENTION !

Ne confondez pas les propositions relatives avec les propositions interrogatives indirectes (Cf. Fiche 37, p. 106).

EXERCICES

1. Dites si la subordonnée est interrogative ou relative et mettez les verbes entre parenthèses au mode et au temps convenables.

1. J'ai oublié qui (*casser*) le vase de Soissons. — 2. Sommes-nous sûrs que c'est bien Homère qui (*écrire*) *L'Iliade* ? — 3. Il y a peu de dates que j'(*retenir*) aussi facilement que Marignan en 1515. — 4. C'est la seule qui me (*permettre*) de répondre sans hésiter. — 5. Le roi qui (*gouverner*) la France en 1608 était Henri IV. — 6. Louis XIV est un des rois qui (*gouverner*) la France pendant le plus grand nombre d'années, mais Henri IV est un des meilleurs rois qui (*gouverner*) la France. — 7. Je me demande qui (*gouverner*) avant Henri IV.

2. Mettez les verbes au temps et au mode qui conviennent.

1. Le père Madeleine était inflexible sur la règle qui (*séparer*) l'atelier des hommes et celui des femmes et des filles. — 2. C'était le seul sujet où il (*être*) en quelque sorte intolérant.

— 3. Grâce à lui, il n'y avait à Montreuil-sur-Mer de poche si obscure où il n'y (*avoir*) un peu d'argent, pas de logis si pauvre où il n'y (*avoir*) un peu de joie. — 4. M. Madeleine vit un jour un vieux homme, nommé le père Fauchelevent, qui (*venir*) de tomber sous sa charrette dont le cheval (*s'abattre*). — 5. Le père Fauchelevent était un des rares ennemis qu'(*avoir*) encore M. Madeleine. — 6. « Y a-t-il ici quelqu'un qui (*avoir*) des reins et du cœur ? » demanda M. Madeleine. — 7. Mais il n'y eut personne qui (*s'avancer*). — 8. Regardant fixement M. Madeleine de son regard qui (*transpercer*), Javert intervint : — 9. « Je n'ai jamais connu qu'un seul homme qui (*pouvoir*) faire ce que vous demandez-là. » — 10. « Il n'y a donc personne qui (*vouloir*) gagner vingt louis et sauver la vie de ce pauvre vieux ? » redemanda M. Madeleine. — 11. « C'est un forçat qui (*se nommer*) Jean Valjean » reprit Javert en regardant fixement M. Madeleine. (D'après V. Hugo, *Les Misérables*.)

3. Choisissez l'orthographe convenable et justifiez le mode employé.

Le corps et le cœur sont chez moi destinés à aimer dit Zadig. 1. Ce n'est pas que je (*crois/croie*) mes femmes infidèles, — 2. mais je voudrais trouver une âme qui (*fut/fût*) à moi ; — 3. je donnerais pour un pareil trésor les cent beautés que (*j'ai/aie*) en ma possession et tous leurs charmes. — 4. Voyez si sur cent sultanes, vous pouvez m'en trouver une dont (*j'ai/j'aie*) la certitude d'être aimé. (D'après Voltaire, *Zadig*.)

4. Mettez les verbes au temps et au mode qui conviennent.

1. Zadig vit, non loin du grand chemin, une femme qui (*appeler*) le ciel et la terre à son secours et un homme furieux qui la (*suivre*). — 2. Entendant son cri, qui (*attendrir*) un démon, Zadig courut se jeter entre elle et ce barbare. — 3. Zadig entreprit de la défendre auprès du bourreau qui l'(*transpercer*) sans son intervention : — 4. « Comment pouvez-vous outrager ainsi un chef-d'œuvre de la nature, qui (*être*) à vos pieds, et qui n'(*avoir*) pour sa défense que ses larmes ? » — 5. A ces mots, l'Égyptien tourna sa fureur contre Zadig et voulut le frapper du poignard dont il (*être*) armé. — 6. Zadig, indigné, saisit la seule arme qu'il (*porter*) sur lui, son épée, et la lui plongea dans le sein. (D'après Voltaire.)

5. Choisissez l'orthographe convenable et justifiez le mode employé.

1. Quelqu'un qui n'(*eut/eût*) pas connu Javert et qui l'(*eut/eût*) vu au moment où il pénétr(*a, ât*) dans l'antichambre de l'infirmerie n'(*eut/eût*) pu rien deviner de ce qui se passait et lui (*eut/eût*) trouvé l'air le plus ordinaire du monde. — 2. Il était froid, calme, grave, avait ses cheveux gris parfaitement lissés sur les tempes et venait de monter l'escalier avec sa lenteur habituelle. Quelqu'un qui l'(*eut/eût*) connu à fond et qui l'(*eut/eût*) examiné attentivement (*eut, eût*) frémi. La boucle de son col de cuir au lieu d'être sur sa nuque était sur son oreille gauche, ce qui révélait une agitation inouïe. — 3. Javert était un caractère complet, ne laissant faire de pli ni à son devoir, ni à son uniforme, méthodique avec les scélérats, rigide avec les boutons de son habit. Pour qu'il (*eut/eût*) mal mis la boucle de son col il fallait qu'il y (*eut/eût*) en lui une de ces émotions qu'on pourrait appeler des tremblements de terre intérieurs. (V. Hugo, *Les Misérables*.)

6. Remplacez les points par est, ai, ait, aie.

1. Ce brave et malheureux Athos ... blessé juste à l'épaule contre laquelle j'... donné de la tête comme un bélier. — 2. La seule chose qui m'étonne, c'est qu'il ne m'... pas tué raide. — 3. Il en avait le droit et la douleur que je lui ... causée a dû être atroce, à lui qui ... l'être le plus courageux que j'... jamais rencontré. — 4. Voilà une journée qui ... bien mal commencée, conclut d'Artagnan. (D'après Dumas, *Les Trois Mousquetaires*.)

7. Analysez la proposition subordonnée et choisissez le mode qui convient.

1. Cette faveur ne peut pas être si fort au-dessus de vous que vous le (*croyez/croyiez*), dit M. de Tréville à d'Artagnan. — 2. Si vous avez quelqu'une de ces inimitiés contre le Car-

dinal, telles que nous les (*voyons/voyions*) éclater chez les gentilshommes, dites-moi adieu et quittons-nous. — 3. J'espère que ma franchise en tous cas, vous fera mon ami, car vous êtes à présent le seul jeune homme à qui j'(*ai/aie*) parlé comme je le fais. (D'après A. Dumas, *Les Trois Mousquetaires*).

8. Analysez la proposition subordonnée et choisissez le mode convenable.
1. Il y avait dans ce sourire de Milady une telle expression de triomphe que ce seul sourire l'(*eut/eût*) dénoncée. — 2. Le soldat de garde à sa porte s'était arrêté comme s'il (*eut/eût*) été changé en pierre. — 3. « Je me tairai », dit Milady avec toute la douceur qu'elle (*put/pût*) donner à sa voix, avec toute la résignation qu'elle (*put/pût*) imprimer à son maintien. — 4. Quand elle (*eut/eût*) pu constater que Felton l'avait vue à genoux, alors, seulement, elle feignit d'entendre le bruit de ses pas et, se relevant rapide comme la pensée, elle rougit comme si elle (*eut/eût*) été honteuse d'avoir été surprise à genoux. — 5. « Coupable, moi ! dit Milady avec un sourire qui (*eut/eût*) désarmé l'ange du jugement dernier. — 6. Je n'aurais pas cru qu'il y (*eut/eût*) un Anglais dans toute l'Angleterre qui (*eut/eût*) besoin d'une si longue explication ! » — 7. Milady se coucha et s'endormit le sourire sur les lèvres ; quelqu'un qui l'(*eut/eût*) vue dormant eût dit une jeune fille rêvant à la couronne de fleurs qu'elle devait mettre sur son front à la prochaine fête. (D'après A. Dumas, *Les Trois Mousquetaires*)

DICTÉE À CHOIX MULTIPLES

Le meilleur des mondes possibles. — 1. Candide resta encore quelque(*s*) temps à Surinam et **att**end(*it, ît*) qu'un autre patron voul(*ut, ût*) le mener en Italie, lui et les deux moutons qui lui restai(*ent*). — 2. Sur le bateau, une vieille lui fit la ga**ge**ure qu'il n'y avait pers**onne** sur le vaisseau à qui il ne f(*ut, ût*) **arr**ivé(*s*) de très grands malheurs. — 3. Candide son**ge**ait à Pangloss à chaque(*s*) aventure(*s*)• qu'on lui (*comptait/contait*). — « Je voudrai(*s*) qu'il f(*ut, ût*) ici car il serait bien emba**rr**assé• à démontrer son système. » — 5. Il estim(*a, ât*) que le plus malheureux était un pauvre savant qui avait travaillé dix ans pour les libraires• d'Amsterdam. — 6. Il ju**ge**(*a, ât*) qu'il n'y avait point de métier(*s*) au monde dont on d(*ut, ût*) être plus (*dégoûté/dégoutté*)•. — 7. « Je n'ai (*guère/guerre*) vu(*e*) de ville(*s*), lui dit le savant pendant le voyage, qui ne désir(*a, ât*) la ruine de quelque(*s*) ville(*s*) voisi**ne**(*s*), point de famille(*s*) qui ne voul(*ut, ût*) exterminer quelque(*s*) autre(*s*) famille(*s*). » — 8. Au(*x*) milieu(*x*) de cette dispute, on entend(*it, ît*) un bruit de canon. — 9. On (*n*)'**ap**erç(*ut, ût*) deux vaisseaux qui comb**att**ai(*en*)t• à la distance• d'environ(*s*) trois mille(*s*). — 10. Le vent les **am**en(*a, ât*) tou(*s, t*) deux si (*près/prêts*) du vaisseau français qu'on (*eut/eût*) le plaisir• de voir le combat tout(*e*) à son aise•. — 11. Enfin l'un des deux vaisseaux lâch(*a, ât*) à l'autre une bord**ée** si bas et si juste (*qu'il le/qui le*) coul(*a, ât*) à fond et qu'en un moment tou(*s, t*) f(*ut, ût*) englouti(*s*). — 12. Candide (*eut/eût*) juste le temps d'**ap**ercevoir une centaine d'homme(*s*) qui levèrent les mains au ciel et jetèrent des clam**eurs** épouvantables, bien distinctement, sur le tillac du vaisseau qui s'enfonç(*a, ât*). (D'après Voltaire, *Candide.*)

LES MOTS DE LA FAMILLE : À VOS DICTIONNAIRES !

le goût → goûter, le goûter, un avant-goût, un arrière-goût - gu**s**tatif, la gu**s**tation, la dégu**s**tation, dégu**s**ter - le dégoût, dégoûter, dégoûtant, dégoûté - le ragoût, ragoûtant. (L'origine de l'accent circonflexe est un -s- latin).
une aise → aise (adj.), aisé(e), aisément, l'aisance - le malaise, malaisé.

SOI, SOIS, SOIT, SOIENT
AI, AIE, AIES, AIT, AIENT, EST, ES

LEÇON

▶ **Soi, sois, soit, soient**

— **Soi :** pronom personnel réfléchi, ne s'emploie que pour renvoyer à un sujet indéterminé (*on, personne, chacun,* etc.).
Ex. : *On a souvent besoin d'un plus petit que soi.*
Mais : *Le lion eut besoin de plus petit que lui* (*le lion* = sujet déterminé).

• Avec **chacun**, on trouve les deux constructions :
Ex. : *La loi du chacun pour soi* (chacun n'est pas autrement déterminé).
Chacun rentra { *chez soi* (en général). Ils rentrèrent chacun { *chez soi.*
{ *chez lui* (en particulier). { *chez eux.*

• Locutions invariables :
à part soi ; *cela va de soi* ; *en soi* ; *soi-disant* (= qui se prétend, ne s'emploie que pour les êtres doués de parole. Ex. : *un soi-disant magicien.* Mais on dira : *un prétendu miracle*).

— **Sois**
• 2e personne du singulier du verbe *être* à l'impératif.
Ex. : *Sois sage !*
• Subjonctif présent, 1re ou 2e sing. : *que je sois, que tu sois.*

— **Soient** : subjonctif présent, 3e personne du pluriel.
Ex. : *Qu'ils soient remerciés.*

— **Soit**
• subjonctif présent, 3e sing. : *qu'il soit remercié.*
• adverbe d'affirmation
Ex. : — *Je veux voir Paris ! — Soit ! Tu le verras.*
• conjonction de coordination = ou (répété ou non).
Ex. : *Cela coûte 2 dollars, soit 18 francs.*
Offre-lui soit un livre, soit un disque.
• *soit que..., soit que...* + subj. = conjonction de subordination (condition)
Ex. : *Soit qu'il te croie, soit qu'il fasse semblant, il s'éloigne content.*

▶ **ai, aie, aies, ait, aient, est, es**

— (j')**ai**	=	indicatif présent, 1re personne du sing.	d'avoir
— (que j')**aie**	=	subjonctif présent, 1re personne du sing.	
— **aie**	=	impératif présent, 2e personne du sing.	
— (que tu) **aies**	=	subjonctif présent, 2e personne du sing.	
— (qu'il) **ait**	=	subjonctif présent, 3e personne du sing.	
— (qu'ils) **aient**	=	subjonctif présent, 3e personne du pluriel	
— (tu) **es**	=	2e personne du sing. du présent de l'indicatif	d'être
— (il) **est**	=	3e personne du sing. du présent de l'indicatif	

EXERCICES

1. Conjuguez à toutes les personnes au présent du subjonctif : être pendu si cela n'est pas vrai.

2. Remplacez les points par : soi, lui, elle, eux. **Indiquez les cas où les deux solutions sont possibles.**

1. Quel plaisir de porter sur ... d'aussi jolies robes ! — 2. Évelyne se réjouissait de tous les présents que Marc ... offrait. — 3. Quel plaisir de sortir avec des gens riches et gais qui ne traînaient pas leur misère derrière ... comme dans leur ville ! — 4. Quel plaisir de manger tout ce dont on avait envie sans sentir de critique en face de ... ! — 5. Elle rageait que Marc n'ait pas grand respect pour ... — 6. En toute occasion, il restait maître de ...-même. — 7. Cependant, à Orléans, personne ne parlait beaucoup de ... — 8. Chacun gardait ses souvenirs pour ... — 9. Tout le monde regardait devant ... et non derrière.

3. Remplacez les points par soi, sois, soit, soient.

1. Hélène veut que sa maison ... la plus grande et la plus belle de la ville. — 2. Elle désire que les portes ... dissimulées par des tentures de velours rouge, que la lumière ... tamisée. — 3. Son mari pense à part ... que c'est un cauchemar, mais puisque cela plaît à Hélène, eh bien ... ! — 4. Il ne pense pas que les profiteurs ... destinés à rester longtemps dans le pays. — 5. A son avis, c'est une erreur de mettre contre ... les vieilles familles. — 6. Parmi les anciennes relations d'Hélène, un petit nombre décide de venir à sa réception, ... parce qu'ils estiment avoir une dette à l'égard de son mari, ... à cause de sa belle-sœur. — 7. Hélène est furieuse que sa belle-sœur ... partie à l'arrivée du gouverneur. — 8. — « Je suis navrée que tu ... vexée, ma chère, répond la belle-sœur, mais c'est une impossibilité absolue que je ... dans la même maison que ces gens ...-disant convenables. — 9. Il ne faut pas que nos souffrances ... oubliées, de quelque manière que ce ... . ».

4. Remplacez les points par est, ai, aie, ait.

Béline : « 1. Il faut, Toinette, que tu m'aides à exécuter mon dessein, et tu peux croire qu'en me servant ta récompense ... sûre. — 2. Puisque, par bonheur, personne n'... encore averti de la chose, portons-le dans son lit, et tenons cette affaire secrète jusqu'à ce que j'... fait mon affaire. — 3. Il y a des papiers, il y a de l'argent dont je veux me saisir, et il n'... pas juste que j'... passé sans fruit auprès de lui mes plus belles années. » (Molière, *Le Malade imaginaire*, III, 12.)

5. Remplacez les points par est, ai, aie, ait.

1. La nouvelle maison ne ressemble à rien que j'... jamais vu. — 2. L'escalier ... très raide. — 3. La première fois que j'en ... escaladé les degrés, il m'... arrivé une fâcheuse mésaventure. — 4. J'... eu peur de redescendre et il a fallu que j'... l'idée de m'asseoir et de me laisser glisser de marche en marche, cramponnée à la rampe de bois. — 5. Je redoute que mon mari ... ri, si le récit en ... venu à ses oreilles. (D'après P. Buck, *Vent d'Est, vent d'Ouest.)*

-ANT OU -ANTS

LEÇON

Le participe présent, comme son nom l'indique, **participe** à la nature du **verbe** et de **l'adjectif**.

► Il est **invariable** lorsqu'il est **employé comme verbe**.
Il indique alors une action passagère, contemporaine de l'action principale.

On reconnaît qu'il est employé comme verbe :
— quand il est précédé de la préposition **en**. On l'appelle alors **gérondif** :
Ex. : *En soufflant, les vents font avancer le voilier.*

— quand il a **des compléments de verbe** : C.O.D., C.O.I., attribut du sujet, compléments circonstanciels :
Ex. : *On annonce des vents soufflant du nord-ouest.*
(*du nord-ouest* = complément circonstanciel de lieu de *soufflant.*)

— quand il est à la **forme pronominale :**
Ex. : *De soi-disant guérisseurs.*

— quand il y a **une négation** ou **un adverbe placé après lui** :
Ex. : *Des enfants ne mentant jamais, travaillant toujours.*

— quand il est le verbe **d'une proposition participiale :**
Ex. : *Des vents violents se levant, nous réduisîmes la voilure.*

— quand il suit le semi-auxiliaire **aller** :
Ex. : *Les ennuis vont croissant.*

► Il **s'accorde** avec le nom quand il est **employé comme adjectif.**
Il indique alors un **état permanent**.
Ex. : *Des vents portants.*
(Un vent portant est toujours portant : c'est sa nature.)

UN TRUC

Mettez le nom au féminin pour voir si le participe s'accorderait.
Ex. : *Des vents portants* → *des brises portantes*
→ On accorde avec *vents.*

ATTENTION !

Un participe présent en tête de phrase ne peut qu'être apposé au sujet de la proposition.
Dans la phrase suivante : ~~*Mangeant*~~ *nos sardines, la nuit nous surprit, mangeant* ne peut se rapporter qu'à *la nuit*, ce qui est absurde.
Il faut donc écrire : *Mangeant nos sardines, nous fûmes surpris par la nuit.*
(*Mangeant* se rapporte à *nous*).

EXERCICES

1. Remplacez la proposition relative entre parenthèses par un participe présent.
1. Un coucher de soleil *(qui rougeoie)*. — 2. Une mer *(qui étincelle)*. — 3. Une chaleur *(qui effraye)*. — 4. Des nuages *(qui agacent)*. — 5. Des haubans *(qui cliquettent)*. — 6. Une poulie

(qui grince). — 7. Un baromètre *(qui chancelle).* — 8. Des brises *(qui changent).* — 9. Une brume *(qui voltige).* — 10. Une étoile *(qui vacille).* — 11. Une tranquillité *(qui afflige).* — 12. Un ciel *(qui menace).* — 13. Une angoisse *(qui ronge).*

2. Même exercice que le n° 1 (suite).

1. Un roulis *(qui commence).* — 2. Des vents *(qui ensorcellent).* — 3. Une vague *(qui bondit).* — 4. Une étrave *(qui plonge).* — 5. Des tourbillons *(qui tournoient).* — 6. Des embruns *(qui harcèlent).* — 7. Des gifles *(qui soufflettent).* — 8. Une rafale *(qui aboie).* — 9. Un ciré *(qui ruisselle).* — 10. Un temps *(qui décourage).* — 11. Des hurlements *(qui percent).* — 12. Un éclair *(qui flamboie).* — 13. Une bourrasque *(qui échevelle).* — 14. Des mugissements *(qui assourdissent).* — 15. Un ouragan *(qui trompette).* — 16. Un blizzard *(qui écartèle).*

3. Remplacez la proposition subordonnée conjonctive entre parenthèses par une proposition participiale.

1. *(Comme mes parents ne savaient que faire pour les vacances)*, une occasion s'offrit de partir en Angleterre. — 2. *(Comme les avions étaient bondés)*, nous prîmes le bateau. — 3. *(Comme la mer était démontée)*, la traversée fut terrible. — 4. *(Comme les passagers vomissaient)*, l'odeur était insoutenable dans l'entrepont. — 5. *(Comme des paquets de mer balayaient le pont)*, l'équipage l'avait quadrillé de cordages. — 6. *(Comme le vent soufflait fort)*, nous étions gelés. — 7. Heureusement, *(comme nos amis anglais nous attendaient à New Haven)*, nous pûmes vite gagner leur maison et nous réconforter.

4. Remplacez la proposition subordonnée conjonctive par un gérondif.

1. *(Lorsque nous nous éveillâmes)*, nous vîmes que le temps s'était gâté. — 2. *(Si nous mettions à la cape)*, nous ne risquerions rien. — 3. Les écoutes et les drisses, *(parce qu'elles s'emmêlaient)*, me donnaient du fil à retordre. — 4. La grand-voile, *(lorsqu'elle claque, s'enfle, se ballonne, ondule, se trémousse)*, a l'air de se démener comme un diable en surplis. — 5. L'ixe peut faire des ravages *(s'il mord les filins)* qui lui tombent sous la mâchoire. — 6. Même *(si l'on prend des précautions)*, il est difficile de le mettre en place. — 7. La pince, brusquement, se referme *(si bien qu'elle coince une drisse)* ou fait le grand écart *(si bien qu'elle vous rabote le tibia).* — 8. Ou la bôme, d'une claque de vent, se dégage *(en même temps qu'elle envoie l'ixe au bouillon).* — 9. Mais ce n'est pas *(parce que nous injurions le matériel)* que nous améliorerons la situation. (D'après J. Perret, *Rôle de plaisance*, Gallimard.)

5. Accordez le participe s'il y a lieu.

1. Des romans passionnant*(s)*. — 2. Des romans passionnant*(s)* les jeunes. — 3. Des voyages éprouvant*(s)* pour les passagers. — 4. Des passagers éprouvant*(s)* le mal de mer. — 5. Des cormorans voletant*(s)* à l'arrière du navire. — 6. Des cormorans plongeant*(s)* dans l'eau. — 7. Des poissons volant*(s)*. — 8. Des poissons volant*(s)* au raz des flots. — 9. Des soleils couchant*(s)*. — 10. Des horizons aveuglant*(s)*. — 11. Des horizons aveuglant*(s)* de lumière.

6. Même exercice que le n° 5.

1. Des paysages changeant*(s)*. — 2. Des paysages changeant*(s)* chaque matin. — 3. Des nuages arrivant*(s)*. — 4. Des courants contrariant*(s)*. — 5. Des courants contrariant*(s)* la marche du navire. — 6. Des matelots débordant*(s)* d'énergie. — 7. Des débris flottant*(s)* sur l'eau et attristant*(s)*. — 8. Des passagers s'inquiétant*(s)*. — 9. Des officiers rassurant*(s)*. — 10. Des officiers les rassurant*(s)*. — 11. Des imaginations aimant*(s)* les récits terrifiant*(s)*.

7. Gardez le participe en tête et reconstruisez la phrase pour qu'elle soit correcte, en accordant le participe s'il y a lieu.

1. Craignant*(s)* une saute de vent, les voiles furent carguées. — 2. Pantelant*(s)*, les paquets de mer ne cessaient de nous gifler. — 3. Serrant la main sur la barre, le bateau obéissait

à Collot. — 4. Même présentant*(s)* bien et apparemment résistant*(s)*, je ne voulais pas utiliser ces vieux filins qui risquaient de casser. — 5. Enfilant*(s)* une aiguillée de fil, la voile allait vite être réparée par mes soins. — 6. Tout souriant*(s)*, pensant*(s)* aller vers le port de Barfleur, notre bateau filait à bonne vitesse. — 7. Disant*(s)* qu'il « n'y avait qu'à », le réchaud éclata au nez des matelots. (D'après J. Perret, *Rôle de plaisance,* Gallimard.)

DICTÉE À CHOIX MULTIPLES

Typhon. — 1. Le maître d'équipage s'éto**nn**a• de la ne**tt**eté avec laquel*(le)* on pouvait entendre, là en bas, les hululements de la **rafale** ; dans l'espace vide de la soute, les bruits du vent semblai*(en)*t presque des cris humains, moins **imm**ense*(s)*•, mais infiniment poignant*(s)*, comme exprimant*(s)* la rage et la doul**eur** humaine*(s)*•. — 2. Et à chaque*(s)* coup*(s)* de roulis, on entendait également des *(coups/cous/coûts)* sourd*(s)*•, profond*(s)* et pesant*(s)* comme si une masse du *(pois/poids)* de cinq t**onn**e*(s)* *(eut/eût)* eu*(e)* du jeu dans la cale. — 3. Ce bruit pourtant **arr**ivait à lui a**ss**ourdi•, en même temps que celui des trombes d'eau*(x)* s'**abatt**ant*(s)*• sur le pont au-dessus de sa tête. — 4. Ce qui *(s'/c')* était passé, il se l'expliquait à merveille*(s)*. — 5. Il voyait en **im**agination• les coolies enfermé*(s)* dans leur*(s)* entrepont*(s)* enfumé*(s)*, sans espoir*(s)* *(d'en/dans)* pouvoir sortir, couché*(s)* plein*(s)* de malaise*(s)*• et d'**é**pouvante*(s)* entre les rang**ée**s de co**ffre***(s)* ; — 6. puis un de *(ces/ses)* coffres, soudain*(s)*, ou plusieur*(s)* à la fois, peut-être, désa**rr**imé*(s)* par un coup de roulis, culb**ut**ant*(s)* les autres, les couvercles sautant*(s)*, les côtés• éclatant*(s)* et tou*(s, t)* *(ces/ses)* malheureux• Chinois se levant*(s)*, bondissant*(s)* à la fois à la poursuite de leur*(s)* avoir*(s)*. — 7. Et chaque*(s)* soubresaut*(s)*• du navire, ensuite, avait précipité*(s)* cette foule d'ho**mme***(s)* glapissant*(s)*, trépignant*(s)*, de-ci, de-là, en un tourbillon de bois frac**assé***(s)*, de vêtement*(s)* lacéré*(s)* et de dollar*(s)* **é**parpillé*(s)* dans tou*(s, t)* les *(sens/cens)*. (J. Conrad, *Typhon,* Gallimard.)

LES MOTS DE LA FAMILLE : À VOS DICTIONNAIRES !

immense (= *im* - *mensus* = qu'on ne peut mesurer) → l'im**mens**ité - les di**mens**ions - les **mens**urations
-is (suffixe de résultat d'une action) : rouler → le roul**is** ; brûler → un brûl**is** ; ébouler → un ébou**lis** ; s'être tordu le cou → un torticol**is** ; déferler → un déferl**is** ; faire couler → un coul**is**.
sourd(e) → sour**d**ement, la sour**d**ine, un sour**d**-muet, la sur**d**ité - assour**d**ir, assour**di**(e), assour**d**issant(e) - absur**d**e, absur**d**ité, susurrer.
le saut → **saut**er, un **saut**eur, une **saut**erelle, un **saut**oir, **saut**iller, le **saut**illement - le sur**saut**, sur**saut**er - le res**saut** - le soubre**saut** - l'as**saut** - tres**saut**er - prime**sau**tier(ère). Ex. p. 174.
le but (souche que l'on vise) : bu**t**er (viser au but, tuer), une bu**t**ée, un bu**t**oir - débu**t**er, de débu**t**, un débu**t**ant - le rébu**t**, rebu**t**er, rebu**t**ant - culbu**t**er, la culbu**t**e, un culbu**t**eur - la bu**tt**e (tertre portant la cible), bu**tt**er (faire une butte), le bu**tt**age.
la tête, une t**ê**tière, un t**ê**tard, un en-t**ê**te, t**ê**te-bêche, un t**ê**te-à-queue, une t**ê**te-de-loup, t**ê**te-de-nègre, t**ê**tu - ent**ê**ter, ent**ê**té(e), l'ent**ê**tement - ét**ê**ter, l'ét**ê**tage.
heur (= chance : « il a l'heur de me plaire. » → **heur**eux, **heur**eusement - le bon**heur**, bien**heur**eux - le mal**heur**, mal**heur**eux, mal**heur**eusement.
bas, basse → la ba**ss**esse, le ba**ss**on, le ba**ss**oniste, un ba**ss**et, bai**ss**er, la bai**ss**e - abai**ss**er, abai**ss**ement - rabai**ss**er, rabai**ss**ement, un rabai**s**, surbai**ss**é - un sou**bas**sement - en contreba**s**, une contreba**ss**e.

-QUANT/-CANT

LEÇON

- Les verbes en **-quer** ont tous un **participe présent** en ***-quant.***
  Ex. : *On gagne du temps en piquant à la machine* (gérondif).
  Ce participe peut souvent être employé comme **adjectif**.
  Ex. : *J'aime les cornichons parce qu'ils sont piquants.*
- Cependant, pour cinq verbes, les deux formes s'orthographient différemment.

Verbe	Participe à valeur verbale	Adjectif qualificatif
communiquer	(en) communi**quant**	des vases communi**cants**
provoquer	(en) provo**quant**	un air provo**cant**
suffoquer	(en) suffo**quant**	une chaleur suffo**cante**
vaquer	(en) va**quant** à ses affaires	un poste va**cant**
convaincre	(en) convain**quant**	un argument convain**cant**

- Distinguez aussi le participe présent de *fabriquer* → *fabri**quant***, et le nom *un fabricant.*

UN TRUC
Sur les adjectifs en ***-cant***, on peut former un nom en ***-cation*** ; pas sur les autres.
Ex. : *provocant* → *la provocation.* Mais : *piquant* → *une pique, une piqûre.*

EXERCICES

1. Cherchez le nom en -cation **(et un en** -ction**) correspondant aux adjectifs en** -cant.

2. Complétez les points de suspension par la graphie -qu- **ou** -c-.

1. Il faut trouver ce pion man...ant : il est forcément dans l'un de ces deux appartements communi...ants. Ensuite nous dégusterons ce concombre bien cro...ant. Ce mois d'août suffo...ant aura été un événement mar...ant. — 2. Ce monsieur est de tradition catholique mais il n'est pas prati...ant. Il faudrait un chrétien bien convain...ant pour séduire son esprit va...ant ! — 3. Un trafi...ant de drogue, après un comportement provo...ant et cho...ant, s'abandonna à un accès de violence suffo...ant en atta...ant plusieurs consommateurs. — 4. Les atta...ants, après avoir traversé la haie pleine de pi...ants, s'en prenaient à la poivrière flan...ant la muraille.

3. Complétez les points par -qu- **ou** -c- **et accordez s'il y a lieu.**

1. Nous avions, mon frère et moi, des chambres communi...ante(*s*) ; la rougeole et autres maladies contagieuses se communi...ant(*s*) par contact, nous nous repassâmes fidèlement toutes les maladies d'enfant. — 2. En convain...ant par raison un enfant que ce qu'on veut lui enseigner est utile, on croit en avoir fait assez ; ce n'est rien d'avoir été convain...ant(*s*), si l'on ne sait persuader : il n'y a que la passion qui nous fasse agir. (D'après Rousseau, *Émile*) — 3. Provo...ant(*s*) l'amour partout où ils passaient, ces séducteurs usaient surtout d'œillades suggestives et de regards provo...ant(*s*). — 4. Pauvres asthmatiques, toussant(*s*) et suffo...ant(*s*) dès que le printemps libère les pollens, vous redoutez cette saison.

-GUANT/-GANT, -GEANT/-GENT

LEÇON

▸ **-guant ou -gant**

— ***-guant*** = terminaison du **participe présent** des verbes en **-guer**.
Ex. : *En larguant les amarres, il dit adieu à son passé.*

— ***-gant*** = terminaison des **adjectifs qualificatifs** qui ne correspondent à aucun verbe en *-guer.*
Ex. : *Un homme élégant.*

— Pour sept verbes en *-guer*, le **participe s'orthograhie différemment** selon qu'il est employé **comme adjectif** ou **comme verbe.**
Ex. : *Le vent soufflait, fatiguant les matelots* (valeur verbale).
Tous en avaient assez de ce vent fatigant (adjectif).

Verbe	Participe à valeur verbale	Adjectif
divaguer	diva**gu**ant	diva**g**ant
extravaguer	extrava**gu**ant	extrava**g**ant
fatiguer	fati**gu**ant	fati**g**ant
intriguer	intri**gu**ant	intri**g**ant
naviguer	navi**gu**ant	navi**g**ant
zigzaguer	zigza**gu**ant	zigza**g**ant
déléguer	délé**gu**ant	délé**g**ant

▸ **-geant ou -gent**

— ***-geant*** : terminaison du **participe présent** des verbes en **-ger**.
Ex. : *En engageant ce matelot, le capitaine avait gagné* (valeur verbale).
Son air engageant facilitait les relations à bord (adjectif).

— ***-gent*** **: terminaison des adjectifs qualificatifs** qui ne correspondent à aucun verbe en *-ger.*
Ex. : *Un regard indulgent.*

— Pour cinq verbes en *-ger*, le **participe s'orthographie différemment** selon qu'il est employé **comme adjectif** ou **comme verbe**
Ex. : *En négligeant cela, il avait commis une erreur* (valeur verbale).
Un capitaine ne peut être négligent (adjectif).

Verbe	Participe à valeur verbale	Adjectif
converger	convergeant	convergent
diverger	divergeant	divergent
déterger	détergeant	détergent
émerger	émergeant	émergent
négliger	négligeant	négligent

Remarque : plusieurs de ces adjectifs s'emploient comme noms.
Ex. : *Un intrigant, un détergent.*
Les insurgents d'Amérique (→ du verbe *s'insurger*).

EXERCICES

1. Analysez le mot et choisissez l'orthographe correcte.

1. Voici, voyag(*ea, e*)nt(*s*) sur leurs frin(*g, gu*)ant(*s*) coursiers, Messeigneurs de Récaliure, prodi(*g, gu*)ant(*s*) les sourires avec leurs airs arro(*g, gu*)ant(*s*) et leurs regards inintellig(*ea, e*)nt(*s*). — 2. Ils prennent des airs dilig(*ea, e*)nt(*s*), se tar(*g, gu*)ant(*s*) de porter des plis urg(*ea, e*)nt(*s*) du roi et c'est sûr qu'ils galopent en ménag*(ea, e)*nt*(s)* peu leurs montures ! — 3. Mais en les dévisag*(ea, e)*nt*(s)*, les paysans ont des regards décourag*(ea, e)*nt*(s)* toutes les avances. — 4. Ils ont tellement vu les Seigneurs de Récaliure endommag*(ea, e)*nt*(s)* leurs clôtures, ravag*(ea, e)*nt*(s)* leurs moissons, saccag*(ea, e)*nt*(s)* leurs potagers, nar*(g, gu)*ant*(s)* les indig*(ea, e)*nt*(s)*, outrag*(ea, e)*nt*(s)* leurs femmes, en allé*(g, gu)*ant*(s)* leurs titres de Seigneurs et Maîtres ! — 5. Leurs airs élé*(g, gu)*ant*(s)* ne leur font pas illusion et c'est en rag*(ea, e)*nt*(s)* intérieurement qu'ils les contemplent, lorsque, bri*(g, gu)*ant*(s)* les faveurs royales, ils vont se goberg*(ea, e)*nt*(s)* et se rengorg*(ea, e)*nt*(s)*.

2. Mettez le verbe au participe présent. Attention à son emploi comme verbe ou comme adjectif.

1. En *(intriguer)* les enfants, cette pierre noire les a mis sur la piste de faits *(intriguer)*. — 2. *(Zigzaguer)* entre les arbres, les enfants couraient à l'aveuglette, effrayés par les éclairs *(zigzaguer)*. — 3. Alors que je cherche des arguments *(converger)* pour défendre ma thèse, ils s'obstinent à rester *(diverger)*. — 4. *(Converger)* tous vers la cathédrale de Chartres, les étudiants marchaient sur trois routes différentes. — 5. Tu as vraiment un caractère *(extravaguer)* : ce n'est pas en *(extravaguer)* ainsi et en *(se fatiguer)* pour rien que tu vivras de vraies aventures.

3. Mettez le verbe au participe présent. Attention à son emploi comme verbe ou comme adjectif.

1. *(Emerger)* à peine à la surface de l'océan, ces récifs étaient très dangereux. — 2. Le personnel *(naviguer)* de la compagnie prétend que, *(naviguer)* à bord de petits avions, ils ont un travail beaucoup plus *(fatiguer)* que sur les gros avions. — 3. Nous détestons ces vils *(intriguer)* ! — 4. *(Diverger)* par leurs méthodes, les deux équipes partageaient le même objectif : mettre au point des produits *(déterger)* efficaces. — 5. Ne craignez pas ces prophètes *(divaguer)* : *(divaguer)* doucement, ils ne s'aperçoivent même pas que personne ne les écoute.

4. Remplacez les points par -gent(s), -geant(s).

1. Ces diri... étaient intelli... et usaient de procédés arran... et obli..., tout en étant très exi... pour leur personnel. — 2. Les députés sié... furent intransi... à l'égard des insur... et des commissaires négli... — 3. Des cieux chan..., des oiseaux volti..., des miroirs allon... : il n'y a rien d'affli... dans les sujets choisis par ce peintre. — 4. Étant donné le pouvoir désagré... du gel, il serait ur... de réparer ces murs avant l'hiver, si nous ne voulons pas être très tan... du point de vue de la sécurité. — 5. Ces journaux sont très déran... avec leurs propos désobli... et ils voudraient que nous soyons indul... ! — 6. Les assié... utilisèrent une lentille pour que ces rayons converg... mettent le feu à la ville et les assiégés étaient trop négli..., leurs efforts trop diver..., pour qu'ils résistent longtemps.

-ANT/-ENT

LEÇON

- **Le participe présent d'un verbe s'écrit *-ant*,** qu'il soit employé comme verbe ou comme adjectif.
  Ex. *Ils avancent en rampant ; des animaux rampants.*

- Pour treize verbes, le participe s'orthographie différemment selon qu'il est employé **comme adjectif** ou comme **verbe.**
  Ex. : *Somnolant sous la véranda, ils avaient été réveillés en sursaut.*
  Malgré leurs airs somnolents, ils écoutaient attentivement.

Verbe	**Participe à valeur verbale**	**Adjectif**
adhérer	adhérant	adhérent
affluer	affluant	affluent
confluer	confluant	confluent
influer	influant	influent
coïncider	coïncidant	coïncident
déférer	déférant	déférent
différer	différant	différent
équivaloir	équivalant	équivalent
exceller	excellant	excellent
expédier	expédiant	expédient
précéder	précédant	précédent
somnoler	somnolant	somnolent
violer	violant	violent

Remarque : plusieurs de ces adjectifs s'emploient comme noms.
Ex. : *Les affluents de la Seine.*

- L'adjectif formé sur *résider* et *excéder* est en *-ant,* malgré le nom en *-ent.*
  Ex. : *Un ambassadeur résidant ≠ un résident.*
  Un enfant excédant ≠ des excédents de blé.

EXERCICES

1. Mettez le verbe à la forme convenable (adjectif ou participe présent).

1. *(Influer)* sur l'esprit du prince par ses *(violer)* éclats de voix, ce ministre *(influer)* dirigeait l'État. — 2. Il avait trouvé *(expédier)* d'expulser des citoyens, en *(violer)* les droits *(inhérer)* à leur condition. — 3 *(Différer)* les mesures nécessaires, et *(expédier)* les affaires courantes, il ne faisait vraiment pas un *(exceller)* ministre. — 4. *(Somnoler)* pendant les conseils, le prince le laissait prendre des décrets *(excéder)* ses compétences et en contradiction avec les *(précéder)*.

2. Remplacez les points par -ant, -ent, -ants, -ents.

1. Tous les horaires coïncid..., les employés, afflu... en même temps à la gare, se bousculaient. — 2. Les adhér... du club avaient rendez-vous au conflu... de la Seine et de la Marne pour remonter l'afflu... en canoë. — 3. Précéd... les moniteurs, les garçons s'élançaient vers les bateaux. — 4. Les garçons étaient très défér... envers les adultes. — 5. Défér... leurs voisins en justice, les frères étaient connus pour leur caractère viol... — 6. Trouvez deux triangles coïncid....

FICHE 57

LES DIFFÉRENTES SORTES DE POINTS

LEÇON

Le point simple

Ponctuer, c'est déterminer les ensembles de mots qui ont besoin les uns des autres pour former un sens = les phrases.

— Pour marquer qu'**une phrase est finie,** il faut **un point**. La phrase suivante commence par **une majuscule**.
Ex. : *Allons par ordre. J'amène la voile. Bien. Elle est déchirée. Il faudra la réparer.*
Toutefois, dans une série d'indépendantes ayant le même sujet, on peut employer des virgules.
Ex. : *Il balance la javeline, en vérifie l'équilibre, l'ajuste sur le cachalot.*

— Une **phrase complexe comprend plusieurs propositions,** organisées chacune autour d'un verbe. Repérez bien la structure d'ensemble de la phrase. Ne séparez jamais par un point une proposition subordonnée de la principale dont elle dépend : principale et subordonnée ont besoin l'une de l'autre.
Ex. : *Il ramait, quand soudain il aperçut l'animal.*

Le point d'interrogation

— Il se place à la fin d'une proposition d'interrogation directe.
Ex. : *Quand mettez-vous à la voile, commandant ?*
— Il n'y en a pas dans l'interrogation indirecte.
Ex. : *Dites-moi quel est le prix du passage.* (= C.O.D. de *dire*)
— Lorsqu'il souligne une interjection, il est suivi d'une minuscule.
Ex. : *Ah ? vous croyez ?*

Le point d'exclamation

— À la fin d'une phrase il marque l'interpellation, l'ordre ou différentes émotions.
Ex. : *Les travées de tribord, là-bas !* (interpellation)
Poussez-vous sur le babord ! (ordre)
Quelle leçon nous donne l'histoire de Jonas ! (admiration)
Tout ce que Dieu attend de nous, nous le trouvons trop dur ! (humour)
Ah ! le misérable ! (indignation)
Ah ! Certes il avait bien lieu alors de craindre le Seigneur ! (affirmation forte)
Voilà ce qu'il était ! (découverte, surprise).

— Il souligne les interjections, les jurons (sans être suivi d'une majuscule).
Ex. : *Oh ! nous l'apprécions, le capitaine Achab.*

Les deux points

Ils annoncent :
— une explication :
Ex. : *Faut se remuer à présent : il y a de l'ouvrage !*
— une énumération :
Ex. : *Il en faut des choses : baleinières, espars, lignes, harpons !*

— un discours ; il est alors suivi d'une majuscule après les deux points :
Ex. *Il nous héla : « Ohé ho ! »*

▶ **Les points de suspension**

Il y en a trois. Ils marquent une interruption.
— soit qu'un mot ou une phrase restent inachevés :
Ex. *« Oh ! j'allais vous mettre en garde... mais tant pis... c'est tout un. »*
— soit qu'on se laisse, ou à son interlocuteur, le temps de méditer :
Ex. *« Soyez économe avec le beurre... à vingt cents la livre il était... »*
— soit qu'on veuille attirer l'attention sur un mot :
Ex. *Sa jambe, c'est... une canne en os de baleine !*
Ils peuvent suivre un point d'exclamation ou d'interrogation.
Nota : *etc.* est une abréviation suivie d'un simple point.

EXERCICES

1. Mettez des points et des majuscules là où ils sont nécessaires.

Par un bel après-midi de juin, mon amie Charlotte et moi étions parties pour une balade à bicyclette, lorsque nous rencontrâmes Coralie et sa bande, celle-ci nous proposa de venir à la colline pour descendre la côte sans freiner « venez avec nous si vous voulez entrer dans la bande, celui qui gagnera deviendra notre chef » c'était une chance à saisir pour se faire valoir auprès d'eux depuis que j'étais au lycée je rêvais d'entrer dans leur groupe, Jean donna le départ du haut de la colline, on n'avait le temps de rien voir, tout allait très vite, c'était merveilleux mais aussi très effrayant, au fur et à mesure que nous prenions de la vitesse avec la descente, les plus peureux freinaient, moi, j'attendis qu'une bonne dizaine se fussent arrêtés pour faire comme eux, du milieu de la côte, je regardai les autres, Grégory, le premier, en tête, se retourna pour sourire, cela lui fut fatal, éjecté de son vélo, il atterrit sur un rocher à quelques mètres de là, tout le monde cria, Grégory eut beaucoup de chance, il s'en tira avec un traumatisme crânien et un bras cassé.

2. Remplacez les parenthèses par le point convenable : . ! ? :

Nous jouions au football dans le couloir avec un tube de peinture rouge ( ) Soudain, alors que je shootais, le tube disparut ( ) Je devinai le drame, regardai sous mon pied, et ô désastre ( ) que vis-je ( ) Oui, le tube s'était percé et son contenu s'était répandu sur le plancher ( ) La dame de service qui venait de nettoyer accourut ( ) « Regardez-moi ça ( ) » Sur ces entrefaites, le professeur de français arriva et sa réaction fut immédiate ( ) « Mais qui a étalé toute cette saleté ( ) Allez ( ) Tout le monde en rang, et vite ( ) » Je restais figé sur place. — « Et bien, Alexis ( ) vous êtes sourd ( ) Les oreilles, ça se lave ( ) » Puis, apercevant le désastre ( ) « Est-ce vous qui avez fait cela ( ) » Il me fallut avouer ( ) « Eh bien, me dit-il alors, il me semble que vous êtes délégué de classe, n'est-ce pas ( ) Eh bien ( ) à partir d'aujourd'hui vous le ne serez plus, car un délégué doit donner le bon exemple ( ) »

3. Mettez un point d'interrogation là où il est nécessaire.

1. « Patron, dites-moi, quelle sorte de type est le harponneur avec qui vous voulez me faire passer la nuit. — 2. Est-ce qu'il rentre toujours à des heures aussi indues. » — 3. Le patron fit entendre son curieux gloussement et je me demandai de quoi il pouvait bien s'amuser. — 4. « Non, me répondit-il. — 5. C'est plutôt un matineux cet oiseau-là ; couche-tôt et lève-tôt. — 6. Mais ce soir, il est sorti comme qui dirait en brocanteur, vous saisissez. — 7. Je ne comprends d'ailleurs pas ce qui a bien pu le tenir dehors si longtemps. — 8. A

moins, bien sûr, qu'il n'ait pas réussi à vendre sa tête. » — 9. « Vendre sa tête. — 10. Qu'est-ce que vous me contez-là en fait d'histoire abracadabrante. — 11. Serait-ce que vous prétendez que ce harponneur est en train d'essayer de bazarder sa tête à la ronde. » — 12. « Exactement. — 13. J'ignore s'il a pu y arriver. — 14. Le marché est saturé ici. » — 15. « Saturé de quoi », m'écriai-je. — 16. « Ben, de têtes évidemment. — 17. N'y a-t-il pas trop de têtes de par le monde. » — 18. « Assez plaisanté. — 19. Dites-moi qui et quel homme c'est que ce harponneur. — 20. Répondez-moi sur l'honneur si oui ou non je suis en sûreté dans sa chambre. » — 21. « En voilà-t-y pas un fameux sermon pour un type qui rigole un coup quand ça se trouve. — 22. Mais rassurez-vous. — 23. Le harponneur arrive des mers du Sud où il a acheté tout un lot de têtes embaumées de Nouvelle-Zélande et il les a toutes vendues sauf une. » — 24. L'explication levait l'énigme. — 25. Mais que devais-je penser d'un harponneur qui passait ses samedis soir à des affaires aussi cannibales que la vente de têtes d'idolâtres trucidés. (D'après H. Melville, *Moby Dick*.)

4. Justifiez l'emploi des points d'exclamation.

« — Je voudrais m'enrôler. Je me suis déjà enrôlé plusieurs fois dans la marine de commerce.
— Peut aller au diable la marine de commerce ! Pas de ce bafouillis devant moi ! Compris ? Marine de commerce ! ah ! bien ouiche ! Je ne veux pas de ça dans mes oreilles ! Et l'idée maintenant d'aller chez les baleiniers ? Pas très clair, non, plutôt suspect, ça ! Avons-nous jamais jeté un œil sur le capitaine Achab ?
— Qui est le capitaine Achab, monsieur ?
— Bien sûr, bien sûr... je pensais bien ! Le capitaine Achab est le capitaine commandant à bord. Nous n'avons qu'à jeter un coup d'œil et nous voyons qu'il n'a plus qu'une jambe.
— Serait-ce que l'autre manque à cause d'une baleine ?
— Manque à cause d'une baleine ! Arrive un peu ici, jeune homme, que je te dise ! elle a été dévorée, broyée, mise en bouillie par la plus monstrueuse bête à spermaceti[1] qui ait jamais mis en pièces un bateau ! Ah ! là !... Alors, toujours décidé ? Réponse, vite ! » (D'après H. Melville, *Moby Dick*.)

5. Remplacez les parenthèses par le point qui convient.

Pierre Servettaz est là, hésitant, prêt à fuir une seconde fois ( ) Il se raisonne tout haut ( ) « Qu'est-ce que tu attends ( ) Tu l'as fait vingt fois ce passage ( ) Une simple enjambée, tu te penches en avant, tu t'accroches à la prise du haut et ça y est ( ) Tu pourrais faire cela les yeux fermés ( ) Allons ! Vas-y ( ) » Il se penche, fléchit les genoux, mais au dernier moment tout son être hésite ( ) Sans savoir pourquoi, il déroule sa corde et s'attache comme s'il avait derrière lui une caravane ( ) Ceux qui le verraient ainsi le prendraient pour un fou ( ) il l'est peut-être d'ailleurs ( ) Ne parle-t-il pas tout haut comme s'il s'adressait à un voyageur et voulait se donner l'illusion d'être premier de cordée ( ) Quel étrange dialogue ( ) « Ce n'est rien, Monsieur, un tout petit passage ( ) Le vide ( ) une rigolade, le vide ( ) une simple enjambée d'un mètre ( ) D'ailleurs vous allez voir, j'y vais ( ) Assurez ( ) Là, très bien, et maintenant, regardez, je me penche, et hop ( ) » Fermant les yeux, il s'est au hasard basculé dans le vide ( ) Il tâtonne, cherchant cette prise, qu'il connaissait bien pourtant, et qui fuit sous ses doigts ( ) Ses ongles grattent la roche sans rien trouver ( ) Sous l'effort ses pieds dérapent ( ) Quel soulagement lorsque sa main gauche rencontre une faible prise ( ) Il est sauvé ( ) Pas encore ( ) Ses pieds abandonnent leur point d'appui ( ) Il est maintenant suspendu par une seule main au-dessus de l'abîme ( ) (D'après Frison-Roche, *Premier de cordée*, Arthaud.)

---

1. Nom scientifique du blanc de baleine (sperme).

LA VIRGULE

LEÇON

▶ Elle marque **une pause à l'intérieur d'une phrase**. Elle sert à isoler :

— une proposition incise (qui, dans un dialogue, indique qui parle) :
Ex. : *Je crois me souvenir de cette histoire, reprit Flask.*
Toutefois, lorsque l'incise suit une proposition interrogative ou exclamative, leur ponctuation suffit et l'on n'ajoute pas de virgule.

— une apposition :
Ex. : *La lettre, ce chiffon en piteux état, était humide et piquée de taches.*

— un nom en apostrophe :
Ex. : *Passe-la-moi, mon garçon !*

— un complément circonstanciel ou autre placé en tête de phrase :
Ex. : *D'une missive pareille, la mort eût pu être le facteur.*

— les termes d'une énumération :
Ex. : *Baleinières, espars, lignes et harpons, tout est prêt.*
Seuls les deux derniers termes sont reliés par *et* sans virgule.

▶ Elle tient la place d'un mot non exprimé ou non répété.
Ex. : *Dans la cale, plus de vivres* (« il n'y avait » n'est pas exprimé).
Je pris mon sac et Quiequeg, son harpon (« prit » n'est pas répété).

▶ Dans les propositions relatives, la présence ou l'absence de virgule change le sens.
Ex. : *Les marins, qui s'étaient mutinés, périrent.*
(Tous les marins se sont mutinés et sont morts parce qu'ils s'étaient mutinés.)
Les marins qui s'étaient mutinés périrent.
(Seuls certains marins se sont mutinés et sont morts.)

EXERCICES

1. Justifiez les virgules du texte suivant.

1. Entre la première pointe de jour et le lever du soleil, un gars stupide de Teneriffe poussa soudain un cri. C'était Moby Dick. — 2. « Moby Dick, s'exclama don Sébastian, par saint Dominique, senor marin, est-ce que les baleines portent des noms de baptême ? Qui donc appelez-vous Moby Dick ? » — 3. « Un très blanc, très célèbre, très mortellement immortel monstre, don Sébastian ». — 4. Tous les Espagnols se levèrent, fort pressants. (D'après H. Melville, *Moby Dick.*)

2. Justifiez les virgules du texte suivant.

1. Alors, penché tant qu'il pouvait hors de l'étrave, Stubb vrilla sa longue lance aiguë dans le corps du poisson, sondant et resondant avec une attention extrême pour trouver le nœud vital au plus intime du cachalot. — 2. À présent, le voilà trouvé : ce sont les dernières convulsions. — 3. Le monstre se vautrait horriblement dans son sang, s'enveloppait lui-même d'un linceul fantastique d'écume follement bouillonnante, opaque, impéné-

trable — 4. Puis, avec le dernier sursaut de son ultime convulsion, le cachalot roula encore et réapparut à la vue, chavirant bord sur bord. — 5. Tout à la fin, caillot après caillot, plusieurs bouillons de sang, semblables à la lie pourpre du vin rouge, furent crachés, jetés dans l'air épouvanté, pour retomber en pluie sur l'océan et sur les flancs sans vie de l'animal. Son cœur avait éclaté ! (D'après H. Melville, *Moby Dick.*)

3. Mettez des virgules là où elles sont nécessaires et justifiez leur emploi.

1. Sur un navire baleinier les étonnements ne tardent guère à s'évanouir. On voit venir tant de types bizarres d'échantillons extraordinaires rejetés de toutes et des plus étrangères nations de si stupéfiantes créatures vrais déchets de l'humanité ballottés en plein océan sur des planches des épaves des bouts de vergue ou d'aviron des canots perdus des baleinières à demi naufragées des jonques désemparées ou Dieu sait quoi encore ! — 2. Nous glissions paresseusement au sud de Sainte-Hélène par une sereine et claire nuit de lune avec les vagues qui semblaient des rouleaux d'argent et par leur doux et lent déroulement immense répandaient comme un argent de silence lorsque soudain bien en avant de l'étrave un souffle lointain et argenté fut aperçu. — 3. Chaque matin par rangées entières les cormorans ces corbeaux de mer étaient perchés sur nos étais et malgré nos cris longtemps encore obstinément ils restaient accrochés à notre chanvre ayant l'air de considérer notre navire comme une épave abandonnée qui dérivait comme une chose de désolation destinée à la désolation et donc un perchoir idéal pour eux êtres sans gîte. Et immuable et calme blanc de neige faisant jaillir toujours son jet duveteux vers le ciel toujours nous faisant signe par-devant le souffle solitaire ne cessait d'apparaître de temps à autre. (D'après H. Melville, *Moby Dick.*)

4. Mettez les virgules, les points d'exclamation ou d'interrogation là où ils sont nécessaires.

1. La tête de cachalot suspendue comme elle l'était noire et encapuchonnée au sein de ce calme flamboyant et total semblait être la tête du Sphinx dans le désert.

2. « Ô toi grande et vénérable tête murmura Achab parle-nous tête puissante blanchie de mousses çà et là même si tu ne portes pas la barbe ô vénérable parle dis-nous le secret que tu portes en toi !

3. De tous les plongeurs c'est toi qui as plongé le plus profond jusqu'aux assises du monde.

4. Ô tête tu as vu bien assez pour déchirer les étoiles et tu ne dis rien.

5. — Voilier en vue cria la voix triomphante de la vigie du grand mât.

6. — Où est-il demanda Achab.

7. — Trois points tribord sur l'avant monsieur amenant droit sur nous dans son vent.

8. — De mieux en mieux mon brave » cria Achab. (D'après H. Melville, *Moby Dick.*)

AUTRES SIGNES DE PONCTUATION

LEÇON

- **Le point-virgule** est plus qu'une virgule et moins qu'un point. Il n'est pas suivi de la majuscule.

— Il sert à séparer dans une phrase complexe des éléments symétriques constituant chacun une sous-phrase, notamment lorsque l'une de celles-ci comprend elle-même une virgule.
Ex. : « *C'est la rentrée des troupeaux. Les moutons défilent ; les vaches, avec leurs fils, leurs filles et leurs maris, ferment la marche ; les oies dandinent sur les flancs. Tous ces animaux regagnent leurs toits, aucun ne se trompe de porte.* » (Chateaubriand, *Mémoires d'outre-tombe.*)

Les phrases d'introduction et de conclusion sont isolées par des points. Les phrases symétriques qui décrivent les différents animaux sont séparées par des points-virgules puisque la deuxième nécessite des virgules pour elle-même.

— Le point-virgule s'emploie aussi lorsque deux propositions sont très liées par le sens et pourraient facilement être reliées par une conjonction.
Ex. : *C'est dommage que cette peau soit vieille ; tout le poil s'en va.*
(La peau est vieille « si bien que » le poil s'en va.)

- **Les parenthèses et les tirets** servent à isoler des explications données en passant, des réflexions qui viennent à l'esprit, des précisions d'importance secondaire. Elles donnent comme une valeur d'aparté à ce qu'elles encadrent. Au théâtre les indications scéniques figurent entre parenthèses.
Ex. : *Il manœuvrait l'aviron « de proue » (le second à partir de l'étrave).*
Les parenthèses pourraient ici être remplacées par des tirets.

- **Les crochets** servent à isoler une indication qui comprend déjà elle-même une parenthèse.
Ex. : *Moby Dick* [Herman Melville (Presses Pocket)]

- **Les guillemets** s'emploient :

— au commencement et à la fin d'une citation :
Ex. : *Il commanda : « Feu à volonté ! »*

— pour attirer l'attention sur un mot étrange, familier ou caractéristique :
Ex. : *Kwei-lan pria sa « très honorable » mère de s'asseoir* (éphithète caractéristique de la politesse chinoise).

— au début et à la fin d'un dialogue, où le changement d'interlocuteurs est marqué par des tirets :
Ex. : *Dans un mouvement d'indignation, Pierre se redressa :*
« Un suicide ! s'écria-t-il. Avez-vous donc pu croire que je me sois frappé moi-même ?
— Pierre... un moment de désespoir !
— Désespéré, oui ! je l'étais !... Mais au désespéré Dieu dit de vivre. »
Pierre ne put achever.

EXERCICES

1. Remplacez les parenthèses par : . , ; et ajoutez les majuscules.

A Toulon ( ) Jean Valjean fut revêtu de la casaque rouge ( ) tout s'effaça de ce qui avait été sa vie ( ) jusqu'à son nom ( ) il ne fut même plus Jean Valjean ( ) il fut le numéro 24 601 ( ) la sœur ( ) les sept enfants s'en allèrent au hasard et s'enfoncèrent peu à peu dans cette froide brume où disparaissent successivement tant de têtes infortunées ( ) ils quittèrent le pays ( ) le clocher de ce qui avait été leur village les oublia ( ) la borne de ce qui avait été leur champ les oublia ( ) après quelques années de séjour au bagne ( ) Jean Valjean lui-même les oublia. (D'après V. Hugo, *Les Misérables*.)

2. Remplacez les parenthèses par : . ? , ; et ajoutez les majuscules.

Jean Valjean avait-il bien conscience de tout ce qui s'était passé en lui et de tout ce qui s'y remuait ( ) c'est ce que nous n'oserions dire ( ) c'est même ce que nous ne croyons pas ( ) Jean Valjean était dans les ténèbres ( ) il souffrait dans les ténèbres ( ) il haïssait dans les ténèbres ( ) on eût pu dire qu'il haïssait devant lui ( ) il vivait habituellement dans cette ombre ( ) tâtonnant comme un aveugle et comme un rêveur. (*Idem.*)

3. Remplacez les parenthèses par le signe qui convient : . ; , .

Jean Valjean vient de voler les chandeliers de l'évêque.

Jean Valjean poussa énergiquement la porte ( ) il y eut un gond mal huilé qui jeta tout à coup dans cette obscurité un cri rauque et prolongé ( ) Jean Valjean s'arrêta ( ) frissonnant ( ) éperdu ( ) et retomba de la pointe sur le talon ( ) il lui paraissait impossible que l'horrible clameur de ce gond irrité n'eût pas ébranlé toute la maison comme une secousse de tremblement de terre ( ) la porte ( ) poussée par lui ( ) avait pris l'alarme et avait appelé ( ) le vieillard allait se lever ( ) les deux vieilles femmes allaient crier ( ) on viendrait à l'aide ( ) avant un quart d'heure ( ) la ville serait en rumeur et la gendarmerie sur pied ( ) un moment il se crut perdu ( ) il demeura où il était ( ) pétrifié comme la statue de sel ( ) n'osant faire un mouvement ( ) quelques minutes s'écoulèrent ( ) la porte s'était ouverte toute grande ( ) il se hasarda à regarder dans la chambre ( ) rien ne remuait dans la maison ( ) le bruit du gond rouillé n'avait éveillé personne. (*Idem.*)

4. Remplacez les parenthèses par : . ; , et ajoutez les majuscules.

Irène se transporte à grand frais en Épidaure ( ) voit Esculape dans son temple et le consulte sur tous ses maux ( ) d'abord ( ) elle se plaint qu'elle est lasse et recrue de fatigue ( ) et le dieu prononce que cela lui arrive par la longueur du chemin qu'elle vient de faire ( ) elle dit qu'elle est le soir sans appétit ( ) l'oracle lui ordonne de dîner peu ( ) elle ajoute qu'elle est sujette à des insomnies ( ) et il lui prescrit de n'être au lit que pendant la nuit ( ) elle lui demande pourquoi elle devient pesante et quel remède ( ) l'oracle lui répond qu'elle doit se lever avant midi et quelques fois se servir de ses jambes pour marcher ( ) elle lui déclare que le vin lui est nuisible ( ) l'oracle lui dit de boire de l'eau ( ) qu'elle a des indigestions ( ) et il ajoute qu'elle fasse diète. (La Bruyère, *Les Caractères*.)

5. Remplacez les parenthèses par les signes de ponctuation : . ? ... ! « » — : .

A ce moment, le douanier s'approcha, et, comme l'embarquement allait se faire ( )
( ) Qui êtes-vous ( ) demanda-t-il ( )
( ) Des gens qui vous donnent à choisir entre vingt florins comptant et un coup de poing de monsieur ( ) aussi comptant ( ) ( ) répondit Pointe Pescade, en montrant Cap Matifou ( )
Le douanier n'hésita pas ( ) il prit les vingt florins ( )
( ) Embarquons ( ) ( ) dit le docteur ( )
Un instant après, le canot avait disparu dans l'ombre ( ) (D'après J. Verne, *Mathias Sandorf*.)

6. Allez à la ligne lorsque c'est nécessaire et placez les tirets au changement d'interlocuteur. Remplacez les parenthèses par les signes de ponctuation.

Pierre aime Sava Thorontal. Il est fou de douleur à la pensée qu'elle a épousé Sarcany.

« Ton père, Pierre, fut arrêté et ramené à Pisino ( ) Plus heureux, je parvins à m'échapper ( ) Voilà ce que tu sais, mais ce que tu ne sais pas c'est que deux hommes avaient vendu le secret des conspirateurs de Trieste ( ) Leurs noms ( ) ( ) s'écria Pierre Bathory ( ) Je te les dirai ( ) Quels sont-ils ( ) L'un d'eux est ce comptable, qui s'était introduit comme espion dans la maison de Ladislas Zathmar ( ) C'est l'homme qui a voulu t'assassiner ( ) C'est Sarcany ( ) Sarcany ( ) s'écria Pierre ( ) Sarcany ( ) ( ) ce misérable ( ) ( ) Et vous le saviez ( ) ( ) Et, par votre silence vous avez autorisé ce crime ( ) oui ( ) ce crime ( ) qui a livré cette malheureuse Sava Thorontal à ce Sarcany ( ) Oui, Pierre, j'ai fait cela ( ) Et pourquoi ( ) Parce qu'elle ne pouvait devenir ta femme ( ) Elle ( ) ( ) Elle ( ) ( ) Parce que, si Pierre Bathory eût épousé mademoiselle Thorontal, c'eût été un crime plus abominable encore ( ) Mais pourquoi ( ) ( ) pourquoi ( ) ( ) répétait Pierre, arrivé au paroxysme de l'angoisse ( ) Parce que Sarcany avait un complice ( ) ( ) Oui ( ) un complice dans cette odieuse machination qui a envoyé ton père à la mort ( ) ( ) Et ce complice ( ) il faut bien que tu le connaisses enfin ( ) ( ) c'est le banquier de Trieste, Silas Thorontal ( ) » (D'après J. Verne, *Mathias Sandorf.*)

7. Allez à la ligne et mettez un tiret au changement d'interlocuteur. Remplacez les parenthèses par le signe qui convient : ! , ; « » .

Martin, pendant sa maladie, a apprécié son grand-père le docteur Lapresle.

( ) Je devrais t'inscrire à l'école, dit M. Lapresle un matin ( ) Oh, grand-père ( ) Et même t'avoir inscrit depuis plusieurs semaines ( ) Mais je suis ( ) convescent ( ), protesta Martin qui crut devoir tousser ( ) Je sais ( ) On dit ( ) convalescent ( ), poursuivit le docteur ( ) Il est vrai qu'ils ont des cas de rougeole et de coqueluche à l'école ( ) je ne tiens pas à ce que ( ) Bref, c'est moi qui te ferai la classe ( ) j'en saurai toujours assez ( ) ( ) Ils s'intalèrent donc, chaque matin, de part et d'autre de la table de travail de M. Lapresle ( ) Le ( ) pataf ( ) juché sur deux annuaires téléphoniques, le garçon commençait à bâiller dès les premiers mots ( ) (D'après G. Cesbron, *C'est Mozart qu'on assassine*, Robert Laffont.)

8. Remplacez les X par des parenthèses ou des guillemets et remplacez les parenthèses par la ponctuation qui convient.

Marc, venu voir son fils placé chez une nourrice en Vendée, découvre la maison.

Marc s'assit sur la chaise dure qu'on venait de lui avancer, refusa un verre de lait, de cidre, d'eau XX Nous ne faisons pas de vin, pardonnez-moi XX et attaqua de front.

— Alors, nounou Perraut, c'est ici que vous logez ( ) Mais ( ) les commodités ( ), l'électricité ( ) Je l'ai vue en traversant le village ( ) vous pourriez l'avoir, depuis des années sans doute ( )

— D'abord, je ne le peux pas, répondit-elle avec la pudeur des pauvres X car le mot X pouvoir X n'avait pas le même sens pour l'un et pour l'autre X

— Et vous n'avez pas l'eau courante ( )

X l'eau courante X ( ) Elle songea à la rivière et faillit répondre qu'elle l'avait aussi. Heureusement, il poursuivait ( )

— Et le gaz butane ( )

— Mes enfants me l'ont déjà proposé, monsieur Marc ( ) mais, voyez-vous, chacun son temps ( ) Moi, je me suis bien habituée à ( ) X d'un geste circulaire, elle désignait son royaume X à tout ça ( ) Non, monsieur Marc, continua-t-elle d'une voix ferme X et elle se tenait très droite X je ne veux rien de tout ça chez moi. (*Ibidem.*)

OÙ FAUT-IL UN TRAIT D'UNION ?

LEÇON

- **Quand à la fin d'une ligne on doit couper un mot.**
  — Ne remettez pas de trait d'union au début de la ligne suivante.
  — Coupez le mot entre deux syllabes (entre les consonnes doubles).
  Ex. : *com-plé-ment, grat-ter, cons-cient.*
  — Ne coupez pas entre deux voyelles.
  — Ne laissez pas une seule lettre au début ou à la fin d'une ligne.
  Ex. : *tuer, (il) s'écria* sont impossibles à couper.
  — Ne coupez pas avant ou après *-x-* et *-y-* placés entre deux voyelles.
  Ex. : *moyen, fixe* sont des mots qu'on ne peut pas couper.
  En revanche, on pourra couper : *ex-té-rieur, my-tho-lo-gie.*

- **Avant et après le *-t-* euphonique.**
  Ex. : *Où ira-t-elle ?*

- **Entre le verbe et les pronoms qui suivent immédiatement.**
  Ex. : *dit-il, venez-vous ?, parlons-en, dites-le-lui, vas-y.*
  À moins que le pronom ne soit complément d'un verbe qui suit :
  Ex. : *Il faut le lui dire.*

- **Devant les adverbes *-ci* et *-là* des pronoms et adjectifs démonstratifs.**
  Ex. : *celui-ci, celle-là, ces amies-là, cette affaire-ci.*
  et dans les adverbes composés de *-ci* et de *-là.*
  Ex. : *de-ci, de-là, ci-contre, là-bas.*

- **Entre un pronom personnel et l'adjectif *même.***
  Ex. : *moi-même, eux-mêmes.*
  Mais on écrira : *le roi même* (*roi* est un nom).

- **Dans les adjectifs numéraux composés** inférieurs à cent, sauf lorsque les termes sont reliés par *et.*
  Ex. : *soixante-dix-huit, trente-quatrième.*
  Mais : *soixante et onze, deux cent dix-neuf.*

- **Dans certains mots composés.** Mais l'usage reste capricieux.
  Ex. : *un porte-clefs, un cache-col, avant-hier, Saint-Germain-en-Laye.*

EXERCICES

1. Indiquez par des traits d'union à quel endroit vous pouvez couper les mots pour aller à la ligne.

Ex. : *rapidement* → ra-pi-de-ment.

1. naturellement — 2. extase — 3. recommander — 4. tuyau — 5. typique — 6. billard — 7. radio — 8. pigeonnier — 9. klaxon — 10. acacia — 11. chauffeur — 12. opinion — 13. rayon — 14. studieux — 15. voyage — 16. propriété — 17. toxique — 18. vieillir.

2. Même exercice que le n° 1.

1. exceptionnellement — 2. nuage — 3. merveilleux — 4. essayer — 5. équilibre — 6. luxe — 7. extrait — 8. éparpiller — 9. maximum — 10. solennellement — 11. royal —

12. amygdale — 13. brouette — 14. bouillie — 15. joyeux — 16. accueil — 17. obéir — 18. alcool — 19. descendre — 20. été.

3. Mettez les phrases suivantes à la forme interrogative.

1. C'est ton ami. — 2. Tu l'aimes beaucoup. — 3. Il a beaucoup d'amis. — 4. Il va à la cantine. — 5. Il y prend ses repas tous les jours. — 6. Il aime tous les plats. — 7. Il finit toujours son assiette. — 8. Il chahute souvent. — 9. On l'envoie dehors fréquemment.

4. Transformez les phrases suivantes en ordres, à l'impératif.

1. Tu m'écoutes bien. — 2. Tu te dépêches de partir en classe. — 3. Tu t'occupes de ton petit frère. — 4. Tu lui donnes son cartable. — 5. Tu le lui donnes gentiment. — 6. Et la bibliothèque ! Tu y passes après la classe. — 7. Tu en profites pour prendre un livre.

5. Mettez un trait d'union là où il est nécessaire.

1. quarante trois — 2. cinquante huitième — 3. cent huit — 4. trois cent quatre vingt treize — 5. cent vingt neuvième — 6. les trois quarts — 7. les neuf dixièmes — 8. trente et un.

6. Mettez un trait d'union là où il est nécessaire.

1. Tu es au trente sixième dessous. — 2. Tes chefs mêmes s'en aperçoivent. — 3. Crois moi, réclame leur une semaine dès cet hiver ci. — 4. Quels jours préférez vous ? — 5. On ne peut vous en accorder que trois. — 6. Parlez en entre vous dans l'équipe. — 7. Réfléchissez y bien. — 8. Je n'ai rien à voir là dedans. — 9. Entendez vous sur les dates. — 10. Faites les nous connaître avant la fin de la semaine. — 11. Nous devons planifier les vacances de quatre vingt trois employés d'ici la mi septembre.

DICTÉE À CHOIX MULTIPLES

Un père de douze *(s)* enfant *(s)*. — Quelque*(s)* un*(s)* prétendai*(en)*t que nos parents avaient *(tant/t'en/temps)* d'enfant*(s)* que leur*(s)* père*(s)* même*(s)* ne les reconnaissai*(en)*t pas. Papa lui même racontait qu'un jour maman, à son retour, lui avait demandé*(e)* si la garde de la maison s'était bien passé*(e)*.

— Comme sur des roul**ettes**, avait il répondu, à l'**exception** de ce petit là bas. Une bonne **gifle** *(la/l'a)* vite ramené*(e)* à la raison !

Maman ne perdait jamais son *(sans/sang/s'en)* froid :

— Mais cet*(te)* enfant là n'est pas à nous, mon ami, dit elle, il est à la maison d'à côté. Aucun*(s)* de nous ne se souvient de cet*(te)* histoire là et peut être n'est elle jamais **arrivé***(e)*. (...) S'il aimait bien plaisant*(é, er)* lui même, papa ne tolérait aucune*(s)* critique*(s)* sur sa famille de la part des étrangers. Un jour, un voisin s'était plaint qu'un des Gilbreth*(s)* avait traité*(s)* son fils d'un nom « qu'on ne pouvait pas répét*(é, er)* ».

— Qu'est ce que vous voulez dire par là ? avait il demandé doucement, avançant vers le voisin de tel*(le)* manière que celui ci n'avait pas demandé son reste. Cela ne l'empêcha pas, *(des/dès)* son retour, d'administr*(é, er)* une **correction** au coupable.

Chaque*(s)* fois qu'il revenait de voyage, il **sifflait**• le rassemblement, un air qu'il avait composé lui même et qui faisait **acc**ourir les enfants au galop. Quelque*(s)*fois, il **comm**ençait par prendre un air sévère :

— Montre*(r, z)* moi vos ongles, vous tous, grondait il en fronçant*(s)* les sourcils. Sont il*(s)* propre*(s)* ? Les avez vous rongé*(s)* ? Ont il*(s)* besoin*(s)* d'être coupé*(s)* ?

Et puis il tirait des trousses à ongle*(s)* pour les filles et des canifs pour les garçons. Ainsi ne savions nous jamais s'il nous **app**elait pour une bonne ou une mauvaise nouv**elle**.

— Voyons, quel*(le)* h**eure** est il ? nous demanda t il un jour. Et il sorti*(e, t)* de sa poche des bracelet*(s)*• montre*(s)* pour nous tous. (D'après F. et E. Gilbreth, *Treize à la douzaine*, Horay.)

OÙ FAUT-IL UNE MAJUSCULE ?

LEÇON

▶ **Au premier mot d'une phrase**

— Toujours après un point.

— Après les points d'interrogation, d'exclamation ou de suspension, quand ils terminent une phrase.
Ex. : *Venez par ici ! Serrez les rangs ! Pourquoi traînez-vous ? Vite !*
En revanche, lorsque ces points soulignent un mot de la phrase, ils sont suivis d'une minuscule.
Ex. : *Ah ! mon Dieu ! qu'est-il arrivé ?*

— Après les deux points lorsqu'ils introduisent un discours, mais pas lorsqu'ils introduisent une explication ou une énumération.
Mais le point-virgule (;) est toujours suivi d'une minuscule.

▶ **Aux noms propres (et aux prénoms)**
Ex. : *Je m'appelle Isidore Beautrelet.*

— Noms de pays, de fleuves, de villes, de mers.
Ex. : *le Pô, l'Italie, Florence, la Méditerranée.*

— Noms de points cardinaux, employés absolument.
Ex. : *L'Est blanchissait déjà* ; mais : *L'est de la France.*

— Noms de planètes et d'astres dans un contexte cosmographique, mais pas dans l'usage courant.
Ex. : *La Terre tourne autour du Soleil* ; mais : *J'aime me dorer au soleil.*

— Noms de peuples, de familles, de dynasties.
Ex. : *les Anglais, les Rohan, les Bourbons.*

— Noms de fêtes : *à Noël, à Pâques* ; mais pas les noms de jours et de mois : *un lundi de novembre.*

— Noms de rues, de monuments, de vaisseaux.
Ex. : *la rue des Rosiers, l'Arc de Triomphe, le Concorde.*

— Titres d'ouvrages, d'œuvres d'art.
Ex. : *le Grand Meaulnes, les Nymphéas, la Symphonie fantastique.*

— Noms de sociétés religieuses, savantes, politiques, etc.
Ex. : *l'Église, la Chambre des députés, l'État.*

— Titres honorifiques.
Ex. : *Sa Majesté, Son Excellence.*
La majuscule se met aux titres et dignités quand on s'adresse à la personne même : *Veuillez croire, Madame la Directrice,...*

— Noms qui désignent Dieu, les trois personnes divines.
Ex. : *le Tout-Puissant, Jésus-Christ, le Saint-Esprit.*

— Noms des divinités mythologiques ou abstractions personnifiées en poésie.
Ex. : *Jupiter, la Mort.*

▶ **À l'adjectif**

— Quand il fait corps avec le nom propre, en particulier quand c'est un surnom précédé de l'article défini.
Ex. : *les États-Unis, la Comédie-Française, Jean le Bon.*

— L'adjectif *saint*, dans les noms de localités ou de monuments, prend une majuscule, mais pas lorsqu'il désigne le saint lui-même.
Ex. : *Saint-Germain-en-Laye* ; mais : *le reniement de saint Pierre.*

— Quand il précède le nom dans un nom propre.
Ex. : *la Grande-Motte, la Nouvelle-Calédonie.*

— Quand il accompagne un nom géographique pour désigner un lieu précis :
Ex. : *le massif du Mont-Blanc.*

Attention : les adjectifs de nationalité s'écrivent avec une minuscule.
Ex. : *le caractère anglais.*

EXERCICES

1. Choisissez entre la majuscule et la minuscule.

*(j, J)*e me promenai environ vingt minutes devant le château, *(e, E)*ssayant de relier entre eux les événements de cette matinée, *(e, E)*t n'y parvenant pas. *(q, Q)*uelle était l'idée de *(r, R)*ouletabille ? *(é, É)*tait-il possible que *(m, M)*. *(r, R)*obert *(d, D)*arzac lui apparût comme l'assassin ? *(c, C)*omment penser que cet homme, qui devait se marier dans quelques jours avec *(m, M)*lle *(s, S)*tangerson, s'était introduit dans la « *(C, c)*hambre *(j, J)*aune » pour assassiner sa fiancée ? *(e, E)*nfin rien n'était venu m'apprendre comment l'assassin avait pu sortir de la « *(c, C)*hambre *(j, J)*aune » ; *(e, E)*t, *(t, T)*ant que ce mystère ne me serait pas expliqué, *(j, J)*'estimais, *(m, M)*oi, *(q, Q)*u'il était du devoir de tous de ne soupçonner personne. *(e, E)*nfin, *(q, Q)*ue signifiait cette phrase insensée : « *(l, L)*e presbytère n'a rien perdu de son charme ni le jardin de son éclat. » ? *(j, J)*'avais hâte de me retrouver seul avec *(r, R)*ouletabille pour le lui demander. (G. Leroux, *Le Mystère de la chambre jaune.*)

2. Remettez des majuscules là où elles sont nécessaires.

« — vraiment... vous êtes extraordinaire... pour votre âge ! répliqua le policier sur un ton non dénué d'une certaine ironie... vous feriez un merveilleux policier... si vous aviez un peu plus de méthode... si vous obéissiez moins à votre instinct et aux bosses de votre front. c'est une chose que j'ai déjà observée plusieurs fois, monsieur rouletabille : vous raisonnez trop... vous ne vous laissez pas conduire par votre observation... que dites-vous du mouchoir plein de sang et de la main rouge sur le mur ? vous avez vu, vous, la main rouge sur le mur ; moi, je n'ai vu que le mouchoir... dites !...
— bah ! fit rouletabille, un peu interloqué, L'ASSASSIN A ÉTÉ BLESSÉ À LA MAIN par le revolver de mlle stangerson !
— ah ! observation brutale, instinctive... prenez garde, vous êtes trop "directement" logique, monsieur rouletabille ; la logique vous jouera des tours. » (*Ibidem*)

3. Mettez des majuscules là où elles sont nécessaires.

1. issu du glacier du rhône, le grand fleuve naît à 2 200 m d'altitude et prend la direction du sud-ouest — 2. abrité des vents océaniques par des barrières montagneuses géantes, le valais central, entre sierre et martigny, constitue la région la plus sèche de suisse — 3. sierre connaît des étés brûlants et ne reçoit en moyenne pas plus d'eau que marseille — 4. favorisé par ces conditions climatiques méditerranéennes, le vignoble s'étale sur tout le versant exposé au midi, alors que le versant nord est couvert de forêts — 5. à martigny, le rhône reçoit la drance et se replie vers le nord. il franchit la porte rocheuse de saint-maurice et débouche dans le bas-valais, plaine qui va s'évasant jusqu'au lac léman.

4. Choisissez entre majuscule et minuscule.

1. Dans « *(v, V)*ent d'*(e, E)*st, *(v, V)*ent d'*(o, O)*uest », une jeune *(c, C)*hinoise, *(k, K)*wei-*(l, L)*an, élevée selon les principes de la *(C, c)*hine traditionnelle, épouse un jeune *(c, C)*hinois qui a fait des études médicales aux *(é, É)*tats-*(u, U)*nis et a adopté des façons de penser *(a, A)*méricaines. – 2. Le frère de *(k, K)*wei-*(l, L)*an, lui aussi parti étudier en *(a, A)*mérique, refuse d'épouser la jeune *(c, C)*hinoise que ses parents lui destinaient et revient avec l'*(a, A)*méricaine qu'il a épousée sans le consentement de ses parents, qu'il appelle pourtant toujours « les *(v, V)*énérés ». – 3. *(k, K)*wei-*(l, L)*an est déchirée entre la fidélité aux traditions *(o, O)*rientales et un mari ouvert à la science *(o, O)*ccidentale.

5. Mettez des majuscules là où elles sont nécessaires.

1. C'était une nuit de mai ; on entendait les harmonies lointaines de la sonate au clair de lune – 2. deux lapins dansaient au clair de lune, au milieu d'un cercle de lapins assis par terre – 3. Je songeais que la lune est beaucoup plus petite que la terre – 4. on apercevait la voie lactée, la grande ourse et l'étoile polaire – 5. en cette nuit de pentecôte, il était loin de faire un froid polaire et je frémis en pensant aux températures du pôle sud !

6. Choisissez entre majuscule et minuscule.

1. Cette maison n'est pas en bon *(é, É)*tat. – 2. Les *(c, C)*hemins de *(F, f)*er, en *(F, f)*rance, sont la propriété de l'*(é, É)*tat et dépendent de la *(s, S)*ociété *(n, N)*ationale des *(c, C)*hemins de *(f, F)*er. – 3. J'ai visité de bien jolies *(é, É)*glises *(r, R)*omanes en *(a, A)*uvergne. – 4. Malgré la séparation de l'*(é, É)*glise et de l'*(é, É)*tat, les *(b, B)*eaux-*(a, A)*rts contribuent à l'entretien de ces *(é, É)*glises qui font partie du patrimoine *(n, N)*ational. – 5. J'ai dû garder la *(c, C)*hambre pendant cette mauvaise grippe et j'ai ainsi pu suivre les débats à la *(C, c)*hambre concernant l'*(é, É)*ducation *(n, N)*ationale. – 6. Mon *(é, É)*tat s'est amélioré, et j'ai pu reprendre au *(s, S)*énat mon travail de *(s, S)*ecrétaire d'un *(s, S)*énateur.

7. Choisissez entre majuscule et minuscule.

1. En *(j, J)*uillet, j'ai visité *(f, F)*lorence. – 2. Nous avons admiré la *(c, C)*athédrale et son immense coupole couverte de la grande fresque du *(j, J)*ugement *(d, D)*ernier. – 3. C'est là que se déroula un épisode dramatique de la *(c, C)*onjuration des *(p, P)*azzi, rivaux des *(m, M)*édicis qui tentèrent d'assassiner *(l, L)*aurent *(l, L)*e *(m, M)*agnifique le *(d, D)*imanche 26 *(a, A)*vril 1478. – 4. Au fond, j'ai vu une copie de la *(p, P)*iéta de *(m, M)*ichel-*(a, A)*nge. – 5. Face à la *(c, C)*athédrale, la porte *(e, E)*st du *(b, B)*aptistère de *(g, G)*hiberti évoque l'*(a, A)*ncien *(t, T)*estament ; *(m, M)*ichel-*(a, A)*nge y voyait la « *(p, P)*orte du *(p, P)*aradis ».

8. Mettez des majuscules partout où elles sont nécessaires.

1. figaro. – je ne me trompe point : c'est le comte almaviva.
2. le comte. – je crois que c'est ce coquin de figaro.
3. figaro. – c'est lui-même, monseigneur.
4. le comte. – maraud, si tu dis un mot...
5. figaro. – oui, je vous reconnais à vos bontés familières. (...)
6. le comte. – mais que fais-tu à séville ? je t'avais recommandé pour un emploi. (...)
7. figaro. – le ministre, ayant égard à la recommandation de votre excellence, me fit nommer sur-le-champ garçon apothicaire.
8. le comte. – pourquoi donc as-tu quitté cet emploi ?
9. figaro. – quitté ? c'est bien lui-même ; on m'a desservi auprès des puissances. « l'envie aux doigts crochus, au teint pâle et livide... »
10. le comte. – oh grâce ! grâce, ami ! est-ce que tu fais aussi des vers ? (...)
11. figaro. – voilà précisément la cause de mon malheur, excellence. (Beaumarchais, *Le Barbier de Séville.*)

-G- OU -GU-

LE SON [g]

LEÇON

Observons :

g — -a- : *garçon* ; -o- : *gosse* ; -u- : *légume*

g — -e- : *gercé* ; -i- : *gicler* ; -y- : *gymnastique*

gu — -e- : *guenon* ; -i- : *guidon* ; -y- : *Guy*

Règle : Devant **-e-**, **-i-** et **-y-**, pour que le **-g-** ne se prononce pas comme **-j-**, il faut **ajouter** un **-u-** entre le **-g-** et ces lettres.

ATTENTION !

— Devant le **son -euil**, on intervertit le **-e-** et le **-u-** : un seul exemple : *l'orgueil* et sa famille.

— Les **verbes en -guer** gardent leur **-u-** tout au long de leur conjugaison :
Ex. : *conjuguer → nous conjuguons, je conjuguais, en conjuguant.*

— En revanche, les **noms** et les **adjectifs** formés sur les verbes en **-guer** perdent le **-u-** :
Ex. : *la conjugaison, un travail fatigant, infatigable.*

— Pour le choix entre l'adjectif en **-gant** et le participe présent en **-guant**, voir la Fiche 55.

EXERCICES

1. Selon la lettre qui suit le son [g], remplacez les points par -g- ou -gu-.
1. Sur une la...une du ...olfe de ...inée, j'ai vu une ...enon ...rimper sur un man...ier et se ...aver de man...es. — 2. Une piro...e vo...e sur le fleuve Con...o. — 3. On distin...e les rameurs qui pa...aient avec vi...eur et ré...ularité. — 4. Des ci...ognes et des ...rues ont ...agné le la...on, bien fati...ées par leur lon...e route au-dessus des va...es. — 5. Des ...orilles passent à ...é le mari...ot.

2. Conjuguez : a) au présent de l'indicatif : *élaguer les arbres*, **b) à l'imparfait de l'indicatif** : *larguer les amarres*, **c) au passé simple de l'indicatif** : *distinguer une île au large.* **d) Donnez le participe passé et présent du verbe** : *irriguer.*

3. Comment appelle-ton l'action : 1. d'irriguer ? — 2. de naviguer ? — 3. d'élaguer des arbres ? — 4. de conjuguer des verbes ? — 5. de larguer ? — 6. de divulguer des secrets ? — 7. de promulguer une loi ? — 8. de tanguer ? — 9. de divaguer ? — 10. d'alléguer ? — 11. de déléguer ? — 12. le fait d'être prodigue ?

4. Prenez garde aux verbes et remplacez les points par -g- ou -gu.
1. Nous lar...âmes les amarres, contournâmes la di...e et mîmes le cap vers Saint-...énolé. — 2. Nous navi...âmes avec un vent arrière ré...ulier, suivis d'un vol de ...oélands. — 3. Appuyé sur le bastin...age, je distin...ai une ...oélette. — 4. Il y avait du tan...age, et lorsque le navire tan...ait fort, je zi...za...ais sur le pont. — 5. Bientôt mes amis car...aient les voiles en les repliant autour des ver...es, car ils craignaient un oura...an. — 6. La navi...ation à voiles présente pour moi plus d'attraits que mon service sur un dra...eur de mines qui dra...ait la Manche pendant la ...erre.

-J-, -G-, -GE-
LE SON [ʒ]

LEÇON

1. Selon la phonétique

Exemples	Exceptions	Exemples	Exceptions
j — -a- : *jaloux*	*le geai, l'engeance*	g — -i- : *le gigot*	*le djinn, le jiu-jitsu, les Jivaros*
j — -o- : *joli*	*la geôle, le geôlier, le bourgeon, le pigeon, l'esturgeon, le badigeon flageoler*	g — -e- : *le gérant*	*le jeu, jeune, jeter, le jeûne, majeur, la majesté, galéjer*
j — -u- : *juger*	*la gageure*	g — -y- : *le gymnase*	

2. L'appartenance à une famille

Lorsqu'on ajoute **un suffixe** à un mot simple écrit avec un **-g-**, ou que l'on conjugue un **verbe** en **-ger**, le son [ ] s'écrit **-ge-** devant **-a-**, **-o-** et **-u-**.

ge — -a- : *rouge* → *rougeâtre, rougeaud*	*nager* → *je nageais, nageant*
ge — -o- : *rouge* → *la rougeole, rougeoyer*	*nager* → *nous nageons*
ge — -u- : *gager* → *la gageure*	

HOMONYMES

j'ai, jais, jet, geai

— *j'ai* : verbe *avoir*, présent, 1re personne du singulier.
— *jais* : variété de lignite d'un noir luisant.
— *le jet* : action de jeter ; fluide qui s'échappe soudain.
— *le geai* : oiseau.

EXERCICES

1. Remplacez les points par j'ai, jais, jet, geai.

1. Barbotant sous le ... d'eau du jardin, le ... dit au merle, son compère. — 2. « Je n'aime pas ton costume d'un noir de ... — 3. Moi, au moins, ... du bleu dans mon plumage. »

2. Selon ce qui suit la lettre, remplacez les points par -j- **ou** -g-.

1. Le ...endarme était un chasseur enra...é. — 2. Il ...ubilait en entendant les ...appements de ses chiens en train de délo...er des canards sauva...es. — 3. Avec ses ...umelles, il observait cette ré...ion ...iboyeuse. — 4. Ce soir, des oiseaux de tout pluma...e ...oncheraient le sol. — 5. Il les sortirait de sa ...ibecière. — 6. Pour moi, je cueille du ...asmin et des ...iroflées, des ...acinthes et des fleurs de ...enêt. — 7. J'erre dans les ...achères parmi les a...oncs et les ... enèvriers. — 8. ...e n'ai guère que des ...u...ubes et des ...irolles dans ma ...iberne, et de quoi fabriquer de la ...entiane ou du ...énépi.

3. Remplacez les points par -j-, -g- ou -ge-. Attention aux exceptions.

1. Le pinson s'échappa du don...on et le ...ôlier en fit une ...aunisse. — 2. J'ai pris un gou...on et un estur...on mais je les ai ...etés dans les ...enêts. — 3. Pratiquer le ...iu-...itsu pour échapper aux ...ivaros, quelle ga...ure ! — 4. Comme il n'avait pas dé...euné et était resté à ...eun depuis le matin, ses ...ambes fla...olaient ...oliment pendant qu'il badi...onnait les murs du ...ymnase. — 5. Les d...inns, cette en...ance de démons, ont sacca...é par ...eu tout mon ver...er et rava...é les bour...ons. — 6. Le ma...e parta...a avec ma...esté le contenu du garde-man...er et s'en ad...u...a la ma...eure partie.

4. Conjuguez :

a) Au présent, puis à l'imparfait de l'indicatif : Enrager d'être enfermé par un temps pareil et ronger son frein.

b) Au présent, puis au passé simple de l'indicatif : Juger le film excellent et rédiger une bonne critique.

c) Donnez le participe présent, puis le participe passé de : manger, ronger, diriger, engranger, encourager, exiger.

5. Classez les mots dans la famille de jeûne, jeter **ou** gel **et complétez par** -j- **ou** -g-.

1. une en...elure — 2. le re...et — 3. des aliments sur...elés — 4. la couturière a fait un sur...et — 5. être à ...eun — 6. un con...élateur — 7. à un ...et de pierre — 8. le dé...el — 9. un pro...et — 10. le dé...euner — 11. un ...eton — 12. un su...et — 13. de l'anti...el — 14. un ob...et — 15. un tra...et.

6. Dites si le mot appartient à la famille de jection **(jeter) ou de** gestion **(gérer), indiquez le sens du préfixe et remplacez les points par** -j- **ou** -g-.

1. Il n'était pas un ...estionnaire remarquable. — 2. Il ne voulait pas entendre parler de co...estion, ni de prendre un ...érant ; il voulait ...érer tout seul ! — 3. Le visage con...estionné, il prétendait que les avantages de ces solutions n'étaient que des con...ectures. — 4. Son discours était riche en inter...ections ; et quelle densité de pro...ections de postillons ! — 5. Il supportait très mal les in...érences de sa femme dans ses affaires et repoussait toute sug...estion. — 6. Il sautait alors dans sa voiture à in...ection et prenait le large. — 7. Au restaurant, ce soir-là, la cuisine fut indi...este. — 8. Il in...éra une quantité déraisonnable de vin. — 9. Sur la route il manqua un vira...e, sa voiture poursuivit sa tra...ectoire jusque dans un pré, tandis qu'il était é...ecté dans un fossé. — 10. Là l'indi...estion terrassa la vile et ab...ecte créature qui resta prostrée dans ses dé...ections.

7. Trouvez un mot de la famille et remplacez les points par -j-, -g- **ou** -ge-.

1. une na...oire — 2. ra...eunir — 3. un plon...on — 4. une réunion a...ournée — 5. un en...eu — 6. la rou...ole — 7. un ca...ot — 8. un sauva...on — 9. une ma...oration — 10. de l'oran...ade — 11. un clocher a...ouré et ma...estueux. — 12. un villa...ois ...eunet plein de ...u...ote.

8. Cherchez si un mot de la famille s'écrit avec -g- **et complétez par** -j- **ou** -ge-.

1. Notre ben...amine rêve d'être ma...orette et vous demande d'avoir l'obli...ance d'accepter sa candidature. — 2. Avec tous ses bi...oux, parfumée de ben...oin, elle cherche à en...ôler un gros bour...ois en le ca...olant et en lui jouant du ban...o. — 3. Mais Sa Ma...esté ne s'intéresse qu'à la man...aille. — 4. Pour lui, peu de choses sont imman...ables et il se délecte avec des gou...ons. — 5. Mais ce gros rou...aud, avec ses ba...oues, n'est qu'un gou...at et considère la petite comme négli...able. — 6. Il préférerait qu'elle lui mi...ote des petits plats. — 7. Avec son allure de ballon diri...able bour...onnant, il la traite fort désobli...amment de mi...aurée. — 8. Ce n'est pas une galé...ade et elle prépare sa ven...ance.

-C-, -CU-, -QU-
LE SON [k]

LEÇON

1. Selon la phonétique

Exemples	Exceptions	Exemples	Exceptions
c -a- : *cahier* c -o- : *côté* c -u- : *cuivre*	*quatre, quand, quant à (au, aux), quantité, qualité, quasi, quai, loquace quotient, quolibet, quoi, pourquoi, le carquois la piqûre*	qu -e- : ***querelle*** qu -i- : ***qui***	*cueillir cercueil, écueil*

2. L'appartenance à une famille

- Les **verbes** en **-quer** gardent leur **-qu-** tout au long de leur conjugaison.
Ex. : *man**qu**er → nous man**qu**ons, je man**qu**ais, man**qu**ant.*

- Les **mots dérivés** d'un verbe en **-quer** suivent la loi générale.
Ex. : *indi**qu**er → un indi**c**ateur, un indi**c**atif, une indi**c**ation.*
Sauf : *remarquer → remarquable ; toquer → une toquade ; pratiquer → un pratiquant,* mais *praticable ; critiquer → critiquable ; attaquer → inattaquable ; manquer → manquant, immanquable ; trafiquer → un trafiquant.*
On peut y ajouter quelques dérivations du même ordre :
antique → antiquaire ; moustique → moustiquaire ; relique → reliquaire, reliquat ; (« delinquere » latin) → *un délinquant.*

- La famille de ***quinqu-*** = cinq (latin), et de ***quadri*** = quatre (latin).

3. Les graphies rares

- Dans les **mots empruntés au grec**, le son [k] peut s'écrire **-ch-** (voir Fiche 87) ou **-k-** (familles de *kilo* = 1000, et de *kinési* = mouvement).

- Dans beaucoup de **mots empruntés** à l'anglais (*un cake, un derrick*), à l'allemand (*un tank, un blockhaus*), au russe (*la troïka*), à l'arabe (*le moka*), au japonais (*le kimono*), au norvégien (*le ski*), on trouve **-k-** ou **-ck-**.

HOMONYMES

▶ **chèque, cheik**
— *le chèque* : moyen de paiement.
— *le cheik* : notable arabe.

▶ **foc, phoque**
— *le foc* : voile de bateau.
— *le phoque* : animal marin.

EXERCICES

1. Remplacez les points par -c-, -qu- **ou** -cu-.

1. Je ...omptais ...itter la ville et mon ...artier, prendre la poudre d'es...ampette et me mettre en ...ête d'es...argots à la ...ampagne. — 2. J'avais mis un ...amembert et un ...ignon de pain dans mon ...artable, à ...ôté de mes do...uments de travail et d'un re...eil de poèmes ; j'avais acheté un ...otidien et un roman ...el...on...e. — 3. J'attendais le train sur le ...ai en regardant les ...aténaires ...and je re...eillis une es...arbille dans l'œil. — 4. J'étais ...asiment aveuglé et voulais ré...upérer une vision normale avant de ré...olter des mo...eries et des ...olibets pour ce ...as ...o...asse.

2. Écrivez en lettres le nombre ou le résultat de l'opération.

4, 10 × 4 =, 1/4, 4 × 20, 10 + 4 =, 4e, 14e, 40e.

Dites comment s'appelle l'unité égale à : 1 000 grammes — 1 000 mètres — 1 000 tonnes — 1 000 watts.

3. Remplacez la définition par un mot de la famille de quatre **(le mot marqué + est une racine latine).**

a) 1. Le rectangle est un *(figure qui a 4 côtés +)* régulier. — 2. Vingt est le *(qui vaut 4 fois + autant)* de cinq. — 3. Il y a beaucoup plus d'un *(million de trillons)* d'étoiles. — 4. L'ère *(4e ère de l'histoire de la Terre)*. — 5. Donne-moi un des *(4e partie)* de ta pomme. — 6. C'était un homme qui avait la *(environ 40 ans)*, un *(âgé de 40 ans)* qui serait bientôt un *(âgé de 50 ans)*.

b) 1. Un boeing 747 est un *(avion qui a 4 moteurs)*. — 2. La police *(divise en carrés)* le quartier. — 3. J'ai fait un *(gâteau dans lequel œufs, farine, beurre et sucre sont à poids égal)* pour le dessert. — 4. Je suis allée écouter un *(composition à 4 parties vocales ou instrumentales)*. — 5. Un sonnet est composé de deux *(strophes de 4 vers)* et de deux tercets. — 6. Au poker, je suis tombé sur une *(série de 4 cartes de la même couleur)* à pique. — 7. En place pour le *(danse de bal exécutée par des groupes de 4 couples)* !

4. Remplacez la définition par un seul adjectif (+ est une racine latine).

1. un phénomène *(qu'on peut expliquer)* — 2. une loi *(qu'on ne peut appliquer)* — 3. des biens *(qu'on peut confisquer)* — 4. une cible *(qu'on ne peut manquer)* — 5. une attitude *(qu'on peut critiquer)* — 6. une expérience *(qu'on ne peut communiquer)* — 7. une nappe *(sans faute +)* — 8. une haine *(qu'on ne peut apaiser +)* — 9. une route *(qu'on peut pratiquer)*.

5. Remplacez les points par -c- **ou** -qu-.

1. Les enfants n'étaient pas ...alifiés pour l'identif...ation des trafi...ants. — 2. Mais ils remar...aient tout et le communi...aient au ...ommissaire. — 3. Sur leurs indi...ations ce dernier tra...a les délin...ants jus...e dans ce fortin inatta..able où ils s'étaient embus...és. — 4. Mais le chef des bandits par une to...ade s'embar...a sur une embar...ation pourrie ...i se dislo...a. — 5. Avec force suffo...ations et impré...ations, il bifur...a dans un sentier imprati...able ! — 6. Ils ne ris...aient plus de filer et le ...ommissaire les débus...a imman...ablement. — 7. Tout ce qu'ils confis...aient aux anti...aires de la région fut retrouvé : il ne man...ait pas une ...aisse !

6. Remplacez les points par -k-, -ck- **ou** -kk- **et dites l'origine du mot.**

1. Au sou..., paye-t-on avec des mar...s ou des ...ope...s ? — 2. des ...angourous habillés de ...ilts, attelés à une troï...a. — 3. À déjeuner : bifte..., ca...e arrosé de ...irsch, suivi d'un café mo...a. — 4. Imaginez : le fa...ir dans un blo...haus ; le ...ronprinz avec du ...hôl ; le ...aiser dans un ...ol...hoze ; le mouji... dans un dra...ar ; le Vi...ing dans un tan... ; le ...ami...aze dans un derri... ; le judo...a dans un spoutni... .

LES SONS « GZ » et « KS »

LEÇON

- Le son « **gz** » s'écrit toujours **-x-**.
  Ex. : *exubérant, un **x**ylophone, e**x**act, e**x**emple, e**x**haler.*
  Sauf : *un e**cz**éma* (= maladie de la peau).
- Le son « **ks** » s'écrit :

1. En début de mot :
acc-, occ-, succ- : *un accident, l'occident, le succès.*
Sauf : *l'axe, l'axiome, l'oxygène* et leurs familles.
ex- + consonne : *extérieur.*
exc- + voyelle : *un excès, excellent* (sans le *-c-*, on prononcerait « gz »).

2. À l'intérieur d'un mot :
-x- : *vexer, le luxe, un boxeur, un sphinx* ; ainsi que tous les noms en **-xie** *(la galaxie).*
-ct- : dans les noms en **-ction**
Ex. : *l'action, la direction, la prédiction, la fonction...*
Sauf : les composés de *flexion, l'annexion* et *la connexion, la complexion, la crucifixion* et *la fluxion, avec un* **-x.**
On forme sur ces noms les mots dérivés de la même famille.
Ex. : *fonction → fonctionnaire* *annexion → annexionniste*
une infection → une maladie infectieuse *flexion → flexible*

3. Graphies exceptionnelles :
-cc- : *un vaccin, un buccin, la coccinelle, le coccyx.*
-cs- : *le tocsin, la csardas, csar* (ou *tsar*).

4. Reconnaissez le **préfixe latin *ex-*** (= hors de) et identifiez le radical :
Ex. : ***exsangue*** : qui a perdu presque tout son sang.

EXERCICES

1. Remplacez les points par -x- **ou** -cc-.

1. Le soleil couchant rougissait à l'o...ident. — 2. Le chauffeur de ta...i ne cessait d'a...élérer et poussait son moteur au ma...imum. — 3. Il avait a...epté de nous conduire à Toulouse. — 4. J'avais beau essayer de me rela...er, c'était sans su...ès. — 5. Au fur et à mesure que les virages se su...édaient, mon an...iété grandissait. — 6. Mes ma...illaires étaient douloureux tant je serrais les dents. — 7. Surtout qu'il ne fi...ait pas précisément son attention sur la route. — 8. Avec son léger a...ent o...itan, il s'offrait le lu...e de manier les parado...es ! — 9. Et, sans nous offrir de le...ique pour que son vocabulaire nous soit plus a...essible, il déployait un discours lu...uriant, où il mala...ait pêle-mêle des histoires d'into...ication alimentaire, de va...ins périmés, de lu...ation d'épaule, de coup sur l'o...iput et de tente à o...ygène, sans nous épargner les détails a...essoires et sans souci e...agéré d'être su...inct. — 10. J'ai failli, dans un a...ès de rage, l'o...ire, mais heureusement un air génial de sa...ophone sur sa radio me fut un au...iliaire puissant pour a...éder au calme.

2. Remplacez les points par ex-, exc- **ou** ecz-.

1. Pendant toute son ...istence, Xavier a passé son temps à se croire ...eptionnel. — 2. Il n'a cessé d'...hiber des tenues ...entriques et ...travagantes. — 3. Pour lui, l'...actitude d'un récit ne comptait guère et ses ...agérations nous faisaient rire. — 4. Il était ...ubérant à l'...ès et poussait tout à l'...trême. — 5. Il s'...erçait de longues heures pour ...eller dans un ...ercice et il ...ultait s'il parvenait à ...iter la jalousie de ses camarades. — 6. Naturellement, sans aucun ...amen médical, il avait été ...empté de gymnastique. — 7. Il adorait être montré en ...emple. — 8. Tous le trouvaient ...aspérant et ...ténuant. — 9. Lorsqu'on était ...édés, on l'...pédiait en ...il, comme s'il était couvert d'...éma !

3. Trouvez le contraire, en n'oubliant aucune lettre.

1. Mettre en terre, c'est inhumer ; sortir de terre, c'est ... . — 2. Faire entrer en soi en respirant, c'est inhaler ; faire sortir en respirant, c'est ... . — 3. Faire entrer une marchandise, c'est importer ; faire sortir une marchandise, c'est ... . — 4. Enfermer dans un espace clos, c'est inclure ; faire sortir d'un espace clos, c'est ... . — 5. Entrer dans un territoire en courant, c'est faire une incursion ; sortir d'un territoire, c'est faire une ... .

4. Remplacez les points par -ct- **ou** -x-.

1. Chez mon ami Ale...is, on peut observer ce que produit la conjon...ion d'une surprote...ion des parents et d'une comple...ion délicate. — 2. Son ina...ion physique est totale. — 3. Imaginez la stupéfa...ion de ses amis devant son incapacité de faire la moindre tra...ion ! — 4. Mais avec cela, il manifeste une affe...ion fidèle à ses amis, il a des infle...ions de voix chantantes, une sédu...ion certaine, une prédile...ion pour la lecture, une instru...ion étendue, une grande maturité dans la réfle...ion. — 5. En ce moment, il est au lit avec une flu...ion de poitrine et une extin...ion de voix, mais je lui fais des prédi...ions très optimistes.

5. Remplacez les points par -ct- **ou** -x-.

1. Malgré les san...ions et les interdi...ions, les Polonais sont restés attachés à leurs convi...ions. — 2. Beaucoup ont continué à croire que la résurre...ion du Christ a suivi sa crucifi...ion. — 3. Dans les églises, ils multiplient les génufle...ions et aiment recevoir la bénédi...ion des prêtres. — 4. Est-ce seulement de l'irréfle...ion ou une forme de protestation contre ce qu'ils considéraient comme une anne...ion ?

-S- ou -Z-
LE SON [Z]

LEÇON

Règles	Exemples	Exceptions
Début de mot : -z-	le *zodiaque*	
Appuyé sur une autre **consonne : -z-**	*quatorze, le bonze*	
Entre 2 voyelles : -s-	*un oiseau*	
-ise, -ose, -oise	*guise, rose, noise*	
-aise, -use	*la fraise, la ruse*	
-ase	*le vase*	*la gaze* et *la topaze*
-èse	*obèse*	*l'alèze, le trapèze* et *le melèze, treize* et *seize*
-ouse	*la pelouse*	*douze*
-son	*la raison*	*le gazon* et *l'horizon*
verbes en -ser	*raser*	*bronzer* et *gazer*
-sie	*la jalousie*	

RETENEZ !

-z- : *le riz, le gaz, la gazette, le bazar, le lézard, zézayer, zozoter, la zizanie, un magazine, un alizé, une azalée, un rhizome, un protozoaire, l'azote, l'azur, l'ozone.*

-zz- : *le blizzard, la pizza, des lazzi, un puzzle, le grizzly, une mezzanine, un razzia, un rezzou, razzier, un muezzin, le jazz.*

ATTENTION !

Le **-x-** se prononce comme « **z** » dans : *deuxième, sixième, dixième.*

EXERCICES

1. Remplacez les points par -z- **ou** -s-**.**

1. Lorsque je sortis du ...oo, épui...é, le soleil était au ...énith. — 2. Un léger ...éphyr dispo...ait à prendre ses ai...es. — 3. J'avi...ai un café pai...ible, refu...ai le ...inc où devi...aient quator...e ou quin...e clients coupero...és devant leurs ani...ettes. — 4. Je choi...is sur la terrasse une ...one où l'ombre était ...ébrée de rais de soleil. — 5. Je soupe...ai les mérites d'un Coca-Cola avec un ...este de citron et d'un sirop de frai...e ou de ceri...e.

2. Remplacez les points par -z-, -s- **ou** -zz-**.**

1. Dans les allées ombreu...es, on...e ou dou...e ga...elles me regardèrent de leurs yeux de topa...e. — 2. Leur voi...in, le ...èbre, broutait un ga...on déjà bien ra...é. — 3. Un gri...ly ankylo...é souffrait vi...iblement d'être empri...onné sur son île va...euse aux exhalai...ons douteu...es et rêvait d'un pay...age de banqui...e et de bli...ard. — 4. Un bi...on obè...e agoni...ait sous les frondai...ons poussiéreu...es. — 5. Un lé...ard, sur un mur bien expo...é, emmaga...inait la chaleur diffu...e. — 6. Une bu...e était po...ée sur un mélè...e.

-C- ou -Ç-
LE SON [S]

LEÇON

▶ Devant **-a-, -o-** et **-u-**, il faut mettre une **cédille** au **-c-** pour le faire siffler.

c	-a-	: *le caramel*	ç	-a-	: ***ça***
	-o-	: *contre*		-o-	: un hame***çon***
	-u-	: *la cuti*		-u-	: *conçu*

Ne l'oubliez pas en conjuguant les verbes en **-cer** ou **-cevoir**.
Ex. : forcer → nous forçons, je forçais, il força, forçant.
concevoir → je conçus, j'ai conçu...

▶ Il n'y a **jamais de cédille** devant **-e-, -i-** et **-y-**.

▶ **Attention :** *doux → douce, douceur,* etc., mais *douceâtre.*

EXERCICES

1. Mettez les verbes au présent, puis au passé simple de l'indicatif.

1. Nous *(avancer)* à travers la forêt. – 2. Les voix des flibustiers *(commencer)* à être distinctes. – 3. Bientôt nous *(percevoir)* le bruit des branches qu'ils *(déplacer).* – 4. J'*(apercevoir)* Gray sans arme. – 5. Je le *(forcer)* à accepter mon couteau ; il *(froncer)* les sourcils et *(menacer)* un pirate imaginaire. – 6. Nous *(placer)* des amorces dans nos fusils. – 7. Soudain les pirates *(s'élancer)* pour nous barrer la route du fortin. – 8. Nous les *(devancer)* et les *(transpercer)* de quatre coups de feu. – 9. Mais un de nos compagnons *(recevoir)* lui aussi une mauvaise blessure. (D'après Stevenson, *L'Île au trésor.*)

2. Mettez les verbes à l'imparfait de l'indicatif.

1. La varicelle *(exercer)* ses ravages : – 2. tous les douze au lit, nous *(s'efforcer)* de suivre le cours de notre vie. – 3. Anne *(déplacer)* le phonographe de la salle de bains. – 4. Nous *(prononcer)* alors des mots anglais et allemands pendant un quart d'heure et nous *(s'exercer)* à construire des phrases. – 5. Anne *(relancer)* les activités de chacun, puis *(s'enfoncer)* dans son lit avec délices : – 6. elle ne *(renoncer)* pas à profiter de sa maladie ! – 7. Peu après, nous *(percevoir)* les tintements d'une cuiller contre un verre, qui *(annoncer)* l'arrivée de l'huile de ricin. – 8. Tom *(commencer)* par Anne et Ernestine. – 9. Les grandes *(s'efforcer)* de donner le bon exemple, *(grimacer)* le moins possible et *(acquiescer)* quand Tom les *(influencer)* et les *(forcer)* à déclarer que c'était bon. – 10. Quant aux petits, ils *(manigancer)* des mises en scène (D'après F. et E. Gilbreth, *Six Filles à marier,* Hachette.)

3. Trouvez le mot qui répond à la définition (formé avec le suffixe -on **ou** -eau**).**

1. un morceau de glace – 2. un petit lion – 3. un petit enfant – 4. le morceau coupé d'un tronc – 5. le petit de la souris – 6. un porc – 7. un petit escargot, cousin de la limace – 8. un petit arc.

4. Remplacez la définition entre parenthèses par un adjectif en -able **ou** -ible**.**

1. Une personne *(qu'on ne peut remplacer)* – 2. une armada *(qu'on ne peut vaincre)* – 3. un mot *(qu'on ne peut prononcer)* – 4. une faute *(qu'on ne peut effacer)* – 5. un sentiment *(qu'on ne peut dire)* – 6. un crayon *(qu'on peut effacer)* – 7. un rire *(qu'on ne peut empêcher**).

-S-, -SS-, -C- OU -SC-

LE SON [S]

LEÇON

- Le **-s-** siffle toujours :

  1. S'il est la **première lettre d'un mot :** Ex. : *siffler.*

  Attention, devant **-e-**, **-i-** et **-y-**, le son [s] peut s'écrire :

s	**-e-**	*sévère*	**c**	**-e-**	*cent*	**sc**	**-e-**	*la scène*
	-i-	*un siècle*		**-i-**	*la cire*		**-i-**	*la science*
	-y-	*un synonyme*		**-y-**	*un cygne*		**-y-**	*un Scythe*

  2. S'il est **appuyé sur une autre consonne :** *un absent, une asperge.* On n'écrit donc jamais *-ss-* avant ou après une autre consonne sauf au subjonctif imparfait. Ex. : *que je vinsse.*

- **Entre deux voyelles,** le **-s-** simple se prononce comme **« z ».** Il faut donc redoubler le *-s-* pour le faire siffler.

  Ex. : *un cousin* ≠ *un coussin.*

- Dans certains **mots composés,** le **-s-** initial du 2e terme continue à siffler comme dans le mot simple, même entre deux voyelles.

  1. Après un **préfixe grec** :

  Ex. : *asymétrique ;* **sauf** : *dissyllable.*

  2. Dans les mots composés de **deux mots français** :

  Ex. : *vraisemblable, un soubresaut, primesautier, susurrer, un contresens, un havresac, un parasol, l'entresol, le tournesol, cosinus...*

- On double presque toujours le **-s-** après un **préfixe latin.**

  Ex. : *pressentir* (pré = à l'avance) ; *ressaisir* (re = à nouveau) ; *dessaler* (dé/des = idée de défaire).

  Sauf : *présanctifié, la préséance, une présélection, présalé ; resalir, resaler, resurgir ; désensibiliser ; quadrisyllabe ; (im)parisyllabique.*

HOMONYMES

- **sain, saint, sein, ceint, seing, cinq**

— *sain,* adj. : en bonne santé.
— *saint,* adj. : parvenu à la sainteté, à la perfection.
— *le sein :* poitrine de la femme.
— *ceint :* part. passé de *ceindre* : entouré.
— *le seing :* signature.
— *cinq :* 5.

- **saine, senne, scène, Cène**

— *saine,* adj. f. : en bonne santé.
— *la senne :* filet de pêche.
— *la scène :* partie du théâtre où jouent les acteurs.
— *la Cène :* dernier repas du Christ avec ses disciples.

- **sans, c'en, cent, s'en, sang, sens :** voir Fiche 17.

- **saur, sors, sort**

— *saur :* mariné dans le sel.
— *je, tu sors, il sort :* verbe *sortir.*
— *le sort :* le hasard.

- **ce, se :** voir Fiche 6.

- **séant, céans**

— *le séant :* partie du corps sur laquelle on s'assied.
— *il est séant :* il est convenable.
— *céans* (vieilli) : à la maison, ici.

▸ **seau, sceau, saut, sot, Sceaux**
— *un seau :* récipient.
— *le saut :* action de sauter.
— *sot,* adj. : stupide.
— *un sceau :* cachet.
— *Sceaux :* ville française.

▸ **sel, selle, selles, celle**
— *le sel :* chlorure de sodium.
— *la selle :* 1) sorte de siège.
— *les selles :* excrément.
— *celle :* pronom démonstratif.

▸ **seller, celer, sceller**
— *seller :* mettre une selle.
— *celer :* cacher (vieilli).
— *sceller*: 1) apposer un sceau. 2) fixer solidement.

▸ **sellier, cellier**
— *le sellier :* ouvrier qui fabrique les selles.
— *le cellier :* petite pièce fraîche pour le vin.

▸ **sellerie, céleri**
— *la sellerie :* boutique où l'on vend des selles.
— *le céleri :* légume.

▸ **sens, cens**
— *les sens :* organes de la perception.
— *le sens :* 1) côté. 2) signification. 3) faculté de juger.
— *le cens :* 1) dénombrement des citoyens. 2) impôt.

▸ **sensé, censé**
— *sensé :* qui a du bon sens.
— *être censé :* être supposé.

▸ **serre, serres, sers, sert, serf, cerf**
— *je serre, tu serres, il serre :* verbe *serrer.*
— *les serres :* griffes.
— *je, tu sers, il sert :* verbe *servir.*
— *un serf :* paysan du Moyen Âge attaché au sol.
— *le cerf :* animal.

▸ **session, cession**
— *la session :* 1) action de s'asseoir. 2) temps pendant lequel les magistrats, les députés, les examinateurs siègent.
— *la cession :* action de céder, de vendre.

▸ **set, sept, cet, cette**
— *un set :* partie de tennis.
— *sept :* 7.
— *cet, cette :* démonstratif.

▸ **si, -ci, scie, s'y** : voir Fiche 18.

▸ **sieur, scieur**
— *le sieur :* monsieur (langue juridique).
— *le scieur :* ouvrier qui scie.

▸ **signe, cygne**
— *un signe :* geste de la main.
— *un cygne :* oiseau blanc.

▸ **silice, cilice**
— *la silice :* roche (cf. silex).
— *le cilice ;* chemise de crin que les ascètes portent pour se mortifier.

▸ **site, cite**
— *le site :* la situation.
— *je cite, tu cites, il cite :* verbe *citer*: rapporter les paroles de.

▸ **sire, cire**
— *sire :* titre donné au roi.
— *la cire :* des abeilles.

EXERCICES

1. Complétez par -s- ou -ss-.

1. Comme je pa...ais par là, je trouvai Mon...ieur Ga...pard a...is dans son fauteuil à ba...cule et chau...é de ses chau...ons ru...tiques. — 2. Il parai...ait pen...if et pa...ablement angoi...é car il n'avait pas reçu sa pen...ion men...uelle et ne di...posait ab...olument plus d'aucunes

re...ources. — 3. Sa cai...e de retraite l'avait lai...é sans sub...ides et sa bour...e était a...urément vide. — 4. J'ai e...ayé de le ra...urer et de lui in...pirer l'e...poir qu'un ver...ement en e...pèces arriverait ince...amment. — 5. Mais il est re...té mau...ade.

2. Écoutez bien le son à transcrire et remplacez les points par -s- ou -ss-.
1. L'émissaire ru...e de Moscou a tramé une ru...e. — 2. Il a versé du poi...on dans un plat de poi...on. — 3. Revenez à la ca...e départ. Gare à la ca...e ! — 4. Un chameau dans le dé...ert se régalait d'épines en guise de de...ert. — 5. Le sous-marin ne peut sortir de sa ba...e à marée ba...e. — 6. La foule bi...e le chanteur pour réentendre sa chanson, puis une jolie fille lui fait la bi...e. — 7. Cette fille porte une jolie ro...e, mais c'est une belle ro...e ! — 8. Un incendie embra...e la colline, tandis que l'amant embra...e sa bien-aimée.

3. A l'aide du lexique grec* ou latin⁺, trouvez le composé de « syllabe ».
1. Répondre par *(une seule* syllabe)*. — 2. Un mot *(à deux* syllabes)*. — 3. *(A trois* syllabes)*. — 4. *(A quatre⁺ syllabes)*. — 5. Un poème écrit en *(qui a six* syllabes)*, en *(qui a huit* syllabes)* ou en *(qui a dix* syllabes)*. — 6. Un vers *(qui a douze* syllabes)* s'appelle un alexandrin. — 7. Un mot latin qui a le même nombre de syllabes au nominatif et au génétif singulier est un *(syllabes égales⁺)* ; s'il n'en a pas le même nombre, c'est un *(syllabes inégales⁺)*.

4. Remplacez la définition par un seul mot, composé du préfixe grec*.
1. Une tenue *(sans* sexe)* et une coiffure *(sans* symétrie)*. — 2. Un être *(sans* reconnaissance de la société)*. — 3. Un *(objet qui protège contre* le soleil)*. — 4. Une théorie *(contre* les juifs = les sémites)*. — 5. Mettre un *(contre l'infection*)* sur la plaie. — 6. Opérer dans une salle *(sans* possibilité d'infection*)*. — 7. Le système *(contre* le sympathique)*.

5. Remplacez la définition par un seul mot composé du préfixe latin⁺.
a) 1. un bâtiment *(qui a un défaut⁺ de symétrie)*. — 2. Il n'y a pas une voix *(dont le son est différent⁺)* dans le chœur. — 3. Deux frères bien *(qui ont un défaut⁺ de (res)semblance)*. — 4. Se *(souvenir à nouveau⁺)* d'un nom. — 5. Le nom *(surgit à nouveau⁺)* du fond de sa mémoire. — 6. *(Serrer à nouveau⁺)* des liens. — 7. Il *(salit à nouveau⁺)* son pantalon. — 8. Il *(sale à nouveau⁺)* tous les plats. — 9. Il ne *(sortira à nouveau⁺)* pas.
b) 1. Les enfants *(enlèveront⁺ les plats qui étaient servis)* après le repas. — 2. Une pierre *(enlevée⁺ de son sertissage)*. — 3. L'ivrogne avait *(cessé⁺ d'être saoul)*. — 4. Passer le cap de la *(sélection à l'avance⁺)*. — 5. Être à cheval sur les *(fait de s'asseoir à l'avance⁺ par rapport aux autres)*. — 6. *(Enlever⁺ les sangles à)* et *(enlever⁺ la selle à)* un cheval. — 7. Il se fit *(enlever la sensibilité)* aux pollens car il était allergique.

6. Trouvez le mot de la famille de saut.
1. Un caractère très *(qui agit au premier saut, par foucade)*. — 2. Partir à l'*(saut en direction⁺ de, contre)* des collines. — 3. Dans le camion, nous *(changer⁺ de lieu en sautant)* sur le chemin empierré. — 4. Après le dernier *(saut à nouveau⁺)*, nous atteignons le sommet. — 5. Avoir un *(saut sur, brusque)* de frayeur. — 6. Le lièvre eut un dernier *(saut sur⁺ lui-même)* et ne bougea plus.

7. Trouvez le mot de la famille ou l'homonyme de sceau.
1. Lorsqu'on eut retrouvé le (*cachet*) royal au fond d'un *(récipient pour transporter de l'eau)*, le roi s'empressa de *(appliquer un sceau = cacheter)* la lettre. — 2. Le juge d'instruction de *(ville de la banlieue sud de Paris)* a fait mettre les *(banderoles de papier tenues de chaque côté par un cachet de cire)* sur la porte de l'appartement. — 3. Le piton commence à se *(ôter de son scellement)* : si tu n'es pas trop *(stupide)*, ne t'y suspends pas ! — 4. Sinon ce sera le grand *(bond)* ! — 5. Il faut qu'un maçon vienne faire un nouveau *(action de sceller)*.

8. Trouvez le mot de la famille ou l'homonyme de scène.

1. Nous traversâmes la *(fleuve de Paris)* pour voir *L'Avare*. — 2. Nous étions placés dans une *(loge placée juste sur le côté de la scène)*. — 3. Au début, Maître Jacques fait reculer Valère, le *(façon dont l'action se déroule)* inverse : Valère fait reculer Maître Jacques. — 4. Molière était un *(auteur de scénarios)* de génie et ses pièces sont très *(qui produisent de l'effet lorsqu'elles sont mises en scène)*. — 5. Nous avions dîné dans ce restaurant où la nourriture est *(bonne pour la santé)* et où l'on sert des poissons pêchés à la *(filet triangulaire)*. — 6. Nous étions douze, comme à la *(dernier repas du Christ)*.

9. Trouvez le mot de la famille de scie **ou l'homonyme de** [si].

1. Dans le Jura, nous avons visité une *(usine où l'on débite les arbres en planches)*. — 2. Nous avons vu les *(ouvriers qui débitent le bois)* de long. — 3. Celui-[si] plaçait les troncs sur le tapis roulant, tandis que celui-là actionnait la *(machine à scier)*. — 4. Le bâtiment était [si] au bord d'un torrent. — 5. Le bruit était [si] assourdissant que je me demandais comment les ouvriers qui [si] à longueur de journée peuvent [si] habituer. — 6. En voyant [si] troncs se transformer en planches j'imaginais mon sort [si] je tombais sur le tapis roulant, à la vue de la *(déchet qui tombe lorsqu'on scie)*.

10. Trouvez le mot composé du suffixe -sc- **et de la racine latine⁺.**

1. Un caractère *(qu'on peut facilement mettre en colère ⁺)*. — 2. Les matières plastiques *(qu'on ne peut faire pourrir ⁺)* — 3. Des comprimés *(qui produisent un bouillonnement ⁺)*. — 4. Après une grave maladie, il lui faut des mois de *(action de devenir en bonne santé ⁺)*. — 5. Un filament d'une ampoule porté à l'*(état d'un corps devenu lumineux sous l'effet d'une température élevée = fait de devenir brûlant ⁺)*. — 6. Les vers luisants, la nuit, sont doués de *(possibilité de produire de la lumière, de soi-même)*.

11. Classez le mot dans la famille de sentir, cent, science **ou** « scando » (= je lève le pied), **et remplacez les points par :** -s-, -c-, -sc- **ou** -ss-.

1. Son ami avait le ...entiment d'être omni...ient, d'être au courant de ...entaines de choses et d'être tran...endant pour les a...ensions. — 2. Lui, qui est né d'a...endants auvergnats, n'avait pas véritablement la pre...ience de l'avenir, mais il pre...entait qu'il ne lui resterait pas un ...entime à léguer à ses de...endants. — 3. Il n'est pas con...ient d'éprouver le ...entième d'un re...entiment à son égard. — 4. Il ne lui a pourtant pas donné son a...entiment à bon e...ient. — 5. Lui qui est con...ien...ieux, il n'aurait jamais dû con...entir à de tels à-peu-près, même par conde...endan...e.

12. Classez dans la famille de cens **ou** sens **et complétez par** -s- **ou** -c-.

1. Tu es ...en...é visser dans le ...ens des aiguilles d'une montre et dévisser dans l'autre ...ens. — 2. La Restauration établit le suffrage ...ensitaire : les petits contribuables n'étaient pas ...ensés avoir un avis ...ensé. — 3. Quel est le ...ens de cette phrase ? Va demander à Madame le ...enseur. — 4. Certaines phrases de l'article ont été ...ensurées.

13. Dites éventuellement la famille du mot et remplacez les points par -s-, -c- **ou** -sc-.

1. Même avec un blanc-...eing, il était mal...ain de pénétrer dans l'en...einte fortifiée le jour de la Tous...aint, même au ...ein de la foule, étant donné la ...inquantaine d'espions qui y rôdaient. — 2. Après ce coup du ...ort, le triste ...ire, assis sur son ...éant et le teint ...ireux, vendait des harengs ...aurs et des ... éleris-raves sur le ...ite même de sa splendeur passée, lorsque dans sa ...ellerie il s'affirmait « seul maître ...éans », ...itait les bons auteurs, descendait volontiers au ...ellier et méprisait les ...erfs à qui il ne ...ert de rien d'avoir travaillé lorsque le seigneur poursuit un ...erf et ravage les champs.

-TIE ET -TION
LE SON [S]

LEÇON

	Exemples	Exceptions
-tie	*la suprématie,* *l'inertie* (← *inerte*)	*la vessie, cassie* et *chassie* *une éclaircie, pharmacie, superficie*
-psie	*l'asepsie*	*une ineptie* (← *inepte*)
-mancie	*la cartomancie*	
-ation	*la situation*	*la passion* et *compassion*
-ition	*une apparition*	*la mission, scission* et *fission*
-otion	*une émotion*	
-ution	*la solution*	*une discussion, concussion,* *répercussion*
-action	*l'attraction*	
-ection	*la confection, correction* *inspection, projection* *intersection*	*la flexion, annexion, connexion,* *complexion*
-iction	*la fiction*	*la crucifixion*
-uction	*la destruction* (← verbe en *-uire*)	*une fluxion*
-ortion	*la portion, disproportion*	*une torsion*
-ption	*l'absorption, l'exception*	
-ession	*la pression, cession, session, pro-* *gression*	noms en **-tion** dérivés d'adjectifs en *-et. discrétion* (← *discret*) + *sécrétion* et *excrétion*
-ension	*la pension, préhension* *la tension* (← *tendre*) (*expansion* et *scansion* avec *a*)	*-vention* (← *venir*) *-tention* (← *tenir*) *l'attention* et *la prétention* + *une mention*
-ersion	*la version, dispersion*	*une désertion, assertion, insertion*
-ulsion	*la convulsion, l'impulsion*	

EXERCICES

1. Dites comment vous appelez (* = racine grecque) :

a) la divination : 1. par les cartes — 2. par la lecture des lignes de la main* — 3. par la consultation des morts* — 4. par les rêves* — 5. par le vol des oiseaux*.

b) le commandement = -cratie : 1. du peuple* — 2. des prêtres au nom de dieu* — 3. des « meilleurs »* (= des nobles) — 4. de soi-même* (de sa propre autorité, sans s'occuper de personne d'autre) — 5. des vieillards* — 6. des femmes* — 7. des riches* — 8. de la nature* (= de l'agriculture dans l'économie = théorie du XVIIIe siècle) — 9. des bureaux de l'administration — 10. des médiocres.

2. Remplacez les points par -c-, -t-, -s- **ou** -ss-.

1. Il n'y a pas besoin de chiroman...ie pour faire cette prophé...ie : à force de faire des acroba...ies et des facé...ies, tu vas te retrouver à la pharma...ie pour acheter un produit d'antisep...ie. — 2. Après toutes ces péripé...ies, ce malade va être opéré de la ve...ie et j'espère que cela ne nous mènera pas à une autop...ie. — 3. À voir ces purs produits de la bureaucra...ie, la diploma...ie semblait prédisposer à la calvi...ie et à la presby...ie, et, dans certains cas même, à la cha...ie. — 4. La minu...ie tatillonne et les argu...ies interminables amenaient ces champions de l'iner...ie à commettre des inep...ies et des idio...ies. — 5. Ce sombre tableau ne présentait pas le moindre espoir d'éclair...ie.

3. Comment appelez-vous le fait (+ = racine latine) :

a) d'être : 1. discret. — 2. indiscret. — 3. replet. — 4. sujet. — 5. concret (épais, condensé).

b) de marcher = *-gression* : 1. en avant+. — 2. en arrière+. — 3. vers+ (avec hostilité). — 4. de côté+ et d'autre → à côté du chemin. — 5. à travers+ un ordre.

c) de courir = *-cursion* : 1. à l'intérieur, dans+ un territoire. — 2. hors de+ chez soi.

d) de pousser = *-pulsion* : 1. en avant+. — 2. en arrière+. — 3. hors+ d'un lieu.

4. Complétez les points par -ention, -ension, -ansion.

1. Nous avions l'int... de tenter des asc... difficiles. — 2. Nous avions fait la rec... de notre matériel, qui a une prop... fâcheuse à s'égarer. — 3. Nous avions réclamé la compréh... de nos parents et supplié jusqu'à obt... de subv... pour l'achat de pitons à exp..., de coinceurs de toutes dim... et de nouveaux harnais de susp..., car j'avais des appréh... sur les nôtres quand ils seraient soumis à des t... importantes. — 4. Il nous fallait faire très att... à l'état de notre matériel, à titre de prév... des accidents. — 5. Nous avions aussi fait une conv... entre nous : nous serions en tête à tour de rôle pour éviter les diss... .

5. Complétez les points par -tion, -ssion, -sion.

1. Après une conversa... avec mon professeur d'éduca... physique, je me suis inscrit à une associa... sportive, car j'ai une pa... pour l'équita... et je trouverai plus d'émula... dans un groupe. — 2. L'acquisi... et la posse... d'un cheval seraient hors de propor... avec mes moyens. — 3. L'inscrip... à un club est donc pour moi une bonne solu... — 4. Cela n'aura pas trop de répercu... sur les disposi... habituelles de ma vie. — 5. Encore faut-il que j'obtienne mon admi... : les condi... sont assez strictes. — 6. Il faut des disposi... si l'on veut une progre... rapide, une bonne posi... en selle, des no... sur la constitu... d'un cheval et une soumi... totale au moniteur.

6. Complétez les points par -tion, -ssion, -sion.

1. L'équita... entraîne pour moi l'accepta... de certaines sujé... : une alimenta... légère qui exclut la sensa... de réplé... en sortant de table. — 2. N'ayez pas trop de compa... pour moi : je trouverai d'amples compensa... à mon abnéga... ! — 3. J'ai hâte de donner l'impul... à mon cheval pour le faire partir au galop, de goûter les émo... de la vitesse, le charme des excur... dans la campagne, les impre... inoubliables de dépossе... de soi, de libéra... de ses soucis et de ses obse... ! — 4. J'attends aussi des compéti..., des exhibi..., des félicita..., l'admi... au sein d'une équipe amicale, une adop... en quelque sorte, et des discu... interminables sur notre pa... commune : le cheval !

-ASSE(R), -ESSE(R), -ISSE(R), -ICE

LE SON [S]

LEÇON

	Exemples	Exceptions
-asse	suffixe qui donne une valeur péjorative — à l'adjectif : *bon* → *bonasse* + *cocasse* — au nom : *le papier* → *la paperasse*	**-ace** : adjectifs sans valeur péjorative : *tenace* *la populace*
-asser	— verbe à valeur péjorative : *rêver* → *rêvasser* — verbe correspondant à un nom en *-as* : *un amas* → *amasser*	
-esse	— suffixe qui sert à former le féminin : *un tigre* → *une tigresse* — nom abstrait formé sur un adjectif : *faible* → *la faiblesse* — ***eresse*** : féminin de noms en *-eur* : *un chasseur* → *une chasseresse*	*la nièce, la pièce*•, *l'espèce*•
-esser	*progresser*	*acquiescer*
-isser	*tisser*	*épicer, policer, s'immiscer*
-ice	— ***-trice*** : féminin d'un nom en *-teur* : *un lecteur* → *une lectrice* — ***-ice*** : nom abstrait formé sur un adjectif : *avare* → *l'avarice* — adjectifs : *propice, novice*...	*métis* et *lisse*

HOMONYMES

▶ **las, lacs**

— *las*, adj : fatigué.

— *les lacs :* lacet à nœud coulant pour prendre le gibier

▶ **lace, lasse, las**

— *je lace, tu laces*, verbe *(dé)lacer* : attacher (détacher) un lacet.

— *je lasse, tu lasses*, verbe *(dé)lasser* : fatiguer (reposer).

— *lasse*, adj. f. : fatiguée.

— *las :* interjection.

▶ **lisse, lis, lice**

— *lisse*, adj. : sans aspérités.

— *je lisse, tu lisses...*, verbe *lisser* : rendre lisse.

— *la lisse* : 1) rambarde sur un bateau. 2) pièce du métier à tisser qui ouvre la chaîne (ou *lice*).

— *le lis* ou *lys* : fleur blanche.

— *la lice* : 1) palissade qui entoure un champ clos. *Entrer en lice* : commencer la lutte. 2) femelle du chien de chasse.

▶ **bonasse, bonace**

— *bonasse*, adj. : trop bon, mou. *Un air bonasse.*

— *la bonace* : calme plat. *Un voilier immobilisé par la bonace.*

▶ **vis, visse, vice**
— *la vis* : tige métallique destinée à s'enfoncern en tournant.
— *je visse, tu visses...*, verbe *visser* : fixer avec une vis.
— *que je visse, que tu visses, qu'ils vissent* : verbe *voir* à l'imparfait du subjonctif.
— *le vice* : 1) défaut, imperfection grave. 2) disposition au mal.
— *vice-* : à la place de, suppléant de. *Un vice-président, vice versa.*

EXERCICES

1. Comment appelez-vous ?
1. de vilains cailloux • — 2. un mauvais matelas de paille • — 3. du mauvais vin • — 4. un sirop de sucre épais qui est comme un mauvais miel • — 5. des billets liés • ensemble.

2. L'adjectif a-t-il une valeur péjorative ? Compléter par -asse ou -ace.
1. Benoît crut avoir gagné : un sourire fug... éclaira un instant son visage. — 2. Il détestait cette fille homm..., avec ses cheveux fil... ou blond... selon l'état de la teinture, et ses yeux lav... dont l'observateur le plus perspic... n'aurait pu dire la couleur exacte. — 3. Mais en fait, son adversaire était plus cori... et plus ten... qu'il ne l'imaginait d'après son air moll.... — 4. Aussi il lui faudrait mobiliser toutes les ressources de son esprit sag....

3. Dites si le verbe correspond à un nom en -as **ou s'il est de la famille de** place, face, glace **ou** trace **et complétez par** -c-, -ç- **ou** -ss-.
1. Tout ce qui l'embarra...ait, ma mère le pla...ait dans ce cagibi. — 2. On y trouvait toutes sortes d'objets enta...és : — 3. des portraits d'ancêtres depuis longtemps trépa...és avec leur air gla...é et compa...é, — 4. des nappes dama...ées qu'on avait rempla...ées par des toiles cirées, — 5. des grimoires à demi effa...és qui retra...aient les exploits de Chlodoric, le chevalier qui fraca...ait ses ennemis contre un rocher pour s'en débarra...er. — 6. Cela me traca...ait de savoir comment y entrer...

4. Classez le mot dans la famille de las **ou de** lacs, **et complétez par** -c- **ou** -ss-.
1. La marquise pria sa femme de chambre de lui la...er son corset et de nouer les la...ets de ses souliers. — 2. Sa la...itude était extrême. — 3. Elle se préla...ait sur son sofa et rêvant de couples enla...és. — 4. Sa femme de chambre la déla...ait avant le bain qui la déla...ait, sous le décor de guirlandes entrela...ées.

5. Complétez par -ice **(s'il y a un masculin en** -eur**) ou** -isse.
1. Cette jeune actr... si séductr... était mét... . — 2. Elle avait accepté une proposition bien corruptr... dans un music-hall su... . — 3. Mais elle était bien nov... et rougissait comme une écrev... sous son entrain fact... . — 4. Une rédactr... d'une revue conservatr... lui proposa un jour une interview, qui fut pour elle génératr... d'un changement de fortune. — 5. Une artiste créatr... avait fait une esqu... où elle apparaissait, vêtue d'une pel..., comme une bienfaitr... des enfants pauvres.

6. Dites la valeur du suffixe -esse **et complétez par** -èce **ou** -esse.
1. Cette duch... déteste sa ni..., pourtant pleine de gentill..., et la traite avec rud... . — 2. La pauvrette vit dans un monde de rich..., alors qu'elle rapi... ses propres vêtements pour ne pas avoir l'air d'une drôl... . — 3. En fait la duch... est jalouse de sa jeun... et de sa svelt... et se comporte avec une scélérat... de la pire esp... .

7. Est-ce la famille de faire → -fice **ou** fendre → -fisse **? Complétez par** -c- **ou** -ss-.
1. Une matière fi...ile. — 2. Un artifi...e. — 3. Un sacrifi...e humain. — 4. Une fi...ure dans le mur. — 5. La société a fait des bénéfi...es et évité le défi...it. — 6. La fi...ion de l'atome. — 7. Un vase fi...uré. — 8. La sorcière et ses maléfi...es. — 9. L'orifi...e du terrier.

-(A,E)NCE ; -(A,E,O)RCE
LE SON [S]

LEÇON

	Exemples	Exceptions
-ance	Noms formés sur un mot en ***-ant*** : *l'enfant → l'enfance*	*une anse, danse, panse, transe*
-ence	Noms formés sur un mot en ***-ent*** : *indulgent → l'indulgence*	*la défense* et *l'offense* famille de *penser*•. *le suspense* *immense, intense, dense* (adj.) *recenser* *encenser* et *penser*
-arce	*une farce*	*éparse, le (méta)tarse, un comparse*
-erce(r)	*le commerce, exercer*	*la herse, disperser, -verse*•
-orce(r)	*l'écorce, forcer*	*un morse, corser, -torse*•

Généralement, les adjectifs qui sont en fait les participes présents d'un verbe s'écrivent **-ant**[1], tandis que les adjectifs qui ne correspondent à aucun participe présent s'écrivent **-ent**.
Ex. : *un enfant aimant* (verbe *aimer*) mais : *un enfant lent* (pas de verbe)
Toutefois, à une douzaine de verbes (ex. : ***différer***) correspondent à la fois un participe présent (*différant*) et un adjectif (*différent*).
Ce sont : *adhérer, affluer, confluer, influer, coïncider, déférer, équivaloir, exceller, expédier, précéder, somnoler, violer* (voir Fiche 56, p. 149).
Le nom se forme sur l'adjectif : *l'affluence, la différence*, etc.

HOMONYMES

▶ **danse, dense**
— *la danse* : suite de mouvements cadencés.
— *je danse, tu danses, il danse, ils dansent* : verbe *danser.*
— *dense*, adj. : compact, épais.

▶ **panse, pense**
— *la panse* : estomac des ruminants.
— *je panse, tu panses, il panse, ils pansent*, verbe *panser* : 1) soigner une plaie. 2) étriller un animal
— *je, il pense, tu penses, ils pensent* : verbe *penser* : réfléchir.

1. Quelques adjectifs s'écrivent **-ant** bien qu'ils ne correspondent à aucun verbe existant :
— Soit ils correspondent à de vieux verbes français disparus :
[séoir] → *séant, bienséant, malséant* ; [cuider] → *outrecuidant*
— Soit à un verbe latin :
[*stare*] → *distant, (in)constant*, etc.
— Soit à un verbe de même famille :
discordant (cf. *accorder*) ; *ascendant* (cf. *descendre).*
— Citons également : *exubérant, protubérant, concomitant, hilarant, prépondérant, pédant, fringant, élégant, probant, clinquant, contondant*, etc.

▸ **perce, perse**
— *je, il perce, tu perces, ils percent* : verbe *percer*.
— *en perce* (*mettre*) : faire un trou dans un tonneau.

perse : 1) adj. de la Perse. 2) toile peinte de l'Inde (qu'on croyait venir de Perse).
— *pers(e)*, adj. : d'une couleur entre le vert et le bleu

EXERCICES

1. Formez un nom abstrait sur le participe présent du verbe.
1. La navigation de *(acte de plaire)*. — 2. Un navire en *(action de partir)*. — 3. Un pavillon de *(acte de complaire)*. — 4. Un capitaine plein de *(acte de prévoir)*. — 5. Une période d'*(fait de s'accoutumer)*. — 6. À force de *(action de persévérer)*. — 7. Ce sera à votre *(acte de convenir)*. — 8. Les méfaits de la *(acte de médire)*, de l'*(acte d'ignorer)* et de l'*(acte de ne pas tolérer)*. — 9. C'est une *(action de survivre)* du passé.

2. Remplacez les points par -ance **ou** -anse.
1. Un gentleman de belle prest... et plein de jact... — 2. L'habitude de faire bomb... — 3. Une ... de panier qui d... — 4. Le désir de trouver sa pit... et de se remplir la p... — 5. Des manig... — 6. Des pas de d... pleins d'élég... — 7. Toute une rom... — 8. Des fin... bien basses. — 9. Des éché... pressantes. — 10. Des tr... jusqu'au mariage. — 11. Une mésalli... — 12. Des remontr... et des désirs de venge... .

3. Remplacez la définition entre parenthèses par un nom abstrait.
1. Pendant l'*(fait d'être adolescent)*. — 2. On cherche la *(fait d'être différent)*. — 3. A l'*(fait d'être évident)*. — 4. On est encore plein d'*(fait d'être innocent)*. — 5. On a *(fait d'être conscient)* de son *(fait d'être intelligent)*. — 6. On soigne son *(fait d'apparaître)*. — 7. On manifeste des *(fait d'être réticent)* devant les *(fait de s'ingérer)* des adultes. — 8. Cela ne va pas sans quelque *(fait d'être incohérent)*, sans quelque *(fait d'être insolent)*, sans quelque *(fait d'être violent)*. — 9. Les adultes doivent faire preuve d'*(fait d'être indulgent)* et de *(fait d'être patient)* car eux aussi ont connu cette *(fait d'être effervescent)*.

4. Trouvez le mot de la famille de penser (⁺ = latin).
1. Je *(pense à nouveau⁺)* à ton cas. — 2. Tu voudrais une *(exemption de la règle ordinaire, fait de peser différemment⁺)* d'éducation physique. — 3. Pourtant tu as besoin de te *(peser en détachant⁺, pour payer)*. — 4. Le tennis dominical ne *(pèse pas autant quand on pèse avec⁺)* pas l'absence de sport pendant la semaine. — 5. *(Fait de peser à nouveau⁺, en plus, quand on a déjà pesé autant en pesant avec⁺ = don en reconnaissance d'un service)* sera un développement physique harmonieux.

5. Remplacez les points par -ence **ou** -ense.
1. Des coïncid... de dates. — 2. Une grave off... à ses semblables. — 3. Une exist... prématurément tranchée. — 4. Pas de disp... d'âge. — 5. La récomp... du délateur. — 6. Les efforts de la déf... — 7. Des car... d'affection. — 8. Des sem... de viol... — 9. Le sil... de l'accusé. — 10. L'inexpéri... de l'avocat. — 11. Le susp... pendant la délibération. — 12. Et voici la sent... : vous êtes bon pour la pot... !

6. Complétez les points par un mot de la famille de vers, verse, verser.
1. Mars est connu pour ses giboulées et ses a... . — 2. Il pleut à ... et il faut que je tra... le boulevard ! — 3. Si je tergi..., je vais arriver à l'in... de ce que je veux. — 4. Le café sera fermé, où nos amis con.... — 5. Les opinions sont di... et nous avons souvent des contro... . — 6. Re...-moi à boire : les informations que tu dé... me boule... . — 7. Comment

une sœur con... peut-elle être aussi per... ? — 8. Comment peut-on se heurter à tant de tra... ? — 9. C'est à tomber à la ren... ! — 10. Comment ? tu soutiens l'opinion inv... et te ranges dans le camp ad... ? — 11. Pour rentrer chez moi, prends le chemin de tra... dans l'axe trans... à celui de la Nationale. Bon courage !

7. Remplacez la définition par un mot de la famille de tordre, tors(e).

1. Par cette chaleur, tous étaient *(partie supérieure du corps)* nu pour l'entraînement. — 2. Tu ne pouvais rien faire à cause de ton *(déchirure des ligaments)*. — 3. Il valait mieux rester tranquille si tu ne voulais pas une cheville *(de travers, tordue d'une mauvaise⁺ façon)*. — 4. D'ailleurs, sous les colonnes *(dont le fût est contourné en spirale)* du préau, la corde lisse était *(détordue sur elle-même)* et effilochée. — 5. Il faut vraiment la mentalité *(tordue à nouveau⁺ → rusée, pleine d'artifices)* de l'entraîneur pour que le gymnase reste ouvert malgré les *(infractions, actions de tordre à l'intérieur⁺)* aux règlements de sécurité.

8. Dites si le mot appartient à une famille et complétez par -c- **ou** -s-.

1. Georges exer...e un métier commer...ial. — 2. Les grandes surfa...es déver...ent une foule de marchandises diver...es et boulever...ent les données du commer...e. — 3. Mais Georges se ber...e d'illusions, ne croit pas que le mouvement soit irréver...ible et que les controver...es sont inutiles. — 4. Il tergiver...e au lieu de réaliser qu'il est for...é de s'adapter. — 5. Dans sa vie privée, il a eu affaire à une gar...e perver...e, qui a voulu le divor...e et s'est montrée retor...e. — 6. Il traver...e une crise et agit à l'inver...e de ce qu'il faudrait. — 7. Ceux qui s'effor...ent de l'aider, il les prend pour des adver...aires. — 8. Il fait des far...es stupides. — 9. Et maintenant, pour cor...er une situation difficile, il a commis quelques malver...ations et quelques entor...es à la stricte honnêteté. — 10. On ne voit pas l'amor...e d'un renver...ement de tendan...e.

9. Dites s'il s'agit de la famille de danse **ou** dense **et complétez les points.**

1. Le prince était un remarquable d...nseur. — 2. Malgré la d...nsité de la foule, il entraîna sa cavalière dans la contred...nse. — 3. On voyait des goutelettes de cond...nsation se former sur les fenêtres du dan...ing. — 4. Du lait cond...nsé. — 5. Ils d...nsent tous les samedis et ne lisent que des cond...sés d'œuvres classiques.

10. Dites s'il s'agit de la famille de percer **ou de** perse **et complétez les points.**

1. Le shah de Per...e . — 2. Le per...ement du canal de Suez. — 3. La disper...ion du cortège. — 4. Tu me transper...es le cœur. — 5. Ferme les per...iennes et les rideaux de per...e rouge. — 6. Les yeux per...ants aux prunelles per...es de ce Per...an per...ent l'obscurité la plus épaisse. — 7. Le joueur effectue une per...ée : ses adversaires sont en ordre disper...é. — 8. Ne reper...e plus ton pantalon et ne disper...e plus tes affaires.

11. Dites s'il s'agit de la famille de panser **ou** penser **et complétez les points.**

1. Le p...nseur prenait soin du boxeur. — 2. Le p...nseur de Rodin a un air méditatif. — 3. L'infirmière prépare un p...sement. — 4. Cette p...nsée n'est pas de toi. — 5. La p...nse pleine, il prenait un air p...nsif. — 6. Le p...nsage du cheval a pris du temps. — 7. Ce bouquet de p...nsées plaira à cette dame bien p...nsante. — 8. La p...nseuse préparait les instruments du chirurgien.

12. Remplacez les définitions par un mot de la famille de stare.

1. Il vit ses échecs avec une rare *(qualité de se tenir debout avec⁺ soi-même, de façon égale)*. — 2. Cette ville se trouve à une *(fait de se tenir à l'écart⁺)* importante. — 3. Il a cédé à tes *(fait de se tenir sur⁺, = demande pressante)*. — 4. Cet objet est fait d'une *(ce qui se tient sous⁺ = matière constitutive)* molle. — 5. Raconte-moi les *(ce qui se tient autour⁺)* de l'accident. — 6. Un homme de belle *(air de se tenir à la tête⁺ de = maintien imposant)*. — 7. Les *(groupe de vers suivi d'un repos)* de Rodrigue dans *Le Cid*.

-CH-
LE SON [k]

LEÇON

La graphie **-ch-** se prononce ordinairement en français [ʃ] comme dans le mot *cheval*. Cependant, lorsque ces deux lettres servent à transcrire la lettre grecque *khi* (χ), on les prononce comme *k*. Ex. : *le chaos* (désordre originel).

Apprenez les familles de :

psycho-/psych- = esprit
techno-/techn- = art, métier
chorê = danse, chant
chrono-/-chrone = temps
chiro-/chir- = main
chromo-/-chrome = couleur
chloro-/chlor- = vert
chryso-/chrys- = or
archéo-/arch- = 1) vieux. 2) qui commande
cholê- = la bile

ATTENTION AUX HOMONYMES

▶ **chlore, clore**
— *le chlore* : gaz.
— verbe ***clore*** = fermer.

▶ **chaos, cahot**
— *le chaos* : le désordre.
— *le cahot* : un choc.

▶ **chœur, cœur**
— *le chœur* de l'église.
— *le cœur* : muscle cardiaque (Fig. : siège des sentiments).

▶ **écho, écot**
— *l'écho* renvoie la voix
— *l'écot* : part. *Payer son écot.*

▶ **cholérique, colérique**
— *cholérique* : du choléra (maladie).
— *colérique* : coléreux.

EXERCICES

1. Remplacez la définition par un mot de la famille de psycho-/psych-.

1. La *(science* de la vie de l'esprit)*. — 2. Les phénomènes *(qui concernent l'esprit)*. — 3. Des romans *(où l'analyse des sentiments tient une place essentielle)*. — 4. Ce jeune médecin se dirige vers la *(partie de la médecine qui soigne* les maladies mentales)*. — 5. Il soignera des *(affections mentales dont le malade ne reconnaît pas le caractère maladif)*, comme la paranoïa ou la schizophrénie ; — 6. des enfants *(atteints de troubles mentaux)* ; des *(malades* mentaux)* de tous genres : des malades atteints de *(faiblesse* mentale caractérisée par l'absence de résolution volontaire)*, des malades atteints de troubles *(qui se manifestent dans le corps*, mais qui sont d'origine psychique)*. — 7. Il prescrira une *(traitement* par des procédés psychiques)* ou des drogues *(qui tournent* = changent l'humeur)*, parfois des *(traitement de groupe par des improvisations dramatiques)*. — 8. Mais il s'intéresse peu aux phénomènes *(plus ou moins occultes, à côté* du fonctionnement connu de l'esprit)*. — 9. Il ne croit pas non plus à la *(transmigration* des âmes d'un corps dans un autre)* des brahmanes de l'Inde.

2. Remplacez la définition par un mot de la famille de techno-/techn-.

1. Des applications *(dans le domaine de la production industrielle)*. — 2. Des cours de *(science* des différentes techniques)*. — 3. L'école *(qui forme à de nombreuses* techniques)*. — 4. Des

(hauts techniciens qui exercent le pouvoir dans l'État et la société).* — 5. Un modeste *(personne qui connaît une technique particulière)*, dans une branche à haute *(caractère technique)*. — 6. Utiliser des procédés *(qui aident le fonctionnement de la mémoire*)*.

3. Remplacez la définition par un mot de la famille de chorê.

1. Une *(réunion de personnes qui chantent ensemble)*. — 2. Les *(ensemble de chanteurs)* de l'Opéra. — 3. Chanter un *(composition musicale destinée à être chantée par plusieurs personnes)* de Bach. — 4. Tous les *(personnes qui chantent ensemble)* étaient dans le *(partie de l'église, autour du maître-autel)*. — 5. Beaucoup de gens ont félicité la soliste et j'ai fait ... avec eux *(= j'ai joint ma voix à la leur)*. — 6. Un *(compositeur qui règle — et écrit* — les pas et les figures des ballets)*. — 7. La *(ensemble des pas et des figures)* du *Lac des cygnes*.

4. Remplacez les points par chœur **ou** cœur.

1. J'apprends par ... les règles pour annoncer au bridge. — 2. J'ai à ... de ne pas faire perdre mon partenaire. — 3. Pourtant, à chaque erreur de ma part, le ... des critiques ne m'épargne pas. — 4. Hier, il me manquait le roi de ... . —5. J'ai fait l'impasse : elle a raté ; cela m'a fait mal au ... — 6. J'ai fait contre mauvaise fortune bon ... et j'ai essayé d'affranchir les trèfles. — 7. Au premier tour, mon frère jette son roi sous mon as : je crois qu'il me prend pour un enfant de ... et que c'est une ruse. — 8. Manque de chance ! J'ai perdu et toute la famille a ri de moi en ... .

5. Remplacez la définition par un mot de la famille de chrono-/-chrone.

1. Un *(appareil pour mesurer* le temps avec précision)*. — 2. Racontez votre histoire dans l'ordre *(de la liste* selon laquelle les événements se sont succédé dans le temps)*. — 3. Pour le devoir d'histoire, le professeur nous a fourni une *(liste* des dates des principaux événements)*. — 4. Les rhumatismes sont une maladie *(qui dure longtemps et se développe lentement)*. — 5. Commynes et Froissant nous ont laissé des *(recueils de faits historiques, rapportés dans l'ordre de leur succession)*. — 6. Les *(fautes contre la chronologie en remontant* un événement trop haut)* d'Astérix. — 7. La *(partie du journal consacrée aux nouvelles spécialisées et à leur commentaire)* musicale ; un *(rédacteur chargé des nouvelles musicales)*. — 8. Le son et l'image de ce film sont décalés : la *(mise ensemble*, en concordance)* n'est pas au point. — 9. Un tableau *(qui présente ensemble* sur plusieurs colonnes les événements dans plusieurs pays)* fait voir les événements *(qui se passent ensemble* pendant le même temps)*.

6. Trouvez le mot de la famille et de la racine * ou •.

a) Famille de chiro-/chir-. 1. Une *(femme qui fait de la divination* en lisant les lignes de la main)*. — 2. Un *(qui agit* sur les vertèbres avec la main, qui les manipule)*. — 3. La chauve-souris appartient à l'ordre des *(qui a une aile* à la main)*.

b) Famille de chromo-/-chrome. 4. Les temples grecs étaient jadis *(de plusieurs* couleurs)*, alors qu'ils sont maintenant *(d'une seule* couleur)*. — 5. La voiture neuve étincelait de tous ses *(métal dur, inoxydable, dont les combinaisons sont remarquables par leur belle coloration)*. — 6. L'hérédité est inscrite dans les *(corps* colorés)*. — 7. Le colporteur vendait des *(images aux couleurs très vives)*. — 8. J'ai mis du *(solution de mercurescéine-colorée en rouge)* sur cette égratignure.

c) Famille de chloro-/chlore. 9. L'odeur forte du *(gaz de couleur verdâtre)*. — 10. L'acide *(= Chlore + Hydrogène•)*. — 11. Le sel, en chimie, se nomme le *(combinaison du chlore avec un corps simple)* de sodium. — 12. Les gangsters avaient endormi leur victime avec du *(chlorure + acide formique•)*. — 13. Le jardinier a mis du *(sel de l'acide chlorique)* dans les allées pour tuer les mauvaises herbes. — 14. La lumière permet aux plantes de fabriquer leur *(substance qui donne leur couleur verte aux feuilles*)*.

-PH-
LE SON [f]

LEÇON

Le son [f] est noté le plus souvent par la lettre **-f-**, sauf dans les mots empruntés au grec où il se transcrit par la graphie **-ph-**, en souvenir du *phi* grec (φ). Pour vous aider, reconnaissez par le sens les familles de :

philo-/-phile = aimer
phyllo-/-phylle = feuille
grapho-/-graphe/-graphie = écrire
phono-/-phone/-phonie = voix, son
morpho-/morphe = forme
céphalo-/-céphale = tête
-phobe/-phobie = peur, hostilité
phago-/-phage = manger
photo-/-phote = lumière

physio-/-physe/-phyte/-physie = idée de pousser, de plante, de nature
amphi = autour ou « les deux »
sphère = balle
-sophe/-sophie = sagesse
-phère/-phérie/-phore/-phorie = qui porte (racines grecques)
≠ **-fère** = qui porte (racine latine).

EXERCICES

1. Remplacez la définition par un mot de la famille de -phile/philo-, **ou de** phyllo-/-phylle **et de la racine française•, latine+ ou grecque*, du mot marqué.**

1. prénoms : *(qui aime les chevaux*)* ; *(qui aime Dieu*)*. — 2. En 1682, William Penn fonda aux États-Unis la ville de *(où l'on aime son frère*)* pour vivre selon l'Évangile avec ses quakers. — 3. La *(amour de la sagesse*)* est à l'origine, recherche de l'art de bien vivre pour atteindre le bonheur. — 4. L'orchestre *(qui aime l'harmonie•)* de Vienne. — 5. Les *(amateurs de cinéma•)*. — 6. Les *(amateurs de timbres-poste, qui servent à l'affranchissement* des lettres)*. — 7. Je dois gagner ma vie ! je ne travaille pas uniquement par *(amour de l'humanité*)*. — 8. Des *(amateurs de livres* anciens)*. — 9. Des Argentins très *(qui aime la France•)*. — 10. Un Français *(qui aime les Anglais•)*, *(qui aime les Allemands+)*, *(qui aime les Slaves)*, *(qui aime les Turcs•)* ou *(qui aime les Grecs*)*. — 11. Le *(arbre* qui aime pousser)*. — 12. Le jeune tsarévitch était *(qui semble aimer le sang* car chez lui les hémorragies ne s'arrêtent pas)*. — 13. Du coton *(qui aime l'eau*, et donc l'absorbe bien)*. — 14. Tristan et Yseut burent ensemble le *(breuvage magique qui fait s'aimer ceux que le boivent ensemble)* fatal. — 15. Des notions de *(amour du discours*, c'est-à-dire des mots qui le composent)*. — 16. Du dentifrice à la *(matière qui colore les feuilles des plantes en vert*)*. — 17. Le *(puceron parasite qui s'attaque à la racine des vignes et sèche* les feuilles)*. — 18. Les plantes *(sans* feuilles)*.

2. Remplacez la définition par un mot de la famille de grapho-/-graphe/-graphie/-graph- **et de la racine grecque du mot marqué*.**

1. Des cartes de *(qui décrivent la configuration de la terre*)*. — 2. Il a un *(façon personnelle de tracer les caractères)* très élégant. — 3. Un *(porte-plume à réservoir d'encre en forme de colonne*)*. — 4. Des *(représentation par une figure)* de températures. — 5. La *(étude statistique des mouvements de population = du peuple*)*. — 6. L'*(étude descriptive des différents peuples* sous le rapport de leur genre de vie et de leurs institutions)*. — 7. Une secrétaire apprend la *(procédé d'écriture rapide, courte*, abrégée et simplifiée)* et la *(art d'écrire avec une machine*

qu'on frappe avec ses doigts).* — 8. Une bonne *(façon correcte⁺ d'écrire les mots, sans faute).* — 9. Une analyse *(obtenue grâce à la science* de l'écriture).* — 10. Demander aux chanteurs *(un mot écrit par eux-mêmes*).* — 11. Une *(image de l'os obtenue grâce aux rayons* X).*

3. Même exercice que le précédent (suite).

1. *(Transmettre au loin* le texte écrit)* une nouvelle. — 2. La *(procédé permettant de graver l'image des objets sur une plaque sensible par l'action de la lumière*).* — 3. Le *(procédé permettant d'enregistrer le mouvement*)* fut inventé au début du siècle ; maintenant, nous disons que nous allons au *(abréviation du précédent).* — 4. Une *(art de fixer = d'écrire les évolutions des danseurs*)* de Maurice Béjart. — 5. La *(écrit qui raconte la vie* d'une personne)* de Fleming. — 6. Notre professeur de français nous recommande de bien marquer nos *(division de la pensée marquée par un signe de séparation, en écrivant les mots de la première ligne à côté*).* — 7. Les caractères *(propres à l'impression d'un texte avec des caractères* en relief).*

4. Remplacez la définition par un mot de la famille de phono-/-phone/-phonie **et de la racine française•, latine⁺ ou grecque*, du mot marqué.**

1. Le *(qui transmet la voix au loin*).* — 2. Avec cette angine, je suis *(sans* voix).* — 3. Le capitaine Haddock crie des insultes avec un *(instrument qui rend la voix plus grande*, plus forte).* — 4. Les participants à cette émission portaient un *(petit* appareil qui transforme la voix en courant électrique)* sur le revers de leur veston. — 5. Ces enfants tapent sur des bouteilles et des casseroles : c'est une *(ensemble de sons mauvais* = désagréables aux oreilles).* — 6. Faites vos liaisons pour l'*(que ça sonne bien* à l'oreille).* — 7. Des Suisses *(qui parlent le français•)*, ou *(qui parle l'allemand⁺).* — 8. Des pays d'Afrique *(qui parlent anglais•)*, ou attachés à la *(fait de parler français•).*

5. Même exercice que le précédent (suite).

1. « Empreinte » et « emprunte » sont des *(mots qui ont des sons semblables* à l'oreille).* — 2. Une *(personne qui apprend à prononcer correctement* les sons).* — 3. La *(partie de la linguistique qui étudie les sons).* — 4. Cet enfant écrit *(comme il entend les sons).* — 5. Un *(instrument en cuivre qui ressemble à une clarinette)* et un *(instrument fait de plaques de bois* d'inégales longueurs).* — 6. Beethoven a écrit de nombreuses *(morceaux de musique où plusieurs instruments jouent ensemble*).* — 7. Au XVIe siècle, on chantait souvent en *(chant à plusieurs* voix).* — 8. Un *(appareil électrique• qui transforme en vibrations sonores les gravures des disques).* — 9. Des disques *(enregistrés par des procédés qui donnent l'impression de relief* sonore).*

6. Trouvez le mot de la famille de morpho-/-morphe **et du mot grec marqué*.** (Attention : un homonyme : *Morphée*, le dieu du sommeil !)

1. La *(étude* des formes, des structures)* du corps humain. — 2. Des roches *(dont la structure, la forme, a été changée* par l'action de la chaleur et de la pression).* — 3. L'eau est un corps *(qui peut se présenter sous plusieurs* formes différentes).* — 4. La *(changement* de forme)* du papillon. — 5. Jupiter se *(changea* de forme, transforma)* en taureau pour enlever Europe. — 6. Un dieu très *(d'une forme humaine*).* — 7. Des piqûres de *(dérivé de l'opium doué des propriétés soporifiques et calmantes).* — 8. Des *(qui est atteint de folie*, de trouble mental, et utilise ce produit pour se droguer).*

7. Remplacez la définition par un mot de la famille de céphalo-/-céphale **et de la racine du mot marqué* ou ⁺.**

1. La pieuvre est un *(qui a un pied* à tentacules sur la tête).* — 2. Un *(organe qui est dans* la tête).* — 3. Des singes *(à tête de chien*)* : babouins, mandrilles. — 4. Le cheval d'Alexandre le Conquérant s'appelait *(Tête de bœuf*).* — 5. La « Victoire de Samothrace » est une statue *(sans tête).* — 6. L'Autriche-Hongrie était un empire *(à deux⁺ têtes).* — 7. Un *(examen*

où l'on obtient le tracé écrit d'un courant électrique* à travers le cerveau).* — 8. Malformations de la tête : un *(qui a de l'eau* dans la tête)*, un *(qui a la tête anormalement petite*).* — 9. Le liquide *(de la tête et du rachis*).*

8. Remplacez la définition par un mot de la famille de -phobe/-phobie, **et de la racine française•, latine⁺ ou grecque* du mot marqué.**

1. Des sentiments *(d'hostilité contre les Anglais•).* — 2. La *(hostilité contre les Allemands⁺).* — 3. La *(hostilité contre les étrangers*).* — 4. Les psychiatres soignent toutes sortes de *(peurs maladives).* — 5. Les *(qui a peur des places publiques*)* et les *(qui a peur d'être enfermé⁺).*

9. Remplacez la définition par un mot de la famille de -phage/phago-/-phagie.

1. Des sauvages *(mangeurs d'homme*).* — 2. L'estomac gonflé par l' *(fait d'avaler de l'air* en mangeant).* — 3. Les aliments gagnent l'estomac par l'*(canal qui achemine* ce qu'on mange).*— 4. Les globules blancs font la chasse aux microbes grâce à la *(possibilité de la cellule* de manger les corps étrangers).* — 5. Les *(tombeaux = mangeurs de chair*)* du musée.

10. Remplacez la définition par un mot de la famille de photo-/-phote.

1. La *(art de graver* par l'action de la lumière l'image des objets sur une plaque sensible).* — 2. Prendre des *(abréviation du mot précédent)* ; le *(personne qui pratique cet art).* — 3. Être *(qui engendre* de la lumière = qui impressionne bien la plaque = qui fait bel effet en photo).* — 4. Une *(copie⁻par photographie).* — 5. Les mineurs fixent un *(qui porte* la lumière)* sur leur casque. — 6. La *(local où sont placées* les archives photographiques).* — 7. Ma bicyclette a des *(réflecteur qui renvoie* la lumière qui le frappe)* à l'arrière. — 8. Certaines ophtalmies produisent une *(peur* de la lumière).*

11. Remplacez la définition par un mot de la famille de -phère/-phore (grec) **ou** -fère (latin) **en y ajoutant soit une racine grecque* soit une racine latine⁺.**

1. Le *(moyen de transport qui porte au loin*)* de l'Aiguille du Midi. — 2. Une forêt de *(qui porte des fruits en forme de cônes⁺).* — 3. Notre maison est chauffée par un *(qui porte la chaleur⁺).* — 4. La *(action de se porter tout autour⁺)* du cercle. — 5. La *(action de se porter tout autour*)* de Paris = ce qui est immédiatement autour de Paris. — 6. Grâce à la bonne chère, une douce *(sensation d'être bien*, de se bien porter)* envahissait les convives. — 7. Pas besoin de *(médicament qui apporte le sommeil⁺)* pour dormir ! — 8. Je suis allée à une *(réunion où les gens se portent ensemble).* — 9. Un terrain *(qui produit de l'or⁺)*, *(qui produit du charbon⁺).* — 10. Des nappes *(qui produisent de l'eau⁺).* — 11. Le *(qui porte de la lumière*)* est un solide blanc, très inflammable, lumineux dans l'obscurité. — 12. Il a fallu *(porter au-delà⁺)* ce malade en réanimation. — 13. La vache est un *(qui porte des mamelles⁺).* — 14. Les *(porteurs de lances* = insectes à élytres ornés de lignes noires)* ont ravagé les champs de pommes de terre. — 15. Le législateur *(porte des lois⁺).* — 16. Dans sa tirade « Rome, l'unique objet de mon ressentiment... », Camille emploie le procédé de l'ana... *(répétition du même mot au début de chaque vers).* — 17. Ces journalistes sont des *(porteurs d'encens = laudateurs inconditionnels)* du gouvernement.

-TH-
LE SON [t]

LEÇON

Le son français [t] est noté le plus souvent par la lettre **-t-**. Mais ce son peut aussi s'écrire **-th-** quand il transcrit un *thêta* grec (θ).
Mais, comme il existait aussi en grec la lettre *tau* (τ) simple (équivalent de notre -t-), tout mot grec où l'on entend le son [t] ne s'écrit pas obligatoirement -th-.

Pour vous aider, reconnaissez les familles de :

théo-/-thée = dieu
litho-/-lithe = pierre, roche
anthropo-/-anthrope = homme, humanité
thermo-/-thermie = chaud, chaleur
ortho- = droit, correct
patho-/-pathe/-pathie → 1) souffrance, maladie. 2) sentiment, émotion
thérap-/-thérapie = soigner, le soin
-esthésie, esthète = sensation
thè- = poser (**-thèse** = action de poser, **-thèque** = lieu où l'on pose, **-thème/-thète** = ce qui est posé)
athl- = concours, épreuve → *un athlète, l'athlétisme, athlétique, le pentathlon*
thér- = monstre → *le mégathérium, le dinothérium, le paléothérium*
antho-, -anthème = fleur → *le chrysanthème, une anthologie*
arthro = articulation → *l'arthrite, l'arthrose, un arthropode*
ethnie = peuple → *un ethnologue, l'ethnologie, ethnique.*

EXERCICES

1. Trouvez le mot de la famille de théo-/-thée **et du mot marqué*.**
1. Les Romains étaient *(qui ont de nombreux* dieux)*. — 2. Le peuple hébreu a pratiqué le *(adoration d'un seul* dieu)*. — 3. Les trois grandes religions *(qui adorent un dieu unique*)*. — 4. Des penseurs *(sans* dieux)*. — 5. Les Romains croyaient à l'*(changement en dieux au sortir* de leur vie)* des empereurs romains. — 6. Le *(croyance que tout* est dieu)*. — 7. A Rome, on éleva le *(monument en l'honneur de tous* les dieux)*, idée reprise à Paris pour enterrer les hommes célèbres. — 8. L'*(fait d'être sans* dieu)*. — 9. Des filles se nomment « *(Don* de Dieu)* ». — 10. Pendant des siècles, la Sorbonne a été la grande université de *(étude de la science* religieuse, effort de connaissance de Dieu par l'intelligence)*.

2. Trouvez le mot de la famille de litho-/-lithe **et du mot marqué*.**
1. La préhistoire a plusieurs périodes : le *(époque de la pierre ancienne*, taillée)* ; le *(époque de la pierre moyenne*)* ; le *(époque de la pierre nouvelle*)*. — 2. Des *(monuments de pierre de grandes* dimensions)*. — 3. Les menhirs sont des monuments *(adjectif formé sur le nom de la phrase précédente)*. — 4. Un *(fragment de roche venu de l'espace, qui a traversé l'air*)*. — 5. L'obélisque de la place de la Concorde à Paris est un *(monument fait d'un seul* bloc de pierre)*. — 6. Daumier a fait des *(gravures* obtenues par impression à partir d'une pierre calcaire)*.

3. Trouvez le mot de la famille d'anthropo-/-anthrope **et du mot marqué*.**
1. Des *(hommes qui aiment* l'humanité)* ont fondé des hôpitaux. — 2. Alceste est un *(ennemi des hommes, qui les déteste*)*. — 3. Les *(cannibales qui mangent* la chair humaine)*. — 4.

L'*(science* de l'homme dans son évolution)*. — 5. Les premiers spécimens d'hommes : le *(homme-singe*)* ou *(singe*-homme)*, le sin... *(homme fossile découvert en Chine*)*. — 6. La religion des Grecs était très *(qui se représente les dieux sous la forme* d'hommes)*.

4. Remplacez la définition par un mot de la famille de therm-/thermo-/-thermie **et de la racine grecque du mot marqué*.**

1. Le *(instrument qui mesure* la température)*. — 2. Pour réduire ton torticolis, je vais te mettre de l'ouate *(qui fait naître* de la chaleur, par l'adjonction d'une teinture de poivre)*. — 3. Une bouteille *(qui garde la chaleur)*. — 4. Le *(appareil qui permet d'obtenir une température qui se tient* constante)* d'ambiance. — 5. Les *(établissements de bains publics, avec des bains chauds)* de la Rome antique. — 6. Une cure *(où l'on utilise des eaux médicinales)*.
8. En Islande, Reykjavick est chauffée par *(chaleur naturelle de la terre*, due au volcanisme)*. — 9. Les météorologistes tracent des *(lignes qui sur une carte relient tous les points du globe où la température moyenne est égale*)*. — 10. Technicien en *(branche de la physique qui étudie l'utilisation de la chaleur pour produire une force* de travail)*. — 11. Un million de calories, c'est une *(unité de chaleur)*. — 12. Les centrales *(qui utilisent la chaleur)*.

5. Trouvez le mot de la famille d'ortho- **et du mot marqué*.**

1. L'*(façon correcte d'écrire* les mots)*. — 2. Des droites *(qui se coupent à angle* droit)*. — 3. Les Chrétiens d'Orient sont *(qui a une opinion* correcte)*. — 4. Des chaussures *(qui préviennent les difformités des enfants* et font qu'ils poussent droit)*. — 5. Une *(qui apprend à prononcer correctement les sons*)*. — 6. Le spécialiste des redressements dentaires : un *(qui remet les dents* droites)*. — 7. Des insectes *(dont les ailes* ont des plis droits)*.

6. Remplacez la définition par un mot de la famille de -pathe/patho-/-pathie.

Sens 1 : 1. La *(science* des maladies)*. — 2. Reconnaître ce qui est normal et ce qui est *(du domaine des sciences* de la maladie)*. — 3. Des *(personnes malades des nerfs*)*. — 4. Le tabac est une substance *(qui fait naître* la maladie)*. — 5. La médecine traditionnelle soigne par *(emploi de substances différentes* de la maladie)*. — 6. D'autres médecins soignent par *(emploi de substances de même* nature que la maladie, en toutes petites quantités)*.

Sens 2 : 7. De la *(fait de sentir avec* quelqu'un, comme lui* ; une violente *(fait d'avoir des sentiments hostiles contre* quelqu'un)*. — 8. Communiquer par *(communication à distance*, par la seule force des sentiments)*. — 9. Un enfant *(qui ne ressent rien, sans* réaction)*. — 10. Des scènes *(propres à émouvoir, à exciter les sentiments de pitié ou de tristesse)*. — 11. Le réalisateur se met à faire du *(façon d'exciter les sentiments exagérés et déplacés)*.

7. Remplacez la définition par un mot de la famille de thérap-/-thérapie.

1. Un *(homme qui traite* les maladies)*. — 2. Une *(traitement de l'esprit*)*. — 3. Soigner par *(traitement par les bains de mer*)*. — 4. L'*(traitement par l'exposition au soleil*)* améliore les rachitiques. — 5. L'atelier d'*(traitement par le travail*)*. — 6. Une *(traitement par les rayons*)*. — 7. L'*(traitement par l'eau*)*. — 8. Les méthodes douces de la *(traitement par les plantes*)*.

8. Remplacez la définition par un mot de la famille d'esthésie.

1. Le sourcier avec sa baguette de coudrier pratique la *(sensation des rayons* émis par un corps)*. — 2. Avant une opération, on met le malade sous *(état sans* sensations)* générale. — 3. Une *(sensibilité excessive, au-delà* du normal)*. — 4. Une *(personne qui sent le beau)* veut que tout soit *(qui a une certaine beauté)*. — 5. Une *(femme qui donne des soins de beauté)*.

9. Le mot est-il de la famille de -thèque **? Remplacez les points par** -t- **ou** -th-.

1. une biblio...èque — 2. un mé...èque — 3. une disco...èque — 4. une ludo...èque — 5. une pas...èque — 6. une cinéma...èque. — 7. un Az...èque — 8. une sono...èque — 9. une hypo...èque — 10. une photo...èque — 11. une pinaco...èque — 12. un ...echnicien.

-Y-
LE SON [i]

LEÇON

Le son [i] s'écrit le plus souvent avec la lettre **-i-**.
Mais il s'écrit **-y-** :
— lorsqu'il est la dernière lettre d'un mot anglais :
Ex. : *le rugby, un penalty, le derby, la nursery*, etc.
— lorsqu'il transcrit la lettre grecque *upsilon* (υ).
Toutefois, comme le *iota (ι)* grec se transcrit avec un **-i-** français, le son [i] des mots grecs peut s'écrire **-i-** ou **-y-**.
On trouve toujours hy- à l'initiale d'un mot.
Ex. : *l'hydrogène*.
Sauf : *l'ypérite* (gaz de combat employé pour la première fois à Ypres en 1917) et l'*ypréau* (peuplier blanc de la région d'Ypres).

Reconnaissez un certain nombre de familles grecques qui ont un **-y-** :

crypto-/-crypte = caché
cyclo-/cyclc- = cercle
cyto-/-cyte = cellule
dactylo/-dactyle = doigt
dynamo-/-dynamie = force
dys- = mauvais
glyco-/glyc- = doux, sucré
gymno-/gymn- = nu
gynéco-/-gyne = femme
gyro-/-gyre = rotation
hydro-/hydr- = eau
hyper- = sur, au-dessus, trop
hypo- = sous, pas assez
-lyse = relâchement, dissolution, destruction, décomposition
onoma-/onomato-/-onyme = nom
poly- = plusieurs
pyro-/pyr- = feu
stylo-/-style = colonne
syn-/sym-/syl- = avec

EXERCICES

1. Trouvez le mot de la famille d'hydro-/-hydre/-hydr- **et du mot marqué•, ⁺ ou *.**
1. Un *(avion• qui se pose sur l'eau)*. — 2. Un *(bateau qui glisse• sur l'eau)*. — 3. Le commandant Cousteau a fait progresser l'*(science qui permet de dessiner* les cartes des fonds marins)*. — 4. Des installations *(qui utilisent l'eau grâce à des tuyaux* — Attention à la rencontre des voyelles pour l'orthographe !)* pour irriguer. — 5. Une centrale *(qui produit de l'électricité• à partir de la force de l'eau)*. — 6. Les aliments *(auxquels on a enlevé⁺ l'eau)* doivent être *(gonflés d'eau à nouveau⁺)* avant d'être consommés. — 7. Hercule combattit l'*(serpent d'eau, animal fabuleux)* de Lerne. — 8. Boire de l'*(boisson faite d'eau et de miel*)*. — 9. La bombe « H » est la bombe à *(gaz simple qui, en se combinant avec de l'oxygène, fait naître* de l'eau)*. — 10. Le gaz naturel est un *(combinaison chimique de carbone• et d'hydrogène)*. — 11. L'acide *(composé de chlore• et d'hydrogène : HC1)*. — 12. Le coton *(qui aime* l'eau)*. — 13. Dans les établissements thermaux, on traite les rhumatismes par *(usage de l'eau dans le traitement* des maladies)*. — 14. Être frappé d'*(choc⁺ par l'eau)*.

2. Trouvez le mot de la famille d'-onyme/onomato- **et du mot marqué *.**
1. Jean-Baptiste Poquelin prit le *(faux* nom)* de Molière. — 2. Une lettre *(sans* nom)*. — 3. L'*(fait que les gens soient sans* nom les uns pour les autres, ne se connaissent pas)* des villes. — 4. Le *(nom de famille, que l'on tient de son père*)*. — 5. Dans le nom russe « Rodion

Romanovitch Raskolnikoff », « Romanovitch » *(« fils de Roman »)* est le nom *(dérivé du nom du père*)*. — 6. La *(partie de la linguistique qui étudie les noms de lieux*)*. — 7. « Plaisant » et « agréable » sont deux *(qui veulent dire ensemble* la même chose)*. — 8. « Vert » et « verre » sont deux *(qui sont désignés, à l'oreille, par le même* mot, mais qui n'ont pas le même sens)*. — 9. « Gai » et « triste » sont deux *(qui vont l'un contre* l'autre, contraires)*. — 10. « Éminent » et « imminent » sont deux mots *(tout à côté* l'un de l'autre, presque semblables)*. — 11. « Boire un verre », est un exemple de *(procédé de style qui consiste à changer* de nom, à désigner une chose par le nom d'une chose voisine)*. — 12. Aller « cahin-caha » est un exemple d'*(création* de mot suggérée par l'imitation phonétique d'une chose)*.

3. Trouvez le mot de la famille de poly- **et du mot marqué *, + ou •.**

1. La *(production de copies• d'un texte en plusieurs exemplaires)*. — 2. Une région de *(culture• de plusieurs produits)*. — 3. Dans les pays musulmans, la *(mariage* d'un homme avec plusieurs femmes à la fois)* est possible. — 4. Mais aucune femme, elle, ne peut être *(qui a plusieurs maris* en même temps)*. — 5. Les Grecs et les Romains étaient *(qui ont plusieurs dieux*)*. — 6. Le chant *(à plusieurs voix*)*. — 7. Une sorte particulière de fougère s'appelle le *(qui a plusieurs pieds*)*. — 8. Des cellules *(qui semblent avoir plusieurs noyaux*)*. — 9. L'eau est un corps *(qui a plusieurs formes* : neige, glace, liquide, vapeur)*. — 10. Un *(figure qui a plusieurs angles*, et donc plusieurs côtés)*. — 11. L'école *(où l'on enseigne plusieurs métiers*)*. — 12. Les *(solides à plusieurs bases* planes)* et les *(somme de plusieurs monômes•)*. — 13. Une statue *(à plusieurs couleurs*)*. — 14. Un *(contrôleur du fisc compétent+ sur plusieurs impôts)*.

4. Trouvez le mot de la famille de cycle/cyclo- **et du mot marqué •, + ou *.**

1. La *(véhicule à deux +roues)*. — 2. Le *(véhicule à trois* roues)*. — 3. Mon *(bicyclette à moteur• d'une cylindrée maximale de 50 cm³)*. — 4. La *(véhicule à 2 roues actionné par un moteur• à explosion de plus de 50 cm³)* de mon père. — 5. Un clown sur un *(vélo à une seule* roue)*. — 6. Les *(personnes qui se déplacent à bicyclette)* et les *(personnes qui se déplacent à cyclomoteur)* doivent emprunter la piste *(les deux-roues)* ; — 7. mais les *(personnes qui se déplacent à moto)* empruntent la chaussée. — 8. Un passionné de *(sport et utilisation de la bicyclette)*.

5. Même exercice que le précédent (suite).

1. Les *(ouragans très violents où le vent semble tourner en rond)* des zones intertropicales. — 2. Quand l'*(centre de hautes pressions, contraire* du précédent)* s'installe, c'est le beau temps. — 3. Ulysse inventa une ruse pour échapper au *(géant monstrueux qui n'avait qu'un seul œil* rond au milieu du front)*. — 4. Des murailles à blocs énormes, *(qui semblent avoir été construites par les êtres de la phrase précédente)*. — 5. Les députés sont assis dans l'*(demi*-cercle)* de l'Assemblée nationale. — 6. Le *(série de phénomènes qui se reproduisent toujours dans le même ordre)* des saisons. — 7. Le Moyen Âge connaissait des famines *(qui se produisent périodiquement)*. — 8. Le pape a envoyé une lettre *(qui circule en• cercle, = une circulaire)* à tous les évêques. — 9. Une *(ouvrage où l'on fait méthodiquement le tour, en• cercle, de toutes les connaissances pour les enseigner*)* ; des connaissances *(universelles = adjectif formé sur le précédent)*.

6. Trouvez le mot composé du préfixe hyper- **ou** hypo- **et du mot marqué.**

1. Mon père fait de l'*(tension• artérielle trop élevée)*. — 2. Il est *(excessivement nerveux•)* et *(qui s'émeut• trop facilement)*. — 3. Les joueurs de tennis ont quelquefois une *(développement* excessif)* du bras droit. — 4. l'*(glande endocrine située sous l'encéphale, qui produit* de nombreuses hormones)*. — 5. Une piqûre *(sous la peau*)*. — 6. Se trouver en *(taux de sucre* dans le sang insuffisant)* et faire un malaise. — 7. Les diabétiques, au contraire, souffrent d'une *(taux de sucre* dans le sang trop élevé)*. — 8. Les mathématiciens font des *(actions de poser* à la base, sous l'édifice, des données à partir desquelles ils démontreront des*

propositions nouvelles). — 9. Dans un triangle rectangle, la somme des carrés des côtés de l'angle droit est égale au carré de l'*(côté se tendant* sous l'angle droit).* — 10. Achille Talon emploie un style enflé ou fleurit l'*(exagération des mots, qui sont comme lancés* au-delà de la chose qu'ils signifient)* : le moindre vent d'hiver, dans sa bouche, est *(venant d'au-delà de chez Borée•, le vent du Nord.*

7. Trouvez le mot de la famille de sym-/syn- **et du mot marqué*.**

1. Les *(grandes compositions musicales pour orchestre, où les voix* s'harmonisent)* de Bruckner. — 2. Des feux bien *(en coïncidence dans le temps*).* — 3. « Grave » et « sérieux » sont deux *(mots• qui signifient ensemble la même chose).* — 4. Lorsqu'on construit mal une phrase, on commet une faute de *(arrangement* des mots ensemble).* — 5. Des témoignages de *(fait de ressentir* avec quelqu'un, de prendre part à ses sentiments)* à l'occasion d'un deuil. — 6. La façade du château de Versailles est d'une parfaite *(harmonie résultant de mesures* semblables de part et d'autre d'un axe).* — 7. Les juifs croyants se réunissent à la *(lieu où l'on est menés* ensemble, où l'on se réunit).* — 8. L'esprit de *(fait de poser* ensemble, de réunir les différents aspects d'une question)* — 9. Les pulls en laine *(qui provient d'une réunion* des différents constituants par les chimistes)* se lavent à la machine. — 10. Mon grand-père a fait une *(arrêt* ensemble des battements du cœur).* — 11. Les copropriétaires de l'immeuble ont désigné un *(celui qui est avec vous en justice*, qui vous assiste).* — 12. Les différents corps de métiers ont chacun leur *(association qui a pour but la défense des intérêts communs).*

8. Remplacez la définition par un mot de la famille de -lyse.

1. Une *(relâchement des muscles d'un côté* du corps)* du côté gauche. — 2. Un *(être dont les muscles sont relâchés d'un côté).* — 3. Une *(dissolution d'un tout en remontant* à ses parties)* de sang. — 4. Les physiciens réalisent l'*(décomposition d'un corps par le courant électrique•)* du chlorure de sodium dissous dans de l'eau. — 5. Certaines réactions chimiques ont besoin, pour s'accomplir, de la présence d'un *(corps qui précipite* une réaction).* — 6. Une cuisinière à *(qui décompose les résidus en les brûlant, comme par le feu*).*

9. Trouvez le mot de la famille de -gyne/gynéco- **et du mot marqué*.**

1. Barbe Bleue était *(qui déteste* les femmes).* — 2. Les femmes grecques, dans l'Antiquité, ne sortaient guère de leur *(appartement des femmes).* — 3. Dans « Le Banquet » de Platon Aristophane raconte que l'être humain originel était l'*(être mythique à la fois homme* et femme).* — 4. Dans le service de *(science* de l'organisme de la femme)*, le *(médecin spécialiste des organes féminins)* fait des examens *(faits grâce à la science* des organes féminins).*

10. Trouvez le mot de la famille de gymn- **et du mot marqué *.**

1. Des jeux *(qui ont rapport aux exercices du corps, que les athlètes antiques pratiquaient nus).* — 2. À l'heure actuelle, la *(exercice pour fortifier et assouplir le corps)* est encore pratiquée, mais les *(personnes qui pratiquent cette discipline)* ne sont pas nus. — 3. Lorsqu'il pleut, les cours d'éducation physique ont lieu dans le *(vaste salle aménagée pour les exercices physiques).* — 4. Les conifères sont des *(qui ont les semences* à nu).* — 5. Les *(poissons qui ont le dos* nu, dépourvu de nageoire)* envoient des décharges électriques.

11. Trouvez le mot de la famille de crypto-/crypt- **et du mot marqué•, ⁺ ou *.**

1. Les restes des derniers Bourbons reposent dans la *(chapelle souterraine, donc cachée)* de la basilique de Saint-Denis. — 2. Déchiffrer un *(message écrit* en caractères secrets, cachés).* — 3. Le *(enlever ⁺son caractère secret, caché)* à l'aide d'une grille. — 4. Les services secrets ont des experts en *(art d'écrire* un texte secret).* — 5. Dans *Le Montage*, Volkoff imagine un *(communisme• caché)* très actif. — 6. Certaines ampoules électriques sont remplies de *(gaz rare de l'atmosphère, qui y était bien caché).* — 7. Les mousses, les fougères sont des plantes *(dont les organes de la fructification, du mariage*, sont cachés).*

DOUBLEMENT DE LA CONSONNE APRÈS A- INITIAL

LEÇON

▸ **Comprenons ce qui se passe :**

1. La consonne ne redouble jamais :

préfixe latin **a-/ab-** = loin de	— *un résultat aberrant* : qui erre loin de = qui s'écarte de la normale. — *une réflexion en aparté* = à part, sans que les autres entendent. — *a priori* et *a posteriori* sont empruntés tels quels au latin, en deux mots, sans accents.
préfixe grec **a-/an-** privatif = absence de	— *un apatride* : homme qui n'a pas de patrie. — *un anarchiste* : homme qui ne veut reconnaître aucune autorité (= *arkhê*) — *l'asymétrie* : absence de symétrie. Même le *-s-* ne redouble pas, en dépit de la phonétique française.
préfixe grec **ana-** = en remontant à nouveau	— *analyser une phrase* : la décomposer (*luô* = je délie) pour remonter à ses constituants. — *les anabaptistes* : secte qui baptise à nouveau.
préfixe grec **apo-** = loin de (= ab-)	— *la lune est à son apogée* : point de l'orbite le plus éloigné de la terre (= *gê*).
préposition **à** soudée au mot	— *l'alarme* : à l'arme ! (cf : aux armes !). — *un acompte* : versement à l'avance, porté à votre compte. — *l'aplomb* : à plomb. — *un atout* : carte qui sert à tout.
le **a-** fait partie du radical	— *l'acoustique* : partie de la physique qui étudie les sons (grec : *akouô* = j'entends).

2. La consonne redouble le plus souvent :

préfixe latin **ad-** = vers, pour, à → rendre	Le -d- du préfixe s'assimile à la consonne qui suit : — ***accompagner*** : offrir sa compagnie à quelqu'un. — ***affiner*** : rendre plus fin. — ***annuler*** : rendre nul. — ***allaiter*** : donner son lait à un enfant. — ***apporter*** : porter vers (celui qui parle). — ***arrondir*** : rendre rond. — ***assagir*** : rendre sage. — ***attirer*** : tirer vers (soi).

▶ **En pratique :**

	Règles	Exemples	Exceptions
ab-	un seul *-b-*	*abêtir*	***abbé*** et ***abbaye***
ac-	verbes + famille : deux *-c-*	*accorder* → *l'accord*	*s'acoquiner*
	autres mots : *-c-*		*l'acacia, acrobate, acajou*
ad-	un seul *-d-*	*adorer*	*l'addition, adduction* et leurs familles
aff-	deux *-f-*	*l'affluence*	*afin, Afrique* et *africain*
ag-	un seul *-g-*	*agrandir*	*aggraver, agglomérer* et *agglutiner* et leurs familles
all-	verbes : plus souvent deux *-l-*	*alléger*	*alanguir, aligner, aliter, alourdir, alunir* et leurs familles
	autres mots : un *-l-*	*l'alouette*	famille d'« *allos** » (= autre, en grec), *allègre, l'alligator, alluvion, allitération*
am-	un seul *-m-*	*amener*	*l'ammoniac*
ann-	verbes + famille deux *-n-*	*annexer* → *l'annexion...*	*anoblir* et *anéantir, analyser* et *ânonner* (← âne)
	autres mots : un *-n-*	*l'anis*	familles d'*année*• et d'*anneau*•
app-	verbes + famille : deux *-p-*	*appeler* → *le rappel*	*apercevoir, apaiser, aplanir, aplatir, apostropher, apurer, aposter*
	autres mots : un *-p-*	*apéritif, apeuré...*	
arr-	verbes + famille : deux *-r-*	*arracher* → *l'arrachement*	araser
	autres mots : un *-r-*	*l'araignée*	*arrière* et ses composés, ***les arrhes***
ass-	deux *-s-*	*l'assurance*	*a-* privatif *l'ascension* et sa famille, *l'ascèse* et *l'ascète*
att-	verbes + famille : deux *-t-*	*attraper* → *rattrapage*	*atermoyer*
	autres mots : un *-t-*	*l'atelier*	*l'attention, l'attirail* et *l'attitude, une attelle*

EXERCICES

1. Remplacez la définition par un mot composé du préfixe privatif a-/an-.

1. Une coiffure *(dépourvue de symétrie)*. — 2. La fleur de saule est *(sans pétales)*. — 3. Une plante *(sans sexe)*. — 4. Un *(qui ne sait pas les lettres de l'alphabet pour lire et pour écrire)*. — 5. Un comportement *(hors des normes)*, *(sans notion des prescriptions morales)* et *(inacceptable en société)*. — 6. Des réfugiés *(sans patrie)*. — 7. Un mouvement *(sans lien avec la politique)*.

2. Trouver le mot composé du préfixe privatif a-/an- **et de la racine marquée*. Aidez-vous du lexique.**

1. Un enfant *(sans forme*, mou)* et *(qui n'est affecté* par rien, sans réaction)*. — 2. Un regard *(dépourvu de tonus*, de vivacité, morne)*. — 3. Il est totalement *(dépourvu de volonté*)*. — 4. Des jambes *(réduites, comme si elles manquaient de nourriture*)*. — 5. Il est atteint d'*(appauvrissement du sang*)*.

3. Même exercice que le n° 2.

1. La puce et le pou sont des insectes *(sans ailes*)*. — 2. Les chimistes ont donné le nom d' *(qui ne permet pas la vie des animaux*)* à l'un des gaz qui composent l'air, car aucune vie ne serait possible dans ce gaz seul. — 3. Les chimistes appellent *(qu'on ne peut pas couper*)* la plus petite partie d'un corps chimique susceptible de se combiner avec d'autres. Mais nous savons maintenant que dans les centrales *(qui désintègrent l'atome)* on utilise l'énergie produite par cette désintégration. — 4. Prescrire des *(médicaments qui suppriment la douleur*)*. — 5. Pour lui enlever l'appendice, on lui a fait une *(suppression des sensations*)* générale. — 6. Dans la salle d'opération l'*(méthode pour qu'il n'y ait pas d'infection*)* était parfaite.

4. Même exercice que le n° 2.

1. Certains écrivains du XIXe siècle étaient *(qui déclarent que l'esprit humain ne peut connaître* Dieu, la vérité, etc.)*. — 2. Sartre, lui, est *(qui affirme que Dieu* n'existe pas)*. — 3. Il n'est pas agréable de recevoir des lettres *(écrites par une personne dont on ne connaît pas le nom*)*. — 4. Lorsque règne l'*(absence de commandement*)*, on en vient à désirer qu'une autorité assure l'ordre.

5. Remplacez la définition par un mot composé du préfixe ana- **et de la racine grecque du mot marqué*. Aidez-vous du lexique.**

1. Cet Américain appartenait à la secte protestante des *(qui baptisent* à nouveau les adultes)*. — 2. Dessiner un Gaulois avec une montre au poignet, c'est commettre un *(fait de situer un événement plus haut dans le temps*, à une époque où il n'existait pas)*. — 3. « Marie » est l'*(mot créé par l'interversion des lettres* d'un autre mot)* d'« aimer ». — 4. Les médecins étudient l'*(structure des organes découverte en coupant* les cadavres)*. — 5. Les généraux de 1939 eurent tort de raisonner par *(raisonnement* fait en conjecturant l'avenir d'après le passé)* et de croire que les conditions de cette guerre seraient celles de 1914-1918. — 6. Les poètes cherchent ce qu'il y a d' *(semblable, ayant un point commun = adjectif dérivé du nom précédent, de sens plus large)* entre un objet concret et un état d'âme pour nous faire comprendre ce qu'ils ressentent. — 7. Sur ce voltamètre, dis-moi où est l'*(électrode par laquelle le courant trouve son chemin* vers le haut = arrive)*.

6. Formez un verbe composé avec le préfixe ad- = **vers.**

Rendre : 1. plus pauvre — 2. plus léger — 3. plus ferme — 4. plus souple — 5. plus tendre — 6. plus fin — 7. plus profond — 8. plus long — 9. plus pesant — 10. plus fade — 11. plus court — 12. nul.

7. Formez un verbe composé avec le préfixe ad- = vers.

Rendre : 1. sain — 2. comme une brute — 3. rond — 4. plan — 5. sourd — 6. noble — 7. proche — 8. plus grand — 9. plus mince — 10. sombre — 11. triste — 12. pur — 13. plus bête — 14. plus grave — 15. tiède — 16. plus mou — 17. sec — 18. plus lourd — 19. plus doux — 20. plus bref — 21. plus vif.

8. Formez un verbe composé avec le préfixe ad-, **de la famille du mot marqué•.**

1. Le jardinier a réussi à *(habituer au climat• de la France)* des espèces tropicales. — 2. Il *(rend sûr•)* aux visiteurs que ce n'est pas difficile. — 3. Il suffit, dit-il, d'*(rendre humide, comme avec la rosée•)* suffisamment les plants. — 4. Dès que le soleil *(paraît• à l'horizon)*, il *(remet en état = il ar...)* ses outils. — 5. Il *(fait croître•)* ses bénéfices en *(apportant des provisions• à)* le petit restaurant voisin. — 6. La patronne *(met au goût de la saison•)* concombres et tomates et *(fait que soit prêt•)* le repas.

9. Formez un verbe composé avec le préfixe ad-, **de la famille du mot marqué•.**

1. En arrivant au restaurant, le client *(mettre au croc•)* son manteau au porte-manteau. — 2. À sa façon de *(se mettre à table•)*, on devine qu'il va *(se donner• tout entier)* au plaisir de la table. — 3. On dirait qu'on l'a *(privé de nourriture et réduit à avoir faim•)* pendant huit jours ! — 4. Pour un peu on allait *(se laisser aller à la pitié•)* sur son compte. — 5. Il faut dire que le menu est *(attirant, qui fait se lécher• les babines)* et que le patron *(attire en donnant comme appât)•* ses clients avec un dessert gratuit. — 6. Il s'*(reste tard•)* à table ; son regard *(s'éclaire d'une lumière•)* lorsqu'arrivent les plats. — 7. Les os rongés *(s'ajoutent pour former un monceau•)* devant lui. — 8. Les plats vides *(s'ajoutent par cumul•)*. — 9. Les bouteilles vides *(se mettent en ligne•)* sur le sol. — 10. Les curieux *(se rassemblent en troupe•)* pour s'indigner de ce spectacle. — 11. Il en faudrait finalement peu pour les *(lancer comme une meute• de chiens)* contre lui.

10. Formez un verbe composé avec le préfixe ad-, **de la famille du mot marqué•.**

1. L'avion *(se pose au sol, sur la terre•)*. — 2. L'hydravion *(se pose sur la mer•)*. — 3. La fusée des cosmonautes *(se pose sur la lune•)*. — 4. Les voyageurs sont *(parvenus à destination = sur la rive•)*. — 5. La nouvelle de sa ruine *(jette à terre•)* le banquier à tel point qu'il doit *(se mettre au lit•)*. — 6. Lorsqu'elles *(luttent contre, en se mettant front• contre front)* pour la première fois l'épreuve du bombardement, les nouvelles recrues sont *(rendues comme folles• par la peur)* mais peu à peu elles s'*(habituent à la guerre•)*. — 7. Mon voisin s'est *(allié avec un coquin•)* avec un employé de mairie et a voulu s'*(attribuer comme un bien propre•)* une parcelle qui m'appartient. — 8. Certains ont voulu *(aviver, comme quand on rapproche les tisons• d'un feu)* la querelle, mais notre maire est arrivé à tout *(mettre en paix•)*.

AUTRES DOUBLEMENTS FRÉQUENTS

LEÇON

	Exemples		Exceptions
occ- **succ-**	*une occasion* *succulent*		*ocre, un ocarina* *l'oculiste* et *oculaire* *le sucre*
aff-, eff-, off- **diff-** **siff-, souff-,** **suff-** **(r)aff-**	*un affichage efficace offre peu de difficulté à ceux qui souffrent d'une insuffisance visuelle* *raffermir* = affermir de nouveau (= *re-*)		*afin, Afrique, africain* *le soufre* *un rafiot* (*r-* n'est pas le préfixe *re-*)
comm- **somm-** **emm-** **em-** **conn-**	*commencer* *le sommeil* — préfixe ***en-*** (= dans) → ***em-*** devant un mot en *m-* : ***emmancher*** (mettre un manche dans) — préfixe ***e-*** (= hors de) : ***émigrer*** *connaître* (préfixe *cum* + naître)		*la comète, la comédie, comestible, le comité* *cône, conique*, etc.
supp-	*supprimer*		*suprême* mots en ***super-***
bourr- **interr-** **surr-** **corr-**	*bourrer* } mot en *r* *inter-* + } mot en *r* — *interrompre* *sur-* } mot en *r* — *surréel* Verbes et leurs familles : *corriger* → *la correction* ; *la corrida* et *le corridor*		*inter-* { + autre mot } *l'interaction* *sur-* { + autre mot } *surélevé* autres mots : ***un coron****, le corail*, etc...
ill- [1] **imm-** [1] **irr-** [1] **inn-** [1]	préf. ***in*** [1] = ne pas *illisible* *immoral* *l'irrespect* *innocent*	préf. ***in*** [1] = dans *illuminé* *immergé* *irradier* *inné*	***une île*** ***une image**** *l'ironie* *imiter* ***in-*** + autre mot } mots sans préfixe

1. Le *-n-* du préfixe s'assimile à la lettre du mot qui suit.

EXERCICES

1. Remplacez la définition par un mot de la famille d'oculus (œil).

1. Une fenêtre ronde s'appelle « œil-de-bœuf » ou *(œil, en latin)*. — 2. Un témoin *(qui l'avait vu de ses propres yeux)*. — 3. Consulter un *(médecin spécialiste des yeux)*. — 4. Les jumelles

sont des appareils optiques *(où la vision se fait par les deux*⁺ *yeux)*, tandis qu'une lunette astronomique offre une vision *(par un seul*⁺ *œil)*. — 5. Le capitaine Haddock pria Nestor de lui apporter un *(verre pour un seul*⁺ *œil de rechange)*. — 6. Lorsqu'on vaccine, on *(introduit dans*⁺ *un œil, greffe, introduit dans un organisme)* une petite dose de microbes.

2. Remplacez les points par -c- ou -cc-.

1. Stéphane s'o...upait peu de l'o...arina de son petit frère. — 2. En revanche, la peinture lui o...asionnait les joies les plus vives, notamment la découverte d'un ton d'o...re qu'il avait en vain cherché chez tous les peintres d'O...ident. — 3. Il était aussi passionné par les sciences o...ultes : alchimie, astrologie, cartomancie et, à l'o...asion, ne dédaignait pas de mettre l'œil à l'o...ulaire de sa lunette astronomique. — 4. Après le coup qu'il reçut sur l'o...iput, il eut de violentes migraines et consulta un o...uliste pour un fond d'œil.

3. Remplacez les points par -f-. Doublez le -f- si nécessaire.

a) 1. se con...former à un modèle. — 2. se trans...former en citrouille. — 3. dé...former la vérité. — 4. un nez di...forme. — 5. in...former les lecteurs du journal. — 6. être ré...formé pour mal...formation. — 7. une per...formance.

b) 1. sur...filer un ourlet. — 2. deux heures d'a...filée. — 3. en...filer des perles. — 4. une crête e...filée. — 5. le pro...fil. — 6. un dé...filé du 14 Juillet.

c) 1. Je pré...ère régler cette a...aire. — 2. Mon adversaire pro...ère des menaces. — 3. Le dossier a...érent à l'a...aire. — 4. Une con...érence. — 5. L'Assemblée a légi...éré.

4. Remplacez les définitions par un mot de la famille de « -fluer ».

1. La Saône est un *(qui coule vers*⁺*, se jette dans)* du Rhône. — 2. Lyon se trouve à leur *(endroit où deux cours d'eau se rencontrent ensemble*⁺*)*. — 3. Je n'aime pas prendre le train aux heures d'*(grande réunion de personnes qui semblent couler les unes vers*⁺ *les autres)*. — 4. Au mois d'août, c'est l'*(mouvement d'un fluide vers*⁺ *un point)* des touristes vers la Côte. — 5. Le bateau était entré dans le port avec le *(action de couler, montée de la mer)*. — 6. Il en était reparti avec le *(action de couler en arrière*⁺*, marée descendante)*. — 7. L'*(action par laquelle l'excitation coule dans*⁺ *le nerf)* nerveux permet au cerveau de transmettre ses ordres. — 8. Quand on met la tête en bas, le sang *(coule vers*⁺*)* au cerveau. — 9. Le siphon est bouché et l'eau *(coule en arrière*⁺*)* dans mon évier. — 10. Les *(émanations qui coulent hors*⁺ *d'un corps)* du repas me chatouillent les narines. — 11. Le climat du Val-de-Loire *(coule dans*⁺*)* sur moi et me calme. — 12. Il exerce une grande *(action de couler dans*⁺*, sur)* sur moi.

5. Dites si le mot existe sans préfixe r- (re-/r-) et complétez par -f- ou -ff-.

1. une ra...ale — 2. ra...iner — 3. le ra...ut — 4. ra...istoler — 5. ra...oler — 6. ra...raîchir — 7. un ra...iot — 8. ra...ermir — 9. ra...ûter.

6. Est-ce le préfixe e- ou en- ? Remplacez les points par -m- ou -mm-. Rajoutez les accents quand c'est nécessaire.

1. Les e...igrés ont migré hors de leur pays d'origine. — 2. Les terres e...ergées ont surgi hors de l'eau. — 3. Mettre des marchandises dans un magasin : e...agasiner. — 4. Envoyer des ondes hors de la station d'e...ission : e...ettre des ondes. — 5. Des e...anations : substances volatiles qui sortent hors des corps. — 6. Être e...erveillé : sortir de soi-même à la vue d'une merveille. — 7. Mettre un manche dans un outil : e...ancher. — 8. Porter son ménage (= ses meubles) dans un logement : e...énager. — 9. Faire sortir des miettes hors d'un objet entier : e...ietter. — 10. Mener dans un lieu : e...ener. — 11. Mettre quelqu'un hors de lui-même : e...ouvoir. — 12. Faire sortir de l'état antérieur et rendre mousse (= peu tranchant) : e...ousser. — 13. Mêler l'un dans l'autre : e...êler. — 14. Enrouler un enfant dans son maillot : e...ailloter. — 15. Des e...incés de gigot : tranches coupées très finement (= minces) du gigot. — 16. Un visage devenu très maigre (= *macies*, en latin) est

e...acié. — 17. Une e...inence s'élève hors du niveau de la plaine. — 18. Un visage e...iellé.

7. Remplacez la définition par un adjectif composé du préfixe in- = ne pas.

1. Un message *(qui n'est pas lisible)* — 2. une aventure *(qu'on ne peut oublier)* — 3. un temps *(qui n'est pas égal)* — 4. un vent *(qui n'est pas régulier)* — 5. une tempête *(qu'on n'attendait pas)* — 6. une boussole *(qu'on ne peut réparer)* — 7. des avaries *(auxquelles on ne peut remédier)* — 8. un équipage *(qui n'a pas d'expérience)* — 9. une côte *(qu'on ne peut aborder)* et *(qui n'est pas hospitalière)* — 10. un naufrage *(qui ne peut manquer d'arriver)* — 11. des vivres *(qu'on ne peut nommer)* et *(qu'on ne peut manger)* — 12. une île *(qui n'est pas habitée)* — 13. des sauvages *(qui ne connaissent pas leurs lettres)* et *(qui ne font de tort, d'offense•, à personne)* — 14. des réserves d'eau *(qu'on ne peut épuiser)*.

8. Remplacez la définition par un mot à préfixe in- **+ racine française• ou latine+.**

1. Chez Marc, le sens du rythme était une qualité *(qu'on a en soi en naissant•)*. — 2. Le nerf appelé le « grand hypoglosse » devait particulièrement bien *(atteindre un organe, en parlant d'un nerf•)* sa langue, car celle-ci ne cessait de s'activer. — 3. Il avait des amis *(dont on ne peut compter le nombre•)*. — 4. Il aimait toutes les *(introduction de quelque chose de neuf+)*. — 5. En revanche, il vivait dans une chambre *(qu'on ne peut nommer•)*, tant il était sale et désordonné. — 6. Quand on lui en faisait le reproche, il prenait un air *(qui ne nuit+ pas, qui n'est pas coupable)*.

9. Remplacez la définition par un mot à préfixe in- **+ racine française• ou latine+.**

1. Pasteur s'est *(donner du lustre•, de l'éclat, de la célébrité)* par la découverte du vaccin contre la rage. — 2. Le principe en est d'*(mettre dans un œil+, greffer, introduire un corps vivant dans un organisme)* le microbe à quelqu'un, mais en toute petite quantité. — 3. Ainsi l'organisme réagit, apprend à créer des anticorps et s'*(munir• de défenses)* contre la maladie. — 4. En voulant *(introduire une nouveauté+)*, Pasteur rencontra bien des résistances et le succès ne fut pas *(qui n'a pas besoin de passer par des intermédiaires situés au milieu+, qui a lieu sans attendre, tout de suite)*. — 5. Pourtant Pasteur avait fait faire des progrès *(qu'on ne peut mesurer+)* à la médecine. — 6. En fait, il *(prendre les augures• pour entrer dans une action, commencer)* l'ère de la médecine vraiment efficace.

10. Remplacez les points par -m- **ou** -mm-.

1. Ah ! S'i...erger dans l'œuvre d'un grand écrivain pour nourrir sa propre i...agination en i...itant son modèle ! — 2. Savoir ensuite se dégager i...édiatement d'une i...itation servile et être un i...itateur i...aginatif ! — 3. Faire jaillir des profondeurs de soi-même des êtres i...aginaires et i...atériels, et leur donner une chair et un corps ! — 4. Leur i...aginer un entourage et s'i...iscer dans la vie de ces êtres moraux ou i...oraux, i...ondes ou prêts à s'i...oler eux-mêmes ! — 5. I...obiliser l'i...age au vol, avant sa chute i...anquable dans l'oubli et se forger un style i...agé et ini...itable ! — 6. Trouver de ces harmonies i...itatives i...ortelles « comme [ces] pas muets qui marchent sur des mousses » de Lamartine ! — 7. Pensez-vous que le succès serait alors i...érité ?

11. Remplacez les points par -r- **ou** -rr-.

1. Ton grand-père est i...ascible comme un I...oquois et son attitude est tout à fait i...ationnelle. — 2. L'i...is de son œil droit n'est plus i...igué car les vaisseaux sanguins sont i...émédiablement bouchés. — 3. Le phénomène est i...éversible. — 4. Or ton grand-père est i...ésolu et n'arrive pas à se décider pour subir une opération. — 5. Il ne cesse de s'i...iter contre son chirurgien i...anien, qui est pourtant i...éprochable, et d'i...oniser, de façon i...évérencieuse, sur la chirurgie. — 6. Pourtant, lui qui aime tellement contempler les i...isations des coquillages et les nuances i...emplaçables des i...is, il ferait mieux de se défaire de son attitude i...éfléchie et i...esponsable.

REDOUBLEMENTS RARES
À L'INITIALE

LEÇON

	Exemples	Exceptions
ec- **el-** **en-** **er-**	*l'école, écrire, l'éclat* *élégant* *l'énergie* *érafler*	***l'ecchymose*** et ***l'ecclésiastique*** ***l'ellipse*** et ***l'ellébore*** ***l'ennemi*** et ***ennuyer*** ***enneiger, ennoblir*** et ***ennuager*** (*en- = dans*) ***errer*•**
op- **ot-**	*opaque, opulent* *une otarie*	***opposer*•, *oppresser*•** et ***opprimer*•** ***opportun, l'opprobre*** et ***l'oppidum*** ***ottoman***

Les mots commençant par e-, i-, ou o- non mentionnés dans cette leçon ou dans la précédente ne doublent jamais la consonne initiale.

EXERCICES

1. Remplacez les points par -n- ou -nn-, et ajoutez un accent si nécessaire.

1. Le ciel s'était e...uagé. – 2. Une e...norme quantité de neige était tombée et l'e...eigement était exceptionnel. – 3. Je m'e...ervais à tenter de débloquer l'entrée de mon châlet et j'étais e..uyé car mon e...ergie commençait à faiblir. – 4. C'est alors que je vis arriver mon e...emi attitré, un e...ergumène doué d'une force prodigieuse, et qui n'était pas sans s'en e...orgueillir. – 5. Il m'e...uméra ses exploits sportifs et conclut en m'e...onçant la maxime qu'il avait dû longuement méditer : que le travail pénible e...oblit l'âme humaine !

2. Remplacez la définition par un mot de la famille d'errer.

1. Une malédiction a fait un *(nomade, qui n'a pas de demeure fixe)* du capitaine du vaisseau fantôme. – 2. Il ne trouvera un terme à son *(fait d'errer)* que si une femme l'aime. – 3. Lorsqu'il fait amener les voiles de son navire, pendant un moment encore celui-ci court sur son *(vitesse acquise)*. – 4. J'ai commis plusieurs *(fautes, vagabondages loin de la vérité)* dans cette affaire. – 5. La première était due à un énoncé *(qui contient des erreurs)*. – 6. Il m'aurait fallu consulter l'*(liste des fautes survenues dans l'impression d'un ouvrage)*. 7. Ce récidiviste est retombé dans ses anciens *(manières d'agir blâmables)*.

3. Redoublez, s'il y a lieu, la consonne suivie de points de suspension.

1. Depuis l'or...igine, cet ol...ibrius était l'op...robre de toute sa famille. – 2. Avec ses om...oplates saillantes, ses or...eilles décollées, ses yeux au cristallin op...aque, qui auraient bien eu besoin d'une visite chez l'oc...uliste, voire d'une op...ération chirurgicale, son teint ol...ivâtre, ses vêtements qui étaient plutôt des or...ipeaux, il of...rait un spectacle qui of...usquait ses proches. – 3. D'ailleurs, il s'op...osait op...iniâtrement à toutes leurs op...inions, il n'om...ettait aucune oc...asion de les of...usquer, de critiquer leur op...ulence, de prendre la défense des op...rimés et de les accuser d'être des op...resseurs. – 4. Il prenait un ton d'or...acle pour prononcer des discours or...ageux d'or...ateur of...iciel.

LE -E MUET DU FÉMININ

LEÇON

En français, **les noms féminins** se terminent généralement par un **-e**, contrairement aux noms masculins.

▶ Les noms masculins s'écrivent **-ail, -eil, -euil, -ouil.**
Ex. : *Un détail, le soleil, un écureuil, le fenouil.*

▶ Les noms féminins s'écrivent **-aille, -eille, -euille, -ouille.**
Ex. : *Une paille, une oreille, une feuille, la rouille.*

C'est aussi le cas des noms terminés par un **son voyelle** :

Exemples		Exceptions
-ie	*la pluie*	*la fourmi, la souris* et *la brebis, la perdrix, la nuit.*
-ue	*la vue*	*la bru, la glu, la tribu* et *la vertu.*
-ée	*la pensée* **Suffixe indiquant un contenu :** *une bouchée* *une assiettée*	*la clé (ou* clef).
-té et **-tié**	Noms abstraits : *clair → la clarté* *l'ami → l'amitié*	5 noms ≠ participes passés : *la dictée* (≠ *j'ai dicté*), *la montée* (≠ *je suis monté*), *la jetée* (≠ *j'ai jeté*), *la portée*, (≠ *j'ai porté*), *la pâtée* (≠ du nom : *un pâté*).
-aie	*une haie*	*la paix* et *la forêt.*
-eue	*la queue*	
-oie	*la joie*	*la paroi, la loi* et *la foi.* *la croix, la noix* et *la voix.* *la fois.*
-oue	*la joue*	*la toux.*

HOMONYMES

▶ **boue, bout, bous**
— *la boue* : terre mêlée d'eau.
— *le bout* : l'extrémité.
— *je, tu bous, il bout* : verbe *bouillir.*

▶ **foi, foie, fois**
— *la foi* : confiance, fidélité, croyance.
— *le foie* : organe de l'abdomen.
— *une fois, deux fois, trois fois.*

▶ **houe, houx, hou !**
— *la houe* : pioche d'autrefois.
— *le houx* : arbuste.
— *hou !* : interjection.

▶ **parti, partie, partis, partit**
— *le parti* : 1) groupe de personnes d'une même opinion. 2) décision, résolution. 3) profit. 4) personne à marier.

— *la partie*: 1) portion d'un tout. 2) spécialité dans une profession. 3) divertissement.
— verbe *partir*: passé simple : *je partis, tu partis, il partit*; participe passé : *parti,e.*

▶ **poix, pois, poids, pouah**
— *la poix*: substance résineuse.
— *le pois*: plante et fruit.
— *le poids*: ce qu'on pèse.
— *pouah* ! : interjection.

▶ **tribu, tribut**
— *la tribu*: groupement de familles.
— *le tribut*: impôt, contribution.

▶ **voie, voix, vois, voit**
— *la voie*: le chemin.
— *la voix*: organe de la parole.
— *je, tu vois, il voit, ils voient ; que je, qu'il voie, que tu voies*: verbe *voir*

EXERCICES

1. Orthographiez correctement l'indication de son.

1. L'équipage était de la rac*(ail)*, des frip*(ouil)* détestant le trav*(ail)* et préférant livrer bat*(ail)*, — 2. mettre en perce la fut*(ail)*, faire honneur au fruit de la tr*(eil)* et vider assez de bout*(eil)* pour franchir le s*(euil)* de l'ivresse et s'écrouler de somm*(eil)*, — 3. lors de leurs rip*(ail)*, sans faire de dét*(ail)*, devant une table couverte de victu*(ail)* : — 4. des quartiers de bét*(ail)*, — 5. des cuissots de chevr*(euil)* aux gros*(eil)*, — 6. des c*(ail)* et de la vol*(ail)*, — 7. de l'and*(ouil)*, — 8. des citr*(ouil)* et du fen*(ouil)*, — 9. des n*(ouil)* et de la ratat*(ouil)*, — 10. des gren*(ouil)* cachées entre des f*(euil)* de cerf*(euil)*.

2. Mettez un article (le ou la) devant les noms suivants et indiquez-en le sens.

1. coq — 2. coque — 3. tic — 4. tique — 5. toc — 6. toque — 7. lac — 8. laque — 9. bic — 10. bique — 11. brique — 12. brick — 13. col — 14. colle — 15. balle — 16. bal — 17. cale — 18. cal — 19. sel — 20. selle — 21. file — 22. fil — 23. sole — 24. sol — 25. car — 26. carre — 27. barre — 28. bar — 29. jars — 30. jarre — 31. cape — 32. cap — 33. but — 34. butte — 35. luth — 36. lutte.

3. Remplacez les points par : -i, -ie(s), -is, -it ou -ix.

1. Après la griser... d'herbes tendres dans la prair..., la breb... passa une part... de la nu... dans la berger... pour se garantir des intempér... . — 2. Pendant l'éclairc..., je v... une fourm... qui faisait des acrobat... sur une tige d'ort... et tentait avec frénés... de transporter le morceau de m... de pain dont elle avait env... . — 3. Marr... de n'avoir tué jusqu'alors que des p..., le chasseur regardait avec sauvager... l'agon... d'une perdr... derrière la métair... et sour... . — 4. Mon autobiograph... permettra à quelque sour... de faire une org... de feuilles jaun... dans une librair... !

4. Orthographiez correctement le son indiqué entre parenthèses.

1. Le conducteur de la gr*(u)* pensa que sa v*(u)* le trahissait quand il aperç*(u)* de la gl*(u)* sur les r*(ou)* de sa voiture personnelle et ses baj*(ou)* en frémirent de colère. — 2. Si ma t*(ou)* dimin*(u)*, j'irai manger de la fond*(u)* dans ce restaurant de banli*(eu)*, mais je crains la coh*(u)*. — 3. Je n'ai pas la berl*(u)* : la stat*(u)* de la vert*(u)* a fait une m*(ou)* devant ton manque de reten*(u)* ! — 4. La belle-mère demanda à sa br*(u)* d'aller lui acheter une lait*(u)* pour sa tort*(u)* au bout de l'aven*(u)*. — 5. À la ven*(u)* de l'explorateur, les hommes de cette trib*(u)*, qui sont armés de mass*(u)* et se tat*(ou)* les j*(ou)* avec de la gad*(ou)*, lui souhaitèrent la bienven*(u)*.

5. Analysez le mot et remplacez les points par -u, -û, -ue, -us, -ues.

1. Georges aime tellement la nature qu'il mange ses légumes cr... . — 2. Il a cr... que la cr... de la rivière était terminée, mais il y avait encore une grande étend... d'eau dans les

prés, où nageaient des sangs... . — 3. Recr... de fatigue, il s'est étend..., a feuilleté des rev..., puis dessiné des verr... sur le nez des vedettes. — 4. Il a rev... un article sur la vie de la barb... . — 5. Au moment de la m... des serpents, il sort de chez lui comme s'il était m... par un ressort. — 6. Il va ramasser des escargots corn... au lieu de surveiller ses corn... . — 7. Au cours de notre entrev..., j'ai ten... à lui faire une observation sur sa ten... . — 8. Il a beau être iss... d'une bonne famille, s'il contin..., sa situation sera sans iss....

6. Orthographiez correctement le son indiqué entre parenthèses.

1. Il laisse le village et ses h*(è)*, monte jusqu'à la cr*(oi)* de la Montj*(oi)* et, à la patte d'*(oi)*, prend le chemin de la for*(è)*. — 2. Sur la v*(oi)* piétonnière, il est débarrassé des autos, cette pl*(è)* des promeneurs, et il n'entend que la v*(oi)* de l'orfr*(è)* qui fond sur sa pr*(oi)* au loin dans une roser*(è)*. — 3. Il aime la p*(è)* de la hêtr*(è)*, le mystère des hautes fut*(è)*, l'obscurité de la châtaigner*(è)*. — 4. Il longe la par*(oi)* d'une falaise de cr*(è)*, et découvre avec j*(oi)* la saul*(è)*, où poussent des b*(è)* sauvages qu'aucune l*(oi)* n'interdit de cueillir. — 5. Il fait une provision de n*(oi)* qu'il fera sécher sur des cl*(è)*. — 6. Puis il arrive au vieux château féodal où il imagine les seigneurs pleins de f*(oi)* verser de la p*(oi)* brûlante sur les assaillants.

7. Comment appelle-t-on le contenu : 1. d'une cuillère — 2. d'un plat — 3. d'une cuve — 4. d'un bec — 5. des bras — 6. d'une assiette — 7. d'une pelle — 8. d'une charrette — 9. d'une brouette — 10. de la gorge — 11. du poing.

8. Remplacez les points par -é ou -ée (-és ou -ées au pluriel).

1. Quand viennent les ond... de l'automne, la brièvet... des jours et les premières gel..., on fuit l'âpret... et la morosit... de la saison en allumant une bonne flamb... dans la chemin... . — 2. Une brass... de brindilles, et, malgré l'âcret... des bouff... de fum..., on voit avec volupt... la douce clart... du feu faire reculer l'obscurit... et l'humidit... . — 3. On fait cuire à l'étouff... des plat... de pommes de terre et nul n'est tenu à la sobriét... . — 4. Chacun renonce à ses activit... et jouit de la cordialit... d'une nombreuse assembl... et de l'hilarit... d'une grande tabl... . — 5. Puis la tranquillit... de la veill..., la beaut... des flammes, la qualit... de l'amiti..., l'impression de sécurit... permettent à la pens... de prendre sa libert... et de rêver à la destin... et à l'éternit... . — 6. A la moiti... de la soir... viennent les histoires de f..., la plong... dans les légendes de l'Antiquit... et la piti... pour les héros de l'épop... .

9. Remplacez les points par -té ou -tée (-tés ou -tées, au pluriel).

1. Le professeur a dic... cette dic... avec une telle rapidi... que j'y ai laissé une multiplici... d'énormi... ! — 2. J'ai por... avec fidéli... toutes ces croches sur la por... . — 3. Mon coureur favori a mon... la difficile mon... du col du Galibier avec une facili... qui me comble de fier... . — 4. J'ai je... ce pâ... avarié et je n'ai pas osé le joindre à la pâ... de ma chienne ; c'était une possibili... de te le garder pour la pêche sur la je... .

10. Complétez les points par la terminaison convenable.

a) 1. Tu bou... d'impatience de venir à bou... de toute la bou... qui a envahi la terrasse lors de l'inondation. — 2. L'eau bou... à cent degrés. — 3. Tu es à bou... de forces après cette longue marche dans la bou... .

b) 1. Ma foi..., j'ai fort mal au foi... ce matin ! — 2. C'est bien la première foi... que j'ai à me plaindre de mon foi... ! — 3. Vous me semblez de bonne foi... . — 4. Que cet individu sans foi... ni loi... s'en aille une foi... pour toutes ! — 5. Sa profession de foi... fut entendue de tous à la foi... .

c) Les paysans, armés de leur hou..., accouraient vers le château et se rassemblaient dans l'allée de hou... tandis que le hibou hululait son « hou... ! hou... ! » funèbre.

d) 1. Les assiégés versaient de la poi... bouillante sur les assaillants. — 2. Préfères-tu le poi... chiche ou le poi... de senteur ? — 3. Je suis champion au lancer du poi... . — 4. Les poi... cassés ? Pou... ! Quelle horreur ! — 5. Le chauffeur du poi... lourd n'avait pas qu'un petit poi... dans la tête et était considéré comme un homme de poi... par ses collègues.

e) 1. Les douze tribu... d'Israël. — 2. Les peuples vaincus devaient payer tribu... à Rome. — 3. Une tribu... indienne. — 4. Pasteur a apporté un sérieux tribu... à la science.

f) 1. Tu ne voi... donc pas que tu es sur une voi... de garage. — 2. Les chiens donnent de la voi... lorsqu'ils sont sur la voi... d'un cerf. — 3. L'aveugle criait à pleine voi... : « Seigneur, que je voi... ! ». — 4. Tu es arrivé par la voi... des airs, à ce que je voi... . — 5. Le compositeur se sentait en voi... de réussir cette cantate à trois voi... . — 6. Il veut suivre les traces de son père : c'est la voi... du sang. — 7. Le capitaine voi... qu'une voi... d'eau s'est produite dans la cale. — 8. La voi... passive.

11. Remplacez les points par -i, ie.

1. Le leader du part... démocrate a assisté à cette part... de tennis. — 2. Il prend toujours le part... du plus faible, surtout quand ce dernier a affaire à forte part... . — 3. Cet ingénieur est très fort dans sa part... . — 4. Molière a tiré un très bon part... de ses yeux globuleux et de sa diction saccadée pour jouer des rôles comiques. — 5. Il n'était pas fait pour jouer la tragédie : il a fallu qu'il en prenne son part... . — 6. Une parti... de l'assistance pleurait de rire. — 7. Célimène est jeune, belle et riche : elle semble un très bon part... . — 8. Ce fruit est en part... pourri. — 9. Après être longtemps resté indécis entre les deux camps, il a enfin pris part... . — 10. Le professeur est plein de part... pris à mon sujet. — 11. L'orateur a pris à part... certains assistants. — 12. Si vous manifestez un tel esprit de part..., je vais quitter la part... .

LE -E MUET DU FÉMININ
CAS DIFFICILES

LEÇON

	Exemples	Exceptions
-eur	— masculin : *le moniteur* — féminin : *la fleur*	*le beurre* et *le leurre.* *le heurt.* *la demeure* et *l'heure.*
-oir **-oire**	— masculin : *le tiroir* — féminin : *une histoire*	*le territoire, le laboratoire, le réfectoire, l'observatoire, le pourboire, l'interrogatoire, l'ivoire, l'écritoire, le grimoire, le promontoire.*
-our	— masculin : *le tour* — féminin : *la tour*	*le cours*•, *le velours, à rebours.* *le bourg* et *le faubourg.* *le court* (de tennis). (la chasse à) *courre*•, *la bourre.*
-ure	— masculin : *le lémure* — féminin : *une écriture*	*le futur, le fémur, l'azur* et *le mur*
-el **-elle**	— masculin : *le sel* — féminin : *la dentelle* (ou *-èle*, cf. p. 211)	*le modèle, le zèle, un asphodèle, le polichinelle, le libelle, le rebelle, le vermicelle, le violoncelle* (cf. p. 211)
-al **-ale**	— masculin : *le tribunal* — féminin : *une céréale* (ou *-alle*, p. 211)	*le squale, le cannibale, le dédale, le scandale, le vandale, le pétale, le finale, le sépale, un astragale.* *un intervalle.* *le hâle, le châle, le mâle, le râle.*

HOMONYMES

▶ **bal, balle**
— *le bal* : assemblée où l'on danse.
— *la balle* : 1) pelote ronde qui sert de jeu. 2) projectile pour les armes. 3) enveloppe du grain dans l'épi. 4) gros paquet de marchandises.

▶ **cal, cale**
— *le cal* : durillon.
— *la cale* : 1) petit morceau de bois pour caler. 2) fond d'un navire.
— verbe *caler : je cale, tu cales, ils calent* : 1) assujettir avec une cale. 2) bloquer.

cour, cour(s, t, ent), court, courre

— *la cour* : 1) espace entre les bâtiments. 2) tribunal et magistrats qui le composent. 3) résidence d'un roi ou son entourage. 4) admirateurs d'une femme : *faire la cour.*

— *le cours* : 1) trajet de rivières, d'astres. 2) développement successif des choses. 3) enseignement suivi. 4) fluctuation du prix d'une marchandise.

— verbe *courir :*
indicatif présent : *je cours, tu cours, il court, ils courent.*
subjonctif présent : *que je coure, que tu coures, qu'il coure, qu'ils courent.*

— *court*, adjectif : *un court instant.*

— *le court* de tennis.

— (la chasse à) *courre.*

heure, heurt, heur

— *une heure* : 1/24ᵉ du jour.

— *un heurt* : action de heurter.

— *l'heur* : (vieux) le bonheur.

mal, mâle

— *le mal* : ce qui est mauvais.

— *mâle*, adjectif : de sexe masculin.

EXERCICES

1. Complétez les points par -eur, -eure, -eurre, -eurt.

1. En connaiss..., l'amiral avait placé un l... à la fin du convoi : une vieille horr... de remorqu... sans aucune val... . — 2. Le sous-marin destruct... qui attendait son h... n'eut pas l'h... de couler un vrai cargo. — 3. La torpille explosa au premier h... contre la minc... de l'acier tromp... . — 4. Quel bonh... dans les dem... anglaises quand la bonne od... du b... vint relever la fad... des mets de guerre sans sav... .

2. Complétez les points par -oir, oire.

1. Il a pris une p... au réfect... et l'a emmenée dans le dort... . — 2. Que font cette rôtiss... et cette pass... dans le laborat... entre un crach... et un urin... ? — 3. Je ferai subir un interrogat... à Grég... pour savoir ce qu'il a fait du pourb... resté sur le compt... . — 4. C'est une vict... d'avoir chassé l'ennemi hors de notre territ... : il faudra en écrire l'hist... sur ton écrit... avec un stylet d'iv... avant ce s... . — 5. Logé au sommet de l'observat... comme sur un perch..., il observait avec esp... la traject... des astres dans le mir... de la nuit.

3. Remplacez la définition par un mot de la famille de cours.

1. Au lieu de prononcer des *(morceaux oratoires)*, dépêche-toi de t'entraîner sur le *(trajet à suivre)*, si tu veux gagner le *(lutte sportive)*. — 2. Dans un *(coïncidence)* de circonstances aussi tragique, nous avons besoin de *(aide)* et aurons *(recherche d'assistance)* à tes talents.

4. Complétez les points par -al, -ale, **et attention au pluriel.**

1. Sur le journ..., un éditori... en capit... d'imprimerie. — 2. Cette timb... de macaronis était un vrai rég... ! — 3. Un bouchon de crist... . — 4. Il se moque de la mor... et se retrouve au tribun... . — 5. Au sign..., aie le mor... et appuie sur tes péd... ! — 6. Une fracture en spir... . — 7. Cette banque a beaucoup de succurs... . — 8. À l'esc..., un seul fan... éclairait la piste au milieu des raf... de mistr... — 9. Une division à deux décim... . — 10. Nous entendions le chant des cig... en av... . — 11. Le pauvre anim..., couvert de g..., avait une fièvre de chev... . — 12. Je préfère l'or... .

UN -E À L'ADJECTIF MASCULIN ?

LEÇON

Exemples		Exceptions
-al	*normal (→ normale)*	*pâle* et *mâle* ; *sale* et *ovale.*
-el	*réel (→ réelle)*	*fidèle, parallèle, isocèle ; grêle* et *frêle.*
-eur	*supérieur (→ supérieure)* (le féminin n'est ni *-euse* ni *-trice*)	
-ile	*facile*	*vil, civil, puéril, subtil* et *viril ; mille* et *tranquille.*
-ole	*frivole*	*espagnol(e)* et *mongol(e) ; mol(le)* et *fol(le).*
-ule	*ridicule*	*nul(le).*
-oire	*obligatoire*	*noir(e).*
-aque	*maniaque*	
-èque	*tchèque*	*grec (→ grecque) ; sec (→ sèche).*
-ique	*colérique*	*public (→ publique) ; laïc (→ laïque) ; chic* (invariable).
-oque	*baroque*	
-esque	*romanesque*	**-uc** : *caduc (→ caduque). turc (→ turque).*
-ère	*sincère*	*cher, fier, amer*
-aire	*nécessaire*	*clair et pair*

EXERCICES

1. Complétez par -al, -ale **ou** âle.

1. un accueil triomph... après une victoire nav... tot... . — 2. une ligne horizont... coupée d'un trait vertic... . — 3. un partage inég... . — 4. un accent guttur..., un visage ov..., un air m... et brut..., un teint p..., un sourire jovi... et commerci..., le cheveu s... et antisoci... .

2. Complétez les points par -el, -elle, êle **ou** -èle.

1. une plaisanterie ritu... à un rendez-vous habitu... . — 2. un déchet industri... et une pollution exceptionn... . — 3. un triangle isoc... et un segment parall... à la base. — 4. Ce nouv... ami sera-t-il fid... et fratern... dans la vie professionn... ? — 5. Un lien occasionn... et fr... soutiendra le rameau gr... de ce b... oranger auqu... il consacre tous ses soins.

3. Complétez, si nécessaire, par -e, -s **ou** -es

1. une fille mineur... et un garçon majeur... pleins de projets illusoir... . 2. une apparence extérieur... dérisoir... et un noir... désespoir intérieur... . — 3. un rêve antérieur... prémonitoir... . — 4. des faits postérieur... contradictoir... . — 5. deux nombres inférieur... à 100

dont la somme est supérieur... à 150. — 6. un résultat provisoir... . — 7. L'examen respiratoir... est remis à une date ultérieur..., à des jours meilleur... . — 8. La meilleur... idée est d'escalader l'Aiguille noir... .

4. Complétez, si nécessaire, par -e, -s, -es, -le.

1. Ses gestes fébril... contrastaient avec son air tranquil... et frivol... . — 2. un homme civil..., secouriste bénévol... . — 3. un fol... espoir, inutil... et ridicul... . — 4. Nul... adolescent n'est plus puéril... et crédul..., infantil... même ! — 5. un air viril... malgré un aspect gracil... et fragil... . — 6. Nul... idée n'est plus fol... que celle de cet ivrogne noctambul... . — 7. Renard Subtil... ira au campement espagnol... de son pied agil... surprendre le visage pâle vil... et imbécil... . — 8. Une région agricol... fertil... a un rendement mil... fois supérieur à celui de ce désert mongol... . — 9. une main mol... et malhabil... . — 10. le mol... effort de cet individu servil... .

5. Complétez par -ique ou -ic (attention au tréma).

1. un palais féer... — 2. un fait histor... — 3. un jardin publ... — 4. un teint cadavér... — 5. un style télégraph... — 6. un produit chim... — 7. un incident com... — 8. un sac ch... — 9. un drôle de chapeau côn... — 10. un accent german... — 11 l'enseignement la... — 12. un air satan... — 13. un acte héro... .

6. Remplacez la définition par un seul adjectif (+ = racine latine).

1. une histoire *(pleine d'humour)* — 2. une plante *(qui vit dans l'eau⁺)* — 3. un club *(qui initie à l'art d'être marin⁺)* — 4. une table *(comme on en voit à la campagne⁺)* — 5. la langue *(parlée en Grèce)* — 6. le climat *(de Grèce)* — 7. le café *(de Turquie)* — 8. des cercles *(qui ont leur centre ensemble⁺, au même point)* — 9. des feuilles *(qui tombent⁺ en hiver)* — 10. un règlement *(qui est tombé⁺, qui n'est plus en vigueur)*.

7. Remplacez la définition par un seul adjectif (* = racine grecque).

1. un appareil *(pour entendre*)* — 2. un parti *(qui veut que le peuple* ait le pouvoir*)* — 3. un personnage *(imaginaire, comme ceux des histoires* grecques)* — 4. un restaurant *(qui respecte les lois* de l'estomac*)* — 5. une migraine *(qui a les yeux* comme origine)* — 6. une dose *(toute petite, comme celles de la médecine qui soigne les maladies* par leur semblable*)* — 7. une fosse *(où agissent les microbes* pour liquéfier les matières)*.

LA FIN DU MOT : -F- ou FF-

LEÇON

	Exemples	Exceptions
-afe(r)	*une agrafe - agrafer*	*gaffe(r) - piaffer*
-effe(r) -iffe(r) -offe(r) -oiffe(r) -ouffe -uffe	*une greffe, greffer.* *une griffe - griffer* *une étoffe - étoffer* *une coiffe - coiffer* *une touffe* *une truffe*	 *le calife* et *le pontife* *tarifer* et *attifer* *lofer* *l'esbroufe* *un tartufe*
-affre -iffre -offre -ouffre	*les affres* *un chiffre* *un coffre* *un gouffre*	*la balafre* *le fifre* *le soufre*
-afle -èfle -ifle -ofle -oufle -ufle	*j'érafle* *un trèfle* *une gifle* *la girofle* *une moufle* *un mufle*	 *siffler*• *souffler*• *un buffle*
-fier	Suffixe (= rendre) *statufier* = transformer en statue	

EXERCICES

1. Complétez les points par un mot de la famille de siffler.

1. Le si...lement du merle. — 2. Une prononciation ...ante. — 3. Joe ... son chien. — 4. Il devenait méchant et passait son temps à per... ceux qui voulaient bien faire. — 5. Le chef de gare avait perdu son ...et. — 6. Son collègue moqueur ne manqua pas, bien sûr, cette occasion de per...age. — 7. Il se mit à ...oter dans sa barbe : « J'ai perdu le dos de ma clarinette. » — 8. Le ...otement de la cocotte-minute.

2. Complétez les points par un mot de la famille de souffler.

1. Le s... d'une explosion atomique. — 2. Un s... au fromage ? — 3. Avec son asthme, il s'es... vite. — 4. Activer le feu avec un s.... — 5. Il a été piqué par une guêpe : son doigt est tout bour.... — 6. Au théâtre, un s... aide la mémoire défaillante des acteurs. — 7. Les oreillons lui bour... le cou : c'est fou ce qu'il est enflé ! — 8. Dans cette région, on fabrique du verre par s.... — 9. Très en colère, le père ...eta son fils. — 10. Achille Talon s'efforce au beau langage mais il n'arrive qu'à la bour... du style.

3. Remplacez la définition par un seul verbe à suffixe -fier.

1. Rendre plus simple. — 2. Rendre plus fort. — 3. Rendre plus ample. — 4. Rendre bon. — 5. Rendre liquide. — 6. Rendre plus pur. — 7. Rendre plus rare. — 8. Mettre en vers. — 9. Mettre en croix. — 10. Mettre en paix. — 11. Transformer en pierre*. — 12. Frapper de terreur. — 13. S'assurer que c'est vrai. — 14. Transformer en momie. — 15. Chanter la gloire. — 16. Transformer en dieu. — 17. Mettre en classes.

4. Remplacez les points par -f- ou -ff-.

1. Palinufre aime l'esbrou...e, fait pro...ession d'élégance et rêve de la vie ra...inée des cali...es. — 2. Chez lui, ce ne sont qu'éto...es dé...raîchies et chi...onnées sortant à pro...usion de co...res entrouverts, ta...etas bou...ants brodés de trè...les, peaux de gira...es rapportées d'A...rique, tou...es de poils et mu...le de bu...le, dé...enses d'éléphants et gri...es de tigre a...ûtées. — 3. A...alé dans un so...a dé...oncé, cheveux ébouri...és, a...ublé d'une dé...roque ói...orme, il pro...ère des paroles a...ables d'un ton a...ecté. — 4. Il s'empi...re comme un goin...re de gau...res, de tru...es en chocolat et de fruits ra...raîchis, engou...re des compotiers de nè...les et si...le le ta...ia de la cara...e, tout en reni...lant le par...um di...us de giro...le qui imprègne les serviettes à son chi...re. — 5. Un grand escogri...e de bou...on bala...ré lui apporte une pièce à son e...igie, ra...lée je ne sais où, tandis qu'il s'emmitou...le et en...ile ses pantou...les malgré le chau...age étou...ant.

5. Découvrez d'autres mots en -ff-.

1. La ménagère jouf... *(qui a de grosses joues)* passe le chif... sur le buf... *(meuble)* et fait chauf... le biberon pour le bébé maf... *(qui a de grosses joues)* qui dort dans le couf... garni de taf... *(étoffe de soie légère)*. — 2. L'heure sonne au bef... *(tour ou clocher)*. — 3. Le pot de confiture est couvert de paraf.... — 4. Le mot est bif... *(rayé)*.

LA FIN DU MOT : -L- ou -LL-

LEÇON

	Exemples	Exceptions
-ale	— Masculin ***-al*** → Féminin ***-ale*** *nation**al*** → *nation**ale*** — Noms féminins : *la **gale*** — Noms masculins : *le journ**al*** — Verbes : *ét**al**er* — Dérivations : ***-l.*** *nation**al**ité, ga**l**eux, le journ**al**isme*	 *la **balle** •, **dalle** •, **halle**, **malle**, **salle**, **stalle** •* *l'interva**lle*** (familles des mots•) + ***aller*** *bal •, cristal •, métal •, cal •* + mots en ***-alle*** •
-elle	— Masculin { ***-el*** → Féminin ***-elle*** / ***-eau*** } *un b**el** agn**eau** → une b**elle** agn**elle*** *un nouv**eau** colon**el** → une nouv**elle** colon**elle*** → adverbe en ***-ellement*** : *nouv**ellement*** — Noms féminins : *la dent**elle**, la mo**elle***• et quelques noms masculins : *le reb**elle** •, lib**elle** •, violonc**elle** •, polichin**elle*** et *vermic**elle*** •	Adjectifs mixtes en : ***-èle*** ou ***êle*** : *fid**èle**, isoc**èle**, parall**èle*** ***grêle*** et ***frêle***. *la client**èle**, st**èle**, gr**êle*** et ***aile*** *le z**èle**, mod**èle*** et *asphod**èle***
	— Dérivations : ***-ll-*** devant ***-e*** muet *hôt**el** → hôt**ell**erie* *fic**elle** → fic**ell**erie* *monc**eau** → amonc**ell**ement* et dans les familles régulières : a) noms masculins en ***-elle-*** b) mots courts : ***selle, vielle, nielle, pelle, fiel, miel*** •, ***duel*** *sceau •, beau • , stella •, peau •* c) ***querelle, aquarelle****, la parc**elle*** *exc**ell**er, interp**ell**er, flag**ell**er*	***-l-*** autrement ***hôtel**ler* ***fice**ler, **fice**lage* *amonc**el**er* ***-alité, -alisme*** *ré**el**(le)* → *la ré**al**ité* / *le ré**al**isme*
	— Verbes en ***-eler*** : ***-ll-*** devant ***-e*** muet *appeler : j'app**ell**e, tu app**ell**es, ils app**ell**ent, j'app**ell**erai(s)*	***-l-*** autrement *nous app**el**ons, vous app**el**ez, j'app**el**ai(s), app**el**ant, app**el**é* *geler •, celer •, peler, ciseler* et *modeler, marteler, démanteler, écarteler* → *je g**è**le, je cis**è**le*, etc.

-ile	— Adjectifs : *facile* — Noms féminins : *la file* — Noms masculins : *le reptile* — Verbes : *mutiler*	*mille* et *tranquille* • *la ville* •, *idylle, sibylle* et *chlorophylle* *le bacille, pupille, vaudeville* *osciller, distiller, instiller*
-ole	— Adjectifs : *bénévole* — Noms féminins : *la casserole* — Noms masculins : *le vol* — Suffixe diminutif = *bestiole, gloriole* — Verbes : *immoler* Dérivations : **-l-** *vol* • → *volée, voler*, etc.	Féminin des adjectifs en **-ou** : *folle, molle* *la colle* •, *corolle, girolle, fumerolle* et *barcarolle* *l'atoll* *grisoller* *col* •
-ule	— Adjectifs : *minuscule* — Noms féminins : *la rotule* — Noms masculins : *le calcul* — Suffixe diminutif : *un animalcule, un globule*	*nul* → *nulle* • *la bulle* *le tulle*
-oule	*la boule, le moule, rouler*	

HOMONYMES

▶ **balade, ballade**

— *une balade* : une promenade (fam).

— *je me balade, tu te balades*, verbe *se balader* : se promener

— *une ballade* : poésie (chanson à danser = baller•).

▶ **sale, salle**

— *sale*, adjectif : malpropre.

— *la salle* : grande pièce.

▶ **pèle, pelle**

— *je, il pèle, tu pèles, ils pèlent*, verbe *peler* : perdre sa peau.

— *une pelle* : outil.

▶ **vile, ville**

— *vile*, adjectif : sans valeur.

— *la ville* : agglomération de maisons.

EXERCICES

1. Remplacez les points par -l- ou -ll-, ajoutez les accents nécessaires.

1. Les gens viennent en fou...e de toute la vi...e acheter nos créations origina...es. — 2. Notre cliente...e de la capita...e n'est pas versati...e mais fide...e. — 3. Nous vendons des cagou...es, des mu...es et des sanda...es, des jarrete...es, des ombre...es. — 4. Nous avons de la flane...e et de la perca...e, du tu...e et de la dente...e. — 5. Nous offrons des tas de brico...es futi...es pour l'éco...e, de la co...e et des chande...es, des bagate...es, des ba...es et du savon à faire des bu...es, des bou...es de suif et des ba...ons.

2. Conjuguez : a) au présent de l'indicatif b) au passé simple et au futur c) à l'imparfait et au conditionnel présent.

Modeler de l'argile et renouveler les formes.

3. Remplacez l'expression par un seul verbe.

1. poser des dalles. — 2. mettre en⁺ balle *(= gros paquet)* . — 3. défaire de⁺ la balle. — 4. mettre dans⁺ une stalle. — 5. devenir rebelle. — 6. rédiger dans les formes légales = libel... — 7. attacher avec une ficelle. — 8. avoir une querelle. — 9. mettre une selle. — 10. enlever la peau. — 11. mettre un sceau. — 12. lancer un appel. — 13. fixer avec de la colle. — 14. se déplacer par un vol. — 15. rendre nul . — 16. rendre fou. — 17. rendre mou. — 18. rendre beau. — 19. former un ruisseau. — 20. rendre des villes jumelles.

4. Pensez aux familles et complétez par -l- ou -ll-.

1. Le ciel était conste...é d'étoiles qui étince...aient dans la nuit. — 2. Nous chance...ons sous le poids des cartons que vous amonce...ez après les avoir fice...és. — 3. Nous nous quere...ons souvent. — 4. Vous nous interpe...ez, vous nous harce...ez et vous gromme...ez sans cesse. — 5. Nous nous rebe...ons et vous nous rappe...ez à l'ordre. — 6. L'anneau est desce...é : il faut le resce...er. — 7. Ils nous hé...aient de loin en se...ant leurs chevaux.

5. Quel est l'infinitif du verbe ? Complétez par -l- ou -ll-. Attention aux accents !

1. Si tu déce...es quelque chose d'insolite, tu m'appe...es aussitôt. — 2. Ne t'emba...e pas ! je ne suis pas encore insta...é. — 3. Il gesticu...e, marte...e ses mots, épe...e son nom, renouve...e ses menaces, horripi...e tout le monde, disti...e des propos venimeux, exce...e à se faire des ennemis. — 4. Si on les laissait faire, ils fice...eraient et muse...eraient, empa...eraient et écarte...eraient, harce...eraient et muti...eraient, flage...eraient et sa...eraient les plaies. — 5. L'aiguille du baromètre osci...era vers « beau temps ».

6. Comment appelez-vous l'homme :

1. qui écrit des libelles. — 2. qui joue du violoncelle. — 3. qui tient un hôtel. — 4. qui fait payer la gabelle. — 5. qui officie dans une chapelle. — 6. qui se querelle. — 7. qui ensorcelle. — 8. qui vend du vermicelle. — 9. qui fabrique des selles. — 10. qui fabrique des tonneaux. — 11. qui se bat en duel. — 12. qui écrit des vaudevilles. — 13. qui bricole. — 14. qui cisèle. — 15. qui prend des oiseaux. — 16. qui vend des oiseaux.

7. Trouvez l'adjectif qui correspond à la définition.

1. un store *(en métal)*. — 2. la garde *(de la nation)*. — 3. une décision *(contraire à la loi)*. — 4. un sol *(recouvert de dalles)*. — 5. rester les bras *(qui pendent et oscillent, qui « dansent »)*. — 6. une chaleur *(digne des tropiques)*. — 7. un son *(comme celui du cristal)*. — 8. des mains *(qui ont des cals)*. — 9. une analyse *(de grammaire)*. — 10. un chien *(qui a la gale)*.

8. Trouvez l'adjectif qui correspond à la définition.

1. un document *(sur lequel on a mis un sceau)*. — 2. un chien *(qui n'a plus de poils•)*. — 3. un ciel *(plein d'étoiles•)*. — 4. un paquet mal *(attaché par une ficelle)*. — 5. des nuages *(en monceaux)*. — 6. des chromes *(qui jettent des étincelles)*. — 7. un élève *(qui excelle)*. — 8. un garçon *(qui aime les querelles)*. — 9. un parapluie *(qui ruisselle)*. — 10. un sourire *(apparemment doux comme le miel)*. — 11. des paroles *(pleines de fiel)*. — 12. un cheval *(à qui on a mis une selle)*. — 13. des rapports *(dignes d'une idylle)*. — 14. un papier *(qui colle)*. — 15. un commerçant *(qui vole)*. — 16. une ambition *(qui va jusqu'à la folie)*.

9. Le mot est-il de la famille de « bal » ? Complétez par -l- ou -ll-.

1. Le mari de la première ba...erine fait partie du corps de ba...et de l'Opéra. —2. La sorcière enfourcha son ba...ai. — 3. Tu racontes des ba...ivernes. — 4. J'en reste les bras ba...ants. — 5. Pèse-moi cela sur ta ba...ance. — 6. La mer ba...otte le bateau et nous apercevons des ba...eines. — 7. Ce ba...ancement et ce ba...ottement me donnent le mal de mer. — 8. Le pilote distinguait mal les ba...ises de la piste. — 9. Deux candidats sont en ba...ottage. — 10. Victor Hugo écrivit les *Odes et ba...ades*. — 11. Je pars en ba...ade.

10. Est-ce la famille de peau •, **de** poil • **ou de** pelle • **? Complétez par -l- ou -ll-.**
1. des pe...ures d'orange. —2. Il y a deux pe...eteuses sur le chantier. — 3. un lion en pe...uche. — 4. le pe...age du chien. — 5. des pe...icules dans les cheveux. — 6. une pe...etée de terre. — 7. pe...er. — 8. pe...eter. — 9. s'épi...er. — 10. la pe...ade. — 11. la pe...agre. — 12. une pe...isse. — 13. la pe...eterie. — 14. le pe...etage. — 15. l'épi...ation.

11. Le mot est-il de la famille de col, val, fou **ou** nul **? Complétez par -l- ou -ll-.**
1. En voyant les lièvres pris au co... et dans le va...on, les deux chasseurs se donnèrent l'acco...ade. — 2. Je raffo...e des enco...ures déco...etées et des co...iers ; avec mes cheveux fo...ets, j'ai un air fo...âtre. — 3. C'est de la fo...ie de ne pas annu...er votre randonnée ; on annonce que des ava...anches vont déva...er dans toute la va...ée ; ce n'est nu...ement le moment de batifo...er dans les va...onnements enneigés ! — 4. À cause de sa nu...ité, il ne cesse de se co...eter avec tous les ouvriers de l'usine de déco...etage.

12. Trouvez éventuellement le mot de la famille en -l- et complétez par -l- ou -ll.
1. Elle est très ponctue...e ; elle est même d'une ponctua...ité exceptionne...e. —2. Elles sont fondamenta...ement des intellectue...es ; l'intellectua...isme, chez elles, affecte éventue...ement la personna...ité et s'oppose diamétra...ement à la sentimenta...ité personne...e et à la sensua...ité superficie...e. — 3. Il fait des voca...ises d'une musica...ité rée...e. — 4. Il menait une vie idy...ique et sensationne...e dans une île tropica...e fabu...euse, étendu continue...ement sur des coussins moe...eux. — 5. Une voix méta...ique et fie...euse, impersonne...e et glacia...e tenait mondia...ement des propos siby...ins et nébu...eux. — 6. Alors qu'il est quere...eur et vo...eur, en riva...ité perpétue...e avec ses relations professionne...es, il accuse habitue...ement la fata...ité de sa déchéance gradue...e.

13. Comment appelez-vous l'action de :
1. de se rebeller. — 2. ficeler. — 3. ensorceler. — 4. installer. — 5. modeler. — 6. sceller. — 7. flageller. — 8. interpeller. — 9. exceller. — 10. marteler. — 11. peler. — 12. démanteler. — 13. écarteler. — 14. morceler. — 15. osciller. — 16. distiller. — 17. rendre nul. — 18. s'affoler. — 19. être tranquille. — 20. immoler.

14. Découvrez d'autres mots en -ll- en complétant les points.
1. L'aviateur a mis dans son col... le char qui gravit la col... . — 2. Ce chien est un col... ! — 3. Il va fal... percer à jour ces propos fal... — 4. En Angleterre, on mesure le volume d'essence en gal... . — 5. Les Hel... sont les Grecs. — 6. Une libel... voletait sur l'étang. — 7. Des droites paral... . — 8. La pâte à modeler est mal... . — 9. L'acacia a une fleur très mel... (qui sert aux abeilles à faire le miel). — 10. Ces bouts de ficelle vont permettre de pal... cet inconvénient (y remédier de façon provisoire et incomplète). — 11. Je sol... un rendez-vous. — 12. Il s'éleva un beau tol... . — 13. Il ne sait pas ce qu'il veut : il n'a que des vel... . — 14. Cet élève est très intel... . — 15. La terre décrit une el... autour du soleil.

15. Complétez par -l- ou -ll-, en précisant éventuellement la famille et le sens.
1. Cette jeune Ga...oise très phi...he...ène est d'une inte...igence très a...erte. — 2. Mais l'inte...ect n'est pas tout et il va lui fa...oir réa...iser la nécessité d'amé...iorer un aspect a...armant. — 3. Elle n'est pas fi...iforme mais infiltrée de ce...u...ite ; qu'elle surveille son a...imentation et se purge de quatre gains d'e...ébore ! — 4. Son pa...elot est conste...é de pe...icu...es. — 5. Avec sa pe...ade et sa pe...agre, elle n'est vraiment pas be...e. — 6. Pour pa...ier ces inconvénients, elle porte une pe...isse qui ne l'a...onge pas précisément, mais l'a...ourdit et lui donne une a...ure de ba...on.

LA FIN DU MOT : -M- ou -MM-

LEÇON

	Exemples	Exceptions
-ime(r)	*le crime, rimer, sublime*	
-ume(r)	*la brume, humer, posthume*	
-ame(r)	*le drame, ramer, bigame*	*un gramme•, la gamme, la flamme•, la femme•*
-ème	*un poème, la crème*	*le dilemme, la flemme* *la gemme, le lemme*
-ome	*un atome, la tome*	*l'homme•, la somme* *la pomme•, la gomme*
-ment	1. Suffixe qui sert à former le nom. *juger → le jugement* 2. Suffixe pour former l'adverbe : *poli → poliment* *riche → richement* *absolu → absolument*	**-mm-** : adverbe formé sur un adjectif en *-ant* ou *-ent* : *suffisant → suffisamment* *apparent → apparemment*

DISTINGUEZ LES HOMONYMES

▶ **gamme, -game•**

— *la gamme* : suite de notes de musique.

— *-game* : racine grecque = mariage.

▶ **homme•, homo-, homéo-•**

— *l'homme* : l'espèce humaine.

— *homo, homéo-* : racine grecque = semblable, même.

▶ **nommer•, -nome•**

— *nommer* : donner un nom.

— *-nome* : racine grecque = loi.

EXERCICES

1. Comment appelez-vous : 10 grammes ? — 100 grammes ? — 1 000 grammes ? — 1/10e de gramme ? — 1/100e de gramme ? — 1/1 000e de gramme ?

2. Trouvez le mot de la famille de gramme **et du mot marqué*.**

1. J'ai envoyé un *(message envoyé au loin*)*. — 2. Le *(écrit mis devant* tout le monde, indiquant ce qu'on se propose de faire)* de 4e comporte de la géométrie. — 3. Le rectangle est un *(figure que l'on trace avec des côtés opposés parallèles•)* particulier. — 4. Un *(courbe représentant les variations à travers* le temps)* des ventes. — 5. Ce peintre signe ses toiles de son *(chiffre composé d'une seule* lettre du nom et du prénom)*. — 6. Le jus de citron, qui n'apparaît que si on le chauffe, permet d'écrire des *(messages écrits en caractères cachés*)*. — 7. « Aimer » est l'*(mot formé en faisant remonter* les lettres d'un mot à une place différente)* de « Marie ». — 8. Voltaire ne dédaignait pas l'*(mot d'esprit écrit contre* quelqu'un)*. —

9. Des règles de *(science des règles du langage)*. — 10. L'orthographe *(qui concerne la grammaire)*. — 11. Les *(personnes qui codifient le langage écrit)* d'Alexandrie ont inventé la ponctuation.

3. Remplacez la définition par un mot de la famille de flamme.

1. Un sol en grès *(qui a des taches en forme de flammes)*. — 2. Au contact de l'allumette, le papier ne tarda pas à s'*(mettre en flammes)*. — 3. Déjà des *(petites flammes)* léchaient les bûches. — 4. L'arthrite provoque une *(réaction se caractérisant par un gonflement, de la chaleur et de la douleur)* de l'épaule. — 5. À l'approche des chevaliers, on distinguait leurs *(bannière d'or en forme de flamme)*. — 6. L'essence est très *(qui peut s'enflammer facilement)*. — 7. Une matière ignifuge est *(qu'on ne peut enflammer)*.

4. Remplacez la définition par un mot de la famille d'homme **ou d'**homo-, homéo-.

1. Dans l'ordre des primates, apparut au quaternaire le sous-ordre des *(l'homme et ses ancêtres)*. — 2. L'*(action de tuer⁺ un homme)* est interdit. — 3. Les Grecs de l'Antiquité étaient souvent *(qui est attiré par les individus du même sexe•)*. — 4. Monsieur Jourdain veut être *(homme qui appartient à une famille noble)* et présenter ses *(devoirs de politesse respectueux d'un homme envers une dame)* à la Marquise. — 5. La Fontaine était surnommé le *(homme faible, trop bon)*, à cause de sa *(bonté du cœur associée à la simplicité des manières)*. — 6. Nietzche souhaitait l'avénement d'un *(homme supérieur, au-dessus de l'homme)* qui dépassât tous ces *(tout petits hommes)* que nous sommes. — 7. L'équipe n'était pas *(de même race*, qui a une grande unité)*. — 8. Ce record n'a pas été *(reconnu comme semblable sur la liste*)* par la Fédération. — 9. Un employé en conflit avec son employeur, fait appel aux *(hommes sages, prudents•)*. — 10. « Saint » et « ceint » sont des *(mots qui ont le même nom*)* ou *(mots qui ont le même son*)*. — 11. Cette pauvre fille avait des traits *(qui ressemblent à ceux de l'homme)*.

5. Est-ce la famille de nom **ou de** -nome **? Complétez par** -m- **ou** -mm-.

1. Monsieur Petitpas a été no...é chef de bureau. — 2. Cette no...ination l'a comblé de joie. — 3. Son directeur l'a no...ément convoqué pour lui communiquer la no...enclature des différents services. — 4. Maintenant, il est autono...e. — 5. Il se préno...e André et ses collègues le surno...ent « Parapluie ». — 6. En effet il est reno...é pour son art d'éviter les responsabilités et pour sa régularité de métrono...e. — 7. Sa reno...ée s'étend au loin. — 8. Son travail consiste à trouver des déno...inations aux choses nouvelles. — 9. Mais il y a longtemps que les astrono...es et les agrono...es travaillent et il ne reste plus beaucoup de choses inno...ées. — 10. En tout cas, il se prend maintenant pour un gastrono...e et trouve inno...ables les mets de la cantine. — 11. Chez lui, il s'indigne que son fils ne sache pas reconnaître un groupe no...inal ni réduire les fractions au même déno...inateur. — 12. Il trouve sa femme trop peu écono...e.

6. Précisez éventuellement la racine et complétez par -m- **ou** -mm-.

1. Une guerre ato...ique serait dra...atique. — 2. Toutes les so...ités du monde médical étaient passablement enso...eillées. — 3. Il est biga...e ; mais ne porte pas de jugement so...aire ! — 4. Cette statue polychro...e offrait tout une ga...e de tons enchanteurs. — 5. On ne go...e pas rapidement des traditions de polyga...ie. — 6. Obéis aux so...ations ! Tu vas être dégo...é ! — 7. C'est le so...et du bare...e. — 8. Apprends bien le le...e et le théore...e avant de faire le proble...e. — 9. Quel aro...e sous ce po...ier ! C'est la cre...e que tu as apportée. — 10. Les so...eliers sont allés chercher les vivres et le vin sur le dos des bêtes de so...e pendant qu'asso...és par la chaleur, ces jeunes go...eux so...eillent comme des hippopota...es ! — 11. Il étudie sur ses la...es les plantes cryptoga...es. — 12. Choisis entre ton so...ier et l'hippodro...e, vieux fle...ard ! Résous ton dile...e ! — 13. Tous ses discours

enfla...és sur la monoga...ie, les fe...es et le fé...inisme, c'est de la fri...e ! Il fait tri...er toutes ces fe...elles sans leur offrir la moindre ge...e ni leur réciter de poè...e !

7. S'agit-il d'un nom ou d'un adverbe ? Remplacez les points par -m- **ou** -mm-.

1. prude...ent — 2. égare...ent — 3. divertisse...ent — 4. diverse...ent — 5. insole...ent — 6. abonne...ent — 7. supplé...ent — 8. mécha...ent — 9. scie...ent — 10. sava...ent — 11. abrutisse...ent — 12. soulage...ent — 13. siffle...ent.

8. Sur quel adjectif l'adverbe est-il formé ? Complétez par -m- **ou** -mm-.

1. L'image d'un gros escargot blanchâtre percé curieuse...ent en son centre d'un trou noir apparut brusque...ent sur l'écran verdâtre. — 2. Le radar de Calcutta venait inopiné...ent de découvrir le monstre. — 3. Son envergure — 450 kilomètres — et la dimension de son œil — 35 kilomètres — confirmaient malheureuse...ent les messages alarmants arrivés précéde...ent : il s'agissait effective...ent d'un ouragan. — 4. Bien que l'œil du cyclone restât parfaite...ent visible, des spirales laiteuses avaient réce...ent commencé à se former autour de la cavité, l'obturant partielle...ent d'un voile blanchâtre. — 5. L'ouragan était évide...ent en train de se gonfler de millions de tonnes d'eau. — 6. Haresh Kharma, le technicien, décrocha précipita...ent son téléphone. — 7. Originaire de Bombay, l'autre grande métropole de l'Inde fréque...ent visitée par les cyclones, il avait des dizaines de fois suivi l'avance d'ouragans sur ses écrans. — 8. Mais il n'avait jamais vu encore leur œil se couvrir graduelle...ent d'un voile laiteux. (D'après D. Lapierre, *La Cité de la joie,* Robert Laffont.)

9. Sur quel adjectif l'adverbe est-il formé ? Complétez par -m- **ou** -mm-.

1. L'enfer ! Un enfer de vent, d'eau et de feu. Cela avait commencé étonna...ent par une lueur aveuglante, comme une colossale boule de feu qui barrait horizontale...ent l'horizon et illuminait le paysage. — 2. Provoqué malencontreuse...ent par l'accumulation d'électricité au niveau des nuages rasants, ce phénomène extrême...ent rare brûla instantané...ent la tête de tous les arbres sur une longueur de deux cents kilomètres et une largeur de cinquante. — 3. Puis, siphonnant dilige...ent la mer peu profonde sur cette côte, la colonne tourbillonnante projeta monstrueuse...ent en avant la fantastique muraille d'eau. — 4. Sous l'effet sinistre...ent conjugué du vent et du raz de marée, maisons, huttes et arbres furent indiffére...ent broyés, concassés, hachés, — 5. des autocars et des wagons de chemin de fer, viole...ent soulevés et catapultés comme des fétus de paille ; — 6. des dizaines de milliers de gens et d'animaux pareille...ent emportés et noyés ; — 7. des milliers de kilomètres carrés complète...ent submergés par un magma d'eau salée, de sable, de boue, de décombres et de cadavres. — 8. En quelques secondes, une zone aussi vaste que la Belgique et peuplée de trois millions d'habitants avait été néglige...ent rayée de la carte. (D'après D. Lapierre, *La Cité de la joie,* Robert Laffont.)

LA FIN DU MOT : -N- OU -NN-

LEÇON

	Exemples	Exceptions
-ine(r)	*Dessine une bruine fine.* — Masculin : ***-in*** → Féminin : ***-ine*** *un cousin orphelin* → *une cousine orpheline* — Masculin : ***-ain*** → Féminin : ***-aine*** *un Américain puritain* → *une Américaine puritaine*	
-une(r)	*Il m'importune sur la dune à la brune.*	*un tunnel*
-ane(r)	— Masculin : ***-an*** → Féminin : ***-ane*** *un sultan mahométan* → *une sultane mahométane* — Noms en ***-ane*** *une cabane, une cane•* — Dérivés de noms en ***-ain, -an, -ane*** *main* → *manuel, manœuvre* *humain* → *humanité* *pain* → *paner* *roman* → *romanesque* *trépan* → *trépaner* *douane* → *dédouaner*	*paysan* → *paysanne* *Jean* → *Jeanne* *la canne•, la panne•,* *la vanne •, la manne* *tan•* → *tanner* *van•* → *vanner* *ruban* → *enrubanné* *tyran* → *tyrannie* *chouan* → *chouannerie* *ban•*
-enne	— Masculin : ***-ien*** → Féminin : **-ienne** *un ancien gardien* → *une ancienne gardienne* → adverbe : *anciennement* → dérivés ***-nn-*** : *l'ancienneté* — Conjugaison de *venir, tenir, prendre* : *ils viennent, tiennent, prennent*	Adjectifs mixtes en ***-ène*** : *obscène*
-onne(r)	— Masculin : ***-on*** → Féminin : ***-onne*** *un lion glouton* → *une lionne gloutonne* → adverbe en ***-onnement*** : *gloutonnement* — Noms féminins : *une personne, une colonne* — Dérivés formés sur un nom en ***-on*** • Verbes en ***-onner*** : *tourbillon* → *tourbillonner*	Adjectifs mixtes en ***-one*** *monotone* *la madone* et *la matrone* *l'anémone* et *la belladone* Noms masculins en ***-one*** *le carbone* *poumon* → *s'époumoner* *ton•* → *détoner*

	• Adjectifs à suffixes divers : ***-el** : profession → **professionnel*** ***-ier** : façon → **façonnier*** ***-eux** : bouton → **boutonneux*** ***-able** : impression → **impressionnable*** **-é** : *attention → **attentionné**.*	***-al** → national* ***-asse** → bonasse* ***-ien** → napoléonien* *japonais* et *aragonais*
	• Noms à suffixes divers : ***-ade** : citron → **citronnade*** ***-age** : carton → **cartonnage*** ***-at** : champion → **championnat*** ***-ement** : bouillon → **bouillonnement*** ***-erie** : cochon → **cochonnerie*** ***-ette** : maison → **maisonnette*** ***-eur** : moisson → **moissonneur*** ***-ie** : baron → **baronnie*** ***-ier** : prison → **prisonnier*** ***-iste** : illusion → **illusionniste***	 *patron → patronage* *patronat* *timon → timonier* *timonerie* *colon → colonie, colonial* *félon → félonie* + *Lettonie et Patagonie* *orphéoniste, violoniste, unioniste* et *traditionaliste*

HOMONYMES

▸ **reine, rêne, renne**
— *la reine :* épouse du roi.
— *la rêne :* lanière de cuir.
— *le renne :* animal.

▸ **cane, canne**
— *la cane :* femme du canard.
— *la canne :* roseau.

▸ **peine, pêne, penne**
— *la peine :* chagrin.
— *le pêne :* partie d'une serrure.
— *la penne :* grande plume.

▸ **chaîne, chêne**
— *la chaîne :* suite d'anneaux.
— *le chêne :* arbre.

▸ **gêne, gène**
— *la gêne :* le malaise.
— *le gène :* élément du chromosome porteur d'hérédité.

▸ **plaine, pleine**
— *la plaine :* étendue plate.
— *pleine,* adj. : rempli.

▸ **vaine, veine**
— *vaine,* adj. : inutile.
— *la veine :* 1) vaisseau ramenant le sang vers le cœur. 2) filon, couche (de charbon). 3) marque dans le bois, la pierre. 4) la chance (familier).

EXERCICES

1. Mettez au féminin le texte suivant.

1. Mon cousin est américain. — 2. Il est mignon, brun et fin. — 3. Il n'est pas maigrichon car il est glouton comme un lion. — 4. Il est fier comme un sultan, aussi fanfaron qu'un Gascon, et très poltron. — 5. Il est bon musicien, mais pour le reste, c'est un lycéen très moyen. — 6. Il est le benjamin, polisson et taquin, enfantin et un peu fripon. — 7. C'est un excellent comédien : il joue à être un paysan berrichon, puis un baron italien, puis un magicien persan, puis un Indien, un courtisan malin, un champion de natation.

2. Remplacez faire + C.O.D. **par un seul verbe.**

1. Faire une collection — 2. une sélection — 3. du patin — 4. des additions — 5. son jardin — 6. un réveillon — 7. un sermon — 8. un dessin — 9. un vaccin — 10. une perquisition — 11. du chemin — 12. mention — 13. une impression — 14. des câlins.

3. Comment appelle-t-on un homme qui... (suffixes : -ier, -eur, -iste, -aire).

1. vend du poisson — 2. possède un million. — 3. fait une excursion — 4. conduit des camions — 5. a tué avec du poison. — 6. vend du charbon — 7. fait des tours d'illusion — 8. écrit des chansons — 9. écrit des feuilletons — 10. fait les commissions — 11. possède des actions — 12. vend des vieux bouquins — 13. entretient les routes du canton — 14. tient le timon *(= gouvernail)* du navire — 15. joue du violon.

4. Comment appelle-t-on un petit... (suffixes -et **et** -eau).

1. cochon. — 2. dindon — 3. garçon — 4. jambon. — 5. jardin — 6. coussin — 7. baleine — 8. wagon — 9. pigeon — 10. tyran — 11. cordon — 12. bâton — 13. moulin.

5. Remplacez la définition par un seul adjectif.

1. Un fleuve *(plein de poissons)*. — 2. Une affaire *(qui est une exception)*. — 3. Un récit *(digne d'un roman)* et *(qu'on lit avec passion)*. — 4. Un tissu *(semblable à du satin)*. — 5. Une fillette *(sur qui on fait facilement impression)*. — 6. Une roche *(issue d'un volcan)*. — 7. Un travail *(d'artisan) (qui a lieu à certaines saisons)*. — 8. Un plat *(propre à une région)*, *(recouvert de gratin)* et *(conforme aux traditions)*. — 9. Des sourcils *(noirs comme du charbon)*. — 10. Un caractère *(plein de rancune)*, *(plein de soupçons)* et *(qui se comporte en tyran)*. — 11. Un *(homme du Midi) (à qui l'on peut faire entendre raison)*. — 12. Un individu *(qui a de mauvaises intentions)*. — 13. Un invité *(qui a bu trop de vin)* — 14. Une idée *(qui amène une révolution) (qui circule entre les pays)*. — 15. Une proposition *(de condition)*. — 16. Un paquet *(entouré de rubans)*. — 17. Un caractère (*trop bon*).

6. Remplacez le groupe entre parenthèses par un seul verbe.

1. On *(a des frissons)* à l'idée que les Égyptiens *(opéraient avec un trépan)* les blessés à la tête — 2. Tandis que nous *(faisons la moisson)* et que nous *(nettoyons avec un van)* le blé, les abeilles *(se font un butin avec)* le pollen des fleurs. — 3. Le plongeur sous-marin *(frappe ave son harpon)* un gros poisson. — 4. La jeune mère est heureuse de *(jouer avec son poupon)*. — 5. Elle le *(frotte avec du savon)* dans son bain. — 6. Elle *(ferme les boutons de)* la petite robe. — 7. Lorsqu'elle *(fait des câlins à)* son bébé, celui-ci *(s'accroche comme un crampon)* à son cou et *(dit dans son jargon)* mille tendresses. — 8. Qu'importe que bébé *(transforme en chiffon)* sa robe : cela ne *(fait du chagrin)* pas du tout sa maman ! — 9. Elle ne passe pas son temps à *(rapporter les cancans)*.

7. Suffixe -iste. **Comment appelez-vous :**

a) un partisan : 1. de l'abolition • de l'esclavage. — 2. de l'abstention. — 3. de Calvin. — 4. de la mise en commun• des biens. — 5. de l'évolution. — 6. de la recherche de l'impression •. — 7. de saisir le moment opportun • — 8. de la perfection. — 9. de la prohibition •. — 10. de la révision • d'un procès. — 11. de la tradition. — 12. de l'union.

b) un joueur : 1. de piano. — 2. d'orgue. — 3. de violon. — 4. d'orphéon.

8. Suffixe -erie. **Comment appelez-vous :**

a) la qualité ou l'acte : 1. d'un polisson. — 2. d'un gamin. — 3. d'un poltron. — 4. d'un glouton. — 5. d'un bouffon. — 6. d'un charlatan. — 7. d'un cochon. — 8. d'un courtisan. — 9. d'un fripon.

b) l'endroit où l'on fabrique : 1. le carton. — 2. les chaudrons. — 3. de gros ouvrages en fer. — 4. où l'on travaille les cuirs. — 5. où l'on tient le timon (= le gouvernail).

c) l'ensemble : 1. des chouans. — 2. des francs-maçons.

9. Remplacez la définition par un mot de la famille d'année.

1. Souhaiter un *(jour de la naissance, qui revient chaque année).* — 2. Une visite *(qui a lieu une fois par an).* — 3. Un phénomène *(qui a lieu deux* fois par an)* ou *(qui a lieu trois* fois par an)* ? — 4. Un *(recueil publié chaque année par les P.T.T.)* téléphonique. — 5. L'emprunteur paie ses *(versements annuels pour rembourser).* — 6. Une location *(qui ne dure qu'un an).* — 7. Tacite a écrit des *(histoires écrites année par année).* — 8. La *(manifestation qui a lieu tous les deux⁺ ans)* des antiquaires. — 9. L'assolement *(le fait de tourner la culture du blé, de la betterave à sucre et de l'avoine sur trois⁺ ans).* — 10. Un plan *(fait pour cinq⁺ ans).* — 11. Une élection *(qui a lieu tous les sept ans)* pour un *(durée de sept ans).* — 12. Une *(durée de dix⁺ ans)* de paix. — 13. Les Jeux Olympiques sont *(qui ont lieu tous les quatre⁺ ans).* — 14. Ces vieilles gens portaient des vêtements *(qui ne sont plus d'usage, qui datent d'il y a trop d'années* = sur...). — 15. Nous deviendrons peut-être des *(personnes âgées de soixante ans),* des *(personnes âgées de soixante-dix ans),* des *(personnes âgées de quatre-vingts ans),* des *(personnes âgées de quatre-vingt-dix ans),* et, qui sait ? des *(personnes âgées de cent ans).* — 16. — Certains usages semblent atteindre à la *(fait de durer à travers⁺ les années).*

10. Trouvez le mot de la famille de -gone.

1. Une *(figure qui a plusieurs* côtés, et donc plusieurs angles).* — 2. Une *(figure à six* côtés),* dans lequel s'inscrit la France. — 3. Le *(figure à cinq* côtés)* donne son nom à l'état-major des armées américaines à cause de la forme du bâtiment de Washington. — 4. Le *(figure à trois* côtés)* est aussi la voûte à trois piliers du cerveau. — 5. L'*(figure à huit* côtés).* — 6. Des droites *(qui se coupent à angle droit*).* — 7. Les *(lignes tracées d'un angle à l'autre, à travers* le carré).* — 8. Ce piéton traverse en *(biais).*

11. Remplacez les points par : -n-, -nn-, -mn-.

1. Cet auto...e, je me prome...ais tout à fait occasio...ellement sous les marro...iers bien ordo...és de la place Dauphi...e, lorsque je rencontrai un origi...al du voisi...age. — 2. Imagi...ez un quadragé...aire bedo...ant, avec un gros visage congestio...é, tout à fait impressio...ant avec ses sourcils charbo...eux, son col amido...é, son ventre ballo...é de to...eau, ses jambo...eaux de cocho...et, ses doigts boudi...és, son allure générale de bonbon...e. — 3. Dans tout l'Hexago...e, vous ne trouveriez pas pareil phénomè...e ! — 4. Après un échange ba...al de propos conventio...els, je pensais m'esquiver tout u...iment. — 5. Mais c'était une idée bien déraiso...able. — 6. Il se met à tourbillo...er autour de moi comme un cyclo...e, rayo...ant de contentement : ordi...airement, il n'a pas quotidie...ement un auditoire aussi ho...orable et raffi...é. — 7. Pas question que je l'abando...e ! — 8. Il me crampo...e, m'importu...e, me ta...e. — 9. Me voilà conda...é à chemi...er avec lui.

12. Est-ce de la famille de cane **ou** canne **? Remplacez les points par** -n- **ou** -nn-.

1. Armé de sa ca...ardière, le chasseur traversait la ca...eraie. — 2. Les rabatteurs frappaient les buissons de leurs ca...es pour faire s'envoler ca...es, ca...ards et ca...etons. — 3. On n'entendait plus canca...er un seul volatile mais bientôt cela ca...arda dans tous les sens ! — 4. Pas un ca...ardeau ne tomba. — 5. Bientôt les chasseurs bredouilles s'assirent sur leurs chaises ca...ées, ouvrirent force ca...ettes de bière et dégustèrent un vin chaud à la ca...elle. — 6. Certains virent se croiser la ca...elure de colo...es imaginaires.

13. Comment dites-vous ?

1. couvrir de pain •. — 2. prendre, toucher à la main •. — 3. un objet fait en étain •. — 4. un loup qui a faim •. — 5. une bouillie où il y a des grains •. — 6. un ustensile d'osier où l'on met le pain •, les provisions. — 7. l'art de s'occuper de l'espace urbain •. — 8. le fait d'être sain •, vain •, humain •, romain •, nain •.

LA FIN DU MOT : -P- OU -PP-

LEÇON

	Exemples	Exceptions
-ape **-aper**	*une cape•, une chape•* *attraper•*	*la frappe, grappe•, **nappe** trappe•, varappe échapper•, frapper, japper, clapper•*
-ipe **-iper**	*une équipe* *équiper*	*la grippe•, lippe, les nippes nipper, gripper•* et ***s'agripper•***
-ope **-oper**	*une escalope* *galoper*	*une enveloppe•, une échoppe stopper, chopper* et ***achopper***
-oupe(r)	*la coupe, s'attrouper*	*la houppe*
-upe(r)	*une jupe, s'occuper*	*la huppe*

EXERCICES

1. Remplacez les points par : hippo• (= cheval) **ou** (hypo• = sous).

1. Un concours ...ique à l'...drome. — 2. Au Monopoly, j'ai dû ...théquer des terrains. — 3. L'...campe est un poisson à la tête chevaline. — 4. Ne fais pas d'...thèses sur l'...ténuse de ce triangle. — 5. L'...potame a un cri qui rappelle celui du cheval. — 6. L'...griffe est un animal fabuleux, mi-cheval, moitié griffon. — 7. Un ...phage mange du cheval. — 8. Une ...gée est un tombeau souterrain.

2. Remplacez les points par -p- **ou** -pp.

1. Elle ne veut pas être du...e. — 2. Elle chi...e une invitation et galo...e pour partici...er à la fête malgré ses ni...es toutes fri...ées. — 3. Elle soigne bien sa gri...e et sa migraine se dissi...e. — 4. Elle a beau faire la li...e et prendre un air consti...é, elle respecte les princi...es et achète des tuli...es pour toute l'équi...e. — 5. Elle s'émanci...e : elle refuse la ju...e, fume la pi...e, s'agri...e pour gagner, mais elle acho...e devant des tri...es.

3. Remplacez les points par -p- **ou** -pp.

1. Il écha...e à la gri...e mais attra...e la rougeole. — 2. Le pa...e se dra...e dans sa cha...e, dont il s'envelop...e les é...aules. — 3. Sur la na...e, je prépare la sou...e dans une cou...e, dispose les soucou...es pour les aga...es et décou...e les escalo...es d'antilo...e. — 4. Je lui donne une ta...e ; il me fra...e et j'éco...e un bon coup ; cela me handica...e ; je tombe en synco...e et il rit sous ca...e. — 5. Le chiot ja...e, tandis que le chaton est occu...é à la...er son lait, et que la hu...e picore une gra...e. — 6. A la deuxième éta...e dans la ste...e, j'ai beau antici...er, le virage me ha...e et la voiture déra...e. — 7. Je sto...e dans un cliquetis de soupa..es. — 8. Je ne remporterai pas la cou...e devant la foule attrou...ée. — 9. Il ouvre la tra...e et, comme il est myo...e, il attra...e la râ...e à fromage au lieu de la lou...e. — 10. Dans le cla...otis des vagues, il bouche les trous de la chalou...e avec de l'étou...e.

LA FIN DU MOT : -R- OU -RR-

LEÇON

	Exemples	Exceptions
-are	— Noms féminins : *la gare* — Noms masculins : *le phare* — Verbes en ***-arer*** : *préparer* — Adjectifs en ***-are*** : *avare*	*la barre* •, *la bagarre* •, *la jarre* *l'amarre* • et *la carre*. *le tintamarre, le bécarre* et *l'escarre* Familles des noms en ***-arre*** *narrer, bigarrer, démarrer* *bizarre*
-ère	— Noms féminims : *une rizière* — Noms masculins : *un belvédère* — Verbes en ***érer*** : *repérer → je repère.*	*la terre* •, *la guerre* •, *la pierre* • *la serre* • et *l'erre* • *le verre* •, *le lierre, le tonnerre, l'équerre* et *le cimeterre* Noms en ***-erre*** → verbes en ***-errer*** *la pierre → empierrer.*
-ire, -ore : **-oire, -ure :**	*un navire, un météore, une passoire, une salissure*	

HOMONYMES

▶ **air, aire, erre(s,nt), haire, hère**

— *un air* : 1) gaz que nous respirons. 2) apparence : *avoir l'air fatigué.* 3) mélodie : *Sur l'air des lampions.*

— *une aire* : 1) demeure de l'aigle. 2) surface plane.

— *j'erre, tu erres, il erre, ils errent,* verbe *errer*• : marcher au hasard, être perdu.

— *une erre*• : mouvement d'un bateau dû à la vitesse acquise.

— *la haire* : chemise de crin portée par les ascètes pour se mortifier.

— *un (pauvre) hère* : homme misérable.

▶ **are, art, hart, arrhes**

— *une are* : unité de mesure de la surface d'un terrain (= 100 m^2).

— *un art* : 1) expression d'un idéal de beauté. 2) manière de faire selon les règles pour réussir.

— *la hart* : corde pour pendre les condamnés à mort.

— *les arrhes* : somme versée à l'avance sur le prix d'achat.

▶ **chair, chaire, cher (-ère)**

— *la chair* : la viande.

— *la chaire* : lieu surélevé d'où le prêtre prononce le sermon.

— *cher, chère*, adj. : 1) chéri, aimé. 2) qui coûte beaucoup d'argent.

▶ **mari, marie(s,nt), marri(e)**

— *un mari* : un époux.

— *je marie, tu maries, il marie, ils marient*, verbe *marier.*

— *marri, ie* : fâché, attristé.

▶ **mer, mère**

— *la mer :* l'océan

— *la mère :* la maman.

▶ **pair, paire, père, perd(s), pers**

— *pair(e)*, adj. : 1) exactement divisible par deux. 2) égal. *Au pair, hors de pair.*

— *une paire*: ensemble de deux objets identiques.
— *le père*: le papa.
— *je perds, tu perds, il perd*, verbe *perdre*.
— *un pair*: 1) 1815-1848, en France : membre de la Chambre Haute. 2) En Angleterre : membre de la chambre des Lords.
— *pers*, adj. invar. : d'une couleur entre le vert et le bleu.
▶ **serf, serre, sers, cerf**, cf. p. 173.

▶ **ver, verre, vert, vers, vair**
— *le ver*: animal invertébré.
— *le verre* • : 1) matière transparente. 2) gobelet pour boire.
— *vert*: adjectif de couleur.
— *vers* •: préposition marquant la direction.
— *un vers*: assemblage de mots rythmés selon certaines règles.
— *le vair*: fourrure. *La pantoufle de vair de Cendrillon.*
▶ **cour, courre**, voir p. 206.

EXERCICES

1. Trouvez le mot de la famille de pierre **et du mot marqué⁺.**

1. Ce champ est bien *(plein de pierres)* : ce n'est que de la *(petites pierres en grand nombre)*. — 2. La terre sera meilleure si je l'*(tirer les pierres hors⁺ de)*. — 3. Et je les utiliserai pour *(mettre des pierres dans⁺)* mon *(palier devant une porte surélevée)*. — 4. Mon ami *(diminutif de Pierre)* m'en apportera aussi du grand *(lieu plein de pierres)* de la montagne et j'offrirai des *(pierres précieuses)* à sa *(diminutif féminin)*.

2. Même exercice que le précédent avec les mots de la famille de barre.

1. Une échelle a plusieurs *(petites barres)*. — 2. La gendarmerie a *(mis des barres)* la route par un grand *(action de barrer)*. — 3. Je tiens mes cheveux avec une *(petite barre)*. — 4. Toutes ces vieilleries nous *(mettent des barres dans⁺ les pieds)* : mets-les-moi donc dans le *(lieu qui sert à mettre ce qui ne sert plus)* pour nous en *(enlever⁺ les barres)*. — 5. Le vin a été mis en *(tonneau fait de barres)*. — 6. Les révolutionnaires avaient plusieurs *(petits tonneaux)* de poudre et ils avaient construit une *(amas de barriques pour obstruer la rue)* : la situation était *(qui met des barres dans ⁺ les pieds)* pour le gouvernement. — 7. L'officier mit plusieurs balles dans le *(petit tonneau)* de son revolver. — 8. Il *(remit à sa place)* un subordonné qui faisait de l'esprit. — 9. Une robe *(qui a des barres de toutes les couleurs dans tous les sens)*.

3. Est-ce de la famille de serrer **? Complétez par** -r- **ou** -rr-**. Ajoutez les accents !**

1. Le comte Almaviva joue la se...énade à Rosine, mais Bartholo a bien fermé ses se...ures. — 2. Hier, il a fait venir un se...u...ier pour rese...er toute la se...u...e...ie de la maison. — 3. Rosine s'en aperçoit avec un se...ement de cœur et perd toute se...énité. — 4. Elle enrage d'être aussi enfermée que dans un se...ail et voudrait bien desse...er l'étau de cette surveillance se...ée. — 5. Elle a été prise par l'air se...aphique du comte et n'est plus très se...ieuse. — 6. Comme un aigle sa proie, le comte la tient dans ses se...es.

4. Le mot est-il de la famille de terre **ou de** terreur **? Précisez son sens et complétez par** -r- **ou** -rr-**. Ajoutez un accent si nécessaire.**

1. Mon chien te...ier est une te...eur. — 2. Il prend mon jardin pour son te...itoi...e et le défend comme un soldat de la te...ito...iale ! — 3. Il ente...e ses os sur la te...asse et laisse les trous quand il les déte...e, ce qui donne au te...e-plein un aspect te...ifiant. — 4. Ensuite il met ses pattes te...euses dans mes te...ines de pâté ! — 5. Il faut que je trouve un châtiment qui le te...o...ise. — 6. Je le menacerai de la venue d'extrate...estres chez les te...iens. — 7. Je prendrai des mesures contre ce te...o...isme te...atologique ! — 8. J'aime tous les produits de te...oir. — 9. J'ai arraché les te...ébinthes et mis du te...eau sur tout mon te...ain.

— 10. Il faudra des te...assements importants avant que les avions puissent atte...ir sur ma pelouse. — 11. Il faudra que les te...assiers se pressent te...iblement pour que l'avion détourné vienne y échapper aux te...o...istes.

5. Le mot est-il de la famille de carré **? Complétez les points par** -r- **ou** -rr-.

1. Avec son costume à ca...eaux, bien ca...é dans son fauteuil, il regardait des ca...icatures, pendant que le ca...eleur refaisait le ca...elage de l'entrée en marbre extrait par un ca...ier compétent des ca...ières de Carrare. — 2. Le camion de ca...ottes fonce ca...ément au ca...efour. Ga...e au ca...ambolage ! — 3. Le skieur a fait affuter les ca...es de ses skis ; il a l'air de ca...esser la neige. — 4. L'abus de ca...amel donne des ca...ies. — 5. Il pêchait le ca...elet avec un filet ca...é. — 6. Le béca...e, qui a la forme d'un b carré, redonne à une note dièse ou bémol sa valeur normale.

6. Y a-t-il un mot de la famille en -rr- **? Complétez par** -r- **ou** -rr-.

1. l'e...ance — 2. un gue...ier — 3. un gue...idon — 4. ga...oter — 5. ve...ouiller — 6. ve...itable — 7. un ma...onnier — 8. to...entiel — 9. un tau...eau — 10. inte...esser — 11. la ve...oterie — 12. se baga...er — 13. un bloc e...atique — 14. gue...oyer — 15. e...afler — 16. la ve...acité — 17. ague..i — 18. une gue...ite — 19. un ve...ier — 20. une ava...ie — 21. ama...er — 22. déma...age — 23. une na...ation — 24. une na...ine — 25. une biga...u...e — 26. une biza...e...ie — 27. un beu...ier — 28. apeu...é — 29. leu...er.

7. Remplacez la définition par air, aire, erre(s), haire, hère.

1. Nous respirons l'*(gaz)* pur de la montagne. — 2. L'aigle regagne son *(nid)*. — 3. Tu es perdu et tu *(marches sans but)* depuis longtemps. — 4. Le navire, voiles amenées, continua à courir sur son *(vitesse acquise)*. — 5. Le loup paraissait au chien un pauvre (bougre). — 6. Tartufe se vantait de porter une *(chemise de crin)*. — 7. Tu m'as l'*(apparence)* bien content de toi. — 8. As-tu calculé l'*(surface)* de ce rectangle ?

8. Remplacez la définition par cour, cours, court(s), coure(s,nt), courre.

1. Je *(verbe courir, présent de l'indicatif)* vite, mais Serge *(verbe courir)* plus vite que moi. — 2. Il faut que je suive bien le *(leçon)* de gymnastique et que je *(verbe courir, subjonctif)* plus vite que ne *(verbe courir)* tous mes camarades, bien que tu *(verbe courir, subjonctif)* très vite aussi. — 3. Une chasse à *(en courant)* ? — 4. Le *(terrain)* de tennis. — 5. Tu joues un peu *(pas assez long)*. — 6. Quel est le *(valeur)* du dollar aujourd'hui ? — 7. La *(personnes qui entourent le roi)* a suivi le roi pour chasser à Marly. — 8. Le Rhône a un *(sens où l'eau coule)* tourmenté. — 9. Allez jouer dans la *(espace entre les maisons)* ! — 10. Je préfère porter les cheveux *(pas longs)*. — 11. Messieurs, la *(ensemble des magistrats)* !

9. Découvrez d'autres mots en -rr-, **en vous aidant des définitions.**

1. Les éléphants bar... . J'entends leurs bar... . — 2. Le cher... est un alcool de cerise. — 3. La cour... du sac est cassée. — 4. Le roi parle d'une voix cour... : il est en colère : son cour... est extrême. — 5. On construit un der... pour exploiter ce puits de pétrole. — 6. Il est caché der... l'arbre. — 7. Le chasseur a gar... *(« lier » étroitement)* le lapin de gar... qu'il a pris dans la gar... *(terrain buissonneux en Provence)*. — 8. On pose un gar... pour arrêter une hémo...agie. — 9. Le par... et la mar... de l'enfant au baptême. — 10. en être bien mar... *(fâché)*. — 11. Se mar... *(s'amuser, fam.)*. — 12. Un par... *(meurtrier de son père)* — 13. Ce chauve portait une per.... — 14. La per... et le per... sont des oiseaux. — 15. Une galette de sar... est presque noire. — 16. Un sar... est un tablier d'autrefois. — 17. La sar... est une herbe. — 18. L'eau du tor... rafraîchissait par cette journée tor... . — 19. Tor... le café. — 20. Poussez le ver... pour ver... la porte, que ce gras ver... *(cochon)* ne sorte pas : on va lui enlever sa ver... *(tumeur bénigne)*.

LA FIN DU MOT : -T- OU -TT-

LEÇON

	Exemples	Exceptions
-ate	— Noms : *une **date**, un acro**bate*** — Adjectifs : *écar**late*** — Verbes : *écla**ter***	*la pa**tte**, da**tte**, ja**tte**, ba**tte**, la**tte**, na**tte**•, bla**tte**, bara**tte**.* *fla**tter**, gra**tter**, ba**ttre**•*
-ette	— Noms féminins : *une coue**tte*** + suffixe diminutif : *pièce → piéce**tte*** — Noms masculins : *le squele**tte*** — Adjectifs en ***-et*** → fém. ***-ette*** *viol**et** → viole**tte*** — Dérivations : 1. Noms en ***-ette*** → verbes en ***-etter*** : *une mie**tte** → émie**tter*** + *foue**tter** (← fouet), gue**tter** (← guet)* et *regre**tter** (← regret)* *Jeter* double le *-t-* devant *-e* muet → *je je**tte**, tu je**ttes**, il je**tte**, ils je**ttent**, je je**tterai(s)*** 2. Noms en ***-ette*** + suffixe *de**tte** → ende**ttement*** *broue**tte** → broue**ttée*** *clarine**tte** → clarine**ttiste***	*une arbalè**te**, comè**te**, diè**te**, planè**te**, saynè**te**, épithè**te**, arê**te**, bê**te**, fê**te**, crê**te**, tempê**te**, tê**te**•, quê**te**•* *un poè**te*** *(**in**)comple**t**, concre**t**, (**in**)discre**t**, inquie**t**, secre**t** reple**t**, désue**t** → une femme discrè**te*** Noms en **-et** ou **-e** → verbes en : ***-eter*** ou ***-éter*** *fure**t** → fure**ter**, pe**t** → pé**ter**, tache → tache**ter**, trompe → trompé**ter*** mais pas autrement : *nous je**tons**, vous je**tez**, je je**tai(s)**, je**tant**, je**té*** *ache**ter** → j'achè**te*** + *croche**ter**, fure**ter*** et *hale**ter*** Noms en ***ette*** + suffixe [jer] *lune**tte** → lune**tier*** + *étique**tte** → étique**ter**, étique**tage***
-ite	— Noms : *un ermi**te**, une guéri**te*** — Verbes en ***-iter*** : *évi**ter*** — Adjectifs : *hypocri**te***	*qui**tter**•* et *acqui**tter*** *qui**tte***
-otte	— Noms féminins : *une gro**tte*** + *un polyglo**tte*** + *boulo**t(te)**, pâlo**t(te)**, so**t(te)*** et *vieillo**t(te)***	*une anecdo**te**, antido**te**, camelo**te**, capo**te**, co**te**, compo**te**, échalo**te**, gargo**te**, jugeo**te**, matelo**te**, no**te**, papillo**te**, pelo**te**, popo**te**, parlo**te**, redingo**te**, la cô**te**, un hô**te**, ô**ter**.* + Noms masculins ***un despote*** + Adjectifs en ***-ot(e)*** et ***-ote*** ***idiot → idiote, patriote***

	— Dérivations : Noms : en ***-otte*** → verbe en ***-otter*** *botte* → ***botter***, *débotter* + *flotter* (← *flot*), *grelotter* (← *grelot*), *garrotter* (← *garrot*), *trotter* (← *trot*), *ballotter* (← *ballot*) + *frisotter*, *mangeotter* *marmotter* et ***frotter***	Noms en ***-eau, -ot, -ote, -o*** → verbes en ***eauter, -oter***, *biseau* → *biseauter* *gigot* → *gigoter* *note* → *noter* *numéro* → *numéroter* Suffixe ***-oter*** = action répétée, à petits coups : *cracher* → *crach**oter*** *tripoter*
-oute(r)	*la dé**route**, brouter* *(la croûte* et la *voûte), goûter*•, *coûter)*	*la goutte*
-ute	— Noms : *une **brute*** — Adjectifs : ***hirsute*** — Verbes en ***-uter*** : *culbuter*	***la butte, la lutte et la hutte*** *lutter*

HOMONYMES

▸ pâte, patte

— *la pâte* : 1) Farine mouillée et pétrie. 2) toute substance molle de même consistance.

— *la patte* : membre des animaux permettant de marcher.

▸ date, datte

— *la date* : indication du jour, du mois et de l'année.

— *je date, tu dates, il date, ils datent*, verbe *dater* : 1) mettre la date. 2) exister depuis telle époque, depuis longtemps.

— *la datte* : fruit du palmier

▸ faîte, fait, fête, faites

voir Fiche 17, p. 50.

▸ cote, cotte, côte

— *la cote* : marque indiquant une valeur numérique.

— *la cotte* : vêtement de travail ou jupe de femme.

— *la côte* : 1) os du squelette. 2) rivage de la mer. 3) pente.

▸ hôte, haute, ôte

— *un hôte* : 1) celui qui reçoit un invité. 2) celui qui est reçu.

— ***haute***, adjectif : élevé.

— *j'ôte, tu ôtes, il ôte, ils ôtent*, verbe *ôter* : enlever.

▸ goûte, goutte

— *je, il goûte, tu goûtes, ils goûtent*, verbe *goûter*• : essayer un aliment pour voir son goût.

— *une goutte*• : petite partie sphérique détachée d'un liquide.

— *ne... goutte* : ne... rien.

— *la goutte* : maladie.

EXERCICES

1. Remplacez les points par -ote/-otte **ou** -ôte **(attention au pluriel).**

1. Nous avions constitué une cagn... et, plutôt que de la dépenser dans une quelconque garg..., j'ai décidé, avec ma petite juge... de faire moi-même la pop... . — 2. J'achète donc une b... de car... . — 3. Je prends un morceau de beurre à la m... et je les fais revenir avec

des échal... dans la coc... . — 4. Maintenant la matel... mij... . — 5. Ensuite, nous aurons une gibel... . — 6. Achète du pain, qu'on n'en soit pas réduits aux bisc... ! — 7. Et dég... un bon petit vin : ce sera un excellent antid... à la mélancolie ! — 8. Pour le dessert j'ai prévu une comp... de gri... . — 9. Comme cuisinier, j'ai la c... : vous ne regretterez pas d'être mes h... .

2. Mettez l'adjectif au féminin.

1. C'était une dame *(huguenot)*, — je ne dirai jamais « *(parpaillot)* » —, de la région de Bergerac. — 2. Elle habitait une maison *(vieillot)*, décorée de tentures *(pâlot)*. — 3. Elle était *(boulot)*, mais certainement pas *(manchot)* : l'ouvrage lui filait entre les doigts. — 4. Elle détestait ces femmes *(dévot)*, *(bigot)* et *(cagot)*, toujours fourrées dans les sacristies. — 5. Elle était loin d'être *(idiot)* ou *(sot)* et était même assez *(fiérot)* des diplômes obtenus dans sa jeunesse. — 6. Ses seuls défauts : elle était un peu *(pâlot)* et s'habillait comme une *(mendigot)*.

3. Remplacez la parenthèse par un seul verbe et accordez-le.

1. Les feuilles *(trembler légèrement)* à la brise. — 2. Le canard *(plonger et replonger son bec* = bar...*)* dans l'eau. — 3. Une souris *(ronger à petits coups)* quelque chose dans un coin. — 4. Le bébé, dont les cheveux *(friser légèrement)*, *(sucer à petits coups)* son joujou et *(manger à petits coups)* un gâteau. — 5. Le feu orange *(cligner à petits coups)*. — 6. Ma cicatrice me *(piquer légèrement)*. — 7. Tu *(lier dans tous les sens* = lig...*)* ton frère sur sa chaise. — 8. Je n'aime pas qu'on *(toucher et retoucher* = tri...*)* mes affaires, ni que tu *(faire des petites histoires* = chi...*)* pour manger ce qu'il y a dans ton assiette.

4. Remplacez la parenthèse par un seul verbe et accordez-le.

1. Mon oncle et ma tante sont âgés et *(vivre tant bien que mal, plutôt mal que bien)*. — 2. Ils *(parler doucement, en faisant ch... ch...)* et leur voix *(trembloter, comme celle d'une chèvre)*. — 3. Ils *(répéter les mêmes choses sans s'en apercevoir* = ra...*)* et *(parler confusément entre ses dents* = mar...*)*. — 4. Ils passent leur temps à *(parler de petits riens* = pap...*)* et à *(boire à petits coups en dégustant* = si...*)* du thé. — 5. Mon oncle *(fait des petits coups en jouant à la Bourse* = bour...*)*. — 6. Quand je vais le voir il me *(taper à petits coups)* la joue.

5. Remplacez la parenthèse par un seul verbe et accordez-le.

1. Le menuisier *(aplanir avec un rabot•)* ses planches. — 2. La jument *(aller au trot•)* ; ses pattes *(faire du tricot•)* et la voiture *(faire des cahots•)* sur le mauvais chemin. — 3. Tu *(embêter comme un asticot•)* ton grand-frère ; alors il te *(lier étroitement, presque comme si on posait un garrot•)* et tu *(émettre des sanglots•)*. — 4. Les parents du Petit Poucet *(faire des fagots•)* dans la forêt. — 5. Les vagues *(faire des clapots•)* dans le port et *(faire danser* = *baller•, à petits coups)* les barques qui *(rester à flot•)* sur l'eau. — 6. Les géraniums *(trembler comme des grelots)* au vent d'automne ; bientôt il faudra les *(enlever• de leurs pots•)*. — 7. La porte *(tourner comme autour d'un pivot•)* sur ses gonds. — 8. Ce gros individu qui *(faire un rot•)* et dont les paupières *(être animé d'un mouvement perpétuel, comme un papillon•)*, *(fait un complot•)* contre le gouvernement et *(donner un numéro•)* les personnalités à abattre.

6. Dites sur quel nom le verbe est formé et complétez par -t- **ou** -tt-.

1. Ce boucher a pris l'habitude de caro...er sur le poids ; son habileté déno...e une grande pratique. — 2. Mon ami m'a pris au débo...é pour m'emmener cano...er sur le lac. — 3. La maman reculo...e son bambin qui sanglo...e. — 4. Ce soir il faudra te décro...er car tu as dépo...é des géraniums tout l'après-midi. — 5. Mon grand-père démaillo...e la bouteille de champagne de son paillon puis la décalo...e de sa coiffure de fil de fer. — 6. Je n'aime pas voir dépiau...er les lapins. — 7. S'il m'attaque encore, j'ai bien envie de lui bo...er le derrière ! — 8. Autrefois, on emmaillo...ait les nouveau-nés.

7. Indiquez, s'il y a lieu, un mot de la famille et complétez par -t- ou -tt-.
1. Dans le port, toute une flo...ille de bateaux ballo...e au gré des vaguelettes. — 2. L'eau clapo...e gentiment. — 3. Lorsqu'un hors-bord passe, les flo...eurs des corps-morts gigo...ent comme des fous. — 4. Sur le quai, un marin fro...e une coque en marmo...ant je ne sais quoi, pour enlever les algues qui ont poussé sous la ligne de flo...aison. — 5. Un pelo...on de moineaux affamés cherche avidement des graines dans le cro...in laissé par les chevaux qui ont traversé la plage en tro...ant. — 6. Mon esprit flo...ant suit le ballo...ement des flots et le chucho...is des vaguelettes contre la coque. — 7. Mes paupières papillo...ent.

8. Servez-vous du diminutif -ette et dites comment vous appelez :
a) Une petite 1. voiture — 2. barque — 3. musique — 4. plaque — 5. poche — 6. cloche — 7. chaîne — 8. andouille — 9. cheville — 10. broche — 11. histoire — 12. un petit amour : une ... — 13. un petit cigare : une ... .
b) Une fille assez 1. jeune — 2. simple — 3. propre — 4. mignonne — 5. gentille — 6. brune — 7. douce — 8. blanche — 9. rouge — 10. jaune — 11. pauvre — 12. grasse — 13. ronde — 14. blonde — 15. snob.
c) L'action 1. de se tremper un peu — 2. de s'amuser un peu — 3. de se courber un peu — 4. de rire un peu — 5. de causer un peu.

9. Complétez par -ète, -ête, -aite, -aîte, -ette (attention au pluriel).
1. Pour moi, aller en forêt est toujours une f... . — 2. L'alou... flu... fait une pirou... . — 3. La pie en jaqu... n'a pas l'intention de rester à la di... et se met en qu... des mi... de ma gal... . — 4. La chou... inqui... vol... à l'aveugl... . — 5. La fauv... secr... disparaît dans sa retr... discr... qui est une vraie cach... . — 6. Dame bel..., très coqu..., fait tremp... dans une flaque. — 7. Sur ces entref..., passe ma bicycl... et c'est une vraie temp... dans c... petite cuv... . — 8. La pauvre b... oublie sa toil... et, la t... couverte de goutel..., prend la poudre d'escamp... sans tambour ni tromp... . — 9. Si vous aviez vu la sayn... ! — 10. Sur une cr..., j'ai trouvé des pâquer... et j'ai fait toute une cueill... de nois... .

10. Complétez par -ète, -ête, -ette, -aite (attention au pluriel).
1. Elle est un peu simpl... . — 2. Elle est toujours inqui... quand il faut manier des idées abstr... . — 3. S'il faut décrire une plan..., raconter la déf... de Waterloo ou la retr... de Russie, trouver une épith..., elle a beau se creuser la t..., elle reste mu... . — 4. Elle préfère les tâches concr... . — 5. Elle n'est pas du tout distr... quand il s'agit de s'occuper des b..., de placer les assi... et les fourch..., de faire une vinaigr... ou de manier la lav... à vaisselle. — 6. Elle est au contraire une ménagère très compl... .

11. Conjuguez : a) au présent de l'indicatif. — b) au futur. — c) à l'imparfait. — d) au passé simple. — e) au passé composé. — f) au conditionnel présent.
Projeter un voyage et rejeter ses préjugés.

12. Formez le verbe en -eter/-etter/-éter, puis mettez-le au présent.
1. reflet → ... → il ... — 2. complet → ... → ils ... — 3. furet → ...→ tu ... — 4. banquet → ...→ je ... — 5. fouet → ... → elle ... — 6. pet → ... → le feu ... — 7. cachet → ... → je ... — 8. guet → ... → tu ... — 9. décret → ... → ils ... .

13. Même exercice que le 12. Indiquez le sens du suffixe -eter.
1. voler → ... → la poule ... — 2. craquer → ... → la cigogne ... — 3. curer → ... → le chirurgien ... l'abcès osseux. — 4. bec → ... → les étourneaux ... les cerises.

14. Donnez le verbe à l'infinitif, puis mettez-le au présent.
1. Faire la quête, c'est ... → tu ... . — 2. Tourner les feuillets d'un livre, c'est le ... → je ... un livre. — 3. Obtenir un brevet pour une invention, c'est la faire ... . — 4. Avoir des regrets, c'est ... → ils ... leurs fautes. — 5. Mener une enquête, c'est ... → le détective

... . — 6. Marquer un arrêt, c'est ... → tu t'... . — 7. Ouvrir une serrure avec un crochet, c'est la ... → le voleur ... la serrure. — 8. Parler d'une voix de tempête, c'est ... → lorsqu'il est furieux, mon oncle ... . — 9. Faire un bruit de cliquet, c'est ... → mon vélo ... .

15. Trouvez un mot de la famille, dites l'infinitif du verbe et complétez.
1. Tu t'« emb... », dis-tu, dans un appartement. — 2. Tu souh... habiter une maison. — 3. Je décr... que je vais en construire une. — 4. Tu f... cette décision. — 5. Les enfants pirou... d'enthousiasme. — 6. J'appr... les parpaings. — 7. Je brou... les sacs de ciment. — 8. Je compl... mon outillage. — 9. Je m'end... . — 10. Cela m'inqui... mais je m'ent... .

16. Remplacez les points par -t- ou -tt-.
1. Une candida...e éméri...e rela...e le débarquement en Normandie, ci...e Churchill, évoque les parachu...es et leurs culbu...es, les fréga...es, les casema...es détrui...es ; elle débi...e par cœur les da...es et épa...e les examinateurs qui la félici...ent d'un accord taci...e. — 2. Je mènerai une lu...e insoli...e contre les parasi...es, les mi...es, les bla...es et les termi...es ; je les comba...rai avec des aroma...es et de l'antimi...e, à coups de ba...e, de marmi...e ou de sava...e ! — 3. A la visi...e, le médecin hési...e entre une atteinte à la ra...e et une rechu...e de mon hépati...e ; il veut que je lu...e et que je qui...e mon lit ; que je cesse de me gra...er ; mon état ne nécessi...e qu'un régime : plus de pata...es fri...es, seulement des toma...es. — 4. Le diploma...e israéli...e se fla...e d'aller écouter une sona...e inédi...e et noue vi...e sa crava...e. — 5. La diva tresse sa na...e ; elle débu...e et va chan...er une canta...e très délica...e ; elle s'en acqui...era à la perfection et ce sera une réussi...e.

17. Remplacez la définition par un seul adjectif.
1. un exercice (*d'acrobate*) — 2. des cheveux (*en natte*) — 3. un air de chien (*qu'on vient de battre*) — 4. une dimension (*qui s'étend jusqu'aux planètes*) — 5. une poire (*trop mûre* = bl...) — 6. une biscotte (*mise en miettes*) — 7. un fermier (*qui a des dettes*) — 8. un jeu (*de brutes*) — 9. un caractère (*de despote*) — 10. un homme (*maigre comme un squelette*) — 11. des comportements (*qu'on peut regretter*) — 12. des colis (*auxquels on a mis une étiquette*).

18. Dites comment s'appelle.
1. celui qui conduit une charrette. — 2. celui qui écrit dans une gazette. — 3. celui qui fabrique des lunettes. — 4. celui qui tient une buvette. — 5. celui qui fabrique des allumettes (exception). — 6. celui qui joue de la trompette. — 7. celui qui fabrique des maquettes. — 8. l'arbre qui produit des noisettes. — 9. l'action de mettre des étiquettes. — 10. l'action de faire la toilette des chiens.

19. Remplacez les points par cote, cotte, côte.
1. Le niveau du fleuve atteint la ... d'alerte. — 2. Le navire fut rejeté à la ... . — 3. Coupe le melon en suivant ses ... . — 4. Cette vieille voiture n'a même plus de ... à l'Argus. — 5. Le chevalier revêtit sa ... de mailles. — 6. Eve fut créée à partir d'une ... d'Adam. — 7. Ce financier surveille tous les jours la ... de ses actions à la Bourse. — 8. Il a réussi ce concours grâce à la ... d'amour des examinateurs. — 9. A bicyclette, cette ... est vraiment pénible à monter. — 10. Ce compromis a été une ... mal taillée entre ses intérêts et les miens.

20. Distinguez les homonymes et leur famille et complétez par -t- ou -tt-.
1. Mon chien me tend la pa...e car il attend avec impatience son plat de pâ...es. — 2. Les Algériens des oasis ne récoltent guère leurs da...es avant cette da...e. — 3. Le lait dégou...e de sa barbe ! Vraiment, moi, ça me dégoû...e ! — 4. Ce vieux gou...eux me semble dégoû...ant. — 5. Après le goû...er, il faudra déboucher la gou...ière car des gou...elettes dégou...ent sur la terrasse. — 6. Mets la salade sur l'égou...oir pour l'égou...er.

Annexes

Auxiliaire être

INDICATIF

Présent

Je	suis
Tu	es
Il	est
Nous	sommes
Vous	êtes
Ils	sont

Passé composé

J'	ai	été
Tu	as	été
Il	a	été
Nous	avons	été
Vous	avez	été
Ils	ont	été

Imparfait

J'	étais
Tu	étais
Il	était
Nous	étions
Vous	étiez
Ils	étaient

Plus-que-parfait

J'	avais	été
Tu	avais	été
Il	avait	été
Nous	avions	été
Vous	aviez	été
Ils	avaient	été

Passé simple

Je	fus
Tu	fus
Il	fut
Nous	fûmes
Vous	fûtes
Ils	furent

Passé antérieur

J'	eus	été
Tu	eus	été
Il	eut	été
Nous	eûmes	été
Vous	eûtes	été
Ils	eurent	été

Futur simple

Je	serai
Tu	seras
Il	sera
Nous	serons
Vous	serez
Ils	seront

Futur antérieur

J'	aurai	été
Tu	auras	été
Il	aura	été
Nous	aurons	été
Vous	aurez	été
Ils	auront	été

CONDITIONNEL

Présent

Je	serais
Tu	serais
Il	serait
Nous	serions
Vous	seriez
Ils	seraient

Passé 1re forme

J'	aurais	été
Tu	aurais	été
Il	aurait	été
Nous	aurions	été
Vous	auriez	été
Ils	auraient	été

Passé 2e forme

J'	eusse	été
Tu	eusses	été
Il	eût	été
Nous	eussions	été
Vous	eussiez	été
Ils	eussent	été

SUBJONCTIF

Présent

Que	je	sois
Que	tu	sois
Qu'	il	soit
Que	nous	soyons
Que	vous	soyez
Qu'	ils	soient

Passé

Que	j'	aie	été
Que	tu	aies	été
Qu'	il	ait	été
Que	nous	ayons	été
Que	vous	ayez	été
Qu'	ils	aient	été

Imparfait

Que	je	fusse
Que	tu	fusses
Qu'	il	fût
Que	nous	fussions
Que	vous	fussiez
Qu'	ils	fussent

Plus-que-parfait

Que	j'	eusse	été
Que	tu	eusses	été
Qu'	il	eût	été
Que	nous	eussions	été
Que	vous	eussiez	été
Qu'	ils	eussent	été

IMPÉRATIF

Présent

Sois
Soyons
Soyez

Passé

Aie été
Ayons été
Ayez été

INFINITIF

Présent

Être

Passé

Avoir été

PARTICIPE

Présent

Étant

Passé

Été
Ayant été

Auxiliaire avoir

INDICATIF

Présent

J'	ai
Tu	as
Il	a
Nous	avons
Vous	avez
Ils	ont

Passé composé

J'	ai	eu
Tu	as	eu
Il	a	eu
Nous	avons	eu
Vous	avez	eu
Ils	ont	eu

Imparfait

J'	avais
Tu	avais
Il	avait
Nous	avions
Vous	aviez
Ils	avaient

Plus-que-parfait

J'	avais	eu
Tu	avais	eu
Il	avait	eu
Nous	avions	eu
Vous	aviez	eu
Ils	avaient	eu

Passé simple

J'	eus
Tu	eus
Il	eut
Nous	eûmes
Vous	eûtes
Ils	eurent

Passé antérieur

J'	eus	eu
Tu	eus	eu
Il	eut	eu
Nous	eûmes	eu
Vous	eûtes	eu
Ils	eurent	eu

Futur simple

J'	aurai
Tu	auras
Il	aura
Nous	aurons
Vous	aurez
Ils	auront

Futur antérieur

J'	aurai	eu
Tu	auras	eu
Il	aura	eu
Nous	aurons	eu
Vous	aurez	eu
Ils	auront	eu

SUBJONCTIF

Présent

Que	j'	aie
Que	tu	aies
Qu'	il	ait
Que	nous	ayons
Que	vous	ayez
Qu'	ils	aient

Passé

Que	j'	aie	eu
Que	tu	aies	eu
Qu'	il	ait	eu
Que	nous	ayons	eu
Que	vous	ayez	eu
Qu'	ils	aient	eu

Imparfait

Que	j'	eusse
Que	tu	eusses
Qu'	il	eût
Que	nous	eussions
Que	vous	eussiez
Qu'	ils	eussent

Plus-que-parfait

Que	j'	eusse	eu
Que	tu	eusses	eu
Qu'	il	eût	eu
Que	nous	eussions	eu
Que	vous	eussiez	eu
Qu'	ils	eussent	eu

CONDITIONNEL

Présent

J'	aurais
Tu	aurais
Il	aurait
Nous	aurions
Vous	auriez
Ils	auraient

Passé 1re forme

J'	aurais	eu
Tu	aurais	eu
Il	aurait	eu
Nous	aurions	eu
Vous	auriez	eu
Ils	auraient	eu

Passé 2e forme

J'	eusse	eu
Tu	eusses	eu
Il	eût	eu
Nous	eussions	eu
Vous	eussiez	eu
Ils	eussent	eu

IMPÉRATIF

Présent

Aie
Ayons
Ayez

Passé

Aie eu
Ayons eu
Ayez eu

INFINITIF

Présent

Avoir

Passé

Avoir eu

PARTICIPE

Présent

Ayant

Passé

Eu
Ayant eu

Chanter (1er groupe)

INDICATIF

Présent

Je	chante
Tu	chantes
Il	chante
Nous	chantons
Vous	chantez
Ils	chantent

Passé composé

J'	ai	chanté
Tu	as	chanté
Il	a	chanté
Nous	avons	chanté
Vous	avez	chanté
Ils	ont	chanté

Imparfait

Je	chantais
Tu	chantais
Il	chantait
Nous	chantions
Vous	chantiez
Ils	chantaient

Plus-que-parfait

J'	avais	chanté
Tu	avais	chanté
Il	avait	chanté
Nous	avions	chanté
Vous	aviez	chanté
Ils	avaient	chanté

Passé simple

Je	chantai
Tu	chantas
Il	chanta
Nous	chantâmes
Vous	chantâtes
Ils	chantèrent

Passé antérieur

J'	eus	chanté
Tu	eus	chanté
Il	eut	chanté
Nous	eûmes	chanté
Vous	eûtes	chanté
Ils	eurent	chanté

Futur simple

Je	chanterai
Tu	chanteras
Il	chantera
Nous	chanterons
Vous	chanterez
Ils	chanteront

Futur antérieur

J'	aurai	chanté
Tu	auras	chanté
Il	aura	chanté
Nous	aurons	chanté
Vous	aurez	chanté
Ils	auront	chanté

CONDITIONNEL

Présent

Je	chanterais
Tu	chanterais
Il	chanterait
Nous	chanterions
Vous	chanteriez
Ils	chanteraient

Passé 1re forme

J'	aurais	chanté
Tu	aurais	chanté
Il	aurait	chanté
Nous	aurions	chanté
Vous	auriez	chanté
Ils	auraient	chanté

Passé 2e forme

J'	eusse	chanté
Tu	eusses	chanté
Il	eût	chanté
Nous	eussions	chanté
Vous	eussiez	chanté
Ils	eussent	chanté

IMPÉRATIF

Présent

Chante
Chantons
Chantez

Passé

Aie chanté
Ayons chanté
Ayez chanté

SUBJONCTIF

Présent

Que	je	chante
Que	tu	chantes
Qu'	il	chante
Que	nous	chantions
Que	vous	chantiez
Qu'	ils	chantent

Passé

Que	j'	aie	chanté
Que	tu	aies	chanté
Qu'	il	ait	chanté
Que	nous	ayons	chanté
Que	vous	ayez	chanté
Que	ils	aient	chanté

Imparfait

Que	je	chantasse
Que	tu	chantasses
Qu'	il	chantât
Que	nous	chantassions
Que	vous	chantassiez
Qu'	ils	chantassent

Plus-que-parfait

Que	j'	eusse	chanté
Que	tu	eusses	chanté
Qu'	il	eût	chanté
Que	nous	eussions	chanté
Que	vous	eussiez	chanté
Qu'	ils	eussent	chanté

INFINITIF

Présent

Chanter

Passé

Avoir chanté

PARTICIPE

Présent

Chantant

Passé

Chanté
Ayant chanté

Finir (2e groupe)

INDICATIF

Présent

Je	finis
Tu	finis
Il	finit
Nous	finissons
Vous	finissez
Ils	finissent

Passé composé

J'	ai	fini
Tu	as	fini
Il	a	fini
Nous	avons	fini
Vous	avez	fini
Ils	ont	fini

Imparfait

Je	finissais
Tu	finissais
Il	finissait
Nous	finissions
Vous	finissiez
Ils	finissaient

Plus-que-parfait

J'	avais	fini
Tu	avais	fini
Il	avait	fini
Nous	avions	fini
Vous	aviez	fini
Ils	avaient	fini

Passé simple

Je	finis
Tu	finis
Il	finit
Nous	finîmes
Vous	finîtes
Ils	finirent

Passé antérieur

J'	eus	fini
Tu	eus	fini
Il	eut	fini
Nous	eûmes	fini
Vous	eûtes	fini
Ils	eurent	fini

Futur simple

Je	finirai
Tu	finiras
Il	finira
Nous	finirons
Vous	finirez
Ils	finiront

Futur antérieur

J'	aurai	fini
Tu	auras	fini
Il	aura	fini
Nous	aurons	fini
Vous	aurez	fini
Ils	auront	fini

CONDITIONNEL

Présent

Je	finirais
Tu	finirais
Il	finirait
Nous	finirions
Vous	finiriez
Ils	finiraient

Passé 1re forme

J'	aurais	fini
Tu	aurais	fini
Il	aurait	fini
Nous	aurions	fini
Vous	auriez	fini
Ils	auraient	fini

Passé 2e forme

J'	eusse	fini
Tu	eusses	fini
Il	eût	fini
Nous	eussions	fini
Vous	eussiez	fini
Ils	eussent	fini

SUBJONCTIF

Présent

Que	je	finisse
Que	tu	finisses
Qu'	il	finisse
Que	nous	finissions
Que	vous	finissiez
Qu'	ils	finissent

Passé

Que	j'	aie	fini
Que	tu	aies	fini
Qu'	il	ait	fini
Que	nous	ayons	fini
Que	vous	ayez	fini
Qu'	ils	aient	fini

Imparfait

Que	je	finisse
Que	tu	finisses
Qu'	il	finît
Que	nous	finissions
Que	vous	finissiez
Qu'	ils	finissent

Plus-que-parfait

Que	j'	eusse	fini
Que	tu	eusses	fini
Qu'	il	eût	fini
Que	nous	eussions	fini
Que	vous	eussiez	fini
Qu'	ils	eussent	fini

IMPÉRATIF

Présent

Finis
Finissons
Finissez

Passé

Aie fini
Ayons fini
Ayez fini

INFINITIF

Présent

Finir

Passé

Avoir fini

PARTICIPE

Présent

Finissant

Passé

Fini
Ayant fini

Courir (3e groupe)

INDICATIF

Présent

Je	cours
Tu	cours
Il	court
Nous	courons
Vous	courez
Ils	courent

Passé composé

J'	ai	couru
Tu	as	couru
Il	a	couru
Nous	avons	couru
Vous	avez	couru
Ils	ont	couru

Imparfait

Je	courais
Tu	courais
Il	courait
Nous	courions
Vous	couriez
Ils	couraient

Plus-que-parfait

J'	avais	couru
Tu	avais	couru
Il	avait	couru
Nous	avions	couru
Vous	aviez	couru
Ils	avaient	couru

Passé simple

Je	courus
Tu	courus
Il	courut
Nous	courûmes
Vous	courûtes
Ils	coururent

Passé antérieur

J'	eus	couru
Tu	eus	couru
Il	eut	couru
Nous	eûmes	couru
Vous	eûtes	couru
Ils	eurent	couru

Futur simple

Je	courrai
Tu	courras
Il	courra
Nous	courrons
Vous	courrez
Ils	courront

Futur antérieur

J'	aurai	couru
Tu	auras	couru
Il	aura	couru
Nous	aurons	couru
Vous	aurez	couru
Ils	auront	couru

CONDITIONNEL

Présent

Je	courrais
Tu	courrais
Il	courrait
Nous	courrions
Vous	courriez
Ils	courraient

Passé 1re forme

J'	aurais	couru
Tu	aurais	couru
Il	aurait	couru
Nous	aurions	couru
Vous	auriez	couru
Ils	auraient	couru

Passé 2e forme

J'	eusse	couru
Tu	eusses	couru
Il	eût	couru
Nous	eussions	couru
Vous	eussiez	couru
Ils	eussent	couru

SUBJONCTIF

Présent

Que	je	coure
Que	tu	coures
Qu'	il	coure
Que	nous	courions
Que	vous	couriez
Qu'	ils	courent

Passé

Que	j'	aie	couru
Que	tu	aies	couru
Qu'	il	ait	couru
Que	nous	ayons	couru
Que	vous	ayez	couru
Qu'	ils	aient	couru

Imparfait

Que	je	courusse
Que	tu	courusses
Qu'	il	courût
Que	nous	courussions
Que	vous	courussiez
Qu'	ils	courussent

Plus-que-parfait

Que	j'	eusse	couru
Que	tu	eusses	couru
Qu'	il	eût	couru
Que	nous	eussions	couru
Que	vous	eussiez	couru
Qu'	ils	eussent	couru

IMPÉRATIF

Présent

Cours
Courons
Courez

Passé

Aie couru
Ayons couru
Ayez couru

INFINITIF

Présent

Courir

Passé

Avoir couru

PARTICIPE

Présent

Courant

Passé

Couru
Ayant couru

Verbes irréguliers

INFINITIF	INDICATIF			SUBJONCTIF
(participe passé)	**Présent**	**Passé simple**	**Futur**	**Présent**
Absoudre (absous, absoute) dissoudre	j'absous nous absolvons		j'absoudrai nous absoudrons	que j'absolve que nous absolvions
Résoudre	je résous nous résolvons	je résolus nous résolûmes	je résoudrai nous résoudrons	que je résolve que nous résolvions
Acquérir (acquis) conquérir enquérir requérir	j'acquiers nous acquérons	j'acquis nous acquîmes	j'acquerrai nous acquerrons	que j'acquière que nous acquérions
Aller (allé)	je vais, tu vas, il va, nous allons vous allez, ils vont	j'allai nous allâmes	j'irai nous irons	que j'aille que nous allions
Assaillir (assailli) tressaillir	j'assaille nous assaillons	j'assaillis nous assaillîmes	j'assaillirai nous assaillirons	que j'assaille que nous assaillions
Asseoir (assis) deux formes de conjugaison	j'assieds nous asseyons ils asseyent *ou* j'assois nous assoyons ils assoient	j'assis nous assîmes	j'assiérai nous assiérons *ou* j'assoirai nous assoirons	que j'asseye que nous asseyions qu'ils asseyent *ou* que j'assoie que nous assoyions qu'ils assoient
Surseoir (sursis)	je sursois nous sursoyons	je sursis nous sursîmes imp. : je sursoyais	je surseoirai nous surseoirons	que je sursoie que nous sursoyions
Atteindre (atteint) astreindre ceindre peindre teindre empreindre enfreindre éteindre feindre geindre restreindre, etc.	j'atteins nous atteignons	j'atteignis nous atteignîmes	j'atteindrai nous atteindrons	que j'atteigne que nous atteignions
Battre (battu) abattre combattre débattre, etc.	je bats nous battons	je battis nous battîmes	je battrai nous battrons	que je batte que nous battions
Boire (bu)	je bois nous buvons ils boivent	je bus nous bûmes	je boirai nous boirons	que je boive que nous buvions
Bouillir (bouilli)	je bous nous bouillons ils bouillent	je bouillis nous bouillîmes	je bouillirai nous bouillirons	que je bouille que nous bouillions qu'ils bouillent

INFINITIF	INDICATIF			SUBJONCTIF
(participe passé)	**Présent**	**Passé simple**	**Futur**	**Présent**
Conclure (conclu) inclure (inclus) exclure (exclu)	je conclus nous concluons ils concluent	je conclus nous conclûmes	je conclurai nous conclurons	que je conclue qu'il conclue que nous concluions
Conduire (conduit) construire cuire déduire détruire enduire induire instruire introduire etc.	je conduis nous conduisons ils conduisent	je conduisis nous conduisîmes	je conduirai nous conduirons	que je conduise que nous conduisions
Confire (confit) déconfire suffire (suffi)	je confis nous confisons ils confisent	je confis nous confîmes	je confirai nous confirons	que je confise que nous confisions
Connaître (connu) *accent circonflexe devant* **t** reconnaître méconnaître	je connais il connaît ils connaissent	je connus nous connûmes	je connaîtrai nous connaîtrons	que je connaisse que nous connaissions
Coudre (cousu) découdre	je couds il coud nous cousons ils cousent	je cousis nous cousîmes	je coudrai nous coudrons	que je couse que nous cousions
Courir (couru) discourir encourir recourir secourir	je cours nous courons ils courent	je courus nous courûmes	je courrai nous courrons	que je coure que nous courions
Couvrir (couvert) découvrir offrir ouvrir recouvrir souffrir	je couvre nous couvrons ils couvrent	je couvris nous couvrîmes	je couvrirai nous couvrirons	que je couvre que nous couvrions
Craindre (craint) contraindre plaindre	je crains il craint nous craignons	je craignis nous craignîmes	je craindrai nous craindrons	que je craigne que nous craignions
Croire (cru)	je crois nous croyons ils croient	je crus nous crûmes	je croirai nous croirons	que je croie que nous croyions
Croître (crû, crue) *accent circonflexe devant* t *et* s *simple et partout au passé simple et à l'imparfait du subjonctif*	je croîs il croît nous croissons ils croissent	je crûs nous crûmes ils crûrent	je croîtrai nous croîtrons ils croîtront	que je croisse que nous croissions qu'ils croissent

INFINITIF	**INDICATIF**			**SUBJONCTIF**
(participe passé)	**Présent**	**Passé simple**	**Futur**	**Présent**
Accroître (accru) *accent circonflexe devant* t décroître	j'accrois il accroît nous accroissons ils accroissent	j'accrus il accrût nous accrûmes ils accrurent	j'accroîtrai nous accroîtrons ils accroîtront	que j'accroisse que nous accroissions qu'ils accroissent
Cueillir (cueilli) accueillir recueillir	je cueille nous cueillons ils cueillent	je cueillis nous cueillîmes	je cueillerai nous cueillerons	que je cueille que nous cueillions
Déchoir (déchu) choir	je déchois nous déchoyons ils déchoient	je déchus nous déchûmes	je décherrai *ou* je déchoirai	que je déchoie que nous déchoyions
Défaillir (défailli) *pas d'impératif*	je défaille nous défaillons ils défaillent	je défaillis nous défaillîmes	je défaillirai (*peu usité*)	que je défaille que nous défaillions
Devoir (dû, due) redevoir	je dois nous devons ils doivent	je dus nous dûmes	je devrai nous devrons	que je doive que nous devions qu'ils doivent
Dire (dit) redire	je dis vous dites ils disent	je dis nous dîmes	je dirai nous dirons	que je dise que nous disions
Interdire, **prédire,** **contredire**, **médire,** **se dédire**	j'interdis vous interdisez prédisez contredisez	j'interdis nous interdîmes	j'interdirai nous interdirons	que j'interdise que nous interdisions
Écrire (écrit) circonscrire prescrire proscrire souscrire etc.	j'écris nous écrivons ils écrivent	j'écrivis nous écrivîmes	j'écrirai nous écrirons	que j'écrive que nous écrivions
Envoyer (envoyé)	j'envoie nous envoyons ils envoient	j'envoyai nous envoyâmes	j'enverrai nous enverrons	que j'envoie que nous envoyions qu'ils envoient
Faire (fait) contrefaire satisfaire etc.	je fais vous faites ils font	je fis nous fîmes	je ferai nous ferons	que je fasse que nous fassions
Fuir (fui) s'enfuir	je fuis nous fuyons ils fuient	je fuis nous fuîmes	je fuirai nous fuirons	que je fuie que nous fuyions
Joindre (joint) adjoindre disjoindre etc.	je joins nous joignons ils joignent	je joignis nous joignîmes	je joindrai nous joindrons	que je joigne que nous joignons

INFINITIF	INDICATIF			SUBJONCTIF
(participe passé)	**Présent**	**Passé simple**	**Futur**	**Présent**
Lire (lu) élire etc.	je lis nous lisons ils lisent	je lus nous lûmes	je lirai nous lirons	que je lise que nous lisions
Mentir (menti) démentir sentir se repentir ressentir, consentir	je mens nous mentons ils mentent	je mentis nous mentîmes	je mentirai nous mentirons	que je mente que nous mentions
Mettre (mis) admettre commettre etc.	je mets nous mettons ils mettent	je mis nous mîmes	je mettrai nous mettrons	que je mette que nous mettions
Moudre (moulu) *ne s'emploie guère au pluriel*	je mouds il moud nous moulons ils moulent	je moulus nous moulûmes	je moudrai nous moudrons	que je moule que nous moulions
Mourir (mort)	je meurs nous mourons ils meurent	je mourus nous mourûmes	je mourrai nous mourrons	que je meure que nous mourions qu'ils meurent
Mouvoir (mû, mue) émouvoir	je meus nous mouvons ils meuvent	je mus nous mûmes	je mouvrai nous mouvrons	que je meuve que nous mouvions qu'ils meuvent
Naître (né) *accent circonflexe devant* t	je nais, il naît nous naissons ils naissent	je naquis nous naquîmes	je naîtrai nous naîtrons	que je naisse que nous naissions qu'ils naissent
Nuire (nui) luire (lui)	je nuis nous nuisons ils nuisent	je nuisis nous nuisîmes	je nuirai nous nuirons	que je nuise que nous nuisions
Paître (*pas de part. passé*) *accent circonflexe devant* t	je pais il paît nous paissons ils paissent	*non employé*	je paîtrai nous paîtrons	que je paisse que nous paissions
Se repaître (repu)	je me repais nous nous repaissons	je me repus nous nous repûmes	je me repaîtrai nous nous repaîtrons	que je me repaisse que nous nous repaissions
Paraître (paru) *accent circonflexe devant le* t comparaître etc.	je parais nous paraissons ils paraissent	je parus nous parûmes	je paraîtrai nous paraîtrons	que je paraisse que nous paraissions
Partir (parti) repartir = partir de nouveau	je pars nous partons ils partent	je partis nous partîmes	je partirai nous partirons	que je parte que nous partions

INFINITIF	INDICATIF			SUBJONCTIF
(participe passé)	**Présent**	**Passé simple**	**Futur**	**Présent**
Plaire (plu) complaire déplaire	je plais il plaît nous plaisons ils plaisent	je plus nous plûmes	je plairai nous plairons	que je plaise que nous plaisions
Pouvoir (pu, *inv.*)	je peux *ou* je puis nous pouvons ils peuvent	je pus nous pûmes	je pourrai nous pourrons	que je puisse que nous puissions
Prendre (pris) comprendre s'éprendre etc.	je prends nous prenons ils prennent	je pris nous prîmes	je prendrai nous prendrons	que je prenne que nous prenions qu'ils prennent
Recevoir (reçu) apercevoir concevoir décevoir percevoir etc.	je reçois nous recevons ils reçoivent	je reçus nous reçûmes	je recevrai nous recevrons	que je reçoive que nous recevions
Répartir (réparti) (partager) se départir	je répartis nous répartissons ils répartissent	je répartis nous répartîmes	je répartirai nous répartirons	que je répartisse que nous répartissions
Rire (ri) sourire	je ris nous rions ils rient	je ris nous rîmes	je rirai nous rirons	que je rie que nous riions
Savoir (su)	je sais nous savons ils savent	je sus nous sûmes	je saurai nous saurons	que je sache que nous sachions
Servir (servi) desservir, etc.	Je sers nous servons ils servent	je servis nous servîmes	je servirai nous servirons	que je serve que nous servions
Sortir (sorti) ressortir = sortir à nouveau	je sors nous sortons ils sortent	je sortis nous sortîmes	je sortirai nous sortirons	que je sorte que nous sortions
Suivre (suivi) s'ensuivre	je suis nous suivons ils suivent	je suivis nous suivîmes	je suivrai nous suivrons	que je suive que nous suivions
Taire (tu)	je tais nous taisons ils taisent	je tus nous tûmes	je tairai nous tairons	que je taise que nous taisions
Tenir (tenu) détenir entretenir maintenir obtenir soutenir etc.	je tiens nous tenons ils tiennent	je tins nous tînmes	je tiendrai nous tiendrons qu'ils tiennent	que je tienne que nous tenions qu'ils tiennent

INFINITIF	INDICATIF			SUBJONCTIF
(participe passé)	**Présent**	**Passé simple**	**Futur**	**Présent**
Traire (trait) abstraire distraire soustraire	je trais nous trayons ils traient	je trayai nous trayâmes	je trairai nous trairons	que je traie que nous trayions
Vaincre (vaincu) convaincre	je vaincs tu vaincs il vainc nous vainquons ils vainquent	je vainquis nous vainquîmes	je vaincrai nous vaincrons	que je vainque que nous vainquions
Valoir (valu) équivaloir prévaloir	je vaux nous valons ils valent	je valus nous valûmes	je vaudrai nous vaudrons	que je vaille que nous valions qu'ils vaillent
Venir (venu) circonvenir contrevenir convenir disconvenir intervenir parvenir prévenir provenir subvenir etc.	je viens nous venons ils viennent	je vins nous vînmes	je viendrai nous viendrons	que je vienne que nous venions qu'ils viennent
Vêtir (vêtu) revêtir	je vêts nous vêtons ils vêtent	je vêtis nous vêtîmes *imparf.* : je vêtais	je vêtirai nous vêtirons	que je vête que nous vêtions
Vivre (vécu) survivre etc.	je vis nous vivons ils vivent	je vécus nous vécûmes	je vivrai nous vivrons	que je vive que nous vivions
Voir (vu) entrevoir revoir	je vois nous voyons ils voient	je vis nous vîmes	je verrai nous verrons	que je voie que nous voyions
Pourvoir (pourvu)	je pourvois nous pourvoyons ils pourvoient	je pourvus nous pourvûmes	je pourvoirai nous pourvoirons	que je pourvoie que nous pourvoyions
Prévoir (prévu)	je prévois nous prévoyons ils prévoient	je prévis nous prévîmes	je prévoirai nous prévoirons	que je prévoie que nous prévoyions
Vouloir (voulu)	je veux il veut nous voulons ils veulent	je voulus nous voulûmes	je voudrai nous voudrons	que je veuille que nous voulions qu'ils veuillent

Les mots de la famille

▶ ***allos*** (= autre) → allogène, allopathie, allopathique, allergie, allotropie, allotropique, allégorie, allégorique — parallèle, parallélisme, parallélogramme, parallélépipède.

▶ **un âne** → une ânerie, un ânier, une ânesse, un ânon, ânonner, un ânonnement — asinien(-enne). *L'accent circonflexe remplace le -s- latin* : asinus = *âne.*

▶ **l'aspect** → le respect, respecter, respectable, la respectabilité, respectueux(-euse), respectueusement, respectif(-ive), respectivement — l'irrespect — suspect(-ecte) — inspecter, l'inspection, un inspecteur — circonspect(-ecte), la circonspection — un spectacle, spectaculaire, un spectateur, un spectre, spectral(e) — l'expectative — la perspective — la prospective, un prospectus — une rétrospective, rétrospectivement.

▶ **le bal** → baller (= danser), le ballet, la ballerine, ballant, la ballade, ballotter, le ballottement, le ballottage, la ballottine.

▶ **le ban** → l'arrière-ban, banal(e), banalité, banaliser, banalisation, la banlieue, le banlieusard.
/bannir, le bannissement, la bannière, le forban.

▶ **la balle** → le ballon, ballonné, un ballonnet, un ballonnement.

▶ **la bagarre** → se bagarrer, bagarreur(-euse).

▶ **battre** → un battant, le battage, une batte, un battement, une batterie, un batteur(-euse), un battoir, battu, une battue — abattre, des abats, un abattant, l'abattage — rebattre, rebattu — rabattre, un rabatteur — débattre, un débat — s'ébattre, des ébats — combattre, un combattant, le combat. Mais : combatif(-tive), la combativité, la courbature, courbaturer.

▶ ***bellum***⁺ : belliqueux(-euse), belligérant, la belligérance, le bellicisme(-iste) — se rebeller, le rebelle, la rébellion.

▶ **bon, bonne** → un bonbon, une bonbonne, une bonbonnière, une bonbonnerie — un bonhomme, la bonhomie — bonjour — bonsoir — bon-papa.
/un boni, bonifier, la bonification. Mais : abonnir, rabonnir, la bonace, bonasse (*adj.*), la bonasserie, bonassement, la bonite, le boniment, la bonté.
/une bonne, une bonniche.

▶ **brûler** → brûlant, brûlé, une brûlure, un brûlot, un brûlis, un brûleur, une brûlerie, un brûloir, le brûlage.
/combustion, (in-)combustible (*mot savant*).

▶ **le cal** → calleux, callosité.

▶ **la cane** → le canard, le caneton, la canardière, canarder — un cancan, cancaner, cancanier — un canasson — une canepetière — caner — un caniche.

▶ **la canne** → une cannaie, la cannelle, le cannelier, canneler, une cannelure — canner, le cannage. Mais : une canette (= *petite bouteille*).

▶ **le cens** → censé, le censeur, la censure, censurer — recenser, le recensement, la recension.

▶ **cent** → centimètre, centigramme, centilitre, centiare, centigrade, le centime, la centaine, le centenaire, centésimal, le centième, le centuple, centupler, la centurie, le centurion.

▶ **un cheval** → chevalin(e), un chevalet, un chevalier, la chevalerie, une chevalière, chevaleresque — chevaucher, une chevauchée, le chevauchement.
/caval- : une cavale, cavaler, un cavalier, la cavalerie, une cavalière, cavalier(-ère), cavalièrement.

▶ **clapper** → le clappement. Mais : clapoter, le clapotement, le clapotis, le clapet.

▶ **la colle** → coller, collant, un colleur, le collage — décoller, le décollement — encoller, l'encollage, l'encolleuse — recoller, le recollement.

▶ **la côte** → le côté, à côté, côtoyer, côtelé, une côtelette, une entrecôte, côtier → accoster, accostage — costal(e), intercostal(e). (*L'accent circonflexe est le souvenir d'un -s- latin.*) Mais : un coteau.

▶ **le cou, le col** → le licol, le collet, le collier, la collerette, se colleter — décoller, la décollation, le décolletage, le décolleté. Mais : l'encolure — l'accolade, accoler, l'accolement — coltiner — colporter — le cou de pied.

▶ ***-cratie*** * → l'aristo**crat**ie, un aristo**crate**, aristo**crat**ique — l'auto**crat**ie, un auto**crate**, auto**crat**ique — la bureau**crat**ie, un bureau**crate**, bureau**crat**ique — la démo**crat**ie... — la géronto**crat**ie — la gynéco**crat**ie — la médio**crat**ie — la plouto**crat**ie, un plouto**crate**, plouto**crat**ique — la théo**crat**ie, théo**crat**ique — les Physio**crat**es, la physio**crat**ie.

▶ **le cristal** → crista**ll**in, crista**ll**erie, crista**ll**iser, crista**ll**isoir.

▶ **la danse** → un d**an**seur, d**an**ser, une contre-d**an**se. Mais : un d**an**cing.

▶ **dense** → la d**en**sité, la d**en**simétrie — cond**en**ser, la cond**en**sation.

▶ **le don** → do**nn**er (pardo**nn**er, abando**nn**er, s'ado**nn**er, redo**nn**er), un do**nn**eur, une do**nn**e, maldo**nn**e, une do**nn**ée. Mais : une do**n**ation, un do**n**ateur(-trice), un do**n**ataire. (*Le* -n- *ne redouble que devant un* -e-.)

▶ **l'espèce** → spé**c**ial(e), la spé**c**ialité, spé**c**ialiser, un spé**c**ialiste, la spé**c**ialisation — spé**c**ieux(-euse), la spé**c**iosité — spé**c**ifier, spé**c**ifique, la spé**c**ificité, la spé**c**ification — un spé**c**imen.

▶ **fendre** → une **fent**e, **fend**iller, le **fend**ant, un **fend**eur — pour**fendre**, un pour**fend**eur — re**fendre**, le re**fend**.
/la **fiss**ion, la **fiss**ure, **fiss**urer, la **fiss**uration, **fiss**ile, **fiss**ible.

▶ ***-fice*** (= faire) → l'arti**fice**, le béné**fice**, l'édi**fice**, le malé**fice**, l'o**ffice**, l'ori**fice**, le sacri**fice**.

▶ **le fiel** → fie**ll**eux — enfie**ll**er.

▶ **le flanc** → flan**qu**er, efflan**qué**, flan**ch**er — un bat-flan**c** — un tire-au-flan**c**.

▶ **fléchir** → le **fléch**issement, **fléch**isseur — in**fléch**ir — ré**fléch**ir.
/**flect-** → un ré**flect**eur.
/**flex-** → la **flex**ion, **flex**ible, la **flex**ibilité — une in**flex**ion — la ré**flex**ion, un ré**flexe**, ré**flex**if(-ive).

▶ **le flux** → la **flu**xion, **flu**ide, un **flu**ide, la **flu**idité, **flu**idifié — le re**flux**, re**flu**er — l'a**fflux**, a**fflu**er, un a**fflu**ent, l'a**fflu**ence — le con**flu**ent, con**flu**er, la con**flu**ence — l'in**flux**, in**flu**er, en in**flu**ent, in**flu**ant (*adj.*), l'in**flu**ence, in**flu**ençable — un e**fflu**ve. Mais : le super**flu**, super**flu**(e).
/le fleuve : fluvial.

▶ **fou, folle** → fo**ll**ement, fo**ll**et(-te). Mais : la fo**l**ie, fo**l**âtre, fo**l**âtrer — batifo**l**er, le batifo**l**age, un batifo**l**eur — affo**l**er, affo**l**ant(e), l'affo**l**ement — raffo**l**er.

▶ **le gel** → **gel**er, une **gel**ée, une **gel**ure, la **gél**atine, **gél**atineux — l'anti**gel** — (dé-)con**gel**er, la (dé-)con**gél**ation, un con**gél**ateur, con**gel**able — dé**gel**er, le dé**gel** — une en**gel**ure — re**gel**er — sur**gel**é.

▶ **gérer** → la **gest**ion, un **gest**ionnaire — un **gér**ant, la **gér**ance — co**gér**er, la co**gest**ion — (s')in**gér**er, une in**gér**ence — di**gér**er, la di**gest**ion, indi**geste**, une indi**gest**ion, un di**gest**if — une con**gest**ion, (dé-)con**gest**ionner — sug**gér**er, une (auto-)sug**gest**ion, sug**gest**if(-ive), sug**gest**ionner.

▶ **la glace** → gla**c**er, la gla**c**ière, gla**c**iaire, gla**c**ial, un gla**c**ier, une gla**c**erie, un gla**ç**on, le gla**ç**age, la gla**c**iation, la gla**c**iologie, un gla**c**is — dégla**c**er.

▶ **la goutte** → 1) un gou**tt**e-à-gou**tt**e, une gou**tt**elette, gou**tt**er, une gou**tt**ière — dégou**tt**er — égou**tt**er, égou**t**, égou**tt**ement, égou**tt**oir. Mais : un égou**t**ier. 2) gou**tt**eux.

▶ **la grâce** → gr**a**cier, gr**a**ciable, gr**a**cieux (-euse), gr**a**cieusement, une gr**a**cieuseté, gr**a**cile, la gr**a**cilité — la disgr**â**ce → disgr**a**cier, disgr**a**cié(e), disgr**a**cieux(-euse). *Seules la grâce et la disgrâce ont un accent circonflexe.*
— la (in-)gr**at**itude, un ingr**at**, gr**at**ifier, une gr**at**ification — gr**at**uit, la gr**at**uité, gr**at**uitement, gr**at**is — les congr**at**ulations, congr**at**uler.

▶ **la grappe** (*krappa*, francique = crochet) → gra**pp**iller, le gra**pp**illage, un gra**pp**illeur, un gra**pp**illon — le gra**pp**in, gra**pp**iner.

▶ **la grippe** → gri**pp**er, le gri**pp**age, gri**pp**al, gri**pp**é, un gri**pp**e-sou — agri**pp**er.

▶ ***-gression*** * (= marche) → une agression, agresser, agressif(-ive), l'agressivité, un agresseur — la digression — la progression, un progrès, progresser, progressif(-ive), la progressivité, progressiste, le progressisme — la régression, régresser, régressif(-ive) — la transgression, transgresser, un transgresseur.
/**grade** → plantigrade, digitigrade, rétrograde.

▶ **la guerre** → gue**rr**ier(-ère), gue**rr**oyer — ague**rr**ir, l'ague**rr**issement.

▶ **un homme** → un bonhomme, un surhomme, un gentilhomme, un prud'homme → des bon**s**hommes, des surhommes, des genti**ls**hommes, des prud'hommes — la gentilhommerie, une gentilhommière — un hommage, hommasse.

Mais : la bonhomie, la prud'homie — un homicide, un hominien, les hominidés — humain, humainement, l'humanité, humaniser, l'humanisation, l'humanisme, un humaniste, humanitaire — inhumain, inhumanité, inhumainement — déshumanisé(e) — surhumain.

▶ **une image** → imagé(e), l'imagerie, imagier — imaginer, l'imagination, l'imaginaire, (in-)imaginable, imaginatif(-ive).

▶ **le jeu** → l'enjeu.
/**jouer** → le jouet, le joujou — déjouer — enjoué, enjouement — injouable — rejouer.

▶ **le jeûne** → jeûner. Mais : déjeuner, le petit-déjeuner, à jeun.

▶ **lâche** → lâcher, lâchement, le lâchage, la lâcheté, un lâcheur(-euse), un lâcher — relâcher, le relâchement, relâché(e), la relâche.
/**lax** → le laxisme.
/**laiss-** → laisser.

▶ **les lacs** → lacer, le lacis, le laçage, le lacet — délacer — enlacer, l'enlacement — entrelacer, l'entrelacement, les entrelacs.

▶ **las, lasse** → lasse, lassant(e), la lassitude — délasser, délassant, le délassement — inlassable — hélas ! (*las = malheureux au X s.*).

▶ **le libellé** → libeller.

▶ **majeur** (latin : *major* = plus grand) → la majorité, majoritaire(-ment), majorer, la majoration, le major, la majorette, le majordome — la majuscule — la majesté, majestueux (-sement).

▶ **-mancie** * (= *divination*) → la carto**mancie**, chiro**mancie**, nécro**mancie**, oniro**mancie**, ornitho**mancie**.

▶ **mettre** → le metteur (en scène, en page), (im)mettable — admettre — commettre — démettre — émettre, un émetteur, émetteur(-trice) — (s')entremettre, un(e) entremetteur(-euse) — omettre — permettre — promettre, prometteur(-euse) — remettre — soumettre — transmettre, un transmetteur — intermittent, l'intermittence / **la mise** → miser — admis(e) — un commis — démis(e) — émis(e) — l'entremise — omis(e) — permis(e) — un promis — une remise — soumis(e) / **-messe** → la promesse / **miss-** → la mission, le missionnaire, la missive — l'admission, admissible, l'admissibilité — la sous-commission, commissionner, un commissionnaire, un commissaire, le commissariat — la démission, démissionner, démissionnaire — l'émission, un émissaire, l'omission — la permission, le permissionnaire, permissif(-ive), la permissivité — la rémission, (ir)rémissible — la (l'in-)soumission — la transmission, transmissible.

▶ **le miel** → mielleux, miellé, miellée — mellifère — mellifique, la mellification — emmieller.

▶ **la moelle** → le moellon, moelleux, médullaire.

▶ **mou, molle** → mollesse, mollement, mollet, le molleton, mollir, mollasse, mollasson (-onne), mollasserie, un mollusque — amollir, l'amollissement — ramollir, le ramollissement, ramolli(e) — un émollient.
Mais : un bé**mol**.
Les cousins : mouiller *et sa famille* — malaxer, malaco-.

▶ **la nielle** → nielleur, niellé, nieller, niellure — énieller / nigelle.

▶ **nul** → la nullité, nullement. Mais : annuler, annulation.

▶ ***oculus*** → un oculiste, oculaire (mono-) binoculaire, un mono**cle**, des bino**cles**, inoculer, l'inoculation.

▶ **l'orgueil** → or**gu**eilleux(-euse), or**gu**eilleusement, s'enor**gu**eillir.

▶ **oxy-** (= *aigu*) → oxyde, oxyder, oxydant(e), (in-)oxydable, oxydation, — bioxyde — désoxyder, désoxydation — peroxyde — protoxyde.
/oxygène, oxygéner, oxygéné(e), oxygénation.
/un oxyure.

▶ **la panne** (*pena* = plume) → empanner, mettre en panne (à l'arrêt), dépanner, un dépanneur, une dépanneuse, un panneau.
/empe**nn**é, empe**nn**age. Mais : un panonceau.

▶ **la peau** (*pellis*) → la pellicule, la pelleterie, la pellagre. Mais : peler (→ je pèle), une pelure — un **peau**ssier, **peau**finer, dé**piau**ter.

▶ **la peine** → peiner, à peine, peinard (*par antiphrase*). Mais : pénible, péniblement, une pénalité, le penalty (*anglais*), pénaliser, la pénalisation — penaud.

▶ **la pelle** → pelleter, une pelletée, un pelleteur, une pelleteuse, le pelletage.

▶ **pense, -penser** → **pens**er, la **pens**ée, un **pens**eur, (im-)**pens**able, **pens**if(-ive), **pen**sant — la **pension** (*pensio* = paiement), un **pens**ionnaire, un **pens**ionnat — dé**pens**er, la dé**pens**e, dé**pens**ier(-ère), les dé**pens**, au dépens de — compenser, la compensation, compensatoire, compensateur(-trice) — récompense, récompenser, dispenser, une dispense, un dispensaire, (in-)dispensable, dispensateur(-trice) — la propension — repenser.

▶ **la pièce** → la piécette, dépecer, le dépècement, un dépeceur — dépiécer — rapiécer — un empiècement — piéça.

▶ **la pierre** → la pierraille, des pierreries, un pierrier, pierreux(-euse) — un perron — Pierre, Pierrot, Pierrette — empierrer, un empierrement — épierrer, l'épierrage ou épierrement.

▶ **la place** → placer, un placement, un placier, un placeur, une placette — (mono-)biplace — déplacer, déplacement — un emplacement — replacer — remplacer, un remplaçant, le remplacement, (ir-)remplaçable.

▶ **le poil** (*pilus*) → le pelage, la pelade, la pelisse, la peluche.
/**épiler**, l'épilation.

▶ **quérir** → la quête, quêter, un quêteur — s'enquérir, une enquête, enquêter, enquêteur — conquérir, la conquête, un conquérant, conquise, un conquistador — acquérir, une acquisition, un acquêt, un acquéreur, acquis(e) — requérir, la requête, requis(e), la réquisition, le réquisitoire, le requérant — l'inquisition, un inquisiteur, inquisitorial.
/**la question** → questionner, questionnaire, un questionneur.

▶ **quatre** → un quatrième, un quatrain, un quatuor, quatre-vingts, un quatre-quarts.
/**qua**torze : le **qua**torzième.
/**qua**rante : une **qua**rantaine, le **qua**rantième.
/le **qua**rt : le **qua**rtier, une **qua**rte, un **qua**rteron, un **qua**rter, **qua**rto.
/le **qua**druple : un **qua**druplé, **qua**drupler, un **qua**dragénaire, un **qua**drant, un **qua**drige, les **qua**drijumeaux, un **qua**drilatère, un **qua**drille, **qua**driller, le **qua**drillage, un **qua**drillon, un **qua**drimoteur, un **qua**drumane, un **qua**drupède.
/écarter → écart, écarteler, écarquiller — un cadran, un cadre.

▶ ***scando**** (= *je lève le pied*) → scander, la scansion — le scandale, scandaleux(-euse) — une ascension, ascendant(e), un ascendant, l'ascendance, un ascenseur, ascensionnel(-le), ascensionner, un ascensionniste — (re-)descendre, la descente, le/a descendant(e), la descendance, le descendeur — transcender — transcendant(e), la transcendance — condescendre, la condescendance.

▶ **le sceau** → sceller, le scellement, les scellés, le scellage, Sceaux (la ville) — desceller — resceller.

▶ **la scie** → scier, le sciage, le scieur, la scierie, la sciure, sciable.

▶ **la selle** → seller, le sellage, le sellier, la sellette, la sellerie, desseller — resseller.

▶ **le sens** (sentir) → sensé(e), insensé(é), sensément — le non-sens — le contresens — sens devant derrière, sens dessus dessous.
/ la sensation, sensationnel, (in-)sensible, (l') la (in-)sensibilité, (in-)sensibiliser, la sensiblerie, supra-sensible — sensitif(-ive) — sensoriel(le) — sensuel(le), la sensualité, le sensualisme.

▶ **sentir** → la senteur, le sentiment, sentimental(e), la sentimentalité — le dissentiment, la dissension — ressentir, le ressentiment — l'assentiment — consentir, le consentiment, le consentement.

▶ **souffler** → le souffle, le soufflement, un soufflé, un soufflet, souffleter, un souffleur, une soufflerie — essouffler, essoufflement. Mais : boursoufler, la boursouflure.

▶ ***stella*** → stellaire, consteller, constellation.

▶ **le tan** → tanner, le tannage, la tannerie, le tanneur, tanné(e), tannante, tanniser. Mais : le tanin (ou tannin).

▶ **tendre (tend-)** → un tendeur, la tendance, tendancieux(-euse) — attendre, (in-)attendu(e) — détendre, détendu(e) — distendre, distendu(e) — étendre, étendu(e), l'étendue, un (porte-)étendard — entendre, entendu(e) — l'intendant, l'intendance, le surintendant — sous-entendre, un sous-entendu — retendre — prétendre, un prétendu, prétendu(e, -ument) — sous-tendre.
/ **tent-** → une tente, une tenture — l'attente, (in-)attentif(-ive), l'attentisme, l'(in-)attention, attentionné(e) — la contention, le contentieux — l'intention, intentionnel(le) — la prétention, prétentieux(-euse, -eusement).
/ **tens-** → la tension, un tensiomètre, l'hypertension, la sous-tension, un tenseur, tensoriel(le) — l'extension, extensif(-ive), la distension — intense, l'intensité, intensif (-ive), intensifier, l'intensification.

▶ **tenir (ten-)** → la tenue, (in-)tenable, d'un seul tenant, séance tenante, une tenure, un

tenon — s'abs**tenir**, abstinent(e), l'abstinence — at**tenant** — appar**tenir**, l'appar**tenance** — con**tenir**, le con**tenu**, la con**tenance**, décon**tenancer** — (co-)dé**tenir**, le (co-)dé**tenu** — entre**tenir**, l'entre**tien** — main**tenir**, le maintien, la main**tenance**, main**tenant** — ob**tenir** — re**tenir**, la re**tenue**.

/ **tent-** → **content**(e), le con**tent**ement, con**tent**er — l'abs**tent**ion, l'abs**tent**ionnisme (-iste) — la dé**tent**ion, le (co-)dé**tent**eur(-trice) — l'ob**tent**ion — la ré**tent**ion — la manu**tent**ion, un manu**tent**ionnaire, manu**tent**ionner.

▶ **le ton** → **ton**ner, le **ton**nerre, en**ton**ner, é**ton**ner, l'é**ton**nement, é**ton**nant. Mais : **toni**que, la **toni**cité, un **toni**cardiaque, **toni**fier, **toni**truant, **toni**truer, **ton**al, la **ton**alité — a**ton**e, l'a**ton**ie — mono**ton**e, la mono**ton**ie — dé**ton**er, la dé**ton**ation, un dé**ton**ateur.

▶ **tordre (tord-)** → tordu(e), tordant(e) — détordre — distordre, distordu(e) — retordre.

/**tort-** → tortueux(-euse), tortiller, un torticolis, la torture, un tortionnaire.

/**tors-** → le torse, (des jambes) torses, une torsade, torsader, une torsion — détors(e), la détorsion — distors(e), la distorsion — une entorse — retors(e) — une contorsion.

/**torqu-** → extorquer, une extorsion — rétorquer, la rétorsion.

▶ **tranquille** → la tranquillité, tranquilliser, un tranquillisant.

▶ **le val** → la vallée, le vallon, vallonné, le vallonnement. Mais : en aval, l'aval, avaler, une avalanche — dévaler — ravaler, le ravalement. (*Le* -l- *ne double plus dans les mots à préfixe.*) À **vau-**l'eau (= à val l'eau).

▶ **le van** → vanner, vanné, le vannage, le vanneur ou vannier, la vannerie, le vanneau.

▶ **venir** → la venue, à tout venant — advenir, l'avenir, l'**aven**ture, **aven**tureux(-euse), l'avènement, l'**aven**t, avenant(e), une avenue — la bienvenue, circonvenir — convenir, convenable, inconvenant(e), la (in-)convenance, un inconvénient — déconvenir, une déconvenue — un cou**ven**t, con**ven**tuel — disconvenir — contrevenir, un contrevenant — devenir — intervenir, un intervenant — parvenir, un parvenu — prévenir, la prévenance, prévenant — provenir, la provenance — revenir, un revenant — (se) souvenir, la souvenance, le souvenir — subvenir — survenir, la survenance.

/**-vention** → la con**vent**ion, con**vent**ionnel(le), con**vent**ionné(e), la contra**vent**ion — l'inter**vent**ion, l'inter**vent**ionnisme(-iste) — la pré**vent**ion, pré**vent**if(-ive) — la sub**vent**ion, sub**vent**ionner — l'in**vent**ion, in**vent**if(-ive), in**vent**er, l'in**vent**eur, un in**vent**aire, in**vent**orier.

▶ **le verre** → le ve**rr**ier, la ve**rr**ière, la ve**rr**erie, la ve**rr**oterie.

▶ **vers** → un **vers** — (à) l'en**vers**, en**vers**, l'a**vers** — un tra**vers**, (à, de) tra**vers** — le re**vers** — le dé**vers**, par-de**vers** — l'uni**vers** — di**vers**(e) — per**vers**(e) — con**vers**(e). verser, à verse, une version, un versant, versatile, versicolore, le verso — traverser, traversable, une traverse, une traversée, (une flûte) traversière — transversal(e) — l'inverse, inverser, une inversion, inversable, inversement, un inverseur — une interversion — une conversion, converser, l'aversion, une averse — (ir-)réversible — déverser — universel(le) — une diversion, la diversité, diversifier — la perversion, la perversité — la subversion — tergiverser — une malversation — renverser — une controverse.

/ **vert-** → le vertige — invertir, un inverti — intervertir — convertir, (in-)convertible — avertir, un avertissement — divertir, le divertissement — pervertir, le pervertissement, subvertir.

▶ **la vielle** → vieller, vielleur(-euse) ou vielleux / viole, violon, violoniste, violoneux, violoncelle, violoncelliste.

▶ **la ville** → le village, la villa, la villégiature, la villanelle.

▶ **le vol** → voler, la volée, le volant, volage, la volaille, le volailler, volant(e), la volière, voleter, le volatile, volatil(e), volatiliser — l'en**vol**, s'en**vol**er — sur**vol**er, le sur**vol** — con**vol**er.

Lexique grec

achemine : *œso-*
affranchissement : *-atélie*
aigu : *oxy-*
aile : *ptéro-/-ptère*
aimer, amour : *philo-/-phile/phil-*
air : *aéro-*
amer : *pichro-*
ancien : *paléo-*
angle : *-gone/gon-*
animal : *zo-/-zoo-*
après : *méta-*
arbre : *-dendron*
arrangement : *-taxe*
arrêt : *-cope*
art : *techno-/techn-*
au-delà : *hyper-*
autour : *amphi-* ou *péri-*
avec : *syn-/sym-*

balle : *-sphère*
belle : *callos*
bien : *eu-*
bile : *cholé-/-chole*
blanc : *leuco-*
bois : *xylo-*
bœuf : *bu-*
boule : *-sphère*

caché : *crypto-/crypt-*
caractère : *typo-/-type*
cellule : *cyto-/-cyte*
cercle : *cyclo-/cycle*
cerveau : *encéphalo-/encéphale*
chair : *sarco-*
changer, changement : *méta-/mét-*
chant : *choré-/chor-*
chaud : *thermo-/-therme/therm-*
chemin : *-ode*
cheval : *hippo-/-(h)ippe/hipp-*
chien : *cyno-*
cinq : *penta-*
colonne : *stylo/-style*
commander : *-crate/-cratie*
commandement : *-arch-*
connaître : *gnost-*
contraire : *anti-*
contre : *ant(i)-* ou *para-* ou *épi-*
corps : *-some/-somat-*
correct(ement) : *ortho-*
(à) côté : *para-*

couleur : *chromo-/-chrome*
couper : *-tom-/-tomie*
court : *sténo-*
création : *-pée*

dans : *en-/em-*
danse, danseur : *choré-*
(au)-delà : *hyper-*
demi : *hémi-*
destruction : *-lyse*
détester : *miso-/mis-*
deux : *dy-/dis-*
(les) deux : *amphi-*
devant : *pro-*
développement : *-trophie*
dieu, Dieu : *théo-/-thée*
différent : *allo-*
discours : *-logie*
dissolution : *-lyse*
(à) distance : *télé-*
divination : *-mancie*
dix : *déca-*
doigt : *dactylo-/-dactyle*
don : *doro-/-dore*
doré : *chryso-/chrys-*
dos : *-note*
douleur : *alges-*
doux : *glyco-/glyc-*
douze : *dodeca-*
droit : *ortho-*

eau : *hydro-/hydr-*
écrire : *grapho-/-graphe/-graphie*
écrit = chose écrite : *-gramme*
égal : *iso-*
empreinte : *typo-/-type*
en = dans : *en-*
enfant : *péd-/-pédie*
engendrer : *-gène*
ensemble : *syn-/sym-*
enseigner : *-pédie*
entendre : *acou-*
esprit : *psycho-/psych-*
estomac : *gastro-*
étendue : *strato-*
étranger : *xéno-*
étude : *-logie*
examiner : *-scope*

faiblesse : *-asthénie*
faux : *pseudo-/pseud-*
femme : *gynéco-/-gyne*

feu : *pyro-*
feuille : *phyllo-/-phylle*
fleur : *antho-/-anthème*
folie : *-manie*
force : *dynamo-/-dynamie*
forme : *morpho-/-morphe/-morphie*
(en) forme de : *-ïde*
frère : *-adelphe*
fou : *-mane*

gonflement : *pisie*
grand : *méga*
graver : *-graphe/-graphie*
grec : *-hellène*
gros : *mégalo-/méga-*

haut : *acro-*
histoire : *mytho-/-mythe*
homme (individu de sexe masculin) : *andro-/-andre*
homme, humain, humanité : *anthropo-/-anthrope*
huit : *octo-*

infection : *-sepsie/-septique*
insuffisant : *hypo-*
intestin : *colo-*

justice : *dic-*

lance : *dory-*
lancer : *-bole*
langue : *-glotte*
lettre : *-gramme*
lieu : *topo-*
liste : *-logie*
livre : *biblio-*
loi : *nomo-/-nome/-nomie*
(au) loin : *télé-*
long : *macro-*
lumière : *photo-/-phote*

main : *chiro-/chir-*
mal : *caco-* ou *dys-*
malade, maladie : *-pathe/patho-/-pathie*
manger : *phago-/-phage/-phagie*
mari, mariage : *-game-/-gamie*
masculin : *andro-*
mauvais : *caco-* ou *dys-*
même = semblable : *homo-/homéo-*
(soi)-même : *auto-*

mener : *-agogue*
mer : *thalasso-*
métier : *techno-/techn-*
microbe : *sept-*
miel : *méli-/-mel*
mille : *kilo-*
modèle : *typo-/-type*
mot : *-onyme*
mouvement : *cinémato-/cinéma*
moyen : *meso-*

naître : *-gène*
nerf : *nevro-*
noir : *mélan-*
nom : *onoma-/onomato-/-onyme*
nombreux : *poly-*
nourriture : *-troph-*
nouveau : *néo-*
nu : *gymno-/gymn-*

œil : *-ope*
opinion : *-doxe*
or : *chryso-/chrys-*
origine : *arché-*

(qui) parle : *-phraste*
peau : *-derme/derm-*
père : *patr-*
(le) peuple : *démo-*
(les) peuples : *ethno-*
peur : *-phobe/-phobie*
pied : *-pode*
pierre : *litho-/-lithe*
place publique : *agora-*
placer : *thè-/-thèse/-thèque*
plante : *phyto-*
poinçon : *stylo-/-style*
porter : *-phore/-phère*
poser : *-thèse/-thèque*
pourriture : *sapro-*
pousser : *physio-/-physe/-phyte*
pouvoir : *-crate/-cratie*
précipiter : *cata-*
premier : *proto-*
prêtre : *hiér-*
produire : *-physe/-phyte*

quatre : *tetra-*

race : *-gène*
raisonnement : *-logie*
rayon : *radio-/radi-*
recevoir : *-doque*
relâchement : *-lyse*
relief : *stéréo-*
remonter : (en) remontant : *ana-*
renvoyer : *cata-*
ressembler : *-ïde*
ressentir : *-pathie*

sagesse : *-sophie/-sophe*
sang : *hémo-/-(h)émie*
sans : *a-/an-* (devant voyelle)
science : scientifique : *-logie/-logue/-logique*
sec, sécher : *xéro-/-xéra*
sel : *halo-*
semence : *-sperme*
semblable : *homo-/homéo-*
sensation : *-esthésie*
(un) seul : *mono-*
singe : *pithéco-/-pithèque*
six : *hexa-*
soigner : *-iâtre/-iâtrie*
soleil : *hélio-*
solide : *stéréo-*
sommeil, soporifique : *Morphée* : dieu du sommeil
son : *-phone/-phonie/phono-*
(au) sortir (de) : *apo-*
sous : *hypo-*
sucre : *glyco-/glyc-*
sur : *hyper-*

temps : *chrono-/-chrone/chron-*
tendre : *-tén-*
terre : *géo-*
tourner : *-trope*
tout, tous : *pan-*
traiter, traitement : *-thérapie/thérap-*
transmigration : *méta-/mét-*
travail : *ergo-*
(à) travers : *dia-*
trois : *tri-*
trop : *hyper*
tuyau : *aul(os)-*

un seul, unique : *mono-*

vapeur : *atmo-*
vert : *chloro-/chlor-*
vie : *bio-/-bie*
vieux : *archéo-arch-*
voix : *phono-/-phone/-phonie*
voler : *cleps-/clept-/clepto-*
volonté : *boul-*

yeux : *ophtalm-*

Racines latines

achèvement (idée d') : *per-*
apaiser : *plac-(are)*
approcher (idée d') : *ad-*
arbre : *arbor-*
(en) arrière : *re-/ré-*
au-delà : *trans-*
autour : *circon-*
(à l') avance : *pré-*
(en) avant : *pré-/pro-*
avec : *com-/con-/col-/cor-*

bouillonner : *ferve-(re)*
brûler : *incande-(re)*

campagne : *rus-*
cesser (idée de) : *de-/des-*
chaleur : *calor-*
changer de lieu : *trans-/tres-*
charbon : *carboni-*
choisir : *leg-(ere)*
cinq : *quinqu-*
colère : *ira-*
contre : *contra-* ou *ob-*
côté : *-latère*
(de) côté et d'autre : *dis-/di-*
croissant : *crude-(re)*
cueillir : *lect-*

dans : *in-* : *en-*
décomposition (idée de) : *de-*
défaut (idée de) : *di-/dis-*
(se) dépêtrer : *extrica-(re)*
descendre (idée de) : *de-*
désirer : *cupi-(re)*
(en) détachant : *de-*
deux : *bi-/bin-/bis-*
devant : *pro-*
devant (avec idée d'obstacle) : *ob-/o-*

différence (idée de) : *di-dis-*
(en) direction de : *ad = a-/af-/ag-/al-/ac-/an-/ap-/ar-/as-/at-*
dix : *déc-*

eau : *aqua-/aqui-*
écart (à l') : *dis-*
égal : *pari-*
élevage : *-culture*
empêcher : *coerc-(ere)*
en arrière : *re-/res-/ré-*
encens : *thuri-*
enlever (idée d') : *dé-/des-*
ensemble : *com-/con-/col-/cor-*
entre : *inter-*
étoile : *stella*
évanouir : *évane-(re)*
excessif (idée d') : *dis-*

faire : *-fique*
faute : *pecca-(re)*
fois : *-uple*
fortement : *con-*

genou : *génu-*
guerre : *bellum*

(de) haut en bas : *de-*
heurter : *-lision*
hors de : *e-/ex-*

(à l') intérieur : *en-*

jeu : *-lusion*

loi : *légi-*
loin de : *a-/ab-/abs-*

main : *manu-/-mane*
mammelle : *mammi-*
manger : *-vore*
marin : *naut-(a)*
mesurer : *-mense*

milieu : *médi-(um)*
mauvaise : *dis-*

ne... pas : *in-/im-/il-/ir-*
noble : *gentil-(is)*
(à) nouveau : *re-/ré-/res-*

œil : *oculus/ocul-*
or : *auri-*

patte : *-pède*
perte (idée de) : *de-*
peuple : *popul(us)*
pierre : *petri-*
porter : *-lat-*
pourrir : *putr-(escere)*
premier : *prime-*
privation (idée de) : *de-*

quatre : *quadri-*

race : *gener-*
réunir : *lect-*

santé (être en bonne) : *vale-(re)*
sans : *in-/il-/im-/ir-*
séparation (idée de) : *se-*
sommeil : *somni-*
sous : *sub-/sous-*
souvenir : *remini-*
sur : *in*

tête (à la... de) : *pré*
tomber : *cad-(ere)*
tout : *omni-*
travailler : *labor-(are)*
(à) travers : *per-/trans-*
trois : *tri-/tris-*
tuer : *-cide*

vers : *ad = a-/ac-/ag-/af-/al-/an-/ap-/ar-/as-/at-*

Index des mots de la famille

N.B. : ex. = exercice

Index des homonymes

Index des préfixes et suffixes

Préfixes

Suffixes

MAQUETTE : Jean-Frédéric Delforge

N° de projet : 10249641
Dépôt légal : Septembre 2018
Imprimé en Italie par Rotolito S.p.A.